高职高专物流管理专业
人民交通出版社“十一五”规划教材
教育教学改革项目推荐教材

商 品 学

主 编 徐 沁
副主编 关善勇 王建中
主 审 李荷华

人民交通出版社

内 容 提 要

依托**教育部高职高专物流管理专业教育教学改革研究项目**，项目负责人上海第二工业大学黄中鼎教授牵头，人民交通出版社组织多所院校的专家编写了本套推荐教材。本书为其中之一。

商品学以商品为研究客体，是一门研究商品的使用价值及其变化规律的应用学科。

本书以商品质量为主，论述了商品使用价值理论、商品分类和商品品种、商品质量和质量管理、商品检验、商品包装和装潢、商品标准和标准化、各大类商品的特征、商品储运和养护等理论及其应用技术问题。本书注重知识的科学性和先进性，吸收了商品条码技术、商品质量认证和质量监督、商品的绿色革命等方面的实践经验和新的研究成果，反映了当代商品学学科的新成就。该书理论上以“必需、够用”为度，并从应用实际出发，理论联系实际，避免了不必要的理论探讨和阐述，强化了实用性和实践能力的训练和培养。

通过各章知识目标、能力目标、典案阅读、小阅读、小结、课后阅读、思考与练习等众多具有特色的栏目设计，既深入浅出地凸显了本书的内容体系，又充分突出了其实践性、应用性。在此基础上，充分体现了高职高专教育的特色：基础理论适度、着重应用能力培养。本书是高职高专院校物流管理专业和营销专业的理想教材，也可供其他经济管理类专业和在职人员培训使用。

高职高专物流管理专业
人民交通出版社“十一五”规划教材
教育教学改革项目推荐教材

编委会 BIAN WEI HUI

前言 QIAN YAN

人民交通出版社依托**教育部高职高专物流管理专业教育教学改革研究项目**，由项目负责人上海第二工业大学黄中鼎教授牵头，组织多所院校的专家编写了本套推荐教材。本书为其中之一。

“商品学”是我国高职高专教育物流管理专业和营销专业的专业基础之一。通过本课程的学习，使学生初步掌握商品学的基础理论、基本知识和基本技能，为学好各门专业课以及从事经营管理工作奠定基础。

本书是教育部高职高专物流管理专业教育教学改革项目推荐教材，是以教育部《高职高专教育物流管理专业人才培养方案》为依据编写的。本教材根据物流管理专业的特点、课程设置和学生的实际情况，在商品使用价值研究中以商品体为基础，以商品的自然属性为主线，使知识结构更趋合理。考虑到高职高专的特点，本书理论以“必需、够用”为度，并注重理论联系实际，突出应用性和实训性，特别注重学生业务能力的培养，使其更符合培养第一线物流管理人才的需要。

商品学是一门正在发展的学科，在其发展过程中，已形成众多不同的观点和流派。本书在编写过程中，为了博采众长，参阅了许多国内外的相关论著，引用了其中不少精辟的观点和见解，在此向这些论著的作者表示衷心的感谢！

本教材由辽宁科技学院副教授徐沁担任主编，制订编写大纲，负责全书的总体设计，并撰写了其中的第一、二、三、四、十一章。辽东学院讲师关善勇、辽宁信息职业技术学院讲师王建中担任副主编。其中关善勇撰写了第六、八、九章；王建中撰写了第五、七章；湖南现代物流职业技术学院副教授盛立彦参与了教材的编写，撰写了第十章。上海第二工业大学李荷华老师担任主审。

在教材大纲编写过程中我们得到了本溪华联商厦总经理李庆华的大力支持。在教材案例、小阅读等资料收集过程中得到了本溪市技术监督局杜冰、林静等同志的大力支持，在此一并表示衷心的感谢！

由于编者水平有限，书中难免存在不当和疏漏之处，敬请专家和读者批评指正。

编　者

2007 年 4 月

目录 MU LU

第一章　商品与商品学

本章知识目标

通过本章的学习学生应掌握以下知识：

1. 商品的含义和商品的构成；
2. 商品学的产生和发展；
3. 商品学研究的对象、内容；
4. 商品学研究的任务和方法。

本章能力目标

通过本章的学习学生应具备以下能力：

1. 结合实例解释商品的构成；
2. 在实践中，能认识不同类型的商品。

本章学习要求

通过本章学习，学生应能够掌握商品的概念，认识商品，明确商品学的研究对象和内容，理解并会运用商品学的研究方法。

典案阅读

海尔鲜风空调扯起健康大旗

2006年“十一”黄金周，从全国主流市场及主流渠道到空调销售数据显示，在崇尚理性和追求健康的消费趋势带动下，高端健康空调需求剧增，而在众多空调品牌的角逐中，海尔“07鲜风宝”空调凭借创造A级空气质量的高差异化卖点，满足消费者对健康家居环境的一致需求，销量不断攀升，占据高端市场35%以上的份额。

由于沙尘天气的频繁和“空调病”患者的增多，能否改善室内空气质量成为消费者选购空调最重视的因素。海尔"07 鲜风宝"空调就是从消费者的需求出发,从室内空气含氧度、洁净度和清新度三方面对健康空调的效果进行严格定义。以消费者对"不用开窗、保温加氧、四季清新"的需求为基点,从空调换风、净化、负离子三项技术对实现的含氧度、洁净度和清新度进行了 A、B、C 三个等级的划定。

不研究消费者需要什么,即使你的产品价格再便宜,产品也永远是产品,而不会成为被消费者买走的商品。海尔空调的高明之处是把更多的精力集中在消费者需求的调研上,除尘、加氧、定温除湿的鲜风宝空调就是未来空调市场消费需求的真实反映。如果解决不了消费者要什么空调的问题,而是想当然地去给消费者送空调,那是没有任何作用的,因为任何空调产品不是被公司卖掉的,而是被消费者买走的。

点评:

消费者购买商品购买的是一种需要,企业研究商品的价值,应从研究消费者需要入手。

第一节　商品的概念及构成

商品学是一门研究商品使用价值的科学。商品质量是研究的中心内容。商品学从商品质量出发,来探讨商品使用价值的形成、评价、维护、实现和再生。

一、商品的概念

什么是商品？弄清楚商品的概念是更深入地了解和掌握商品学这门学科的基础。

商品是用来交换的劳动产品,具有使用价值和价值两个基本属性。

商品的使用价值,是指商品能够以自身自然属性来满足人们某种需要的属性,是商品的效用或物的效用,即商品的有用性。马克思指出:"物的有用性使物成为使用价值。但这种有用性不是悬在空中的。它决定于商品体的属性,离开了商品体就不存在了。"[①] 商品使用价值表现在商品体上。对具体商品而言,商品使用价值是指该种商品具有有用性,这种有用性是指商品体自身具有能够满足人与社会生产、生活某种需要的用途与功能。不同商品具有不同的使用价值。使用价值构成财富的物质内容,同时使用价值又是交换价值的载体。

①《马克思恩格斯全集》:第 23 卷. 北京:人民出版社,1972. 48

商品的价值，是指凝结在商品中的抽象劳动。商品的价值是商品的本质属性，反映了人和人之间的社会关系。

商品价值和使用价值是对立的，使用价值和价值是两个本质不同的因素，商品所有者不能既占有价值又占有使用价值，要占有价值必然出让使用价值，这一矛盾通过商品交换获得解决。

小阅读

商品概念的理解

1. 有使用价值，但不经过人类劳动创造出来的物品，没有价值，不是商品，如：金矿、矿山。

2. 有价值，是劳动产品，但没有使用价值，也不是商品，如废品。

3. 有使用价值，也是劳动产品，有价值，但不用于交换也不是商品，如：库存产品。

综上所述，商品具有以下基本特征：

1. 具有使用价值的劳动产品；

2. 供他人消费即社会消费的劳动产品；

3. 必须通过交换才能到达他人手中的劳动产品。

二、商品的构成

商品是能够被顾客理解的，并能满足其需求的、由企业所提供的一切。

消费者购买商品，本质是购买一种需要，这种需要，不仅体现在商品消费时，而且还表现在商品购买和消费的全过程。商品应当是有形物质属性和无形消费利益的组合体和最佳统一方式，商品能给人们带来的实际利益和心理利益部分，构成了商品整体概念，即商品的核心部分、形式部分和延伸部分。

1. 核心部分

核心部分，即商品能够给消费者带来的实际利益，或者说是指商品的功能和效用，是消费者购买商品的目的所在。消费者购买商品，都是为了购买商品所具有的功能和效用，希望从中获得消费利益。如购买化妆品的顾客不是在购买化妆品的物理、化学属性及其实体，而是在购买美容的希望。核心部分表达的是商品实质，是商品构成中最基本、最主要的部分。

2. 形式部分

形式部分，即商品的具体形态，是消费者通过自己的眼、耳、鼻、舌、身等感觉器官可以接触到、感觉到的有形部分。主要包括商品的成分、结构、外观、质量、商标、品牌、使用说明书、标志、包装等。形式部分是商品的外在形式，是商品使用价值形成的客观物质基础。

3. 延伸部分

延伸部分，是人们在购买商品时所获得的附加利益和服务，如商品信息咨询、送货上门、免费安装调试、免费培训、提供信贷、售后保证与维修服务等。企业应善于开发和利用商品的延伸部分，当竞争中企业的商品在形式部分没有明显差别的情形下，企业设计有效的商品延伸部分能使企业在激烈的市场竞争中立于不败之地。

几类商品的 3 个层次分析如表 1-1 所示。

几类商品的 3 个层次分析 表 1-1

商品	核心部分	形式部分	延伸部分
钢、铁	建筑用、制造用	钢号(成分)、质量、品牌	使用指导、送货、培训
设备	加工零件	型号、质量、品牌、包装	使用指导、送货、培训
电视	视觉、听觉满足	质量、型号	服务、保修
服装	保暖	质量、款式	免费干洗
食品	充饥、营养	营养含量、包装	制作方法
药	治病、保健	成分、服用方法	服用说明、服药后表现
金融产品	收益、保值增值	保单、存单、卡	售前咨询、售后服务

第二节　商品学的产生与发展

一、商品学的产生与发展

商品学最早产生在德国，18 世纪初德国的工业发展迅速，将进口的原材料加工成产品出口，从而扩大了原材料与工业品的贸易。这种贸易扩大要求商人必须具有相关的较为系统的商品知识，否则难以胜任商品贸易的工作需要，这样就产生了对商品学的需要。因此，当时对商业教育提出了系统讲授商品知识的要求。18 世纪后期，在商人和学者的共同努力下，德国的大学和商业院校开始了商品学课程的讲授和商品学的研究工作。商品学这个词来源于德文 Warenkunde，译成英文为 Commodity Science。当时的德国哥丁堡大学著名学者约翰·贝克曼教授在教学和科研的基础上，于 1793～1800 年编著出版了《商品学导论》，建立了商品学的学科体系，明确了商品学的研究内容。因此约翰·贝克曼被誉为商品学的创始人，他所建立的商品学的学科体系被称为贝克曼商品学。

我国唐朝茶叶贸易发展迅速，茶叶的产地在中国的南部地区，而其消费地却分布很广，很多茶叶贸易商人以及消费者需要茶叶的相关知识。茶圣陆羽的《茶经》

被很多商品学的学者认为是早期商品学的雏形,《茶经》的出现也从一个侧面说明了伴随着商业的发展,商人的出现产生了对商品学知识的需要,进而产生了商品学。

二、商品学理论的研究方向

商品学在其发展过程中产生了两个研究方向:一个是从自然科学和技术学的观点研究商品使用价值,研究的中心内容是商品质量,称为自然科学的商品学或技术论商品学;另一个是社会科学和经济学的角度,特别是从市场营销和消费需求方面研究与商品质量和品种相关的问题,称为社会科学商品学或经济商品学。

自然科学的商品学起源于意大利波那费德教授的生药学,18 世纪中叶由约翰·贝克曼创立,19 世纪进入叙述论或技术论的商品学时代。19 世纪欧洲产业革命后,经济活动的重点从商业转向工业,商品生产转向大工业生产方式,商品经济进一步发展。当时,内陆和海外的原料商品大量涌入欧洲,欧洲的工业产品又大量出口,对原料、半成品和成品进行分析、鉴定和检验,辨别真伪成为当时急需解决的问题。在这种形势下,自然科学的商品学进入到材料学的商品学、鉴定论的商品学或品质论的商品学时代。奥地利维也纳大学植物学家威茨纳(J. V. Wiesner,1838～1916)教授是这一时期的著名商品学学者。19 世纪中叶,他利用物理和化学方面的研究成果,特别是利用显微镜研究植物性原料的商品结构,鉴定质量。在长期教学和研究的基础上,于 1886 年编著出版了《技术显微镜学》;1837 年编著了《植物原料商品学》。书中详细论述了商品的结构特性、质量标准、检验和鉴定方法等,为商品学的发展和商品质量研究开辟了新的途径。进入 20 世纪,自然科学的商品学有了进一步发展,理论和体系更趋完善,内容更适合贸易实践的需要,主要包括商品分类、商品标准、商品质量、商品鉴定与检验、商品包装、商品养护等。1945 年以后,为适应当时商品经济发展的需要,自然科学和技术学以及社会科学和经济学方面综合研究商品使用价值和全面评价商品质量,奥地利维也纳国际贸易学院(现维也纳经济大学)格伦斯泰尔教授强调商品学应从自然科学和经济学方面研究商品与人、商品与环境、商品与时代、商品与商品之间的关系;日本学者水野良象教授 1976 年指出,商品学是将研究物质的自然科学和研究经济的社会科学两者融合起来的应用型边缘科学;匈牙利布达佩斯商学院齐马尼教授认为,商品学一方面要研究属于自然科学和技术学方面的、由可测技术性能构成的质量要素,另一方面也要阐明属于社会科学范畴的、与商品供给和需求相关的经济问题。因此商品学是一门自然科学的技术与社会科学的经济融合起来的边缘科学或综合性、集合性科学。

商品学自 19 世纪以来相继传入意大利、奥地利、俄国、日本、中国以及其他西欧和东欧等国家。国际商品学会的总部设在奥地利的维也纳。现欧洲的多数国家有商品学的教学和研究,亚洲的中国、日本和韩国等国家以及美洲的加拿大均有商品学的研究和教学。

我国的商品学在建国前极为落后，今天的商品学是建国后从前苏联引进的，因此我国的商品学受前苏联的商品学体系影响很大。建国后，随着国民经济建设的发展，商品学学科得到了蓬勃发展。高等财经院校的企业管理、市场营销、对外贸易和贸易经济、物流管理等专业均开设了商品学课程。1995 年中国商品学会成立，并已召开了七届中国商品学讨论会，标志着我国商品学已经进入一个崭新的发展时期。

近年来，商品学教育和研究在国际上发展迅速。1976 年，国际商品学会成立，简称“IGWT”，到目前为止已召开了十四届学术研讨会。

历届国际商品学会学术研讨会见表 1-2。

历届国际商品学会学术研讨会 表 1-2

届　次	时　　间	地　　点	主　　题
第一届	1978 年 7 月 6 日至 8 日	奥地利	各国和国际商品学的发展、现况与目标
第二届	1979 年 9 月 19 日至 21 日	比利时	商品包装与现代商品学
第三届	1981 年 9 月 20 日至 23 日	波兰	消费需求与商品学的合作领域
第四届	1983 年 9 月 26 日至 29 日	意大利	未来的商品开发与商品学的发展
第五届	1985 年 10 月 1 日至 3 日	瑞士	商品质量保证与现代商品学
第六届	1987 年 8 月 25 日至 28 日	日本	与高度变革时代相适应的商品学研究课题
第七届	1989 年 8 月 4 日至 6 日	韩国	21 世纪的商品
第八届	1991 年 8 月 19 日至 22 日	德国	变化中的欧洲商品与技术
第九届	1993 年 8 月 23 日至 27 日	匈牙利	对环境安全的商品与工艺技术
第十届	1995 年 9 月 4 日至 8 日	中国(北京)	市场经济与现代商品学的发展
第十一届	1997 年 8 月 26 日至 9 月 1 日	奥地利	商品学与可持续发展
第十二届	1999 年 9 月 5 日至 11 日	波兰	21 世纪的质量
第十三届	2001 年 9 月 2 日至 8 日	斯洛文尼亚	全球未来产品的商品学——技术、质量和环境
第十四届	2004 年 8 月 25 日至 29 日	中国(北京)	聚焦新世纪——商品·贸易·环境

中国商品学会历届年会见表 1-3。

中国商品学会历届年会 表 1-3

届　　次	时　　间	地　　点	主　　题
第一次全国年会暨 第一届学术研讨会	1995 年 9 月	北京市	
第二次全国年会暨 第二届学术研讨会	1997 年 7 月 28 日至 30 日	湖南省，张家界市	商品的可持续性发展
第三次全国年会暨 第三届学术研讨会	2000 年 1 月 18 日至 21 日	北京市，中国人民大学	21 世纪社会主义市场经济 条件下的商品质量

续上表

届　　次	时　　间	地　　点	主　　题
第四次全国年会暨第四届学术研讨会	2001 年 1 月 13 日至 15 日	北京市，中国人民大学	全球未来产品的商品学——技术、质量和环境
第五次全国年会暨第五届学术研讨会	2002 年 1 月 27 日至 29 日	黑龙江省哈尔滨，哈尔滨商业大学	
第六次全国年会暨第六届学术研讨会	2002 年 12 月 7 日至 9 日	山西省太原市，山西财经大学	21 世纪的绿色选择与绿色营销
第十四届国际商品学会中国论坛（第七次全国年会暨第七届学术研讨会）	2004 年 8 月 25 日至 29 日	北京，人民大会堂	聚焦新世纪——商品·贸易·环境

讨论题：从国际商品学会学术研讨会（表 1-2），中国商品学历届年会（表 1-3）总结归纳商品学学科的发展历程和未来发展趋势。

第三节　商品学的研究对象、内容

一、商品学的研究对象

商品学是研究商品的科学，重点从商品的使用价值来研究商品。一方面，商品的使用价值是由商品体的属性决定的，离开商品体就不存在了。因此，商品学必须从商品体的属性来研究商品的使用价值；另一方面，商品的使用价值是满足他人和社会的使用价值，所以在研究商品使用价值时，还应研究商品体满足人们和社会需要方面的特性。

研究商品的使用价值，一方面要研究商品的成分、结构、外形、化学性质、生物学性质和物理学性质等商品的自然属性，另一方面还要研究商品的流行性、时代性、地区性、民族性和经济性等社会属性，满足人和社会在商品方面的物质需求和精神需求。

商品的使用价值是一个动态的、综合性的概念。研究商品使用价值应以满足市场需要和消费需求为前提，要使商品使用价值最终发挥出来。

二、商品学的研究内容

商品学的研究内容是由商品学的研究对象所决定的。商品学是研究商品使用价值的一门学科。商品质量和商品品种是商品使用价值的基础，因此商品学就是围绕商品质量和商品品种这两个中心内容来进行研究。

商品质量是指商品属性满足消费者和用户需求的程度，说明商品满足人们需求的深度。商品品种是指具有某种共同属性和特征的商品群体，说明商品满足人们需求的广度。商品质量和商品品种是商品使用价值在质和量上的不同表现形式，它们之间既有各自不同的内涵，又存在着密切的关系。研究商品质量离不开商品品种，商品质量是具体商品品种的质量；研究商品品种也离不开商品质量，商品质量不同往往会形成新的商品品种。因此，商品学研究的内容客观上必然是商品质量和商品品种。

整体来说，商品学研究的一般内容有商品的成分、结构、性质、生产工艺、工作原理、功能用途、分类品种、质量要求、检验评价和使用维护等。另外，商品学研究内容还包括商品与人、商品与时代、商品与环境等。

本书研究商品学主要从以下几个方面研究。

1. 研究商品分类与编码的原则、方法及应用，国际和国内商品分类与编码体系的比较，商品条码技术和电子标签技术

商品种类繁多，性质各异，用途复杂，在贸易中的地位有主有次。因此必须采用科学的商品分类，以便分工负责，分类经营管理。同时为便于研究商品的使用价值，有助于从整体上更好地把握所研究和管理的商品集合体，也需对商品进行分类。

研究商品分类的内容主要有商品分类中各类别的概念及相互关系，商品分类与编码的原则、方法及应用，确立商品分类的划分依据，建立科学的、系统的商品分类体系、国际商品分类与编码体系，条码技术的作用与应用，电子标签技术在物流和供应链管理中的优势。

2. 研究商品的质量要求、质量管理、质量认证、质量体系及质量体系认证

商品质量是商品学研究的中心内容，是企业和消费者关心的热点，也是商品进入市场流通的通行证。提高和保证商品质量是满足人们生活水平日益提高的需要，也是增强我国国民实力的需要。

研究商品质量的内容主要有商品质量的概念及商品质量的构成，食品、纺织品、日用工业品商品质量的基本要求，生产和消费过程对商品质量的影响，质量管理的概念及质量管理的基本方法，质量认证及质量体系认证。

3. 研究商品检验和商品标准

商品检验的目的是确定商品的质量，是对商品质量进行控制和管理的一种有效手段。建立快速、准确、实用的商品检验方法，用于商品验收和质量监督检验，对防止不合格商品和假冒伪劣商品进入流通领域，确保商品的质量，保证商品品质规格和要求，保护消费者的利益起着重要的作用。商品标准是评价商品质量好坏的理论依据，加速采用国际标准和国外先进标准，对促进技术进步，提高产品质量，加快与国际惯例接轨具有重要的意义。

研究商品检验和商品标准的内容主要有商品检验的概念、种类和作用，商品检验中的抽样，商品检验的项目及依据，商品检验的常用方法，商品标准的概念、分类，商品标准的分级，商品标准化。

4. 研究商品包装和装潢

商品包装和装潢是商品生产的重要组成部分，绝大多数商品只有经过包装和装潢，才算完成生产过程，才能进入流通领域和消费领域。商品包装和装潢也是一种特殊商品，本身具有价值和使用价值，包装和装潢是促使被包装商品实现其价值和使用价值的手段。

研究商品包装和装潢的内容主要有商品包装的概念、功能，合理化包装，包装材料和包装技法，包装标志，商品包装的装潢设计。

5. 研究商品储运和养护

商品的储运和养护是商品流通过程中一个必不可少的环节，是降低商品损耗、维护商品质量的重要措施，是保证商品使用价值实现的主要手段之一。商品在存放和流通过程中，由于受到各种外界因素的影响往往会发生各种各样质量变化的现象，如果采取科学的储运和养护措施，控制各种外界条件对商品质量的不利影响，就可以使商品质量趋于稳定或延缓其质量的恶化。

研究商品储运和养护的内容主要有商品储运期间的质量变化，影响商品质量变化的主要因素及控制，商品养护的技术和方法。

商品学研究内容还包括商品与人、商品与时代、商品与环境等诸方面的问题。在环境保护日益被关注的今天，商品已从着重研究环境对商品的污染，发展到同时研究商品对环境的污染。在研究商品对环境污染上，既研究商品对社会环境的污染，防止商品对人们身心的损害，也研究商品对自然环境的污染和对生态环境的破坏等问题；既研究清洁的商品生产技术，也研究商品流通和消费时的环保。

从商品学的研究内容看，商品学与许多学科的理论和知识有着密切的联系，这一点也决定了商品学这门学科所涉及的理论知识具有广泛性。

商品学与物理学、化学、生物学、生理学、微生物学及其他一些基础科学有着密切的联系。这些学科的基础理论和基本方法是研究商品组成成分、结构和性质，商品质量评定方法，商品包装材料的性质、包装防护的措施，商品养护方法的工具。商品学与市场学、经济学、管理学、广告学、心理学、美学和地理学也有着密切的联系。可以确认商品学是一门既具有自然科学性质，又具有社会科学性质的综合性应用学科。

第四节　商品学研究的任务及研究方法

一、商品学研究的任务

商品学是为商品流通和商品消费服务的一门学科。商品学研究的对象是商品的使用价值，是研究商品的使用价值及影响使用价值实现的相关因素的客观规律。商品使用价值实现的过程是指商品从生产领域进入流通领域，再由流通领域进入消费领域的全过程。商品学研究的根本任务就是站在商品流通的角度，以提高商品质量为中心，以促进商品生产部门、流通部门为社会提供需要的、消费者满意的、质量合格的商品为目的，实现促进工农业生产乃至整个国民经济的发展。

商品学研究的具体任务有以下几个。

1.指导商品使用价值的形成

通过对商品各种属性、商品资源和市场调查预测，商品的需求研究等手段，不仅可以促进对商品个体使用价值内容的掌握，同时也可以促进对商品群体使用价值的了解，为有关部门实施商品结构调整、商品科学分类、商品的进出口管理与质量监督管理，制定商品标准及政策法规提供决策的科学依据；为企业提供有效的商品需求信息，提出对商品的质量要求和品种要求，指导商品质量改进和新产品的开发。

2.研究商品的科学系统分类

商品经营管理的目的不同，商品的分类体系也不同。通过对商品分类原则和商品分类方法的研究，提出明确的分类目的，选择适当的分类标志，才能进行科学系统的商品分类，将分类的商品集合体形成适应需要的商品分类体系、商品目录和商品代码。

3.为评价商品质量奠定良好的基础

商品质量是企业的生命，通过商品成分、结构和性质的分析，探讨与研究商品质量特性和检验商品质量的方法及方法的选择，可以更好地为制定、修订商品质量标准和商品检验标准提供依据，从而为评价商品质量奠定良好的基础。

4.分析商品质量的变化规律，防止商品使用价值的降低

由于商品在流通领域中的运转和停留，必然要受到各种外界因素的影响，从而发生质量变化。商品学要研究分析商品质量变化的原因，通过确定适宜的商品包装、运输、保管的条件和方法，防止商品质量发生不良变化而造成损失。

5.促进商品使用价值的实现

通过大力普及商品知识和消费知识，使消费者认识和了解商品，学会科学地选购和使用商品，掌握正确的消费方式和方法，促进商品使用价值的最终实现。

二、商品学的研究方法

1.科学实验法

这是一种在实验室内或一定试验场所，运用一定的实验仪器和设备，对商品的成分、构造、性能等进行理化鉴定的方法。这种方法具有良好的控制和观察条件，所得的结论正确可靠，是分析商品成分、鉴定商品质量、研制新产品的常用方法。这种方法需要一定的物质技术设备，投资较大。如酒精成分含量的测定就采用这种方法。

2. 现场实验法

现场实验法是一些商品学专家或有代表性的消费者群，凭人体的直觉，对商品的质量及其商品有关方面做出评价的研究方法。这种方法的正确程度受参加者的技术水平和人为因素的影响，运用起来比较简便易行，适用于很多商品的质量评定。茶叶、酒类、某些新产品的试用等大多采用现场实验法。

3. 技术指标法

技术指标法是一种在科学实验的基础上，对一系列同类商品，根据国内或国际生产力发展水平，确定质量技术指标，供生产者和消费者共同鉴定商品质量的方法。这种方法有利于促进商品质量的提高，但确定各类商品的质量指标是一项复杂而巨大的工程。如手机、电视机在生产过程中就采用这种方法。

4. 社会调查法

商品的使用价值是一种社会性的使用价值，全面考察商品的使用价值需要进行各种社会调查，特别是在商品不断升级换代、新产品层出不穷的现代社会里，这方面的调查就显得更加重要，而且这种方法具有双向沟通的作用，在实际调查中既可以将生产信息传递给消费者，又可以将消费者的意见和要求反馈给生产者。几乎所有的商品在研制、生产过程中都用到社会调查法来评价商品的市场潜力，为商品成功打开市场提供有价值的信息。社会调查法主要有现场调查法、调查表法、直接面谈法和定点统计调查法。

5. 对比分析法

对比分析法是将不同时期、不同地区、不同国家的商品资料收集积累，加以比较，从而找出提高商品质量、增加花色品种、扩展商品功能的新途径的方法。

S 本章小结

商品是用来交换的劳动产品，具有使用价值和价值两个基本属性。商品的整体是由核心部分、形式部分和延伸部分构成的。商品学是伴随着商品生产的发展而产生和发展的。商品学从商品的使用价值来研究商品，研究的内容包括：商品分类与编码的原则、方法及应用；国际和国内商品分类与编码体系的比较，商品条码技术和电子标签技术；商品的质量要求、质量管理、质量认证、质量体系及质量体系认证；商品检验和商品标准；商品包装和装潢；商品储运和养护。从商品学的研究内容看商品学是一门既具有自然科学性质，又具有社会科学性质的综合性应用学科。商品学的研究任务是指导商品使用价值的形成、评价、维护、实现。商品学研究的方法有科学实验法、现场实验法、技术指标法、社会调查法、对比分析法。

R 课后阅读

第14届国际商品学会中国论坛简介

1999年在波兰举办的第12届国际商品学大会上，与会各国选举中国商品学会主办第14届国际商品学大会。中国商品学会报经主管部委批准，正式定名为“第14届国际商品学会中国论坛”。

“第14届国际商品学会中国论坛”是国际商品学界最高级学术论坛，论坛将就商品的新材料、新工艺、新技术、新产品进行研讨，就商品的质量与服务进行研讨，就经济全球化及我国进入WTO后的商品贸易问题进行研讨，就绿色商品、清洁生产及环境保护与可持续发展等问题进行研讨。

本届论坛受到国内外的广泛重视，国外将有来自美国、德国、法国、日本、韩国、意大利、奥地利、俄罗斯、波兰等20多个国家的国际著名专家、学者、企业家代表参会。国内将邀请质检、工商、科研院所和大专院校等相关部门的领导、专家、学者以及企业家代表参会。

本届论坛将成为国际商品学界及其相关领域的盛会，为我国国民经济的发展做出贡献。

论坛主题

聚焦新世纪——商品·贸易·环境

T 思考与练习

一、思考题

1. 如何理解商品的概念？
2. 依据商品的两重性，分析商品价值、使用价值的含义。
3. 现代商品由几部分构成？以具体商品为例，分析商品的构成，并阐述它们之间的关系。
4. 从商品学研究商品使用价值角度出发，理解商品学研究的对象和任务。
5. 商品学研究的具体方法有哪些？

二、练习题

(一)填空题

1. 商品是用来交换的劳动产品，具有(　　)和(　　)两个基本属性。

2. (　　)，是指商品能够以自身自然属性来满足人们某种需要的属性，是商品的效用或物的效用，即商品的有用性。

3. (　　)，是指凝结在商品中的抽象劳动。(　　)是商品的本质属性。

4. 商品的构成由商品的(　　)、(　　)和(　　)三部分构成。

5. 1976 年,国际商品学会成立,简称(　　),到目前为止已召开(　　)学术讨论会。

6. 研究商品的使用价值,不仅要研究商品的成分、结构等自然属性,还要研究商品的(　　)、(　　)、(　　)、(　　)和(　　)等社会属性,满足人和社会在商品方面的物质需求和精神需求。

7. 商品学研究的方法主要有(　　)、(　　)、(　　)、(　　)、(　　)。

(二)单项选择题

1. (　　),即商品能够给消费者带来的实际利益,或者说是指商品的功能和效用,是消费者购买商品的目的所在。

A. 核心部分　　B. 延伸部分　　C. 形式部分

2. 商品学最早产生在(　　)。

A. 美国　　B. 英国　　C. 德国

3. 商品的使用价值就是商品的(　　)。

A. 功能　　B. 有用性　　C. 价值性

4. 商品使用价值的大小是用(　　)衡量的。

A. 消费者需求　　B. 商品属性　　C. 商品质量

5. 商品学是围绕(　　)这两个中心内容来进行研究的。

A. 商品质量和商品结构　　B. 商品生产和商品运输

C. 商品质量和商品品种

(三)判断题(正确打√,错误打×)

1. 未经开采的矿山是商品。(　　)

2. 企业的库存产品也是商品。(　　)

3. 消费者购买商品,本质是购买一种需要,不仅体现在商品消费时,而且还表现在商品购买和消费的全过程。(　　)

4. 商品学是研究商品的学科,重点从商品的价值来研究商品。(　　)

5. 商品质量是指商品属性满足消费者和用户需求的程度,说明商品满足人们需求的广度。(　　)

6. 商品品种是指具有某种共同属性和特征的商品群体,说明商品满足人们需求的广度。(　　)

(四)案例分析

案例分析 1

海尔产品贴上个性标签

沿用了多年的购物准则——货比三家,在 2000 年 10 月的家电商场里,在海尔的 2 万个模块面前,已难找到第二家了。这时,您在不同的商场里虽然找到了相同的

"金元帅",相同的"美高美",相同的"小小神童",但由于商家选择了不同的模块,您买到的产品很可能是独此一份。

这是2000年9月海尔在全国10个大城市巡回召开的海尔B2B商务合作暨产品定制开发交易会上,商家亲自为您设计、定制的个性化产品。

海尔此次用了近一个月的时间,巡回了10个大城市,几乎涵盖了所有的大型家电商场,有4 000多名商家代表参加的定制开发交易会,不仅全面展示了海尔最新推出的B2B个性化产品营销模式,还期望通过这种方式把经销商培养成设计师。

在海尔产品定制开发交易会北京分会上,满院的海尔旗、"快速反应,马上行动"等随处可见的海尔口号,让人分不清是在北京还是在青岛的海尔。海尔此次推出的快速定制设计平台,使得商家不再担心自己经销的产品千篇一律,而是可以随心所欲地设计自己想要独家经销的"金王子"、"小小神童"、"新超人"……海尔为这次定制开发交易会亮出了58个门类的9 200多种基本产品类型,并同时提供了2万多个基本功能模块,商家可以根据不同消费群体的需求,有针对性地进行产品功能的重新组合,"设计定制"顾客喜爱的海尔产品。这9 200多种基本产品类型与2万多个功能模块经过海尔电子商务平台的重新组合设计后,可以放大到10倍以上,即用有形的9 200种产品,可以为顾客提供9万多种产品的选择。这9万多种产品如果每一种用$1m^2$来展示的话,那9万种产品要占9个足球场那么大。所以,海尔此次在全国巡回展只带了一个"足球场",其他的只能在计算机平台上展示。

由于网上交易拉近了与消费者之间的距离,使得消费者的需求可以迅速地反馈给厂家,这样,生产出来的产品才更具有适用性和亲近感。这种未知的需求是变动的需求,是不同区域的需求,是一个用户在不同层次、不同方面的需求,如果能够满足这种需求,就叫B2X,如果能够把这种信息收集到,就叫X2B。

价值就是物有所值,即消费者希望得到的东西,他不会过多地计较价格,如果是他不需要的东西,你硬要向他推销,只有用低价来吸引他,所以,海尔并不是在价格上动脑子,不是因为产品不好了而去改变价格。如果产品不受欢迎了,首先要改变的是产品本身,要开发新的产品,要提升它的价值而不是去压低价格。

对于海尔电子商务的优势,体现在海尔的"一名两网"。"一名两网"就好像如果在一个小房间里几个人吃饭,要做自助快餐反而麻烦了,但如果在一个大食堂里几百人吃饭,做自助快餐就非常容易实现。海尔就是一个大食堂,每年1 000多万个用户,在这个大食堂里做自助快餐就特别有优势,而且这么多人都信任海尔,这就是名牌的优势。海尔又具有非常快速、不断往外端菜的本事。海尔正在建设的两大网:一大网是海尔全球化的设计网络,全球化的制作网络,全球化的销售、需求网络,全球化的配送网络,有了这些网络的支撑,才能把传统网络需求变成电子商务;另一大网是支付网络,海尔与建行系统建立了一个支付网络,但还没有做到在网上完全支付。在三级市场上,海尔正在和农业银行协商,以充分利用农行深入到农村的资源优势。

资料来源:新华网　2000 年 10 月 16 日

案例思考题

从商品学研究商品使用价值的角度分析海尔集团产品开发的思路和商品使用价值的实现途径。

案例分析 2

填补空白的学文

一个新产品投放市场,要有周密的思考,要知道卖点在哪里。在国内进口车市场向着高档化、大排量方向发展的情况下,克莱斯勒(中国)汽车销售有限公司逆市而动,推出了紧凑型进口轿车——新款克莱斯勒 PT 漫步者。那么,它的卖点是什么呢?

由于近年来国产汽车竞争力增强,使得 2.5L 以下排量进口车的数量大幅降低,高档化趋势越来越明显。来自海关总署的统计数字显示,2006 年 1 月至 11 月我国累计进口汽车 202 612 辆,比上年同期增长 41%。其中,1.5～2.5L 的中低档轿车进口量增长不大,而 3L 以上排量轿车增长明显,比上年同期的 15 345 辆增长了 92%。这导致了进口车市场类型单一,跑车、豪华轿车、SUV 占了较大份额,而紧凑型、个性化车型相对较少。2007 年以前,中国消费者眼中的个性化车型是 Mini、新甲壳虫,人们喜欢它们,却又止步于它们较高的价格与较低的性价比。可以说,在日趋成熟的中国汽车市场中,既时尚又实用的均衡型轿车还未出现。而如今,新款克莱斯勒 PT 漫步者的上市,恰好弥补了这一缺憾。

2007 年进口车数量将继续逐年增长,预计将增长 15%。各个汽车厂商如果想占领这个市场,就必须要出奇制胜,推出一些能与国产车互补、有特色的车型。

新款克莱斯勒 PT 漫步者非常具有竞争力。视觉上的独特性使其个性化发挥得淋漓尽致。同时,豪华精致的内部设计,宽敞多变的内部空间,以及如同瑞士军刀般的内部灵活性,使得这款紧凑型轿车在出众的个性风格之外更兼具实用性和多功能性,而澎湃的动力和舒适时尚的内饰,也确保了完美的驾乘体验。

案例思考题

请分析克莱斯勒汽车的产品价值是如何实现的?在中国汽车市场上能否取得成功?

第二章 商 品 分 类

本章知识目标

通过本章的学习学生应掌握以下知识：

1. 商品分类的概念和原则；
2. 商品分类法和商品分类体系；
3. 商品编码和商品编码的原则；
4. 商品编码的种类和方法；
5. 商品目录及商品目录的种类；
6. 国际贸易商品分类目录；
7. 我国的商品分类。

本章能力目标

通过本章的学习学生应具备以下能力：

1. 运用所学知识进行常见商品的经营分类；
2. 能够运用线分类法和面分类法对商品进行分类，并找出分类编号；
3. 能正确使用分类标志。

本章学习要求

通过本章学习了解商品分类的概念和标志，国际上公认并广泛采用的国际贸易分类体系；掌握商品分类法和商品分类体系，商品编码和商品编码的原则。

典案阅读

华联超市商品分类

华联超市经营的商品种类可以达到上万种，如何对这些商品进行管理，既适应陈列及顾客购买的需要，又能提高企业管理效率，这就需要超市对其经营的商品进行细致的分类编组，他们对所经营的商品分类编组如下。

第一大类：冷冻食品类

具体包括以下商品：冷冻家禽、冷冻肉类、冷冻水产品、速冻蔬菜、冷冻制品、熟肉制品、冷饮等。

第二大类：饮料食品类

具体包括以下商品：碳酸饮料、果汁、茶饮料、饮用水、纯奶、奶制品饮料、其他饮料、咖啡类、麦片、胶囊、片类、冲剂、酸奶、其他饮料补品。

第三大类：糖果糕点类

具体包括以下商品：奶糖、夹心糖、礼盒装糖果、巧克力、果冻、布丁、饼干、夹心饼干、巧克力饼干、膨化食品、薯片、锅巴、微波食品、中式糕点、西式糕点、蛋糕、面包、汉堡、奶油、黄油、自产糕点等。

第四大类：炒货蜜饯类

具体包括以下商品：香瓜子，葵花子，开心果，杏仁，豆子，果仁，松子，榛子，核桃，核桃仁，山楂，陈皮，果皮，梅，葡萄干，应子，芒果，水果干、片、圈，蜜饯类糕饼等。

第五大类：调味品类

具体包括以下商品：盐、糖、酱油、火锅调料底料、味精、鸡精、醋、糟醉料、炝料、蘸料、淀粉、汤羹料、色拉酱、花生酱、辣酱、麻油、辣油、蚝豉油、沙司、芥末、油等。

第六大类：烟酒茶类

具体包括以下商品：茶叶，白酒，黄酒，啤酒，米酒，葡萄酒，洋酒，果酒，补酒，其他烟、酒、茶类等。

第七大类：软包装食品

具体包括以下商品：肉干类、鱼干类、海苔类、油面筋、肉松、火腿肠、豆腐干、粽子、即食海带、海蜇、肫、其他软包装食品等。

第八大类：酱菜罐头类

具体包括以下商品：酱菜类、果酱、果泥、八宝粥、腐乳、肉制罐头、糟醉食品、猫狗粮、水果罐头、素制罐头、零称酱菜、其他罐头类等。

第九大类：南北货腌腊制品

具体包括以下商品：桂圆、枣类、枸杞、木耳、银耳、菇类、笋类、莲心、百合、虾皮类、鱼制品类、豆类、仁类、海蜇、海带、紫菜、其他南北货、散装南北货、咸蛋、皮蛋、腌腊制品、散装腌腊制品、其他腌腊制品。

第十大类：洗涤、化妆类

具体包括以下商品：洗衣粉、洗衣液、柔顺剂、专用衣物洗涤剂、洗洁精、消毒液、玻璃清洁剂、厨房清洁剂、浴室清洁剂、地面（板）清洁剂、多用途清洁剂、洁厕用品、家具护理剂（蜡）、皮革护理剂（蜡）、地板蜡、鞋面护理用品、空气清香剂、固体空气清香剂、防霉防蛀用品、蚊香及辅助用品、灭虫剂、杀虫剂、灭虫害片(固体)、洗发露、洗发膏、护发用品、发型定型用品、染发，焗油剂、浴露、洗衣皂、香皂、特殊用途皂、洗手液、脸部清洁用品、化妆水、润肤霜、润肤露、润肤膏、润肤蜜、润肤油(包括甘油等)、防晒用品、护手(足)霜、花露水(防蚊水)、爽身粉、护理卫生用品、宠物洗涤用品、唇膏、彩装、礼品组合装、其他洗涤化妆类。

点评：

零售企业商品的合理分类，提高了企业管理效率，方便顾客购买。

分类是人类社会发展的必然产物，是科学研究的重要方法，分类水平反映着科学技术水平，科学的分类使复杂的事物和现象系统化、条理化，从而深化人们的认识能力，更有效地认识和研究其发生、发展的规律，推动人类社会不断向前发展。

所有的事物、现象及概念都是概括一定范围的集合体。所谓分类，就是将某集合体根据一定的标志和特征，按照归纳共同性、区别差异性的原则，科学地、系统地逐次划分为若干范围更小、特征更趋一致的局部集合体，直到划分为最小单元。

商品也是集合的概念，它是以数以万计的具体商品品种集合而成的总体。对商品进行科学、系统的分类，最终编制出各种简便实用的商品目录，以满足各方面需要，是商品学研究的重要内容。

第一节　商品分类的概念、原则和意义

一、商品分类的概念

商品分类就是根据一定的目的，为满足某种需要，选择适当的分类标志或特征，将商品集合体科学地、系统地逐次划分为不同的大类、中类、小类、品类或类目、品种，乃至规格、品级、花色等细目的过程。商品分类的类目层次及其应用实例见表 2-1。

商品分类的类目层次及其应用实例　　表 2-1

商品类目名称	应用实例	
商品门类	消费品	消费品
商品大类	食品	日用工业品
商品中类	食粮	家用化学品
商品小类	乳及乳制品	肥皂、洗涤剂
商品品类或品目	奶	肥皂
商品种类	牛奶	浴皂、洗衣皂
商品亚种	饮用牛奶	香皂
商品品种	全脂饮用牛奶	牛奶香皂

商品的大类一般根据商品生产和流通的行业来划分，既要同生产行业对口，又要与流通组织相适应，例如，食品、纺织品、百货、五金、文化用品等大类。商品中类、小类一般是按中、小行业或“专业”来划分。商品品类或品目是指具有若干共同性质和特征的商品总称，各自包括若干商品，如针棉织品、五金电料、塑料制品、橡胶制品等。商品品种是按商品的性能、成分等方面特征来划分，是指具体商品的名称，如电视机、洗衣机、电冰箱等。商品细目是对商品品种的详尽区分，包括商品的规格、花色、质量等级，更能具体地反映出商品的特征。

由于国情和科学技术发展水平的不同，各国商品分类的层次并不统一。同时，由于各部门、各系统对商品进行分类的目的不同，商品类目的划分也不相同。《全国主要产品分类与代码》(GB/T 7635—2002)是适合我国使用的一个分类体系，该商品分类体系是国民经济核算和国家经济信息系统的重要基础，我国的各部门、地区在进行计划、统计、会计、业务等工作时必须按此标准的具体规定执行。

二、商品分类的原则

商品分类的原则是建立科学商品分类体系的重要依据。为了使商品分类满足特定的目的和需要，在商品分类时必须遵守以下原则。

1. 必须明确拟分类的商品集合体所包括的范围

不同国家、不同历史阶段，由于商品的升级换代，新产品不断涌现和其他各方面的原因，商品集合体所包括的范围并不完全相同，各行业、各部门所管理的商品范围也不相同，因此商品分类的对象也不尽相同。如我国现阶段的市场经济中，生活资料、生产资料是商品，技术、信息、艺术品等也是商品，商品包括的范围扩大了。因此，商品分类时，必须要明确分类商品集合体所包括的范围，这样商品分类才有实际意义。

2. 必须提出商品分类的明确目的

由于各行业、各部门和各企业进行商品分类的目的和要求不同，商品分类所形成的体系也是多种多样，不同的商品分类体系有各自特定的分类目的。如国家标准商品分类、国际贸易商品分类、海关税则和统计商品分类、危险货物分类、商品的教学分类等，分类是为了生产、国内外贸易、统计、科研、教学等不同的目的。每一种商品分类体系只有根据一定的分类目的来制定，才能科学、实用，因此对商品进行分类时必须提出明确的分类目的。

3. 必须选择适当的分类标志

对商品进行分类时，选择分类标志至关重要，只有分类标志能够满足分类的目的和要求，才能保证分类清楚，具有科学性和系统性。每一种商品都有一定的成分、结构，由一定的原材料、工艺生产路线制成，它的物理、化学、机械等性能都不相同，因此用途、化学成分、原材料、生产制造方法等，都可以作为商品分类的标志。为了保证分类的唯一性、稳定性，就必须选择最稳定的、属于商品本质性的特征作为商品的分类标志。

三、商品分类的意义

商品分类是商品学研究的基础，也是国民经济管理现代化的先决条件。商品的品种繁多，特征各异，价值不等，其性能、用途不同，只有将商品进行科学的分类，商品的科研，产品生产过程中的原材料选购，工艺路线的确定，生产设备的选择，产品的质量控制，运输，仓储养护，贸易中的计划、统计、结算等工作才能顺利进行。

1. 商品的科学分类，为国民经济的现代化管理奠定科学基础

现代化管理离不开电子计算机，电子计算机在商品经营管理中的应用依靠的是商品代码，商品代码是在商品分类基础上通过编码形成的，离开商品分类商品代码就无从谈起。电子计算机的应用为商品的科学分类、编码提出了更高的要求。如在超级市场，对商品进行自动计价和盘结，就是依靠科学的商品分类、编码以及商品分类编码管理系统来实现的。因此，商品的科学分类为实现经济管理现代化奠定了基础。

2. 商品的科学分类，有利于国际信息资源共享和对外贸易的发展

我国采用了《商品名称及编码协调制度》（H・S 编码），能科学地分析研究国际商情，掌握国际市场商品结构和贸易信息交换。目前，在一些发达国家的贸易往来中，利用计算机和商品信息系统查询商品的性能、生产国别、厂商、价格、货源量、存放地点、贸易资料等商品信息，以实现商品信息流和物流管理的现代化。

3. 商品的科学分类，有利于标准化实施，也是制定商品标准的依据

通过商品的科学分类，可以使商品规格、型号、等级、计量单位、包装、标签等特征实现统一化、标准化，从而可避免同一商品在生产和流通领域的不同部门由于商品的名称不统一而造成管理上的困难。制定各种商品标准时，必须明确商品的分类方法、商品的质量指标和对各类商品的具体要求等，所有这些都应建立在商品科学分类的基础上。

4. 商品的科学分类，有利于开展商品研究和教学工作

由于商品种类繁多，特征和性能各异，对包装、运输、储存的要求也各不相同。只有通过对商品的科学分类，将研究对象从个别商品特征归纳总结为某类商品的类别特征，才能深入分析和了解商品的性质和使用性能，全面分析和评价商品质量以及研究商品质量变化规律，从而有助于商品质量的改进和提高，有利于商品检验、包装、运输、保管和科学养护，以及加强流通领域的商品质量保证和防止商品损坏、损耗。通过商品的科学分类，还有利于对商品品种和结构进行研究，从而为商品品种发展和新品种开发提出科学的依据。

在商品学教学中，按教学需要对商品进行科学分类，可以使商品学的知识系统化、专业化，便于理解和掌握，有利于开展商品的质量分析和评价、商品检验、商品包装与储运养护等专题教学和研究。

5. 商品的科学分类，便于消费者和用户选购商品

在销售环节中，通过科学的商品分类和编制商品目录，能有序地安排好市场供给，合理地安排货架分区和商品摆放，正确地引导消费者识别和挑选，从而方便消费者和用户对商品的选购。

第二节　商品分类的方法和主要标志

由于选择的分类标志不同，商品集合体最终会形成不同的商品分类体系。商品分类体系不同，其用途明显不同。为了满足分类的目的与要求，必须建立起适用的科学的商品分类体系。

一、商品分类体系的概念

在商品分类工作中，经常是先选定一个主要标志，将商品分成大类，然后再依不同情况，选择适宜的标志将商品依次划分为中类、小类以至细目等，这样形成的互相联系、互相制约的整体，就是商品分类体系。

为达到商品分类的目的，必须建立起科学的商品分类体系，以体现商品集合体分类的具体情况，从而便于编制商品目录和商品代码。

二、建立商品分类体系的基本方法

建立商品分类体系的基本方法有线分类法及线分类体系和面分类法及面分类体系两种。

1. 线分类法及线分类体系

线分类法所建立起来的体系即为线分类体系。

线分类法也称层级分类法，是指将分类对象按所选定的若干分类标志，逐次地分成相应的若干个层级类目，并排列成一个有层次、逐级展开的分类体系。

线分类法的一般表现形式是大类、中类、小类和细目等，将分类对象一层一层地进行具体划分，各层级所选用的分类标志可以相同，也可以不同。在这种分类体系中，同位类的类目之间存在着并列关系，上位类与下位类之间存在着隶属关系，其结构如图 2-1 所示。

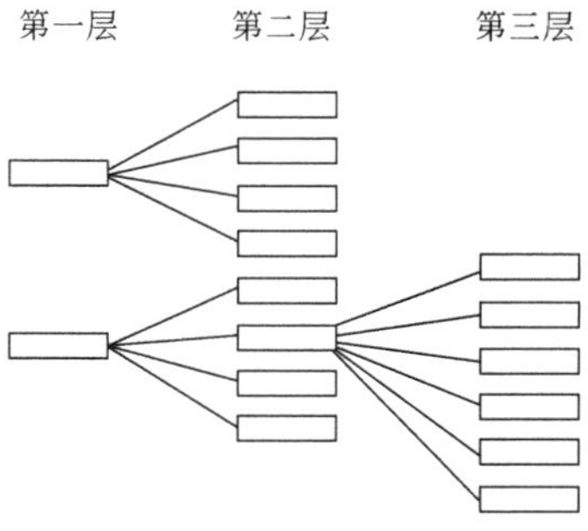

图 2-1　线分类法结构图

选用线分类法应遵循的基本原则：

（1）在线分类中，由某一上位类类目划分出的下位类类目的总范围应与上位类类目范围相同；

（2）当一个上位类类目划分成若干个下位类类目时，应选择一个划分标志；

（3）同位类类目之间不交叉、不重复，并只对应一个上位类；

（4）分类要依次进行，不应有空层或加层。

线分类的优点是具有好的层次性，能较好地反映类目之间的逻辑关系，既符合手工处理信息的传统习惯，又便于计算机对信息的处理。

线分类法的缺点是结构弹性差，一旦确定了分类深度和每一层级的类目容量并固定了划分标志后，要想变动某一个划分标志就比较困难。因此，使用线分类必须考虑到有足够的后备容量。

2. 面分类法及面分类体系

按面分类法所建立起来的分类体系即为面分类体系。

面分类法，又称平行分类法，是指将所选定的分类对象的若干标志视为若干个面，每个面划分为彼此独立的若干个类目，排列成一个由若干个面构成的平行分类体系。

面分类法分类时所选用的标志之间没有隶属关系，每个标志层面都包含着一组类目，其结构如图 2-2 所示。

如机制螺钉的分类采用的就是面分类法，首先选加工螺钉所用的材料、螺钉直径、螺钉头形状和螺钉表面处理为 4 个面，每个面又分为若干个类目。使用时，将有关类目组配成一个复合类目。如黄铜 ϕ1.5 方形头镀铬螺钉、不锈钢 ϕ1.0 六角形头镀锌螺钉，见表 2-2。

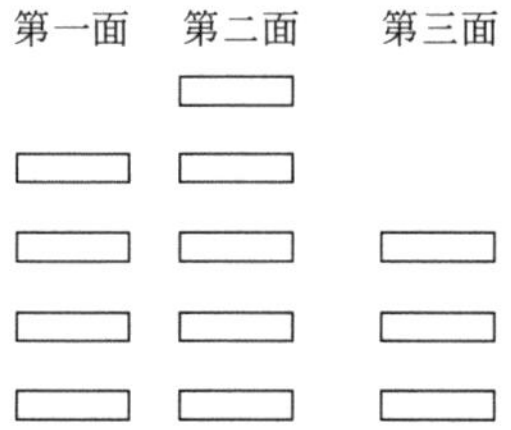

图 2-2　面分类结构图

螺钉选用面及类目编码　　表 2-2

材　　料	螺 钉 直 径	螺钉头形状	表 面 处 理
1——不锈钢	1——直径 0.5cm	1——圆头	1——未处理
2——黄铜	2——直径 1.0cm	2——平头	2——镀铬
3——铜	3——直径 1.5cm	3——六角形头	3——镀锌
		4——方形头	4——上漆

选用面分类法时应遵循的原则：

（1）根据需要，选择分类对象的本质属性作为分类对象的标志；

（2）不同类面的类目之间不能相互交叉，也不能重复出现；

（3）每个面有严格的固定位置；

（4）面的选择以及位置的确定应根据实际需要而定。

面分类法的优点主要有：分类结构具有较大柔性。分类体系中任何一个面内类目的改变，不会影响其他的面，而且便于添加新的面。此外，面分类法有较强的适用性，可实现按任何面的信息进行检索。

面分类法的缺点主要有：不能充分利用容量。因为在实践中许多可组配的类目无实用价值，传统上无使用的习惯，难以手工处理信息。

线分类法和面分类法是商品分类的基本方法，在实际应用时常采用以线分类法为主，面分类法为辅，二者相结合的分类法。

三、商品分类的主要标志

1. 选择商品分类标志的基本原则

分类标志是编制商品分类体系和商品目录的重要依据和基准。对商品进行分类，可供选择的标志很多，在选择分类标志时，应遵循如下基本原则。

(1)目的性

分类标志的选择必须保证在此基础上建立的分类体系能够满足分类的目的和要求。

(2)区分性

分类标志本身含义明确，必须能从本质上把不同类别的商品明显地区分开来，保证分类清楚。

(3)包含性

分类标志的选择必须保证在此基础上所建立的分类体系能够包容拟分类的全部商品，并为不断纳入新商品留有余地。

(4)唯一性

分类标志的选择必须保证每个商品只能在体系内的一个类别中出现，不得在不同类别中反复出现；体系内的同一层级范围只能采用同一种分类标志，不得同时采用几种分类标志。

(5)层次性和关联性

通过选择分类标志，必须使商品分类建立在并列从属关系的基础上，高一级的类别与可从属的类别之间存在着有机的联系，下一级分类标志是上一级分类标志的合乎逻辑的继续和具体化。

(6)简便性

分类标志的选择，必须保证建立起的商品分类体系在实际运用中便于操作，易于使用，有利于采用数字编码和运用电子计算机进行处理。

2. 常用商品分类标志

商品分类标志按其适用性可分为普遍适用和局部适用两类。

普遍适用的分类标志是指所有商品种类共存的特征、性质、关系或功能等。例如，所有的商品都有一定的物理形态；都可以按一定的大小比例(尺寸或体积)来划分；都有地理上的原产地，都要经过一定程度的运输，许多商品还要进行储存；都可按其物质结构和加工程度来区分；在自然界和经济领域循环过程中都占有一定的地位；都由一定的原材料和按一定的工艺方法制成；都可按一定的方法和规定提供给有关的经济部门；都有一种特定的用途和使用方法等。所有这些特征对各种商品来说都是适用的分类标志，也可以把它们称为商品的基本特征或基本分类标志。这些普遍适用的分类标志主要作为商品高层次类目的分类标志，作为划分商品大类、中类、小类、品类经常采用的分类标志。

局部适用的分类标志是指部分商品共有的特征，故也称为特殊分类标志。例如，化学组成、包装形式、动植物的部位、加工特点、保藏方法、播种和收获季节、特殊的物理和化学性质、颜色、外形、功率和效率等。这些分类标志，概念清楚、特征具体，容易区分，常用于某些商品种类、具体商品品种，以及规格、花色、质量等级、型号等细目的划分。

商品分类标志，实质是商品本身固有的种种属性。目前还未发现一种贯穿商品分类体系始终，对所有商品类目直到品种和细目都适用的分类标志。因此，在一个分类体系中，常采用几种分类标志，往往在一个层次用一个适宜的分类标志。如在“H・S编码”分类中是把国际贸易的商品按生产部门划分成 21 类。而在各类内，基本上按同一起始原料或同一类型产品划分 97 章。而在每章内，按照原料到成品的加工程度排列成各种商品，并按顺序编号。

商品分类实践中，常见的分类标志有如下几种。

(1)以商品的用途作为分类标志

商品的用途与广大消费者的需要密切相关，是体现商品使用价值的重要标志，也是研究商品质量和商品品种的重要依据。以商品用途作为分类标志，不仅适合于对商品大类的划分，也适合于对商品类别、品种的进一步详细划分。按商品的用途分类，在实际工作中应用最广泛。按商品用途分类可将商品分为生活资料商品和生产资料商品。在生活资料商品中，按吃、穿、用等用途的不同分为食品、衣着用品、日用品、文化用品、家用电器等类别；日用品商品按不同用途又可分为器皿类、玩具类、洗涤用品类、化妆品类等；化妆品商品中按用途还可分为护肤用化妆品、美容化妆品、发用化妆品等；发用化妆品按用途可再细划分为洗发剂、护发剂、染发剂、美发剂、生发剂、卷发剂等品目；洗发剂可进一步划分成干性头发洗发香波、油性头发洗发香波、洗发护发二合一香波等具体品种。

以商品用途作为商品分类标志，既便于对同一用途商品的质量进行分析和比较，有利于生产企业改进和提高质量，开发新的商品品种，又便于商品经营者对商品的经营管理和消费者对商品的选购。现在，许多商品的类目名称，如食品、医药品、服装、饲料、交通工具等之所以成为专有名词，就是商品按用途分类的结果，但是，这种分类标志，不适用于多种用途商品类别的划分。

(2)以商品的原材料作为分类标志

商品的原材料是决定商品质量和商品品种的重要因素。由于生产所用的原材料不同，商品往往具有截然不同的性能特征。例如，纺织品按原材料来源不同划分为棉织品、毛织品、麻织品、丝织品、化纤织品、矿物性纤维织品、金属性原料织品等，其中丝织品又按原料的不同进一步分为真丝织物、人造丝织物、合纤丝织物和交织物。

以原材料作为商品的分类标志，不仅分类清楚，而且能从本质上反映出每类商品的性能、特点、使用及保管要求，特别是对那些原材料来源较多、对质量和性能有较大影响的商品比较适用，但对那些由多种原材料制成的商品，由于其加工程度不同，其商品特征与原材料关系不大，就不适合采用此种分类标志进行分类。例如，电视机、照相机、洗衣机、汽车等工业品就不适合以原材料作为分类标志。

(3)以商品的化学成分作为分类标志

许多商品的性能、质量多取决于它们的化学成分。在很多情况下，商品的主要化学成分是决定其性能、用途、质量或储运条件，乃至商品品种、等级的重要因素。对这类商品进行分类时，应以主要化学成分作为分类标志。例如，化学肥料按照主要化学成分可划分为氮肥、磷肥、钾肥。

有些商品的主要化学成分虽然相同，但是所含有的少量特殊成分不同，就形成了质量、性能和用途完全不同的商品。对这些商品进行分类时，就可以以特殊成分作为分类标志。例如，玻璃的主要成分是二氧化硅，但根据其中一些特殊成分的不同可进一步分为钢化玻璃(含有氧化钠)、钾玻璃(含有氧化钾)、铅玻璃(含有氧化铅)等。某些商品由于其中所含的某种杂质或某几种杂质可以对商品品质产生极为不利的影响，使得采用杂质作为标志也成为一种商品分类方法，用以明显区分各类商品之间在品质方面的差异。例如，硫对原油品质具有极为不利的影响，是原油中的有害物质。它能使汽油的感铅性下降，降低抗爆剂的抗爆效率；也能增加裂化汽油的生胶倾向，使汽缸积炭增加，加剧发动机的腐蚀；燃料油燃烧时，生成的硫化物气体还能污染大气。因此，硫含量的高低是原油品质优劣的重要标志。

按商品的化学成分分类，便于研究某类商品的特征及其储存和使用方法等。这种分类方法适用于化学成分对商品性能影响较大的商品，但对那些化学成分复杂且对商品影响不大的商品，不适宜采用这种分类标志。

(4)以商品的制造方法作为分类标志

某些商品采用的原材料相同，由于生产方法和加工工艺不同，所形成的商品质量、特性和品种就会有明显的差别。茶叶按制造方法分有红茶、绿茶、花茶、乌龙茶、紧压茶、白茶、黄茶、速溶茶。

采用制造方法为标志进行分类，能直接说明商品质量和商品品种的特征，特别适用于那些可以选用多种生产方法制造的商品，但对于那些虽然生产方法不同，而其质量特征并未产生实质性区别的商品，如，同是热塑性塑料制品，采用吹塑、注射、挤出等任一方法成型，其制品的性能并未有实质性差别，在分类时不宜采用这种分类标志。

(5)以商品的外观形态作为分类标志

商品的外观形态包括形状、色泽和表面组织结构，许多商品的外形与其品质有密切关系，某些商品的外形是决定其用途的重要因素。例如，钢材根据形状可以分成型钢、板钢、管钢等。型钢按形状又分为圆钢、方钢、扁钢、工字钢、槽钢、角钢、半圆钢、六角钢等。

纺织品根据外观形态可分为平纹组织、斜纹组织和缎纹组织。窗用平板玻璃可分为普通窗用平板玻璃、磨砂玻璃、压花玻璃、夹丝玻璃、钢化玻璃。除普通窗用平板玻璃外，其他平板玻璃具有特殊的性能。

(6)以商品的生产季节作为分类标志

农产品和畜产品由于生产季节不同，品质也有所区别，所以可以按照生产季节的不同进行分类。例如，羊毛按生产季节的不同分为春毛、秋毛和伏毛。

(7)以商品的产地作为分类标志

某些商品由于生产地区的自然气候条件、原料质量、培育方式的不同，而使同类产品往往具有不同的品质特征，因此，产地也就成为一些商品的分类标志。例如，功夫红茶习惯上以产地命名，如祁红、滇红、闽红、宜红、川红、宁红、湖红等。

第三节　商品编码和商品目录

商品分类不仅能形成科学系统的商品分类体系，还可形成商品目录和商品代码，因此编制商品目录和商品代码也属于商品分类范围。与此同时，商品目录和商品代码的编制也会促进商品分类的研究和发展。

一、商品编码

1. 商品编码及其意义

商品编码就是赋予某种或某类商品的一个或一组有序的符号排列，是便于人和计算机识别与处理的代表符号。代表符号可以由数字、字母和特殊标记组成。

商品编码是在商品分类的基础上，对各类、各种商品都赋予一定规律性商品代码的过程。商品编码往往是商品目录的组成部分，商品分类与代码共同构成了商品目录的完整内容，故商品目录又叫“商品分类与代码集”。

商品编码与商品分类密切相关，分类在前，编码在后，在实践中也称为商品分类编码。

商品编码可以区别不同产地、不同原料、不同色泽、不同型号的商品品种，便于企业经营管理、计划、统计、物价和核算等工作的开展，有助于避免差错，提高工作效率；为电子计算机进行数据处理创造了前提条件，是现代化管理的基础。

2. 商品编码的原则

(1) 唯一性：在同一个商品编码集中，每一个(组)商品代码只能代表一类(种)商品。

(2)合理性：商品代码结构应与商品科学分类体系和商业经营实际需要相对应。

(3)可扩充性：编码时要求留足备用代码，以备新产品出现扩充代码的需要。

(4)简明性：要求商品代码结构在留足后备容量的前提下尽量简单。

(5)适用性：代码要尽可能反映各类型商品的特点。

(6)规范性：代码的类型、结构、编写格式，在同一套商品分类编码集中要统一规范。

3. 商品编码的种类和方法

(1)商品编码的种类

目前，商品编码的种类主要有数字型编码、字母型编码、混合型编码和条形码4种。

①数字型编码。数字型编码，是用阿拉伯数字对商品进行编码形成的代码符号。数字型代码是将每个商品的类别、品目、品种等排列成一个数字或一组数字。

②字母型编码。字母型编码，是用一个或若干个字母表示分类对象的代码。按字母顺序对商品进行分类编码时，一般用大写字母表示商品大类，用小写字母表示其他类目。字母型代码便于记忆，可提供便于人们识别的信息，但当分类对象数目较多时，往往会出现重复现象，因此，在商品分类编码中很少使用。

③混合型编码。混合型编码是数字、字母混合型编码，是由数字和字母混合组成的编码。字母常用于表示商品的产地、性质等特征，可放在数字前边或后边，用于辅助数字代码。

(2)商品编码的方法

商品编码的方法主要有顺序编码法、层次编码法、平行编码法和混合编码法4种。

①顺序编码法。顺序编码法，是按商品类目在分类体系中出现的先后次序，依次给以顺序代码的一种编码方法。这种编码法简单，常用于容量不大的编码集合体。

②层次编码法。层次编码法，是以分类对象的从属、层次关系为排列顺序而编制代码的一种方法。这种方法常用于线分类体系，编码时将代码分成若干层级，并与分类对象的分类层级相对应。代码自左至右表示层级由高至低，代码左端为最高位层级代码，右端为最低位层级代码，各层级的代码常采用顺序编码或系列顺序码，见图 2-3。

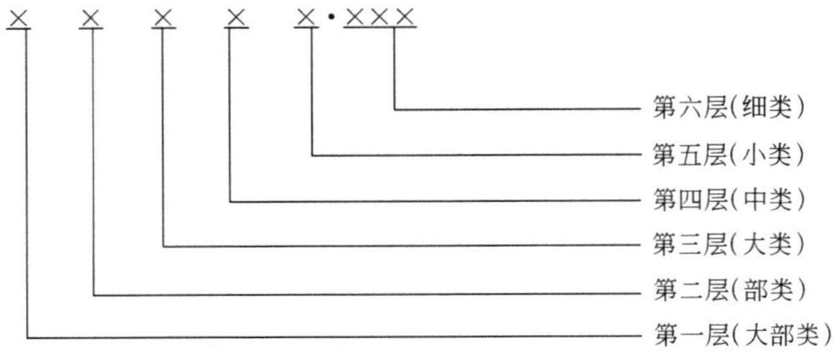

图 2-3 层次编码结构

③平行编码法。平行编码法，是将分类对象按其特征分成若干个面，再把每个面内的类目排列的顺序代码加以组合而形成代码的一种方法。这种方法常用于面分类体系，编码时按照面的排列顺序将各个面内类目的代码分别加以组合。

④混合编码法。混合编码法，是由层次编码法和平行编码法组合而成的一种编码方法。编码时先选择分类对象的各种特征，然后将某些特征用层次编码法表示。其余特征用平行编码法表示。

小 思 考

按表 2-3 对各种螺钉进行编码。

表 2-3

材　料	螺 钉 直 径	螺钉头形状	表 面 处 理
1——不锈钢	1——直径 0.5cm	1——圆头	1——未处理
2——黄铜	2——直径 1.0cm	2——平头	2——镀铬
3——铜	3——直径 1.5cm	3——六角形头	3——镀锌
		4——方形头	4——上漆

黄铜 ϕ1.5 方形头镀铬螺钉编码：3342

不锈钢 ϕ1.0 六角形头镀锌螺钉编码：1233

不锈钢 ϕ0.5 圆头未处理螺钉编码：1111

二、商品目录

1. 商品目录及其意义

商品目录是指将所经营管理的全部商品品种，按一定标志进行系统分类编制成的商品细目表。商品目录又称商品分类目录，编制商品目录离不开商品分类，只有在商品科学分类的基础上编制商品目录，才能使其眉目清晰，才有助于管理工作的科学化。

编制商品目录，便于国家、部门和企业对其经营范围内的商品进行科学管理；便于对商品生产和经营动态的了解和把握，为市场经济发展提供商品信息；便于消费者对市场商品供求情况的了解，更好满足消费者的需要。所以，编制商品目录是搞好商品生产、经营及其管理的一种重要手段。

2. 商品目录的种类

商品目录的种类很多，以编制对象可分为工业产品目录、贸易商品目录和进出口商品目录；以适用范围可分为国际商品目录、国家商品目录、部门商品目录和企业、单位商品目录。

(1)国际商品目录。国际商品目录，是指由国际组织或区域性集团通过商品分类所编制的商品目录。如联合国编制的《国际贸易标准分类目录》，欧共体制定的《欧洲共同体对外贸易统计商品目录》。国际商品目录是在国际范围内从事进出口业务、进行统计和经营管理应共同遵守的准则。

(2)国家商品目录。国家商品目录，是指由国家指定专门机构通过商品分类制定的商品目录。如美国的《国家物质代码》、日本的《商品分类编码》和我国的《全国主要产品分类与代码》(GB 7635—2002)，就是这些国家从事经济管理各自遵守的准则。

(3)部门商品目录。部门商品目录，是指由本行业主管部门编制的商品目录。如原商业部编制的《社会商业商品分类与代码》(SB/T 10135—92)，对外经济贸易部编制的《对外贸易进出口业务统一商品目录》，进出口商品检验局编制的《商检机构实施检验的进出口商品种类表》等，这些商品目录，是该部门从中央到基层共同遵守的准则。

(4)企业、单位商品目录。企业、单位商品目录，是指由本企业、单位自己编制的商品目录，是本企业、单位遵守的准则。

以上 4 种商品目录之间，存在着极其密切的关系。国家商品目录要与国际商品目录相协调；部门或企业、单位编制的商品目录既要符合国家商品目录提出的分类原则，又要满足本部门或本企业、单位的需要。因此，一般来说，部门或企业、单位商品目录常比国家商品目录包括的商品类型少，但品种的划分更细。

三、国际贸易商品分类目录

制定商品贸易分类的目的主要是便于各类贸易组织、部门进行业务活动管理，保证商品流通的正常进行，有助于研究商品流通中的问题，加速商品信息和经济信息的传递等。目前在国际上公认并广泛采用的国际贸易商品分类体系有 3 个，即《海关合作理事会税则商品分类目录》(CCCN)、《国际贸易标准分类》(SITC)和《商品名称及编码协调制度》(H·S 编码)。它们均由有关的国际组织主持编制、发布和实施，具有很高的科学性和完整性。

1.《海关合作理事会税则商品分类目录》(CCCN)

《海关合作理事会税则商品分类目录》又称为《海关税则商品分类目录》公约(Convention on Nomenclature for the Classification of Goods is Customs Tariffs),是1950年12月15日海关合作理事会在布鲁塞尔召开的国际会议上制定的公约,1953年9月11日生效。该公约最初被称为"布鲁塞尔税则目录",于1975年正式改名为《海关合作理事会税则商品分类目录》。

第二次世界大战后,经济复兴、贸易发展,要求加快各国海关的合作,促进海关手续的简化、标准化进程,防止各国利用商品分类进行歧视,避免各国海关任意制定商品分类,便利国际贸易,为国际贸易的发展减少阻碍。为此,海关合作理事会(The Customs Cooperation Council, CCC)于1950年制定了《海关税则商品分类目录》公约,依据该公约的要求,以日内瓦税则目录为基础,经过增加、重排、简化制定了"布鲁塞尔税则分类目录"(Brussel Tariff Nomenclature,BTN)作为该公约的附件,于1957年正式实施,其后在1965年、1972年、1978年等多次加以修订。1975年,海关合作理事会将其更名为《海关合作理事会税则商品分类目录》,一直使用到1987年底。1983年海关合作理事会批准通过了新的商品分类目录《商品名称及编码协调制度》(H·S Code),从1988年开始代替了CCCN,正式实施。

2.《国际贸易标准分类》(SITC)

20世纪50年代,在研究制定海关税则商品分类目录的同时,为便于联合国统计工作的需要,由联合国秘书处主持,在1950年草拟了联合国《国际贸易标准分类》(United Nations Standard International Trade Classification,SITC)。联合国经济及社会理事会在1950年7月12日全体大会通过决议,把这一分类作为世界贸易系统分析的基础和向国际机构报告贸易统计的基础。联合国及其所属机构每年都按照《国际贸易标准分类》编制有关的国际贸易统计资料,以便对世界贸易进行系统的研究,各个成员国也按照这个分类体系发表各自的贸易数据。以后SITC经过了四次修改,最近的一次修改为第四次修改,于2006年3月获联合国统计委员会第三十七届会议通过。

在2006年3月的修订里,该《国际贸易标准分类》把国际贸易商品共分为10大类(section)、63章(division)、233组(group)、786个分组(sub-group)和1924个基本项目(item)。SITC是以等级为基础,以阿拉伯数字来描述商品的,一位数表示类,二位数表示章,三位数表示组,四位数表示分组,五位数表示项目。如低脂牛奶的SITC编码是02212。

以下是SITC从最大范围到最详细描述的一列:

SITC编码	描述
0	食品和活动物

02	乳品和禽蛋
022	牛奶、奶油和乳制品(除黄油和奶酪)
0221	牛奶(包括脱脂牛奶)、奶油,非浓缩或加糖的
02212	含脂牛奶(含脂量1%～6%)

在国际贸易中,一般习惯把0～4类商品称为初级产品,把5～8类商品称为制成品。这10大类商品的类次及其名称如下:

0类	食品及主要供食用的活动物
1类	饮料及烟酒
3类	矿物燃料、润滑油及有关原料
4类	动植物油、脂及蜡
5类	化学品及有关产品
6类	按原料分类的制成品
7类	机械及运输设备
8类	杂项制品
9类	其他商品

SITC是国际贸易统计和联合国各有关机构贸易统计中重要的商品分类目录。联合国用SITC编辑和报告所有国家的贸易信息,其广泛性的分类可使调查者在比较所有国家怎样参与世界贸易时,很容易地分析其经济形势。这样,在20世纪50年代到80年代的30多年中,在国际贸易领域,存在着两种最主要的商品分类方法——CCCN和SITC。两种方法尽管在商品名称、分类及编号上各不相同,使用范围也不相同,但它们都以进出口货物为工作对象,之间的关系非常密切。许多国家的进出口贸易统计是以海关的报关单据作为依据的,而报关单据则是按海关税则分类为基础的。为了便于采用《海关合作理事会税则商品分类目录》编制海关税则的国家能按《国际贸易标准分类》编制统计数据,早在1951年,海关合作理事会和联合国统计委员会共同编制了两个分类体系间的“双路编码索引”(Two Way Coding Key)。在20世纪六七十年代,两个目录经过修订,使各自的项目和编号范围能够互相对应转换。

但是,人们仍感到使用的不便,各界都希望能进一步研究一个在更高层次、更大范围内协调的商品分类目录,能够同时满足关税、统计和国际贸易其他方面的要求,因而导致了《商品名称及编码协调制度》的出现。

3.《商品名称及编码协调制度》(H·S编码)

H·S协调制度是由海关合作理事会(又名世界海关组织)主持制定的一部供海关、统计、进出口管理及与国际贸易有关各方共同使用的商品分类编码体系,其全称是《商品名称及编码协调制度》(The Harmonized Commodity Description and Coding System,简称协调制度或 H·S)。

(1)H·S 的产生

在国际贸易中,各主权国家对进出本国的商品征收税金,需要对商品进行分类,政府为了解进出口贸易情况,也需要借助于商品目录进行统计。因此,许多国家不同程度地开发了对进出口商品的分类和编码工作。最早的商品目录极为简单,仅是将商品名称按笔画多少或字母顺序列成表。由于各国的商品目录在商品名称、目录结构和分类方法等方面存在种种差别,给贸易商造成很大不便。同时,由于由此产生的统计资料的可比性很差,对贸易活动来讲必须有系统、科学的分类,才能适应国际贸易的发展。为此,从 20 世纪初期,国际上就开始探索如何制定一个国际统一的商品分类目录,经过几十年的努力,制定了两套国际通用的分类编码标准。

1948 年,联合国统计委员会制定了《国际贸易标准分类》(简称 SITC)。欧洲经济委员会(欧洲海关同盟)于 1950 年 12 月 15 日在布鲁塞尔签订了《海关税则商品分类目录》公约,1972 年修订后改名为《海关合作理事会税则商品分类目录》(简称 CCCN),SITC 和 CCCN 的产生,对简化国际贸易程序,提高工作效率起到了积极的推动作用。但两套编码同时存在,仍不能避免商品在国际贸易往来中因分类方法不同而需重新对应分类、命名和编码。这些都阻碍了信息的传递,妨碍了贸易效率,增加了贸易成本,不同体系的贸易统计资料难以进行比较分析;同时也给利用计算机等现代化手段来处理外贸单证及信息带来很大困难。因此,从 1973 年 5 月开始,海关合作理事会成立了协调制度临时委员会,以 SITC 和 CCCN 为基础,以满足海关进出口管理、关税征收和对外贸易统计以及生产、运输、贸易等方面的需要为目的,着手编制一套国际通用的协调统一商品分类目录,有 60 多个国家和 20 多个国际组织参与了新目录的编制工作。

经过 13 年的努力,终于在 1983 年 6 月海关合作理事会第 61 届会议上通过了《商品名称及编码协调制度》国际公约及其附件《协调制度》,以 H·S 编码"协调"涵盖了 SITC 和 CCCN 两大分类编码体系,于 1988 年 1 月 1 日正式实施。这样,世界各国在国际贸易领域中所采用的商品分类和编码体系有史以来第一次得到了统一。

(2)H·S 的结构与特点

①H·S 的结构

H·S 是一部科学、系统的国际贸易商品分类体系。H·S 的总体结构包括三大部分:归类规则;类、章及子目注释;按顺序编排的目与子目编码及条文。这三部分是 H·S 的法律性条文,具有严格的法律效力和严密的逻辑性。

a. 为了保证国际上对 H·S 使用和解释的一致性,使得某一特定商品能够始终如一地归入一个唯一编码,H·S 首先列明 6 条归类总规则,规定了使用 H·S 对商品进行分类时必须遵守的分类原则和方法。

b. H・S 的许多类和章在开头均列有注释(类注、章注或子目注释),严格界定了归入该类或该章中的商品范围,阐述 H・S 中专用术语的定义或区分某些商品的技术标准及界限。

c. H・S 采用六位数编码,把全部国际贸易商品分为 21 类、97 章(其中第 77 章为保留章)。章下再分为目和子目。商品编码的前两位数代表“章”,前四位数代表“目”,第五、六位数代表“子目”。1996 年版 H・S 有 5 113 个六位数子目。

H・S 将国际贸易商品按生产部门归类共划分成 21 类。

第一类　活动物;动物产品(1～5 章)

第二类　植物产品(6～14 章)

第三类　动植物油、脂及其分解产品;精制的食用油脂;动植物蜡(15 章)

第四类　食品、饮料、酒及醋;烟草与烟草代用品的制品(16～24 章)

第五类　矿产品(25～27 章)

第六类　化学工业及其相关工业的产品(28～38 章)

第七类　塑料及其制品;橡胶及其制品(39～40 章)

第八类　生皮、皮革、皮毛及其制品;鞍具及挽具;旅行用品、手提包及类似品;动物肠线(蚕胶丝除外)制品(41～43 章)

第九类　木及木制品;木炭;软木及软木制品;稻草、秸秆、针茅或其他编结材料制品(44～46 章)

第十类　木浆及其他纤维状纤维素;纸及纸板的废碎品;纸、纸板及其制品(47～49 章)

第十一类　纺织原料及纺织制品(50～63 章)

第十二类　鞋、帽、伞、鞭及其零件;已加工的羽毛及其制品;人造花;人造制品(64～67 章)

第十三类　石料、石膏、水泥、云母及类似材料的制品;陶瓷产品;玻璃及其制品(68～70 章)

第十四类　天然及养殖珍珠、宝石或半宝石、贵金属、宝贵金属及其制品;仿首饰;硬币(71 章)

第十五类　贱金属及其制品(72～83 章)

第十六类　机器、机械器具、电气设备及其零件;录音机及放音机、电视图像、声音的录制和重放设备及其零件,附件(84～85 章)

第十七类　车辆、航空器、船舶及有关运输设备(86～89 章)

第十八类　光学、照相、电影、计算、检验、医疗或外科用仪器及设备精密仪器及设备;钟表;乐器;上述物品的零件、附件(90～92 章)

第十九类　武器、弹药及其零件、附件(93 章)

第二十类　杂项制品(94～96 章)

第二十一类　艺术品、收藏品及古物(97 章)

H·S“章”分类基本采取两种办法。

a.按商品原材料的属性分类,相同原料的产品一般归入同一章。章内按产品的加工程度从原料到成品顺序排列。如 52 章棉花,按原棉—已梳棉—棉纱—棉布顺序排列。

b.按商品的用途或性能分类。制造业的许多产品很难按其原料分类,尤其是可用多种材料制作的产品或由混合材料制成的产品(如第 64 章鞋、第 65 章帽、第 95 章玩具等)及机电仪产品等,H·S 按其功能或用途分为不同的章,而不考虑其使用何种原料,章内再按原料或加工程序排列出目或子目。H·S 的各章均列有一个起“兜底”作用,名为“其他”的子目,使任何进出口商品都能在这个分类体系中找到自己适当的位置。

在每一章内,按照原料至成品的加工程度排列成各种商品,并按顺序编号。共编成四位数编码 1 241 个,通常称为税目号。税目号的前两位数字表示商品所在的章,后两位数字代表在章内的税目编号。H·S 各章的序号、名称见表 2-4。

H·S 海 关 编 码　　表 2-4

H·S 编码	编 码 描 述
01	活动物
02	肉及食用杂碎
03	鱼及其他水生动物
04	乳品,蛋类,天然蜂蜜
05	其他动物产品
06	活树及其他活植物
07	食用蔬菜,根及茎块
08	食用水果及坚果
09	咖啡、茶及调味香料
10	谷物
11	制粉工业产品
12	含油的籽,果仁和果实,药用植物
13	虫胶,树胶,树脂
14	编结用植物材料
15	动植物油、脂及其分解产品
16	肉及其他水生无脊椎动物的制品
17	糖及糖食
18	可可及可可制品

续上表

H·S编码	编码描述
19	谷物，粮食粉，糕饼点心
20	蔬菜，水果，坚果
21	杂项食品
22	饮料、酒及醋
23	食品工业的残渣；配制的动物饲料
24	烟草及烟草代用品的制品
25	盐，硫黄，泥土及石料，石膏料，石灰及水泥
26	矿砂、矿渣及矿灰
27	矿物燃料、矿物油及其蒸馏产品
28	无机化学品；贵金属，稀土金属，放射性元素
29	有机化学品
30	药品
31	肥料
32	鞣料浸膏及染料浸膏
33	精油及香膏，芳香料制品及化妆盥洗品
34	肥皂，洗涤剂，润滑剂
35	蛋白类物质
36	炸药，易燃材料制品
37	照相及电影用品
38	杂项化学产品
39	塑料及其制品
40	橡胶及其制品
41	生皮及皮革
42	皮革制品
43	毛皮，人造毛皮及其制品
44	木及木制品，木炭
45	软木及软木制品
46	稻草，秸秆，其他编结材料制品
47	木浆及其他纤维状纤维素浆
48	纸及纸板
49	书籍，报纸，及其他印刷品
50	蚕丝

续上表

H·S编码	编 码 描 述
51	羊毛,动物细毛或粗毛
52	棉花
53	其他植物纺织纤维
54	化学纤维长丝
55	化学纤维短丝
56	絮胎,毡呢及无纺织物
57	地毯和其他铺地制品
58	特种机织物
59	浸渍/涂布/包覆或压层的织物
60	针织物及钩编织物
61	针织或钩编的服装 6 101 针织或钩编的男式大衣及类似品
62	非针织或非钩编的服装
63	其他纺织制成品
64	鞋靴、护腿和类似品及其零件
65	帽类及其零件
66	雨伞,阳伞,手杖,鞭子,马鞭及其零件
67	已加工羽毛,羽绒及其制品;人造花;人发制品
68	石料、石膏、水泥、石棉、云母及类似材料的制品
69	陶瓷产品
70	玻璃及其制品
71	天然或养殖珍珠,宝石或半宝石,贵金属,包贵金属及其制品;仿首饰;硬币
72	钢铁
73	钢铁制品
74	铜及其制品
75	镍及其制品
76	铝及其制品
78	铅及其制品
79	锌及其制品
80	锡及其制品
81	其他贱金属、金属陶瓷及其制品
82	贱金属工具
83	贱金属杂项制品

续上表

H·S编码	编码描述
84	核反应堆,锅炉,机器,机械器具机器零件
85	电机,电气设备零件
86	铁道及电车道机车、车辆机器零件
87	车辆机器零件、附件,但铁道及电车道车辆除外
88	航空器、航天器机器零件
89	船舶及浮动结构体
90	光学,照相,电影,计量,检验,医疗或外科用仪器及设备,精密仪器
91	钟表机器零件
92	乐器机器零件、附件
93	武器、弹药及其零件、附件
94	家具
95	玩具、游戏品、运动用品及其零件、附件
96	杂项制品
97	艺术品,收藏品及古物
98	农业、建筑业、交通、电力、煤气及卫生服务、工程及管理服务、环境质量服务
99	商业服务、保健服务、财务、保险、法律及房地产服务、饭店及其他住宿处、各种维修、其他商业服务、设计、媒体

对4位税目可以继续细分,增加分到第五位数为一级子目号,增加分到第六位数为二级子目号,形成6位数的协调制度编码号,也称作6位子目号和位商品组号。如第8章食用水果及坚果细分见表2-5。鲜的苹果、梨细分见表2-6。

08 食用水果及坚果细分表　　表2-5

H·S编码	编码描述
0801	鲜或干的椰子,巴西果及腰果,不论是否去壳或去皮
0802	鲜或干的其他坚果,不论是否去壳或去皮
0803	鲜或干的香蕉,包括芭蕉
0804	鲜或干的椰枣,无花果,菠萝,鳄梨,番石榴等
0805	鲜或干的柑橘属水果
0806	鲜或干的葡萄
0807	鲜的甜瓜(包括西瓜)及木瓜
0808	鲜的苹果、梨等
0809	鲜的杏、樱桃、桃、梅及李
0810	其他鲜果
0811	冷冻水果及坚果,不论是否制熟、加糖或其他甜物质
0812	暂时冷藏的水果及坚果,但不适于直接食用的
0813	其他干果,什锦坚果或干果
0814	柑橘属水果或甜瓜(包括西瓜)的果皮,鲜/冻/干/或其他方法暂时包藏的

0808 鲜的苹果、梨细分表 表 2-6

H·S编码	编码描述
080810	鲜苹果
080820	鲜鸭梨、雪梨、香梨及温孛(quinces)

②H·S的特点

由于H·S是一个以国际公约进行约束管理和统一执行的国际商品分类目录，其宗旨是便利国际贸易，便利统计资料，特别是国际贸易统计资料的收集、对比与分析，减少国际贸易往来中因分类制度不同，重新命名、分类及编码而引起的费用，便利数据的传输和贸易单证的统一。因此，同国际上以往主要的商品分类目录相比，H·S有以下突出特点。

a. H·S是一部多功能、多用途的商品分类目录。H·S是国际上多个商品分类目录协调的产物，是各国专家长期努力的结晶。正如H·S公约所阐明，H·S的编制充分考虑了与贸易有关各方面的需要，是国际贸易商品分类的一种“标准语言”。

b. H·S是世界上最广泛采用的商品分类目录。

c. 世界上已有150多个国家使用H·S，全球贸易总量90%以上的货物都是以H·S分类的。

d. 作为一个国际上政府间公约的附件，国际上有专门的机构、人员进行维护和管理，H·S委员会决定，每4年对H·S作一次全面审议和修订。

③H·S在我国的应用

1992年6月23日，我国海关根据外交部授权，代表中国政府正式签字成为H·S公约的缔约方。多年来，我国海关积极参与服务分类标准的制定和修订工作，在国际场合争取我国的经济利益，施加我国的影响。

我国海关自1983年开始研究H·S，并参与了对H·S的制定工作。1987年将H·S译成了中文，并着手把原海关税则目录和海关统计商品目录向H·S的转换工作。转换过程中广泛征求了贸易管理部门和产业部门的意见。

1992年1月1日我国海关正式采用H·S，并于1996年1月1日按时实施了1996年版H·S编码。我国海关采用的H·S分类目录，前六位数是H·S国际标准编码，第七、八两位是根据我国关税、统计和贸易管理的需要加列的本国子目。为满足中央及国务院各主管部门对海关监管工作的要求，提高海关监管的计算机管理水平，在八位数分类编码的基础上，根据实际工作需要对部分税号又进一步分出了第九、十位数编码的H·S编码制度。

在研究设置本国子目时，充分考虑了执行国家产业政策、关税政策和有关贸易管理措施的需要，具体说来，我国加列的子目主要有以下几种情况：

a. 为贯彻国家产业政策和关税政策，为保护和促进民族工业顺利发展，不同商品需制定不同税率子目，如临时税率商品；

b. 对国家控制或限制进出口的商品加列子目，包括许可证、配额管理商品和特定产品；

c. 为适应国家宏观调控、维护外贸出口秩序、加强进出口管理的需要，对有关主管部门重点监测的商品加列子目，包括进出口商会为维护出口秩序或组织反倾销应诉要求单独列目的商品（如电视机分规格，电风扇、自行车分品种等）；

d. 出口应税商品；

e. 在我国进口或出口所占比重较大、需分项进行统计的商品，包括我国传统大宗出口商品（罐头、中药材及中成药、编结材料制品等）；

f. 国际贸易中发展较快，且我国有出口潜力的一些新技术产品。

近年来，外经贸部与海关总署合作，将许可证商品纳入 H·S 目录管理，实现了联网传输海关统计数据，正在试行配额许可证联网核销管理；海关总署与国际机电管理部门和机电产品进出口商会合作制定了机电产品商品目录，并根据商会对有关机电产品加强管理的要求加列了本国子目；与国家税务总局合作以 H·S 编码为基础加强对出口退税商品的核销管理；与外汇管理部门合作加强了对出口结汇、进口付汇管理等。H·S 编码正在我国外经贸工作中发挥特别积极的作用。

目前，我国有 19 个部委办局对不同种类的进出口商品提出了监管要求，这些要求大都需要海关在进出口环节进行实际监控。在制定了国家标准后，各部门将按照国家标准提出征税、监管、统计的需求，海关将能更准确及时地满足国家管理机关的监管要求。并尽快对各种监管要求实行计算机管理，以切实加强对进出口商品的管理。在维护贸易秩序的同时，加快通关速度，促进贸易效率的提高，促进与国际接轨的步伐。

4. 商标注册用商品和服务的国际分类

尼斯协定是一个有多国参加的国际公约，其全称是"商标注册用商品和服务国际分类尼斯协定"。该协定于 1957 年 6 月 15 日在法国南部城市尼斯签订，1961 年 4 月 8 日生效。尼斯协定的成员国目前已发展到 65 个。我国于 1994 年 8 月 9 日加入了尼斯联盟。尼斯协定的宗旨是建立一个共同的商标注册用商品和服务国际分类体系，并保证其实施。目前，国际分类共包括 45 类，其中商品 34 类，服务项目 11 类，共包含 1 万多个商品和服务项目。申请人所需填报的商品及服务一般说来都在其中。不仅所有尼斯联盟成员国都使用此分类表，而且，非尼斯联盟成员国也可以使用该分类表，所不同的是，尼斯联盟成员可以参与分类表的修订，而非成员国则无权参与。目前世界上已有一百三十多个国家和地区采用此分类表。我国自 1988 年 11 月 1 日起采用国际分类，大大方便了商标申请人，更加规范了商标主管机关的管理，密切了国际间商标事务的联系。尤其是 1994 年我国加入尼斯协定以来，积极参与了对尼斯分类的修改与完善，已将多项有中国特色的商品加入尼斯分类中。尼斯分类表一般每 5 年修订一次，一是增加新的商品，二是将已列入分类表的商品按照新的观点进行调整，以求商品更具有内在的统一性。2006年12月4日，国家工商行政管理总局商标局发出通知，《商标注册用商品和服务国际分类》(尼斯分类)第9版将于2007年1月1日起生效。即日起，凡向商标局申请商标注册，均须使用新版分类表。

尼斯分类表包括两部分：一部分是按照类别排列的商品和服务分类表，另一部分是按照字母顺序排列的商品和服务分类表。

按照类别排列的分类表将商品和服务按照1～45类的顺序排列。每类有一个类别号和标题，每类的标题概括了本类所包含商品的特征及范围，最后列出了本类包括的所有商品或服务项目，每项商品或服务均有一个顺序号，以便查找。另外，每一类有一个注释，对本类主要包括哪些商品，本类与相关类别的商品如何区别，如何划分边缘商品的类别作了说明，这个注释对划分一些易混淆商品的类别有很大帮助。如第三类，类名为"洗衣用漂白剂及其他物料，清洁、擦亮、去渍及研磨用制剂，肥皂，香料，香精油、化妆品，香水、牙膏、牙粉。"注释为："本类主要包括洗澡用品和化妆品。尤其包括：个人用除臭剂；化妆用卫生用品。尤其不包括：清洁烟囱用化学制品(第一类)；生产过程中用的去渍用品(第一类)；非个人用除臭剂(第五类)；磨石或手磨砂轮(第八类)。"

另一部分是按字母顺序排列的商品和服务分类表。世界知识产权组织出版了按英文、法文顺序排列的商品和服务分类表。我国商标主管机关也编排印制了按汉语拼音顺序排列的商品和服务分类表。使用这个表查阅一般商品的类别就像查字典一样方便。如某一生产电视机和录像机的企业，要在这两种商品上申请商标注册，按照汉语拼音顺序，很容易就能查到这两种商品都属于第9类；又如，某一生产食品的企业要在牛奶和冰淇淋上申请商标注册，借助该表，也可以很快查到这两种商品分别属于第29类(牛奶)和第30类(冰淇淋)。

商标注册用商品和服务的国际分类(第9版)如下。

第一类　用于工业、科学、摄影、农业、园艺、森林的化学品，未加工人造合成树脂，加工塑料物质，肥料，灭火用合成物，淬火和金属焊接用制剂，保存食品用化学品，鞣料，工业黏合剂。

[注释]　本类主要包括用于工业、科学和农业的化学制品，包括制造属于其他类别的产品用的化学制品。

尤其包括：堆肥；非食品防腐盐。

尤其不包括：未加工的天然树脂(第二类)；医学科学用化学制品(第五类)；杀真菌剂、除莠剂和消灭有害动物的制品(第五类)；文具用或家用黏合剂(第十六类)；食品用防腐盐(第三十类)；褥草(腐殖土的覆盖物)(第三十一类)。

第二类　颜料，清漆，漆，防锈剂和木材防腐剂，着色剂，未加工的天然树脂，画家、装饰家、印刷商和艺术家用金属箔及金属粉。

[注释]　本类主要包括颜料、染料和防腐制品。

尤其包括：工业、手工业和艺术用颜料、清漆和漆；染衣用料；食品或饮料着色剂。

尤其不包括：未加工的人造树脂（第一类）；洗衣和漂白用上蓝剂（第三类）；美容用染料（第三类）；颜料盒（学校用文具）（第十六类）；绝缘颜料和绝缘漆（第十七类）。

第三类 洗衣用漂白剂及其他物料，清洁、擦亮、去渍及研磨用制剂，肥皂，香料，香精油，化妆品，发水，牙膏。

[注释] 本类主要包括洗涤用品和化妆品。

尤其包括：个人用除臭剂；化妆用卫生制剂。

尤其不包括：清洁烟囱用化学制品（第一类）；产生过程中用的去渍用品（第一类）；非个人用除臭剂（第五类）；磨石或手磨砂轮（第八类）。

第四类 工业用油及油脂，润滑油，吸收、喷洒和黏结灰尘用品，燃料（包括电动机用的汽油）和照明材料，照明用蜡烛和灯芯。

[注释] 本类主要包括工业用油脂，燃料和照明材料。

尤其不包括：某些特种工业用油及油脂（查阅按字母排列的分类表）。

第五类 医用和兽医用制剂，医用卫生制剂，医用营养品，婴儿食品，膏药，绷敷材料，填塞牙孔和牙模用料，消毒剂，消灭有害动物制剂，杀真菌剂，除锈剂。

[注释] 本类主要包括药品和其他医用制剂。

尤其包括：化妆品除外的个人保健用卫生制剂；非人用除臭剂；不含烟草的医用卷烟。

尤其不包括：化妆用卫生制剂（第三类）；个人用除臭剂（香料）（第三类）；矫形用绷带（第十类）。

第六类 普通金属及其合金，金属建筑材料，可移动建筑物，铁轨用金属材料，非电气用缆索和金属线，小五金具，金属管，保险箱，不属别类的普通金属制品，矿砂。

[注释] 本类主要包括未加工的和半制成的普通金属，以及这些金属的简单制品。

尤其不包括：汞，锑，碱金属的碱土金属（第一类）；画家、装饰家、印刷商和艺术家用金属箔及金属粉（第二类）；铝土（第一类）。

第七类 机器和机床，电动机和发动机（陆地车辆用的除外），机器传动用联轴节和传动机件（陆地车辆用的除外），非手动农业工具，孵化器。

[注释] 本类主要包括机器、机床、电动机和发动机。

尤其包括：各类电动机、发动机零件；电动清洁机器和设备。

尤其不包括：某些专用机器和机床（查阅按字母排列的分类表）；手操作的手持工具和器械（第八类）；陆地车辆用电动机和发动机（第十二类）。

第八类　手工用具和器械(手工操作的),刀、叉和勺餐具,佩刀,剃刀。

[注释]　本类主要包括各种行业的手工用具和器械。

尤其包括:贵重金属制刀、叉和勺餐具;电动剃刀、理发推子(手工器具)。

尤其不包括:某些专用工具(查阅按字母排列的分类表);电动机带动的器械和工具(第七类);外科手术刀(第十类);切纸刀(第十六类);击剑用兵器(第二十八类)。

第九类　科学、航海、测地、摄影、电影、光学、衡具、量具、信号、检验(监督)、救护(营救)和教学用具及仪器;处理、开关、传送、积累、调节或控制电的仪器和器具,录制、通信、重放声音和形象的器具,磁性数据载体。

[注释]　尤其包括:实验室科研用仪器及器械;领航用电气仪器及器械,如测量和传令仪器及器械;下列电气仪器及器械:①某些电热工具和器具,即电烙铁、电熨斗,如果不是电动产品,就属于第八类;②一些器材和设备,电暖衣服,汽车上的点烟器,如果不是电动的,就属于其他类别;量角器,穿孔卡式办公机械,与外接显示屏或监视器联用的娱乐装置。所有的计算机程序和软件,不论录制的媒体还是传播工具,也就是,录制在磁性媒体上的软件或从远程计算机网络上下载的软件。

尤其不包括:下列电动仪器及器械:①炊事用电气用具(食品碾磨和搅拌器、榨果汁器、电动磨咖啡器等)和第七类中使用电动机的其他设备及器具;②电动剃刀,理发推子(第八类);③电动牙刷和梳子(第二十一类);④房间加热或液体加热、烹调、通风等电气设备(第十一类);钟表和其他计时器(第十四类);时间控制钟(第十四类)。

第十类　外科、医疗、牙科和兽医用仪器及器械,假肢、假眼和假牙,矫形用品,缝合用材料。

[注释]　本类主要包括医疗仪器、器械及用品。

尤其包括:医用专门器具;某些橡胶卫生用品(查阅按字母排列的分类表);矫形用绷带。

第十一类　照明、加温、蒸汽、烹调、冷藏、干燥、通风、供水以及卫生设备装置。

[注释]　尤其包括:空调装置,电或非电暖床器,加热水瓶,加热锅,非医用电热垫和电热毯,电水壶,电热烹调用具。

尤其不包括:制造蒸汽的装置(第七类)、电热服(第九类)。

第十二类　车辆,陆、空、海用运载器。

[注释]　尤其包括:陆地车辆电动机和发动机;车辆联轴传动元件;气垫车。

尤其不包括:车辆的某些部件(查阅按字母排列的分类表);铁路用金属材料(第六类);非陆地车辆用电动机、发动机、联轴和传动元件、各种电动机和发动机零件(第七类)。

第十三类　火器，军火及子弹，爆炸物，烟火。

［注释］　本类主要包括火器和花炮商品。

尤其不包括：火柴（第三十四类）。

第十四类　贵重金属及其合金以及不属别类的贵重金属制品或镀有贵重金属的物品，珠宝，首饰，宝石，钟表和计时仪器。

［注释］　本类主要包括贵重金属及不属别类的贵重金属制品，并通常包括珠宝、首饰和钟表。

尤其包括：首饰品（仿首饰品和贵重金属首饰及宝石）；衬衫补袖口的链扣，领带别针。

尤其不包括：按功能和用途进行分类的贵重金属制品，如：画家、装饰家、印刷商和艺术家用金属箔及金属粉（第二类），牙科用金粉（第五类），刀、叉和勺餐具（第八类），电开关（第九类）、金笔尖（第十六类），茶壶（第二十一类），金银线制刺绣品（第二十六类），雪茄烟盒（第三十四类）；非贵重金属制艺术品（按其原料分类）。

第十五类　乐器

［注释］　尤其包括：机械钢琴及其附件；八音盒；电动和电子乐器。

尤其不包括：录音、播音、扩音和放音设备（第九类）。

第十六类　不属别类的纸、纸板及其制品，印刷品，装订用品，照片，文具用品，文具或家庭用黏合剂，美术用品，画笔，打字机和办公用品（家具除外），教育或教学用品（仪器除外），包装用塑料物品（不属别类的），印刷铅字，印版。

［注释］　本类主要包括纸、纸制品和办公用品。

尤其包括：切纸刀；油印机；包装用塑料纸、塑料提兜和塑料袋。

尤其不包括：某些纸制品或纸板制品（查阅按字母排列的分类表）；颜料（第二类）；艺术家用手工用具（如修平刀、雕塑剪）（第八类）。

第十七类　不属别类的橡胶、古塔胶、树胶、石棉、云母以及这些原材料的制品，生产用半成品塑料制品，包装、填充和绝缘用材料，非金属软管。

［注释］　本类主要包括电绝缘、隔热或隔音材料，以及半成品塑料纸、板或杆。

尤其包括：修复轮胎胎面用橡胶；橡胶或塑料衬垫及填充料；抗污染的浮动屏障。

第十八类　皮革及人造皮革，不属别类的皮革及人造皮革制品，毛皮，箱子及旅行袋，雨伞、阳伞及手杖，鞭和马具。

［注释］　本类主要包括皮革、人造皮革、不属别类的旅行用品和马具。

尤其不包括：衣服、鞋、帽（查阅按字母排列的分类表）。

第十九类　非金属的建筑材料,建筑用非金属刚性管,沥青,柏油,可移动非金属建筑物,非金属碑。

［注释］　本类主要包括非金属建筑材料。

尤其包括:半成品木材(如横梁、板、护板);胶合板;建筑用玻璃(平板、玻璃瓦片);路标用的玻璃颗粒;混凝土信箱。

尤其不包括:水泥储藏或防水用制剂(第一类);防火制剂(第一类)。

第二十类　家具,玻璃镜子,镜框,不属别类的木、软木、苇、藤、柳条、角、骨、象牙、鲸骨、贝壳、琥珀、珍珠母、海泡石制品,这些材料的代用品或塑料制品。

［注释］　本类主要包括家具及其部件不属别类的塑料制品。

尤其包括:金属家具和野营用具;床上用品(如床垫、弹簧垫、枕头);镜子及陈设或梳妆镜;非金属牌照;非金属又非混凝土制信箱。

尤其不包括:某些按其功能或用途分类的特种镜子(查阅按字母排列的分类表);实验室中的专用器具(第九类);医用专用器具(第十类);床上用布制品(第二十四类);鸭绒被、褥(第二十四类)。

第二十一类　家庭或厨房用具及容器,梳子及海绵,刷子(画笔除外),制刷材料,清扫用具,钢丝绒,未加工或半加工玻璃(建筑用玻璃除外),不属别类的玻璃器皿、瓷器及陶器。

［注释］　本类主要包括家庭及厨房用小件手工操作器具以及盥洗室用具、玻璃器皿和瓷器。

尤其包括:家庭及厨房用具及容器,如:桶,用铁、铝、塑料或其他材料制成的大盆,以及小型工操作的切碎机、研磨机、压榨机等;电梳;电牙刷;菜盘托和长颈大肚玻璃瓶托(餐具)。

尤其不包括:某些玻璃制品、瓷器和陶器(查阅按字母排列的分类表);清扫用品、肥皂等(第三类);小型电切碎机、电研磨机、电压榨机等(第七类);剃刀及剪毛器、理发推子、修指甲和修脚的金属工具(第八类);电烹调器具(第十一类);化妆镜(第二十类)。

第二十二类　缆,绳,网,帐篷,防水遮布,帆、袋(不属别类的),衬垫及填充料(橡胶或塑料除外),纺织用纤维原料。

［注释］　本类主要包括绳缆及帆篷制品,衬垫及填充料和未加工的纺织用纤维原料。

尤其包括:用天然或人工纺织纤维、纸或塑料制成的缆和绳;某些专用网和袋(查阅按字母排列的分类表)。

尤其不包括:乐器弦(十五类)。

第二十三类　纺织用纱、线。

第二十四类　不属别类的布料及纺织品,床单和桌布。

[注释] 本类主要包括纺织品(匹头)和家用罩布。

尤其包括:纸制床上用品。

尤其不包括:某些特种织物(查阅按字母排列的分类表);医用电热毯(第十类)和非医用电热毯(第十一类);餐桌用纸制品(第十六类);马用罩布(第十八类)。

第二十五类 服装,鞋,帽。

尤其不包括:某些特种服装和特种鞋(查阅按字母排列的分类表)。

第二十六类 花边及刺绣,饰带及编带,纽扣,领钩扣,饰针及缝针,假花。

[注释] 本类主要包括缝纫用品和饰带品。

尤其包括:拉链。

尤其不包括:某些特种小钩(查阅按字母排列的分类表);某些特种缝针(查阅按字母排列的分类表);纺织用纱、线(第二十三类)。

第二十七类 地毯,地席,席类,油毡及其他铺地板用品,非纺织品墙帷。

[注释] 本类主要包括铺地板或装饰墙壁制品。

第二十八类 娱乐品,玩具,不属别类的体育及运动用品,圣诞树用装饰品。

[注释] 尤其包括:钓鱼用具;各种运动及文体娱乐器械。

尤其不包括:圣诞树用的蜡烛(第四类);潜水装备(第九类);与外接显示屏或监视器联用的娱乐装置(第九类);圣诞树用的电灯(花彩式的)(第十一类);渔网(第二十二类);体育及运动服装(第二十五类);圣诞树装饰用糖果及巧克力(第三十类)。

第二十九类 肉,鱼,家禽及野味,肉汁,腌渍、冷冻、干制及煮熟的水果和蔬菜,果冻,果酱,蜜饯,蛋,奶及乳制品,食用油和油脂。

[注释] 本类主要包括肉类食品,以及日用或储藏用的蔬菜及其他园艺食品。

尤其包括:奶饮料(以奶为主)。

尤其不包括:活的动物(第三十一类);某些植物类食品(查阅按字母排列的分类表);婴儿食品(第五类);医用营养品(第五类);待孵蛋(第三十一类);动物饲料(第三十一类);色拉调味品(第三十类)。

第三十类 咖啡,茶,可可,糖,米,食用淀粉,西米,咖啡代用品,面粉及谷类制品,面包,糕点及糖果,冰制食品,蜂蜜,糖浆,鲜酵母,发酵粉,食盐,芥末,醋,沙司(调味品),调味用香料,饮用冰。

[注释] 本类主要包括日用或储藏用的来自植物内的食品,以及调味佐料。

尤其包括:咖啡、可可或巧克力的饮料;人类食用谷物(如燕麦片或其他谷物)。

尤其不包括:某些植物食品(查阅按字母排列的分类表);非食用防腐盐(第一类);药茶和医用营养品(第五类);婴儿食品(第五类);未加工的谷物(第三十一类);动物饲料(第三十一类)。

第三十一类　农业，园艺，林业产品及不属别类的谷物，牲畜，新鲜水果和蔬菜，种籽，草木及花卉，动物饲料，麦芽。

［注释］　本类主要包括日用的未经制作的田地产物，牲畜及植物，以及动物饲料。

尤其包括：未加工的木材；未加工的谷物；待孵蛋；软体动物或贝壳类动物（活的）。

尤其不包括：半成品木材（第十九类）；米（第三十类）；烟草（第三十四类）；微生物培养物和医用水蛭（第五类）；人造鱼饵（第二十八类）。

第三十二类　啤酒，矿泉水和汽水以及其他不含酒精的饮料，水果饮料及果汁，糖浆及其他供饮料用的制剂。

［注释］　本类主要包括不含酒精的饮料及啤酒。

尤其包括：无酒精饮料。

尤其不包括：医用饮料（第五类）；奶饮料（以奶为主）（第十二九类）；含咖啡、可可或巧克力的饮料（第三十类）。

第三十三类　含酒精的饮料（啤酒除外）。

［注释］　尤其不包括：医用饮料（第五类）；无酒精饮料（第三十二类）。

第三十四类　烟草，烟具，火柴。

［注释］　尤其包括：烟草代用品（非医用的）。

尤其不包括：含烟草的医用卷烟（第五类）。

第三十五类　广告，实业经营，实业管理，办公事务。

［注释］　本类主要包括由个人或组织提供的服务，其主要目的在于：①对商业企业的经营或管理，进行帮助；②对工商企业的业务活动或者商业职能的管理进行帮助，以及由广告部门为各种商品或服务提供的服务，旨在通过各种传播方式向公众进行广告宣传。

尤其包括：为他人将各种商品（运输除外）归类，以便顾客看到和购买；这种服务可由零售、批发商店通过邮购目录和电子媒介，例如通过网站或电视购物节目提供；有关注册、抄录、写作、编纂，或者书面通讯及记录系统化，以及编纂数学或者统计资料的服务；广告单位的服务，以及直接或邮寄散发说明书或者样品的服务；本类可涉及有关其他服务的广告，如银行借贷或无线电广告服务。

尤其不包括：与工商企业的经营或者管理无直接关系的估价和编写工程师报告的服务（查阅按字母排列的分类表）。

第三十六类　保险，金融，货币事务，不动产事务。

［注释］　本类主要包括金融和货币业务提供的服务以及与各种保险契约有关的服务。

尤其包括：与金融和货币业务有关的服务，即：

①银行及其有关的机构的服务,如外汇经纪人或清算机构;

②不属于银行的信贷部门的服务,如信贷合作社团、私人金融公司、放款人等的服务;

③"投资托拉斯"、"股份"公司的服务;

④股票及财产经纪人的服务;

⑤与承受信用代理人担保的货币业务有关的服务;

⑥与发行旅行支票和信用证有关的服务;与保险有关的服务;不动产管理人对建筑物的服务,如租赁、估价或筹措资金的服务;与保险有关的服务,如保险代理人或经纪人提供的服务,为被保险人和承保人提供的服务。

第三十七类　房屋建筑,修理,安装服务。

[注释]　本类主要包括建造永久性建筑的承包商或分包商所提供的服务,以及由个人或组织为修复建筑物或保持原样而不改变其物理或化学特征的服务。

尤其包括:建筑房屋、道路、桥梁、堤坝,或通信线路的服务,以及建筑行业中其他专项服务,如油粉刷、涵管、安装暖气或盖屋顶;为建筑服务的辅助性服务,如建筑计划的检查;造船服务;租赁建筑工具或材料的服务;修理服务,即修复已经磨损、损坏或部分破坏的任何东西(修复房屋或将其他残缺之物修复原样);各种修理服务,如用电、家具、器械和工具等;维修服务,旨在使物品保持原样而不改变其任何属性(有关本类与第四十类的区别,请看第四十类的注释)。

尤其不包括:诸如服装或车辆之类商品的储存服务(第三十九类);与纺织品或服装印染有关的服务(第四十类)。

第三十八类　电信。

[注释]　本类主要包括至少能使二人之间通过感觉方式进行通信的服务。

这类服务包括:①能使一人与另一人进行交谈;②将一人的消息传递给另一人;③使一人与另一人进行口头或视觉的联系(无线电和电视)。

尤其包括:主要进行播放无线电或电视节目的服务。

尤其不包括:无线电广告服务(第三十五类)。

第三十九类　运输,商品包装和储藏,旅行安排。

[注释]　本类主要包括将人或商品从一处运送到另一处(通过铁路、公路、水上、空中或管道)所提供的服务和与此有关的必要服务,以及货栈或者其他建筑物为便于看管、保存商品所提供储藏的服务。

尤其包括:供运输使用的车站、桥梁、渡轮(铁路运输)等公司提供的服务；租赁运输车辆的服务；与海上拖曳、卸货、港口和码头运转、救护遇险船只及货载有关的服务；与机场运转有关的服务；发货前的包装和打包业务的服务；经纪人及旅行社提供旅行或货运情况的服务以及提供价目、时刻或运送方式情况的服务；运输前检查车辆或货物的服务。

尤其不包括：与运输企业广告有关的服务，如散发广告传单或无线电广告（第三十五类）；由经纪人或旅行社提供的发出旅行支票或者信用证的服务（第三十六类）；人或货物在运输过程中的保险（商业、火灾或生命）服务（第三十六类）；维修车辆的服务，也不指涉及人或货物运输工具的维修服务（第三十七类）；由旅行社或经纪人提供的预订旅馆房间的服务（第四十二类）。

第四十类　材料处理。

[注释]　本类主要包括没列入其他类别的，对有机物质、无机物质或物品进行机械或者化学处理或者加工的服务。

按分类的要求，只是在为他人进行处理或加工的情况下，商标才视为服务标志，根据分类的同一要求，在某人将经过处理或加工的物质或物品进行交易的各种情况下，商标被视为商品标志。

尤其包括：对物品或物质进行加工的服务，包括改变其主要特征的处理服务（如染服装）；按正常分类，维修服务应该列入第三十七类，但若进行了这样的改变，即可列入第四十类（如汽车防冲击装置的镀铬处理）；在制造非建筑物或物品的材料服务，如切割、加工成形，磨光或金属镀层方面的服务。

尤其不包括：修理服务（第三十七类）。

第四十一类　教育，提供培训，娱乐，文体活动。

[注释]　本类主要包括由个人或团体提供的人或动物智力开发方面的服务，以及于娱乐或消遣时的服务。

尤其包括：有关人员教育或动物训练的各种形式的服务；旨在人们娱乐、消遣或文娱活动的服务；为文化和教育目的向公众展示可视艺术作品或文学作品。

第四十二类　科学技术服务和与之相关的研究与设计服务；工业分析与研究；计算机硬件与软件的设计与开发。

[注释]　主要包括由人，个人或集体，提供的涉及复杂领域活动的理论和实践服务；这些服务由诸如化学家、物理学家、工程师、计算机程序员、律师等专业人员提供。

尤其包括：从事评估、估算以及从事科技领域研究与报告的工程师提供的服务；为医务目的所做的科学研究服务。

尤其不包括：商业研究与开发（第三十五类）；文字处理和计算机档案管理（第三十五类）；金融与财政评估（第三十六类）；采矿和石油开采（第三十七类）；计算机（硬件）的安装与维修服务（第三十七类）；由专业人员诸如医生、兽医和精神分析医生所提供的服务（第四十四类）；医疗服务（第四十四类）；花园设计（第四十四类）。

第四十三类　提供食物和饮料服务；临时住宿。

［注释］　本类主要包括由个人或机构为消费者提供食物和饮料的服务以及为使在宾馆、寄宿处或其他提供临时住宿的机构得到床位和寄宿所提供的服务。

尤其包括：为旅游者提供住宿预订服务，尤其是通过旅行社或经纪人提供的服务；为动物提供膳食。

尤其不包括：提供永久使用的不动产，例如住房、公寓等的租赁服务（第三十六类）；由旅行社提供的旅行服务（第三十九类）；食物和饮料保存服务（第四十类）；迪斯科舞会服务（第四十一类）；寄宿学校（第四十一类）；疗养院（第四十四类）。

第四十四类　医疗服务；兽医服务；人或动物的卫生和美容服务；农业、园艺或林业服务。

［注释］　主要包括由个人或机构向人或动物提供的医疗、卫生和美容服务；它还包括与农业、园艺和林业领域相关的服务。

尤其包括：与治疗病人（例如 X 光检查和取血样）有关的医学分析；人工授精服务；医药咨询；动物饲养；与植物生长例如园艺有关的服务；与植物艺术例如园艺设计和花卉构图有关的服务。

尤其不包括：灭害虫（为农业、园艺和林业目的除外）（第三十七类）；灌溉系统的安装与维修服务（第三十七类）；救护车运输（第三十九类）；动物屠宰及其标本制作（第四十类）；树木砍伐和加工（第四十类）；动物驯养（第四十一类）；为体育锻炼目的而设的健康俱乐部（第四十一类）；医学科学研究服务（第四十二类）；为动物提供膳食（第四十三类）；养老院（第四十三类）。

第四十五类　由他人提供的为满足个人需要的私人和社会服务；为保护财产和人身安全的服务；法律服务。

［注释］　尤其包括：与个人或团体的安全相关的调查和监视服务；为个人提供的与社会活动，例如护送服务、葬礼服务和婚姻介绍所相关的服务；由律师为个人、组织、团体、企业提供的服务。

尤其不包括：为商业运作提供直接指导的专业服务（第三十五类）；为处理与保险有关的金融或货币事务和服务有关的服务（第三十六类）；护

送旅客（第三十九类）；安全运输（第三十九类）；各种个人教育服务（第四十一类）；歌唱演员和舞蹈演员的表演（第四十一类）；由他人为人类和动物提供的医疗、卫生或美容服务（第四十四类）；某些出租服务（参考分类表和有关服务分类的部分）；为保护计算机软件所提供的计算机服务（第四十二类）。

四、我国的商品分类

1.《中华人民共和国海关进出口税则》和《中华人民共和国海关统计商品目录》

为了与国际接轨，我国海关从 1983 年起便开始对 H·S 编码进行跟踪研究，1987 年将 H·S 编码译成中文，并着手把我国海关税则目录和海关统计商品目录向 H·S 编码的转换工作。1991 年 6 月，国务院关税税则委员会审议通过了以 1992 年版 H·S 为基础编制的《中华人民共和国海关进出口税则》，1992 年 1 月 1 日我国海关税则目录和海关统计商品目录正式采用 H·S 编码。

以 H·S 编码为基础的我国海关税则，统计共用目录采用 8 位代码。其中前六位与世界海关组织的 H·S 编码完全一致，第七、八两位数根据我国关税、统计和贸易管理的需要加列。

该目录是对进出口商品的分类和代码，第一部分的代码和商品名称加列税率即形成《中华人民共和国海关进出口税则》，代码和商品详细名称加列计量单位即构成《中华人民共和国海关统计商品目录》。

2.国家标准《全国主要产品分类与代码》(GB/T 7635—2002)

《全国主要产品分类与代码》(GB/T 7635—2002)由相对独立的两个部分组成，第一部分为可运输产品，第二部分为不可运输产品。第一部分由五大部类组成，与联合国统计委员会制定的《主要产品分类》(CPC)1988 年 10 版的第 1 部分相对应，一致性程度为非等效。

“可运输产品代码”标准是对《全国工农业产品（商品、物资）分类与代码》(GB/T 7635—1987)的修订。主要变化有：

(1)对《全国工农业产品（商品、物资）分类与代码》(GB/T 7635—1987)标准名称进行了修改；

(2)对代码结构和编码方法进行了修改。《全国工农业产品（商品、物资）分类与代码》(GB/T 7635—1987)代码结构是 4 层 8 位数字码，每层 2 位码，采用了平均分配代码的方法；“可运输产品代码”标准代码结构是 6 层 8 位数字码，前 5 层是 1 层 1 位码，第 6 层是 3 位码，采用了非平均分配代码方法；

(3)产品分类和类目的设置进行了较大幅度的调整；

(4)采用了《分类编码通用术语》(GB/T 10113—1988)中确立的术语；产品类目采用了规范的产品名称。

S 本章小结

科学的分类使复杂的事物和现象系统化、条理化，从而深化人们的认识能力，更有效地认识和研究其发生、发展的规律，推动人类社会不断向前发展。商品分类就是根据一定的目的，为满足某种需要，选择适当的分类标志或特征，将商品集合体科学地、系统地逐次划分为不同的大类、中类、小类、品类或类目、品种，乃至规格、品级、花色等细目的过程。商品分类必须遵循的原则有：必须明确拟分类的商品集合体所包括的范围；必须提出商品分类的明确目的；必须选择适当的分类标志。商品的科学分类，为国民经济的现代化管理奠定了科学的基础，有利于国际信息资源共享和对外贸易的发展，有利于标准化实施，有利于开展商品研究和教学工作，便于消费者和用户选购商品，也是制定商品标准的依据。

在商品分类工作中，通常是先选定一个主要标志，将商品分成大类，然后再依不同情况，选择适宜的标志将商品依次划分为中类、小类以至细目等，这样形成的互相联系、互相制约的整体，就是商品分类体系。建立商品分类体系的基本方法有线分类法及线分类体系和面分类法及面分类体系两种。线分类法是较常用的一种方法。我国的《全国主要产品分类与代码》(GB/T 7635—2002)，就是采用线分类法。在商品进行分类时必须选择适宜的商品分类标志，常用的商品分类标志有商品的用途、商品的原材料、商品的化学成分、商品的制造方法、商品的外观形态、商品的生产季节和商品的产地等。选择商品分类标志时要注意分类标志的目的性、区分性、包含性、唯一性、层次性、关联性和简便性。

商品编码就是赋予某种或某类商品的一个或一组有序的符号排列，是便于人和计算机识别与处理的代表符号。代表符号可以由数字、字母和特殊标记组成。商品编码是在商品分类的基础上，对各类、各种商品都赋予一定规律性商品代码的过程。商品编码时应注意编码的唯一性、合理性、可扩充性、简明性、适用性和规范性。目前，商品编码的种类主要有数字编码、字母编码、混合编码和条形码 4 种。商品编码的方法主要有顺序编码法、层次编码法、平行编码法和混合编码法 4 种。

商品目录是指将所经营管理的全部商品品种，按一定标志进行系统分类编制成的商品细目表。编制商品目录，便于国家、部门和企业对其经营范围内的商品进行科学管理；便于对商品生产和经营动态的了解和把握，为市场经济发展提供商品信息；便于消费者对市场商品供求情况的了解，更好满足消费者的需要。商品目录的种类很多，以编制对象来划分可以为工业产品目录、贸易商品目录和进出口商品目录；以适用范围来划分可以为国际商品目录、国家商品目录、部门商品目录和企业、单位商品目录。目前在国际上公认并广泛采用的国际贸易商品分类体系有 3 个，即《海关合作理事会税则商品分类目录》(CCCN)、《国际贸易标准分类》(SITC)和《商品名称及编码协调制度》(H·S)。它们均由有关的国际组织主持编制、发布和实施,具有很高的科学性和完整性。我国的商品分类主要有《中华人民共和国海关进出口税则》和《中华人民共和国海关统计商品目录》、国家标准《全国主要产品分类与代码》(GB/T 7635—2002)。

R 课后阅读

海关税则商品分类目录公约

一九五〇年十二月十五日签于布鲁塞尔

本公约签约各国政府,切望便利国际贸易,注意到对货物的数量限制不断被撤除,使关税成为国际贸易中日益重要的因素,切望简化国际关税谈判和便利各国贸易统计的相互对比,而这种统计的数据则一向是以海关税则中的商品分类为依据的。深信使海关商品税则分类采取共同准则将成为达到以上目标的重要步骤。充分考虑了欧洲关税同盟研究小组在布鲁塞尔为本专题所完成的工作,并认为在这方面取得成果的最好办法是缔结一项国际公约,兹议定如下:

第一条　在本公约中:

甲、"分类目录"指本公约附件中订明的税目、税号、各类项的注释和为实施税则分类目录作解释的总则;

乙、《设立理事会公约》指一九五〇年十二月十五日以前在布鲁塞尔任由各国签署的《设立海关合作理事会公约》;

丙、"理事会"指本条乙项所指的海关合作理事会;

丁、"秘书长"指理事会秘书长。

第二条

甲、每一缔约方应按本分类目录编订其税则,对本目录可以酌情作必要的文字修饰,使本目录能作为该方的国内法规生效。并应自本公约对该方生效之日起执行按本目录编订的税则。

乙、每一缔约方保证在其海关税则中:

(1)不删除分类目录的任何税目,不增加任何新的税目,也不改变任何税号;

(2)对各类项的注释不作改动,以免使本目录所订类项和税目的范围在一定程度上被曲解;

(3)将税则分类目录解释总则列入。

丙、本条规定不妨碍缔约国在其海关税则中将分类目录税目以下的商品细分为子目。

第三条

甲、理事会应监督本公约的执行,以保证其解释和执行的一致性。

乙、为此,理事会应设立"分类目录委员会",采用本公约的每一理事会成员国应有权派代表参加。

第四条　分类目录委员会应由理事会授权并遵照其批示,行使下列职权:

甲、著录和交流缔约各方在其海关税则中执行分类目录的情况;

乙、研究缔约各方为海关商品分类所订的制度和惯例,从而向理事会或缔约各方提出建议,以保证分类目录在解释和执行上的一致性;

丙、编写税则注释作为解释和执行分类目录的指南;

丁、向缔约各方主动或应请求提供关于海关商品分类的情况或意见;

戊、向理事会提出认为必要的本公约修正案;

己、行使理事会授予的关于商品海关归类的其他理事会职权。

第五条

甲、分类目录委员会每年至少应开会三次。

乙、分类目录委员会应选举主席一名,副主席一名或若干名。

丙、分类目录委员会的议事规则,应由成员国以不少于2/3的多数作出决议制定。议事规则制订后应报请理事会批准。

第六条　本公约的附件为本公约的组成部分。凡提及本公约时均包括这些附件在内。

第七条　根据本公约,缔约各方对关税税率不承担任何义务。

第八条

甲、本公约应取消缔约各方相互间根据其他国际协定承担的所有与本公约抵触的义务。

乙、本公约对任何缔约方在本公约生效前,根据其他国际协定向第三国政府承担的义务不应取消。但在情况许可和续订上述协定时,缔约各方应设法对上述协定作必要的修改,使与本公约的规定相一致。

第九条

甲、缔约双方或各方如对本公约的解释和执行发生争议,应尽可能自行通过谈判解决。

乙、通过谈判无法解决的争议应由有关各方提交分类目录委员会审议并提出解决的建议。

丙、分类目录委员会未能解决的争议应由委员会提交理事会,理事会应根据《设立理事会公约》第三条戊款的规定提出建议。

丁、争议各方可事先承认委员会或理事会的建议对该方具有约束力。

第十条　本公约应在一九五一年三月三十一日前由《设立理事会公约》签约国政府签字。

第十一条

甲、本公约须经批准。

乙、批准文书应交比利时外交部保存，并由该部通知所有签约国和加入国政府及秘书长，但在交付《设立理事会公约》的批准文书前任何政府不得交付本公约的批准文书。

第十二条 （已取消，见一九五五年七月一日修改议定书第6条）。

第十三条

甲、已批准或加入《成立理事会公约》但非本公约的签约国政府可于一九五一年四月一日起加入本公约。

乙、加入文书应交比利时外交部保存，并由该部通知所有签约国和加入国政府及秘书长。

丙、（已取消，见一九五五年七月一日修改议定书）。

第十四条

甲、本公约无限期有效。但自本公约生效之日起五年后的任何时候，任何缔约一方可以退约。退约应从比利时外交部接到退约通知书之日起一年后生效。该部应将每次退约情况通知所有签约国和加入国政府及秘书长。

乙、退出理事会公约的缔约一方应不再为本公约的缔约一方。

第十五条

甲、任何政府都可以在批准或加入本公约时或在此后，通知比利时外交部声明本公约应扩大到该国负有外交责任的关境，本公约应于比利时外交部接到上述通知书之日起三个月后，但不早于本公约对该政府生效之前，对通知书内所指的关境生效。

乙、任何按上述甲款规定声明使本公约扩大到该国负有外交责任的任何关境的政府，可以按第十四条规定通知比利时外交部声明该关境已退约。

丙、比利时外交部应将收到的与本条有关的通知书转知所有签约国和加入国政府及秘书长。

第十六条

甲、理事会可向缔约各方提出本公约的修正案。

乙、比利时外交部应将修正案文本转送所有缔约各方和所有签约国或加入国政府。

丙、按本条乙款规定转送的修正案，如在比利时外交部发出通知之日起六个月内缔约各方未提出异议，则该修正案应认为已被缔约各方所接受。

丁、对修正案如有异议，比利时外交部应通知所有缔约各方和理事会秘书长。如无异议该修正案应在本条丙款中规定的期限届满一年后对所有缔约各方生效，特别对分类目录的修正案，缔约各方应于生效前按修正的分类目录修订本国税则。

戊、比利时外交部应将已接受的或被认为已接受的修正案通知所有缔约各方和其他签约或加入国及理事会秘书长。

已、本公约的批准或加入国政府应认为已接受交付批准或加入文书之日已生效的本公约任何修正案。

下列签约人经本国政府正式授权在本公约上签字作证。

本公约于一九五〇年十二月十五日签于布鲁塞尔，公约正本一份以法文和英文写成，两种文本具有同等效力。该正本应交比利时政府的档案馆保存，比利时政府应将核实无讹的副本送交每一签约国和加入国政府。

P 实训项目

实地考察当地一大型超市(商场)和学校图书馆，了解超市商品和图书馆图书的分类情况。分析超市商品和图书馆图书的分类原则，找出分类不合理的部分，并给出解决方案。

要求：

(1)将学生分成6～8人一组，以小组为单位进行调查，并写出调查报告。

(2)学生在调查时从商品的大类开始调查，然后是中类、小类，再到单品。

T 思考与练习

一、思考题

1. 商品分类的含义是什么?

2. 商品分类的基本原则有哪些?

3. 什么是商品分类体系? 建立商品分类体系的基本方法有哪些? 各有什么特点?

4. 常见的商品分类标志有哪些? 哪些商品适合于用商品的原料作为分类标志? 化学肥料用什么作为分类标志比较合适?

5. 商品编码和商品分类的关系如何?

6. 商品编码的原则是什么?

二、练习题

(一)填空题

1.(　　)一般根据商品生产和流通的行业来划分，既要同生产行业对口，又要与流通组织相适应。

2.(　　)是对商品品种的详尽区分，包括商品的规格、花色、质量等级，它更能具体地反映出商品的特征。

3.(　　),是指将分类对象按所选定的若干分类标志,逐次地分成相应的若干个层级类目,并排列成一个有层次、逐级展开的分类体系。

4.(　　),是指将所选定的分类对象的若干标志视为若干个面,每个面划分为彼此独立的若干个类目,排列成一个由若干个面构成的平行分类体系。

5.目前,商品编码的种类主要有(　　)、(　　)、(　　)和(　　)4种。

6.商品编码的方法主要有(　　)、(　　)、(　　)和(　　)四种。

7.国际商品目录,是指由国际组织或区域性集团通过商品分类所编制的商品目录,如联合国编制的(　　),欧共体制定的(　　)。国际商品目录是在国际范围内从事进出口业务,进行统计和经营管理应共同遵守的准则。

(二)单项选择题

1.(　　)是按商品的性能、成分等方面特征来划分,是指具体商品的名称。

A.商品大类　　B.商品中类　　C.商品品种

2.唯一性原则是在选择商品分类标志时,必须遵循的原则之一,其含义主要是指在体系中的(　　)范围内只能用一种分类标志。

A.同一层级　　B.不同层级　　C.大类和中类

3.商品分类和商品编码的关系是(　　)。

A.编码在前　　B.分类在前　　C.同时进行

(三)判断题(正确打√,错误打×)

1.线分类法的一般表现形式是大类、中类、小类和细目等,将分类对象一层一层地进行具体划分。(　　)

2.在面分类体系中,同位类的类目之间存在着并列关系,上位类与下位类之间存在着隶属关系。(　　)

3.线分类一层一层要依次进行,不应有空层或加层。(　　)

4.面分类法分类结构具有较大柔性,线分类法的分类弹性较差。(　　)

5.部门或企业、单位编制的商品目录只要满足本部门或本企业、单位的需要就不必符合国家商品目录提出的分类原则。(　　)

第三章　商品质量和质量管理

本章知识目标

通过本章的学习学生应掌握以下知识：

1. 质量概念的含义及质量概念的发展；
2. 商品质量概念及内容；
3. 商品质量的基本要求；
4. 影响商品质量的因素；
5. 质量管理的概念及质量管理活动要素；
6. 全面质量管理的含义及特点；
7. 质量管理的基本工具及技术。

本章能力目标

通过本章的学习学生应具备以下能力：

1. 能从适应性质量概念角度分析有形商品和服务性商品的质量要求；
2. 能从产品设计、原材料、生产工艺、设备、操作方法、检验等角度分析影响工业商品质量的因素；
3. 能从环境、动植物品种、栽培技术等角度分析影响农产品质量的因素；
4. 掌握流通过程保证和提高商品质量的措施；
5. 能正确指导消费者消费，提高消费过程的商品质量；
6. 会用质量管理的基本工具分析商品质量。

本章学习要求

通过本章学习，学生应能够了解质量管理的发展历程；掌握质量的概念、商品质量的概念、质量管理的概念及质量管理的基本活动要素，质量管理的基本工具及特点；重点掌握商品质量的基本要求，影响商品质量的因素。

典案阅读

“零”是最刚性的目标

2006年6月，海尔洗衣机事业部装配车间的质量经理苏宁和抽检经理刘永军的资源存折上双双被输入了一个数字：－80。这是他们俩为一台外包装箱潮湿的海尔小神童洗衣机“买单”的结果，本月的收入将会被扣掉80元。同绝大多数企业一般会对出现质量问题的责任人进行经济处罚不同的地方在于，在海尔，责任人买单只不过是解决这件质量问题所需要的30多个环节中的一个而已。因为根据从今年起在海尔集团开始推行的新的质量改进方法——FDAR归零化管理的要求，从发现质量问题一开始，一套包括了4个环节的闭环式的质量管理模式就会启动，它的起源可能来自于用户的抱怨，也可能来自于企业的检测，但结果一定是从根本上将这件质量事故的隐患消除。

海尔这套质量改进办法的操作过程，首先是问题反馈阶段(F)，主要是对质量问题基本情况的掌握。其次是问题分配阶段(D)，除了责任人买单，还主要包括了模拟复现、原因分析、责任人反思等环节。责任人买单要承担质量问题耗费成本的1%，剩下的99%作为负债形式被记录进了当事人的资源存折。这些负债部分只有在当事人在其他工作中取得了成绩被记录进了正激励才会被抵消，否则，将会大大影响当事人年终的考核以及下年度的岗位。第三个环节是问题接收与处理(A)，责任人的改进措施、反复的论证、从各个环节对整改办法进行复审等都在这一阶段处理。而最后一个阶段就是问题归零(R)，其中包括了对其他人的警示、最多长达6个月的效果跟踪以及问题转化的一致性复审等步骤。当然，也并不是每个质量问题的归零都需要那么久，比如由于残水量超标导致外包装箱被打湿，从发现到完全消除隐患也不过就是一个月的时间。

“对于一个以创世界名牌为目标的企业，质量毫无疑问是第一位的。但是，海尔对于质量的理解已经不再局限于一件件单独的产品。海尔今天的全面质量战略包括了3个层次：确保标准要求、追求零缺陷的符合性产品质量；以用户和市场为中心，追求零抱怨的适用性的产品和服务；为用户、股东、员工、合作伙伴和社会创造平衡的价值，追求零差错的市场链全球经营质量。”

其实不仅是质量问题的零缺陷和 零差错，由于张瑞敏提出流程再造的根本目的在于解决信息化时代企业管理的效率和效益问题，海尔每个人、每个岗位都定出了“零基目标”：质量零缺陷、交货期零延误、产品零库存、与用户零距离、零营运资本、零冗员……哪个环节出了问题，就要把问题“买断”，然后解决。他们追求的目标是，不管是意识到还是未意识到的，所有问题都是不该发生的，都应该是零。这是绝对的刚性的目标。

点评：

商品质量是企业的生命，企业质量管理应树立全面质量管理的观念。

著名质量管理专家朱兰博士认为，21 世纪是质量世纪，纵观世界历史的发展状况，人类社会目前已经进入质量世纪。质量的概念已深入人们的日常生活、工作、生产的各个领域。质量水平的高低直接反映了组织、地区，乃至国家和民族的素质。质量管理是兴国之道、治国之策。好的质量是低成本、高效率、低损耗、高效益的保证，也是组织长期赢得顾客忠诚度，获得持续发展的基石。

第一节 质量的概念及其发展

一、质量的概念

人们对质量的认识源于其质量实践活动，并且随着人类生产、科技、文化和其他社会活动的不断进步而逐渐深化。

由于人们从不同的实践角度来观察和体验质量的本质及其深刻内涵，因而国内外关于质量的定义各式各样，因人而异。但总体来说，质量的定义可以归纳为两大类。

1. 国际标准化组织关于质量的定义

国际标准《质量管理体系 基础和术语》(ISO 9000:2000)对质量的定义是:“一组固有特性满足要求的程度。”

“固有特性”是指某事或某物(如产品)本来就有的特性(如产品的质量特性)，而不是人们赋予的特性(如产品的价格，产品的所有者)。

“特性”是指“可区分的特征”，它们可以是定性的，也可以是定量的，包括物质的(如机械的、电的、化学的或生物学的特性)、功能的(如飞机的最高速度)、感官的(如嗅觉、触觉、味觉、视觉、听觉)、人体工程学的(如生理的特性或有关人身安全的特性)以及其他的类别特性。

“要求”是指“明示的、通常隐含的或必须履行的需求或期望”。明示的、必须履行的需求或期望是指在文件中阐明的有关法律、法规或合同规定。通常隐含的需求或期望是指组织、顾客或其他相关方不言自明的惯例或习惯做法。这里的“组织”是指公有的或私有的公司、集团、商行、代理商、事业单位、研究机构和社团等的部分或组合。“顾客”是指接受产品的组织或个人，如消费者、最终用户、零售商、采购方和委托人等。“相关方”是指与组织的业绩或成就有利益关系的个人或团体(由一个组织或其一部分或多个组织构成)，如顾客、公司员工和股东、供方、银行、合作伙伴等。我国国家标准《质量管理体系 基础和术语》(GB/T 19000—2000)也采用了国际标准化组织的质量定义。这个质量定义是广义的质量定义。

2. 质量管理专家关于质量的定义

世界质量管理权威朱兰博士明确指出“质量即适用性，所谓适用性是指产品在使用期间能够满足使用者的需要”。适用性是由用户所要求的产品特性决定的。日本质量管理专家田口玄一教授认为:所谓质量是商品上市后给予社会的损失,但是功能本身所产生的损失除外。为进一步解释,他对损失也作了定义。作为质量定义的损失限于以下两种:

(1)功能波动的损失;

(2)弊害项目的损失。

例如,洗衣机在使用时出现的转速不稳属于功能波动,而洗衣机在使用时出现的振动和噪声大则属于弊害项目。酒能醉人是它的一种功能,因酗酒而蒙受的损失属于由功能本身产生的损失,不属于酒的质量问题,应属于使用不当的问题。至于社会允许何种功能的商品,那是文化问题、法律问题,而不是技术问题。

二、质量概念的发展

随着经济的发展和社会进步,人们对质量的要求不断提高,质量概念也随之深化发展,具有代表性的有“符合性质量”、“适用性质量”和“广义性质量”等。

1. 符合性质量的概念

以“符合”现行标准程度作为衡量依据,符合标准就是合格的产品质量,符合的程度反映了产品质量的一致性,但是随着科技的进步,过去认为先进的标准现在可能已经落后。长期以来,人们认为产品只要符合标准就满足了顾客的需求,这样已经不能适应新时代的要求,即使百分之百符合落后标准的产品也不能认为是质量好的产品。同时“规格”、“标准”不可能将顾客的各种需求和期望都规定出来,特别是隐含的需求和期望。

2. 适应性质量的概念

从使用角度定义产品质量,以适应顾客需要的程度作为衡量依据,认为产品的质量就是产品的“适用性”,即“产品在使用时能成功地满足顾客需求的程度。”质量从符合性发展到适用性使人们对质量的认识逐步把顾客的需求放在首位,顾客对他们消费的产品和服务有不同的需求和期望。这意味着组织要从“使用要求”和“满足程度”两方面理解质量的实质,去更好地满足顾客的需求和期望。

3. 广义性质量的概念

ISO 总结不同的质量概念加以归纳提高,并逐步形成人们公认的名词术语,即“质量是一组固有特性满足要求的程度”。这一含义十分广泛,既反映了要符合标准的要求,也反映了要满足顾客的需求,综合了符合性和适用性的含义。

21 世纪的质量概念、质量意识、质量文化、质量战略以及质量在世界经济与社会发展中的地位和作用,都将有深刻的变化。2000 版 ISO 9000 族国际标准给出的关于质量的概念是广义的,代表了当前的最新认识。

第二节　商品质量及基本要求

一、商品质量的概念

商品质量是指商品的一组固有特性满足规定和隐含的要求(或需求)的程度。

"规定"是指在国家法律法规、质量标准、规范、合同、图样、技术要求等文件中明确提出的要求。

"隐含的要求"是指那些人们公认的、不言而喻的、不必明确的要求,如习惯要求或惯例等。

"固有特性"是指商品一旦形成就客观存在的质量特性,如食品的营养成分和食用价值,日用工业品的各种物理性质、化学性质等。

人们对商品质量的认识和理解是随着经济和社会的发展而变化的。在商品经济不发达,商品供不应求的条件下,人们对商品质量的评价侧重于物质需要的满足,评价商品质量的核心内容是商品的基本性能和寿命。随着商品经济的发展,科学技术的进步,90%以上的工业制成品出现生产过剩,买方市场逐渐形成,市场竞争日益激烈,消费者的要求也日益个性化和多元化,人们对商品质量的要求已不仅满足于物质的需要,而追求更多层次的精神需要,即心理需要的满足,包括商品的核心价值,商品体现的精神、文化、个性。

商品质量的概念包含以下 3 个层次的内容。

1. 商品质量的核心是满足消费者的需求

在买方市场条件下,商品质量必须满足消费者的需求,商品才能实现交换,实现其价值和使用价值。其中包括:

(1)内在特性的满足。内在特性包括商品的可靠性、适用性、安全性和寿命长短等。

(2)外观特性满足。外观特性包括商品的外观造型、色泽和图案等。

(3)经济特性满足。商品的经济性不仅看制造成本,还要看商品的寿命期的总成本,其中包括在流通和使用过程中由消费者和社会所承担的费用。

(4)服务质量的满足。指消费者购买商品时所附加的全部服务和利益,包括售前和售后的服务。现代市场竞争不仅在于生产和销售什么产品,而且在于提供什么样的附加服务和利益。

2. 商品的质量是与商品用途有关的属性参数的综合

商品的使用价值取决于消费者的需要程度和商品的属性,与用途有关的属性构成商品的自然质量。例如保温瓶与其用途有关的技术参数很多,主要项目有容水量、重量、耐温急变性、耐水性、卫生性和保温性等,这些项目参数都具体规定了商品应达到的标准数值。保温瓶的这些限定参数构成了瓶胆质量的具体内容。

3. 商品质量具有针对性、相对性、可变性

(1)针对性

质量是针对一定的使用时间、使用地点、使用条件、使用对象和一定用途而言的。

①使用时间。随着技术的不断进步以及市场竞争的加剧,商品更新换代的速度越来越快,产品生命周期越来越短,对于商品质量的评价不能脱离当时的技术经济条件,不同的条件下,对质量的评价会有所不同。

②使用地点。由于不同国家、地区以及不同民族、宗教之间在文化上的差异,使得不同消费者对商品质量的评价产生差异。例如,英国的家庭主妇认为红茶比绿茶质量高,营养价值大。

③使用条件。商品质量因使用条件的差异而作出相应调整,以克服不同条件所造成的商品使用性能的差异。例如,在日本国内使用的电视机灵敏度低于我国国产电视机,原因是日本电视发射台普及,而且功率大,所以对灵敏度要求不高。

④使用对象。质量的评价还会因人而异,消费者由于年龄、职业、收入、文化、宗教信仰、社会阶层和风俗习惯的差异,对商品质量要求不同。例如,东方人喜欢喝开水,对保温瓶的保温性要求很高,而一些西方人习惯喝凉水,所以,并不十分看重这一质量指标。

⑤用途。同一种商品会有不同的用途,用途不同对商品质量的属性权数会有所不同。例如,小麦粉是面筋多一些质量好呢,还是少一些好,要看其用途。如果做面包,则面筋多可使其在烘烤过程中形成疏松多孔的组织结构;如果用于做饼干,则面筋多了会使口感僵硬。

(2)相对性

质量是相对于同类商品(使用目的相同)的不同个体而言,因而,它是一个比较的范畴。质量,并非商品本身所固有的,而是人们评价商品使用价值的一种尺度,正像尺子本身作为衡量的单位。绝对的质量是不存在的,只有在比较中才赋予质量的意义。尽管单一个体的商品可在既定技术条件(质量指标)比照下,得出其质量结论。但是,这个技术条件(质量指标)事实上是许多商品个体相比较的结果,在此起到比较参照物的作用。

(3)可变性

商品质量是一个动态的、发展的、变化的概念,会受到社会经济环境及市场等因素的影响。

从社会经济环境来说,社会的发展,经济形势的变化,会使人们对质量的要求随之变化。在经受能源危机时,人们看好的是那些节油的汽车,似乎节油是汽车质量佳的重要特征;当社会经济复苏,最受青睐的是那些超豪华型轿车。

所以，商品质量绝不是一个静止的概念，它是在不同社会形态、不同的时常态势、不同时期生产技术和不同消费需求下，商品属性的综合。

二、商品质量的基本要求

商品的用途要满足消费需求，必须对商品质量提出基本要求。商品种类繁多，各有不同用途及决定用途的特点，因此不同用途的商品对其质量的要求也不同。商品可分为有形商品和服务性商品。有形商品包括吃、穿、用等；服务性商品主要指服务性行业提供的服务，如交通运输、邮电通信、商业金融保险、饮食、宾馆、医疗卫生、文化娱乐、旅游和信息咨询等组织提供的服务。由于服务含义的延伸，有时也包括工业产品的售前、售中、售后服务，以及企业内部上道工序对下道工序的服务。

1.对有形商品的质量要求

(1)使用性

使用性是指商品为满足一定的用途所必须具备的各种性能，它是构成商品使用价值的基本条件。例如，冰箱的制冷保温性能、钟表的准确计时性能、服装的遮体保暖功能、食品的营养功能等。对于原料性商品或半成品，使用性能还意味着易加工性能。

使用性除商品用途所要求的基本性能以外，还包括商品在该用途方面应尽量符合人体工程学原理，满足使用方便等要求。例如，商品的结构要与人体尺寸和形状及各个部位相适应；商品要与人的视觉和听觉能力、触觉能力、味觉和嗅觉能力、速度能力、知觉能力以及信息再处理能力相适应；复杂商品的使用操作要符合简单、宜掌握、不易出错等要求。

商品的多功能化扩大了商品的适用范围，使用起来更加方便，比单一功能的商品更受欢迎，已成为现代商品的发展趋势。

(2)安全卫生性

安全卫生性是指商品在储存、流通和使用过程中，保证人身安全和健康不受伤害的能力。

食品的卫生无害性就是指食品中不应含有或不能含有超过允许限量的有害物质和微生物等，也是食品类商品的最基本的质量要求。因为食品卫生关系到人们身体健康和生命安全，甚至还会影响到子孙后代，因此，食品必须符合有关的卫生规定和标准，若超过规定的卫生要求，其他质量要求随之失去意义。食品有害物质的来源，通常有：食品本身产生的毒素，物质对食品的污染，加工中混入的毒素，保管不善产生的毒素和环境或化学药物造成的污染等。

纺织品的卫生安全性就是指纺织品保证人体健康和人身安全而应具备的性质，主要包括纺织品的卫生无害性、抗静电性等。卫生无害性，不仅要求纺织品纤维对人体无害，还要求纺织品在加工和染色过程中使用的染料、防缩剂、防皱剂、柔软剂、增白剂等化学物质对人体无害。这些化学物质如残留在纺织品表面，就可能造成对皮肤的刺激。吸湿性差的涤纶、腈纶、氯纶、丙纶等合成纤维容易形成静电,降低静电的方法,一是在纺织品中混入导电纤维,二是将静电剂加入合成纤维内部或固着在纤维表面。

日用工业品的卫生安全性就是指日用工业品在使用时,有关保护人身安全和人体健康所需要的各种性质。例如,盛放食物的器皿、化妆品、玩具等商品应具有无毒性和无刺激性;电器商品应具有防人身触电、防引起火灾和防损害人身安全措施。

商品的安全卫生性除包括对商品使用者的安全卫生保障之外,按照现代观念考虑。还应包括不给第三者的人身安全、健康,即社会和人类的生存环境造成危害,如空气污染、水源污染,以及噪声、辐射、废弃物等现代化社会问题。在现代社会中,有关安全卫生的社会要求正越来越受到人们的重视,环境保护问题已成为当今社会的一大主题。

(3)审美性

审美性是商品能够满足人们审美需要的属性。随着社会进步和商品生产的极大发展,人们已不再仅仅满足于物质需求,而且对商品有了极高的精神要求。现代社会中,人们不仅要求商品实用,而且还要求商品能给人以美的享受,体现人们的自身价值,这就要求商品要有物质方面的实用价值与精神方面的审美价值的高度统一,要求商品既实用又美观。商品的审美属性主要表现在商品的形态、色泽、质地、结构、气味、味道和品种多样化等方面。商品的审美性已成为提高商品竞争能力的重要手段之一。

食品的审美性要求食品应具有良好的色、香、味、形,它们对于引起人的食欲、购买欲,提高各种营养成分的消化、吸收程度等有着重要的影响。例如,食品若具有柔和的颜色、诱人的香气、可口的滋味和喜人的外观,那么只要一接触(看到或闻到)它们,就会引起人们良好的反应,人体各消化器官就会分泌较多的消化液,帮助消化和吸收食品中的营养成分,提高食品的营养价值。

服装商品,人们购买的目的已不是单纯地为了遮体御寒,而更主要地是为了体验美的享受。服装的审美是指纺织物表面所呈现的外观质量,在色泽、花纹、图案、色彩、款式和风格等方面应具有时代的艺术特色,体现现代开放式的生动、活泼和舒畅的生活风貌,适应季节变化以及人们的年龄差异、个性特点、文化素养等。服装的审美性不仅能使人们的生活丰富多彩,而且能体现人们的精神风貌,充分反映出时代的气息。

如日用工业品的审美性主要表现在商品的外观良好,不得有表面瑕疵;商品要有精美的外观,具有艺术性、装饰性和时尚性等,如造型式样新颖、花纹色彩丰富、材料质地考究、装潢大方典雅和有较强的时代感等。

商品的审美性除了商品本身的审美质量以外,还包括其包装装潢的审美性。好的、优质的商品也要有精美的包装,以满足人们对美的需求,同时也可以提高商品的价值，增加商品的竞争力。

(4)经济性

对于消费者来说，总是希望商品的质量特性最好，而其价格又要最低，同时其使用、维护成本也要最低。商品的经济性就是指商品的生产者、经营者和消费者都能用尽可能少的费用获得较高的商品质量，从而使企业获得最大的经济效益，消费者也会感到物美价廉。经济性反映了商品合理的寿命周期费用及商品质量的最佳水平。经济性包括在物美价廉基础上的最适度质量，商品价格与使用费用的最佳匹配。离开经济性孤立地谈质量，没有任何实际意义。

(5)寿命和可靠性

寿命通常指使用寿命，有时也包括储存寿命。使用寿命是指工业品商品在规定的使用条件下，保持正常使用性能的工作总时间。储存寿命则指商品在规定条件下使用性能不失效的储存总时间。

可靠性是指商品在规定条件下和规定时间内，完成规定功能的能力。它是与商品在使用过程中的稳定性和无故障性联系在一起的质量特性，是评价机电类商品质量的重要指标之一。可靠性通常包括耐用性和设计可靠性，有时维修性也包括在内。

(6)信息性

信息性是指应为消费者提供的关于商品的有用信息，主要包括：商品名称、用途、规格、型号、重量、原材料或成分，生产厂名、厂址、生产日期、保质期或有效期，商标、质量检验标志、生产许可证，储存条件，安装使用、维护方法和注意事项，安全警告，售后服务内容等。这些信息的提供有利于消费者了解商品、比较选购、正确使用、合理维护和安全储存商品，并能使消费者在其权益受到侵害时进行自我保护。

2. 对服务性商品的质量要求

对服务性商品的质量要求主要有功能性、时间性、文明性、安全性、舒适性和经济性。

(1)功能性

功能性是指服务实现的效能和作用。例如，交通运输的功能是将旅客或货物送达目的地。邮政通信的功能是传递有关信息，使顾客获得这些服务效能时对服务的基本要求。

(2)时间性

时间性是指服务能否及时、准确、省时地满足服务需求的能力。对服务来说，时间性非常重要。

(3)文明性

文明性不仅仅是指对顾客要笑脸相迎，还包括对顾客的谦逊、尊重、信任、理解、体谅和与顾客有效的沟通，是满足顾客精神需求的程度。这是服务质量中最难把握但却非常重要的质量特性。

(4)安全性

安全性是指服务提供方在对顾客进行服务的过程中,保证顾客人身不受伤害,财物不受损害的能力,即没有任何风险、危险和疑虑,如航空服务是否安全。安全性的提高或改善与服务设施、环境有关,也与服务过程中组织、服务员的技能、态度有关。

(5)舒适性

舒适性是指服务对象在接受服务的过程中感受到的舒适程度。舒适性与服务设施是否适用、方便、舒服,服务环境是否清洁、美观、有秩序等有关。

(6)经济性

经济性是指为得到相应服务,顾客所需费用的合理程度。这与有形商品质量的经济性是类似的。

第三节 影响商品质量的因素

影响商品质量的因素很多,既有生产环节的影响,也有流通环节的影响。从生产环节看,有的商品来源于制造业,有的商品则来源于种植业和养殖业。要保证和提高商品质量,重要的问题是找出影响商品质量的各种因素,特别是关键因素,只有这样,才能确保商品质量。

一、影响工业产品质量的因素

影响工业产品质量的因素主要有产品设计、原材料、生产工艺、设备和操作方法、标准水平、检验以及包装质量等。忽视任何一个因素,都会使商品质量受到影响。

1.产品设计对工业产品质量的影响

产品生产之前的设计,是形成商品质量的前提,对于任何一种商品来说,如果设计质量不好,就会使商品先天不足,其质量就难以保证和提高。

市场调研是商品开发与设计的基础,在开发设计之前,首先要充分研究商品消费需求,因为满足需求是商品质量的出发点和归宿;其次还要研究影响商品消费需要的因素,以使商品开发设计具有前瞻性;最后必须收集、分析与比较国内外同行业不同生产者的商品质量信息,总结以往成功和失败的经验,通过市场预测以确保质量等级、品种规格、数量、价格。这样的商品才能适应目标市场需要。

开发设计是形成商品质量的前提,开发设计包括使用原材料配方,商品的结构原理、性能、形式、外观结构及包装装潢设计等。如开发设计质量不好,会给商品质量留下许多后遗症;设计出了差错,制造工艺再高超,生产操作再精细,也生产不出合格的商品来。

2. 原材料对工业产品质量的影响

原材料质量是决定商品质量的重要因素。原材料的质量特性包括化学组成、耐腐蚀性和耐气候性、阻燃性、几何结构特性、热学特性、力学特性、电学特性、光学特性等。

原材料质量、产地、生产季节、部位对产品质量的影响很大,生产工业产品在选购原材料时,必须研究原材料的成分、结构和性质对半成品或成品的影响,以确保选择原材料的标准,把好原材料质量验收关。在不影响商品质量的前提下,选用原材料时还应考虑资源的合理使用和综合利用。例如,选用资源丰富的代用原料,可以降低原材料的成本和扩大原材料来源;利用边角余料或适当搭配回收的废旧料以及其他综合利用方法,都有利于提高商品的社会效益和经济效益。

3. 生产工艺对工业产品质量的影响

生产过程就是产品质量形成过程。生产技术、生产工艺条件是形成产品质量的基础,是影响商品质量的内在因素。对于同品种、同规格、同种用途的产品,如果生产方法不同、生产工艺条件不同,其质量形成过程和质量特征、特性也是不同的。因此,产品加工方法、工艺条件的选择是决定产品质量的关键。许多商品虽然选用的原材料相同,但由于生产、加工的方法不同,赋予商品的品质、特性也是不同的,会形成品质、特性截然不同的商品。如采用同样的原棉,若在棉布生产工艺中增加精梳工序纺出的纱外观和内在质量明显改善,称为精梳纱,用该种纱织造的织物成为精梳织物。

4. 设备和操作方法对工业产品质量的影响

设备水平和质量对商品质量也有重要影响。设备的故障常常是出现不合格品的重要原因。设备的自动化和高速化,有可能使发生故障的机会有所增加,特别是故障一旦发生将会波及较大范围。因此,加强设备管理与维护,防止故障发生和降低故障率,是保证商品质量的必要前提。

操作方法不同,质量也会不同。特别是一些食品的加工,同样的原材料,之所以有的班次生产的产品质量好,有的班次生产的产品质量差,恰恰是由于操作方法的差异所造成的。为此,一些操作方法要求严格的商品,必须制定生产的操作方法标准,以此为依据进行操作并加强管理,则可保证加工产品的质量及其稳定性。

5. 标准水平、检验以及包装质量对工业产品质量的影响

商品质量问题,也与标准水平有关。在制定商品质量标准时要遵循经济合理的原则,但绝不是迁就落后,相反,应该保证技术先进,这就是说商品质量标准的水平应该适当高一些。有了较高水平的质量标准,又能真正的加以贯彻,那么就可以从准则上保证商品质量。

质量检验是保证商品质量的主要手段之一。检验总是对既定成果而言的,因而它有事后把关的意义。但在质量的形成和实现过程中,每个环节的检验对于下一个环节又是事前的控制,即不合格的原材料或零部件不投料或不组装,不合格半成品不转入下道工序,不合格成品不进入流通和消费领域,因而它又是有事前预防的意义。

质量检验的好坏取决于检验测量的方法质量和检测量具、仪器等的质量。提供准确、真实可靠的检验数据，对于人们掌握商品质量的状况和变化规律，进而改进设计、加强管理、提高质量具有重要作用。

商品包装和装潢是构成产品质量的重要因素，良好、合理的包装与装潢，有利于流通过程中对商品的储存养护、保护商品的质量，而且有利于商品的销售和使用，提高竞争能力，增加商品的价值。

二、影响农产品质量的因素

农业生产的产品种类很多，不同的农产品来源不同，影响因素也有所不同。归结起来主要有生产环境、动植物品种、植物栽培技术和动物饲养管理等。

1. 生产环境对农产品质量的影响

农作物的生长发育都与生产环境关系密切。太阳光的照射、气温和地温、土壤和墒情以及产地生态环境等不仅影响农产品的收获期和产量，而且也影响农产品的质量。

塑料大棚技术的研究与应用，使蔬菜生产发生了巨大变化。通过建造塑料大棚，使塑料大棚内形成农田小气候，在此小环境内不仅能使作物得到光照，还能起到升温、保温和保持水分的作用，蔬菜可免受外界因素影响而正常生长，使人们在春季甚至严寒的冬季可以吃到过去夏季成熟的新鲜蔬菜。

塑料地膜技术的研究与应用，使粮食作物和经济作物的生产也发生了巨大变化。耕种时覆盖的塑料地膜，使耕地与地膜之间形成了农田小气候。在此小环境内不仅使作物获得较好的光照，又能使地温升高并起到保持水分的作用，促进种子早日萌发出土，迅速生长，提早成熟，还能提高产品质量。花生、玉米、水稻、西瓜和香瓜等的生产都应用过塑料地膜，特别是地膜覆盖的花生，不仅产量高，而且籽粒饱满，质量好。

产品产地或产品原料产地的大气、土壤质量及用水质量是否符合绿色食品生态环境标准，已成为评价该产品能否成为绿色食品的重要条件之一。

2. 动植物品种对农产品质量的影响

动植物品种非常重要，它不仅决定动植物产品的产量，更决定了动植物产品的质量。因此，都把种畜、种子和种苗标准化作为重要工作来抓，有计划地培育优良种畜、种子和种苗。

3. 植物栽培技术、动物饲养管理对农产品质量的影响

农作物在栽培过程中，如播种、施肥和灌溉等环节都存在着许多技术问题。只有掌握了各种作物的生长发育规律，按照作物特点播种或插秧，依作物需要施底肥和追肥，及时灌溉等才能高产高质。

动物的成长和发育也有自己的规律，不同动物的成长和发育又各有特点。为此，由于动物不同以及饲养动物的目的不同，在饲养过程中必须有针对性地进行科学管理。

三、流通过程对商品质量的影响

流通过程是指商品离开生产过程进入消费过程前的整个过程。这个过程包括商品的运输装卸、仓库储存保管和销售等环节。在这些环节中,同样存在着影响商品质量的各种因素,这些因素的作用使得商品的质量不断降低。

1.运输装卸对商品质量的影响

商品进入流通领域,运输是商品流转的必要条件,运输对商品质量的影响与运程的远近、时间的长短、运输的气候条件、运输路线、运输方式、运输工具、装卸工具等因素有关。

商品运输可以采用铁路、公路、水运和航空等运输方式。各种运输方式的选择,必须充分考虑商品的性质,运输方式符合商品性质的要求,商品在运输过程中才能避免或减少外界因素的影响,确保商品质量。

温度、湿度和运输工具的清洁状况等是商品运输的基本条件。如果运输时温度、湿度不符合商品要求,运输工具清洁状况差,运输时与有影响物质接触,必然引起商品质量变化,只有上述运输条件控制好,才能确保商品质量。

商品运输中还得注意不能随意抛扔,不得倒置,防晒、防潮、防挤压和防剧烈振动等。这些问题注意到了,商品质量就会少出现问题。

商品在装卸过程中还会发生碰撞、跌落、破碎和散失等现象,这不但会增加商品损耗,也会降低商品质量。

2.仓库储存保管对商品质量的影响

商品储存是指商品脱离生产领域,尚未进入消费领域之前的存放。商品储存是商品流通的一个重要环节,因为商品由生产到消费存在着一个时间差,在这个时期内商品必须经过储存。商品在储存期间,由于商品本身的性质和储存的外部环境的影响,商品会发生一定的变化。商品在储存期间的质量变化与商品的性质、储存场所的内外环境条件、养护技术与措施、储存期的长短等因素有关。其中,商品本身的特性是商品质量变化的内因,而仓储环境条件(如温度、湿度、空气成分、微生物及害虫等)是储存期间商品质量变化的外因。

商品储存的地点即商品储存的场所应符合商品性质要求,以减少外界因素的影响,避免或减少商品损失或损耗。

温度、湿度是商品储存的条件。温度、湿度符合商品性质的要求,商品质量的变化就可避免或减缓。

堆码、苫垫等是商品储存放置方法。商品堆码的形式应符合商品种类、性质和质量变化的要求,商品质量才可得到保证。商品苫垫得当可以防止和减少阳光、风雨对商品质量的影响。

商品储存期间的长短是储存期限。商品储存一定要按保存期和保质期保存,贯彻先进先出原则，使商品质量得到保证。

3. 销售服务对商品质量的影响

销售是商品由流通领域进入消费领域的环节，销售服务的质量也是影响消费者所购商品质量的因素。销售服务过程中的进货验收、入库短期存放、商品陈列、提货搬运、装配调试、包装服务、送货服务、技术咨询、维修和退换货服务等项工作质量的高低都将最终影响消费者所购商品的质量。许多商品的质量问题不是商品本身固有的，而往往是由于使用者缺乏商品知识或未遵照商品使用说明书的要求，进行了错误操作或不当操作所引起的。所以，商品良好的售前、售中和售后服务质量，已被消费者视为商品质量的重要组成部分。

四、商品消费过程对商品质量的影响

商品在消费(使用)过程中，商品的使用范围和条件、商品的使用方法和维护，甚至商品使用后的废弃处理等，都影响着商品质量。

1. 商品使用范围和条件对商品质量的影响

任何产品都有一定的使用范围和条件，在使用当中只有遵从其使用范围和使用条件，才能发挥商品的正常功能，否则就会对商品质量造成严重的影响。例如，燃气热水器要区分气源类别；家用电器要区分交流电和直流电以及电源电压值；电脑要注意工作场所的温度、湿度等。商品除有一定的使用范围和条件以外，正确安装也是保证商品质量的因素之一。例如，燃气热水器的分室安装或其烟道的正确安装；有些要求安装地线保护的电器必须按要求正确安装，否则无法保证电器安全，甚至会造成人身伤亡事故。

2. 使用方法和维护对商品质量的影响

正确使用和维护商品是保证商品质量、延长商品寿命的前提。消费者在使用商品的过程中应了解商品的结构、性能等特点，掌握正确的使用方法，并应具备一定的商品日常维护知识。例如，某些电器商品应经常保持清洁，定期添加润滑油等；皮革服装穿用时要避免坚硬物质摩擦或被坚硬物划破等。生产者应该认真编制商品使用(食用)和养护说明书，使消费者能很容易地掌握商品的使用(食用)方法和养护方法，以便在使用过程中更好地保护商品质量。

3. 商品使用后的废弃处理对商品质量的影响

使用过的商品及其包装物作为废弃物被丢弃到环境中，有些废弃物可回收利用；有些废弃物则不能或不值得回收利用，也不易被自然因素或微生物破坏分解，成为垃圾；还有些废弃物会对自然环境造成污染，甚至破坏生态平衡。由于世界各国越来越关注和忧虑环境问题，不少国际组织积极建议，把对环境的影响纳入到商品质量指标体系中。因此，商品及其包装物的废弃物是否容易处理以及是否对环境有害，将成为决定商品质量的又一重要因素。

第四节 质 量 管 理

质量管理是企业全部管理职能的一个重要组成部分，应该由企业最高管理者领导，由企业所有员工去实施。质量管理是企业为了使其产品、服务能更好地满足不断变化的顾客要求而开展的计划、实施、检查和审核等管理活动的总和。为了实施质量管理，通常企业要建立质量管理体系（简称质量体系）。质量体系是指在质量方面指挥和控制组织的管理体系。

一、质量管理的概念及质量管理活动要素

1.质量管理的概念

质量管理是指在质量方面指挥和控制组织的协调活动。质量管理是组织活动的重要组成部分，是组织围绕质量而开展的各种计划、组织、指挥、控制和协调等所有管理活动的总和。质量管理必须和组织其他方面的管理如生产管理、财务管理、人力资源管理等紧密结合，才能在实现组织经营目标的同时实现质量目标。

质量管理通常包括制订质量方针和质量目标，以及质量策划、质量控制、质量保证和质量改进等活动。质量管理涉及组织各个方面，是否有效实施质量管理关系到组织的兴衰。

2.质量管理活动要素

(1)质量方针

质量方针是指由组织的最高领导者正式发布的该组织总的质量宗旨和质量方向。质量方针是组织经营总方针的组成部分，是组织管理对质量的指导思想和承诺。反映企业的质量经营目标和质量文化。从一定意义上说，质量方针就是企业的质量管理理念。

制定质量方针应该与企业的总体经营宗旨相适应，质量方针应包括对满足顾客要求和持续改进质量体系有效性的承诺，应提供制订和评审质量目标的框架，在企业内部得到沟通和理解，在持续适宜性方面得到评审。如中国石油化工股份有限公司润滑油分公司的质量方针是持续改进，不断创新，为顾客提供满意的产品和服务；吉林永大集团的质量方针是以质量求生存，以科技求发展，满足客户要求，产品持续改进。

(2)质量目标

质量目标是组织在质量方面所追求的组织质量方针的具体体现。目标既要先进，又要可行，以便实施和检查。

对于企业而言，质量目标是根据质量方针的要求，企业在一定期间内所要达到的预期效果，即能够达到的量化的可测量目标。质量目标是企业目标体系中的组成部分，它应力求可测量，以便统一领导层的思想，成为激励职工的动力，有利于日常的考核和评定，促进目标的实现。制定质量目标的原则应是持续改进，提高质量，使顾客

满意，不仅要考虑市场当前和未来的需要，还应考虑当前的产品和顾客满意的状况。

质量目标的制订应与质量方针保持一致；质量目标应包括产品要求以及满足产品要求所需的其他内容（如资源、过程、文件和活动等）。此外还应考虑相关方的要求、市场变化、竞争对手的情况、自我评价的结果和所需的资源；质量目标应是量化可以测量的；质量目标应细化分解和落实。如中国石油化工股份有限公司润滑油分公司的质量目标是标准执行率100%，市场监督抽查合格率100%，体系运行有效并不断改进，顾客满意度和一次生产合格率较上年持续提高；吉林永大集团的质量目标是产品质量一次交验合格率95%，出厂产品合格率100%，顾客满意率100%。

(3)质量策划

质量策划是质量管理的一部分，它致力于制定质量目标并规定必要的运行过程和相关资源以实现质量目标。质量策划与质量计划不同，质量策划强调的是一系列活动，而质量计划是质量策划的结果之一，是规定用于某一产品及其设计、采购、生产、检验、包装、运输等过程的质量管理体系要素和资源的文件。

组织在确定了质量目标后，必须考虑为达到目标应采取什么措施（必要的作业过程）和提供哪些必要的条件（包括人员和设备等资源），并把相应活动的职责落实到部门或岗位，这些活动都是质量策划活动。

组织要在市场竞争中处于优胜地位，就必须根据市场信息、顾客反馈的意见、国内外发展的动向等因素，确定研制什么样的产品，应具有什么样的性能，达到什么样的水平，提出明确的目标和措施计划，作为进一步开发这项工作的依据。

随着产品更新、技术发展或适应外部环境变化的需要，组织的质量管理体系必须不断完善，为此需要开展相应的策划活动。

(4)质量控制

质量控制致力于满足质量要求，适用于对组织任何质量的控制，除生产外还包括设计、原料采购、服务、营销和人力资源配置等，其目的在于保证质量满足要求，为此要解决要求或标准是什么、如何实现、需要对哪些进行控制等问题。质量控制是一个设定标准，根据质量要求测量结果，判断是否达到预期要求，对质量问题采取措施进行补救并防止再发生的过程。总之，质量控制是确保生产出来的产品满足要求的过程。

质量控制的范围涉及产品质量形成全过程的各个环节，不论哪一个环节的工作不符合要求，都会影响产品质量，而不能满足要求。为了保证产品质量，各项活动必须在受控状态下进行。

质量控制是动态的。由于质量要求随着时间的进展而不断变化，为了满足新的质量要求，对质量要求又提出了新的任务。因此，应不断提高技术水平、工艺水平和检测水平，并不断研究新的控制方法以满足更新的质量要求。所以质量控制不能停留在一个水平上，应不断发展，不断前进。

(5)质量保证

质量保证致力于提供质量要求会得到满足的信任。

保证质量是质量控制的任务,质量保证的内涵已不再是单纯的为了保证质量,质量保证是以保证质量为其基础,进一步引导到提供"信任"这一基本目标。要使顾客(或第三方)能"信任",组织首先应加强质量管理,完善质量管理体系,对产品有一套完整的质量控制方案、办法,并认真贯彻执行,对实施过程和结果进行分阶段验证,以确保其有效性。在此基础上,组织应有计划、有步骤地开展各种活动,使顾客(第三方)了解组织的实力、业绩、管理水平、技术水平以及在产品设计、生产等各阶段的主要质量控制活动和内部质量保证活动的有效性,使对方建立信心,相信提供的产品能达到所规定的质量要求。

质量保证的主要工作是促使质量控制完善,以便准备好客观依据,并根据对方的要求有计划、有步骤地开展提供证据的活动。

(6)质量改进

质量改进致力于增强满足质量要求的能力。当质量改进是渐进的并且组织积极寻求改进机会时,通常使用术语"持续质量改进"。质量改进是组织长期的、坚持不懈的奋斗目标。

质量改进是组织为更好地满足顾客不断变化的需求和期望,而改善产品的特性和(或)提高用于生产和交付产品的过程的有效性和效率的活动。它包括确定、测量和分析现状,建立改进目标,寻求可能的解决方法,评价这些解决办法,实施选定的解决办法,测量、验证和分析实施的结果,将更改纳入文件。

小 阅 读

质量工具箱

质量工具:牙签、橡皮筋、创可贴、铅笔、橡皮擦、茶包。

牙签:提醒你应该有能力鉴别不合格品,并毫不保留地挑出来,以保持产品整体的品质。

橡皮筋:提醒你管理应该灵活,工作不可能事事如意,但是经过努力,问题总会得到解决的。

创可贴:提醒你时刻注意质量的失误,而对于产品的缺陷,要立即采取措施去补救。

铅笔:提醒你每天都要把客户反映的信息记录下来。

橡皮擦:提醒你所有人都会犯错误,没什么大不了的,鼓励员工擦干净过去,从头再来。

茶包:提醒你每天都要放松一会儿,喝杯茶,看看你的产品,独享一下高质量的生活。

二、质量管理的发展阶段

质量管理的概念是在20世纪初提出来的，经过100多年的发展，大致经历了三个阶段：质量检验阶段、统计质量管理阶段和全面质量管理阶段。

1. 质量检验阶段

（1）操作者质量管理

在20世纪以前，生产方式主要是小作坊形式，工人自己制造产品，又自己负责检验产品质量。换句话说，那时的工人既是操作者，又是检验者，制造和检验质量的职能统一集中在操作者身上，因此被称为“操作者质量管理”。

（2）工长质量管理

20世纪初，科学管理的奠基人F·W·Taylor提出了操作者与管理者的分工，建立了“工长制”，并将质量检验的职能从操作者身上分离出来，由工长行使对产品质量的检验，这一变化分离了操作者的职能，强化了质量检验的职能，称为“工长质量管理”。

（3）检验员质量管理

随着科技进步和生产力的发展，企业的生产规模不断扩大，管理分工的概念被提出来了。在管理分工概念的影响下，企业中逐步产生了专职的质量检验岗位，有了专职的质量检验员，质量检验的职能从工长身上转移给了质量检验员。后来，一些企业又相继成立了专门的质量检验部门，使质量检验的职能得到了进一步的加强，这称为“检验员质量管理”。

质量检验阶段从操作者质量管理发展到检验员质量管理，无论从理论上还是实践上都有很大进步，对提高产品质量有很大的促进作用，但随着社会科技、文化和生产力的发展，逐步显露出质量检验阶段存在的许多不足：

（1）事后检验，犹如“死后验尸”，没有在制造过程中起到预防和控制的作用，即使检验查出废品，也已是“既成事实”，质量问题造成的损失已难以挽回；

（2）全数检验，在大批量的情况下经济上不合理，还容易出现错检漏检，既增加了成本，又不能完全保证检验百分之百的准确；

（3）全数检验在技术上有时变得不可能，如破坏性检验，判断质量与保留产品之间发生了矛盾。

这些问题在第二次世界大战时期显得特别突出，从而推动了质量管理理论的进一步发展。

2. 统计质量控制阶段

“事后检验”、“全数检验”存在不足引起了人们的关注，一些质量管理专家、数学家开始注意质量检验中的弱点，并设法运用数理统计的原理来解决这些问题。

在20世纪20年代，美国贝尔实验室成立了两个研究组，一个是以W·A·Shewhart 博士为首的工序控制组，另一个是以 H·F·Dodge 博士为首的产品控制组。这两个研究组在 20 世纪 20 年代所获得的成果对质量管理从质量检验阶段发展到统计质量控制阶段做出了重要贡献。1924 年 W·A·Shewhart 提出了“事先控制，预防废品”的观念，并且应用数理统计原理发明了具有可操作性的“质量控制图”，用于解决事后把关的不足。1931 年 W·A·Shewhart 出版了 *Economic Control of Quality of Manufactured Product* 一书，总结了他的研究成果，是质量管理发展中划时代的经典著作之一。与此同时，H·F·Dodge 和 H·G·Romig 提出了抽样的概念和抽样的方法，并设计了可以运用的“抽样检验表”，用于解决全数检验和破坏性检验所带来的问题。但是，当时由于经济危机的影响，这些方法没有得到足够的重视和应用。

第二次世界大战爆发后，由于战争对大批量军火生产的需要，质量检验的弱点显得特别突出，严重影响军需供应。为此，美国政府和国防部组织了一批数学家来研究和解决军需产品的质量问题，推动了数理统计方法的应用，先后制定了三个战时质量控制标准：AWSZ1.1—1941 质量控制指南；AWSZ1.2—1941 数据分析用控制图法；AWSZ1.3—1941 工序控制图法。这些标准的提出和应用，标志着质量管理在 20 世纪 40 年代进入了统计质量控制阶段。第二次世界大战以后，统计质量控制的方法开始得到推广，为企业带来了极好的利润。

从质量检验阶段发展到统计质量控制阶段，质量管理的理论和实践都发生了一次飞跃，从“事后把关”变为预先控制，并很好地解决了全数检验和破坏性检验的问题。但是，由于过多地强调了统计方法的作用，忽视了其他方法和组织管理对质量的影响，使人们误认为质量管理就是统计方法，而且这种方法又高深莫测，让人们望而生畏。这样，质量管理就成了统计学家的事情，从而限制了统计方法的推广和发展。

3. 全面质量管理阶段

这一阶段是从 20 世纪 60 年代开始的。从统计质量控制阶段发展到全面质量管理阶段，除了当时统计质量控制方法存在的不足之外，还有社会因素。主要有以下几个方面。

(1)科技进步带来了许多高、精、尖的产品，特别是一些超大规模的产品，如火箭、宇宙飞船、人造卫星等，统计质量管理的方法已不能满足这些高质量产品的要求。

(2)社会进步带来了观念的变革，保护消费者利益的运动向企业提出了“质量责任”问题。1960 年，美国、英国、奥地利、比利时等国的消费者组织在荷兰海牙正式成立了国际消费者组织联盟，并于 1983 年确定每年 3 月 15 日为“国际消费者权益日”；1984 年 12 月 26 日，中国消费者协会经国务院批准正式成立。

(3)系统理论和行为科学理论等管理理论的出现和发展，对企业组织管理提出了变革要求，并促进了质量管理的发展。

(4)国际市场竞争加剧，交货期和价格成为顾客判别满足质量要求程度的重要内容等。

这些新情况的出现，都要求质量管理在原有的统计质量控制方法基础上有新的突破和发展。基于这样的历史背景和经济发展的客观要求，美国通用电气公司(GE)质量总经理 A·V·Feigenbaum 和著名的质量管理专家 J·M·Juran 等人在 20 世纪 60 年代先后提出了“全面质量管理”的概念。这一概念的提出，开创了质量管理的新时代，一直影响到今天。

1961 年，A·V·Feigenbaum 撰写出版了 *Total Quality Control* 一书，指出“全面质量管理是为了能够在最经济的水平上并考虑充分满足用户要求的条件下进行市场研究、设计、生产和服务，把企业各部门的研制质量、维持质量和提高质量的活动构成一体的有效体系”。A·V·Feigenbaum 等人提出的全面质量管理概念，强调了以下的观点：

(1)质量管理仅靠检验和统计控制方法是不够的，解决质量问题的方法和手段是多种多样的，而且还必须有一整套的组织管理工作；

(2)质量职能是企业全体人员的责任，企业全体人员都应具有质量意识和承担质量责任；

(3)质量问题不限于产品的制造过程，解决质量问题也是如此，应该在整个产品质量产生、形成、实现的全过程中都实施质量管理；

(4)质量管理必须综合考虑质量、价格、交货期和服务，而不能只考虑狭义的产品质量。

全面质量管理的理论和实践的发展跨越到了 21 世纪，其观念逐步被世界各个国家所接受，并且在实践中得到了丰富和发展，从 TQC 发展为 TQM(Total Quality Management)，使管理的概念更全面、更人性化、更具有竞争性，极大地推动了世界经济的发展，为人类进步和生活质量的提高做出了巨大的贡献。

4.质量管理的新发展

随着时间的进步，在质量管理的实践活动中以及质量管理专家的积极作用下，出现了一些对质量管理的发展和进步产生巨大作用的管理方法。

(1)零缺陷理论

1979 年，美国质量管理专家克劳斯比在《质量免费——确定质量的艺术》一书中提出并确立了“第一次就把事情做对”和“零缺陷”理论。“零缺陷”的四项基本原则是：

①明确需求。要了解顾客群体的需求，动态跟进，及时调整，全面分析，及早预测等。

②做好预防。预防是严密的策划与实践的互动过程，以顾客需求为目标缩短供

给距离。

③一次做对,这是管理到位和员工到位的结合。管理到位要求各类管理人员抓住重点,消除弱点、疑点、盲点,做好指导性工作;员工到位指员工应该做到明确标准、条件齐备、动作有序、控制关键、不留隐患。两者结合,做到全过程受控、全方位达标,以消除问题的出现。

④科学衡量。选择合适的衡量标准计算因质量问题的出现而造成的损失及浪费,帮助各级人员从教训中查出问题根源以根本解决问题,改善分析思路及管理方法等。

(2)ISO 9000族标准

ISO 9000族标准是国际标准化组织颁布的在全世界范围内通用的关于质量管理和质量保证方面的系列标准,主要是为了促进国际贸易而发布的,是买卖双方对质量的一种认可,是贸易活动中建立相互信任关系的基石。现在许多国家把ISO 9000族标准转换为自己国家的标准,鼓励、支持企业按照这个标准来组织生产,进行销售。符合ISO 9000族标准已经成为在国际贸易上需方对卖方的一种最低限度的要求,其基本管理思想包括:强调领导在质量管理和质量保证中的作用;强调各级人员责任落实、分工明确、职位统一、协调一致;强调过程因素的控制;强调预防为主;强调质量和效益的统一;强调满足顾客对产品的需求。

(3)六西格玛管理

六西格玛管理是20世纪80年代由美国摩托罗拉公司为了应对自己的市场被日本同类企业蚕食而创立的一种质量改进方法。在通用电气、联合信号等一些世界级企业中实施并取得了令人瞩目的成就后,广泛被人们接受并应用于实际。六西格玛管理是通过对流程的持续改进,以提高质量水平,提高顾客满意度,降低风险和成本的一种质量改进方法,其目标就是追求完美。

六西格玛管理总结了20多年来全面质量管理的成功经验,吸纳了近十年来提高顾客满意度以及企业经营绩效方面新的管理理论和方法,将质量与生产力改进的原则有机地贯穿于提高企业核心竞争力的管理体系中,极大地推进了质量管理模式的创新和质量管理水平的提高。六西格玛管理是全面质量管理在质量改进方面的新发展,是对近百年来质量管理特别是质量改进理论的继承性发展。

(4)卓越绩效模式

卓越绩效模式是20世纪80年代后期美国创建的一种世界级企业成功的管理模式,其核心是强化组织的顾客满意意识和创新活动,追求卓越的经济绩效。"卓越绩效模式"得到了企业界和管理界的公认,几乎所有经济发达和强劲发展的国家和地区均建立了各自的卓越绩效(质量奖)模式,以推动所在国家、地区的经营管理进步和核心竞争力提升。最经典的卓越绩效模式是三大质量奖:美国波多里奇国家质量奖、欧洲质量奖和日本戴明奖，其中波多里奇国家质量奖的影响最广泛。

小阅读

放眼世界质量奖

1.美国波多里奇国家质量奖

马尔克姆·波多里奇国家质量奖评奖标准是评奖、组织自我评价、评审组向申请组织提供结果反馈的基础。

本标准的目标是通过注重以下两方面的结果来帮助组织提高其绩效：使顾客在不断改进的价值观中获益，带来市场上的成功；改进组织整体效率和能力。本标准建立在一套核心价值观和概念的基础之上，这些价值观和概念是：领导者的远见卓识、顾客推动、有组织的和个人的学习、尊重员工和合作伙伴、核心价值观与概念、灵敏性、以未来为中心、管理创新、基于事实的管理、公共责任与公民义务、重在结果及创造价值。

2.欧洲质量奖有欧洲质量奖和欧洲质量最佳奖等奖项

申请者首先根据模式自我评估，然后以文件形式提交结果，一组有经验的评审员再对申请评分。

质量奖评判委员会由欧洲各行业领导者，包括以前获奖者的代表和欧盟委员会、欧洲质量管理基金会以及欧洲质量管理组织的代表组成。他们首先确定评审小组将对哪一家申请者进行现场访问。现场访问之后，基于评审小组的最终报告，评判委员会选择确定提名奖获得者、质量奖获得者和质量最佳奖获得者。在每一类别质量奖中，质量最佳奖获得者均选自质量奖获得者中最好的。

3.日本戴明奖

20世纪50年代，为了感谢戴明博士对日本工业生产的贡献，促进日本质量管理的进一步发展，日本科学技术联盟理事会创建了戴明奖制度。

戴明奖的评审，并非要求符合戴明奖委员会提出的质量管理模式，而是由企业自己认识自己的现状、制订课程与目标，评审整个组织进行改进、变革的结果及其过程以及将来的有效性。评审委员会设定符合该企业实际状况的课题，并致力于评审其是否采取了与企业实际状况相符的措施、将来通过这些措施是否可期待实现更高目标。

与其说戴明奖评审是“评审”，不如说是“相互启发”更为贴切，其判定是根据企业对全面质量管理（TQM）所采取的措施、运营状况以及所获得的成效等做出综合判断。

三、全面质量管理

1. 全面质量管理的定义

国际标准 ISO 8402—1994 关于全面质量管理的定义是“一个组织以质量为中心，以全员参与为基础，目的在于通过让顾客满意和本组织所有成员及社会受益而达到长期成功的管理途径。”

全面质量管理并不等同于质量管理，质量管理只是组织中所有管理活动之一，与其他管理活动，如生产管理、计划管理、财务管理、人事管理等并存。而全面质量管理则适用于组织的所有管理活动和所有相关方，全面质量管理被称为质量管理的最高境界。具体表现在以下几点：

(1)全面质量管理是一种管理途径，不是某种简单的方法，也不是某种模式和框架；

(2)全面质量管理强调一个组织必须以质量为中心来开展活动，其他管理职能不能取代质量管理的中心地位；

(3)全面质量管理强调组织内最高管理者强有力和持续的领导和参与，同时要求所有部门和所有层次的人员投入到各种质量活动中去；

(4)全面质量管理强调全员教育和培训；

(5)全面质量管理强调让顾客满意，使包括本组织成员在内的所有相关方受益；

(6)全面质量管理强调谋求长期的经济效益和社会效益。

全面质量管理的质量观从传统的质量管理符合性标准上升到以顾客满意为标准，把实施全面质量管理当作一项长期、动态的战略工程。

2. 全面质量管理的特点

全面质量管理的特点就在于“全面”上，所谓“全面”有以下五个方面的含义。

(1)全面质量的管理

所谓全面质量就是指产品质量、过程质量和工作质量。全面质量管理不同于以前质量管理的一个特征，就是其工作对象是全面质量，而不仅仅局限于产品质量。全面质量管理认为应从抓好产品质量的保证入手，用优质的工作质量来保证产品质量，这样能有效地改善影响产品质量的因素，达到事半功倍的效果。

(2)全过程的管理

所谓全过程是相对于制造过程而言的，就是要把质量活动贯穿于产品质量产生、设计和实现的全过程，全面落实预防为主的方针，逐步形成一个包括市场调研、设计开发、采购供应、工艺策划和开发、生产制造、质量检验、包装储存、销售分发、安装运行、技术服务和维修、用后处置等所有环节在内的质量保证体系，把不合格品消灭在质量形成的过程中，做到防患于未然，把管理重点从事后检验转到事前控制上来，形成能稳定生产合格品的生产经营系统。

(3)全员的管理

现代化大生产联系密切复杂,必须调动人的积极性,发挥人的主观能动性,使全体人员都参与到质量管理工作中来,促使组织内部各职能和业务部门之间的横向合作,依靠有关质量立法和必要的行政手段等激励和处罚措施,使所有部门全体员工都能有效发挥其质量职能,从而提高产品质量和服务质量。

全员的质量管理要求企业全体人员都要参与,人人有责,即上至最高管理者、下到所有员工都参加质量管理,分担一定的责任。质量好坏是企业各项工作的综合反映,所有部门、全体员工的质量职能有效发挥程度都影响着产品质量。同时,应加强企业内各职能和业务部门之间的横向合作,发挥质量管理的最大效用。

在全员管理中,处在不同管理层次的人员的质量责任和作用是不同的。企业最高管理层主要负责制订质量方针、目标,完善管理体制,协调各部门、各环节、各类人员的质量管理活动;中层管理人员的主要职责是使质量决策付诸实施,提供管理方法、标准,并对基层进行教育、指导、监督、考核,承上启下;基层人员则侧重于严格按照规定的计划和标准进行生产运作。

(4)全社会推动的管理

全社会推动是指要使全面质量管理深入持久的开展下去,并取得良好的效果,就不能把工作局限于企业内部,而需要全社会的重视,需要质量立法、认证和监督,进行宏观上的控制引导,即需要全社会的推动。这是因为一个完整的产品往往是由许多企业共同协作来完成的,例如,机器产品的制造企业要从其他企业获得原材料,从各种专业工厂购买零部件等。因此,仅靠企业内部的质量管理无法完全保证产品质量。另外,来自于全社会宏观质量活动所创造的社会环境可以激发企业提高产品质量的积极性和认识到它的必要性。

(5)全面运用各种管理方法

在现代化大生产和科学技术的实践中,质量管理形成了大批工具技术和方法,使得对质量管理工作进行定性和定量分析成为可能。全面质量管理中广泛运用各种方法,统计方法是重要的组成部分,如回归分析、方差分析、多元分析、试验设计、时间序列分析等。另外还有很多非统计方法。常用的质量管理方法有所谓的老七种工具,即因果图、排列图、直方图、控制图、散布图、分层法、检查表;还有新七种工具,即关联图法、KJ 法、系统图法、矩阵图法、矩阵数据分析法、PDPC 法、矢线图法。还有一些新方法近年来得到了广泛地关注,如质量功能展开(QFD)、田口方法、故障模式和影响分析(FMEA)、头脑风暴法、六西格玛法、水平对比法、业务流程再造等。

3. 全面质量管理的基本方法 PDCA 循环

(1)PDCA 循环的含义

PDCA 循环是全面质量管理的基本方法,最早是由美国质量管理专家戴明提出来的,所以又称为“戴明环”。PDCA 四个字母及其在 PDCA 循环中所代表的含义如下：

P(plan)——计划，确定方针和目标，确定活动计划；

D(do)——执行，实地去做，实现计划中的内容；

C(check)——检查，总结执行计划的结果，注意效果，找出问题；

A(action)——处理，总结处理检查的结果，肯定成功经验并加以推广、标准化，总结失败的教训，避免再出现，未解决问题进入下一循环。

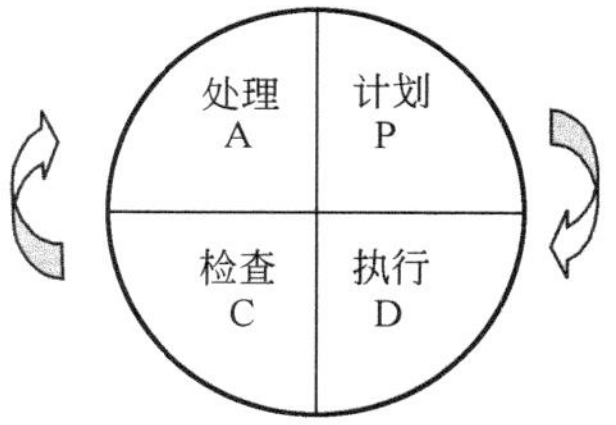

图 3-1　PDCA 循环图

PDCA 循环的基本模型如图 3-1 所示。

(2)PDCA 循环的特点

①大环套小环。如果把整个组织的工作作为大的 PDCA 循环，那么各个部门、小组还有各自小的 PDCA 循环，上一级 PDCA 循环是下一级 PDCA 循环的根据，反过来下一级 PDCA 循环是上一级 PDCA 循环的贯彻落实和具体表现，通过循环把组织各项工作有机联系起来，共同促进。

②阶梯式上升。PDCA 循环不在同一水平上循环，每循环一次，就解决一部分问题，取得一部分成果，质量水平就提高一步。到了下一次循环，又有了新的目标，从而不断阶梯上升。

③科学管理方法的综合应用。PDCA 循环应用以 QC 七种工具为主的统计处理方法以及工业工程(IE)中工作研究的方法作为进行工作和发现、解决问题的工具。

四、质量管理的基本工具及技术

1. 质量管理改进常用的几种工具

(1)因果图

1953 年石川馨第一次提出因果图。因其图形很像鱼骨，所以又称鱼骨图。它主要用于分析质量问题产生的主要原因。导致过程和产品质量的问题可能有很多，通过对这些因素进行全面系统地观察和分析，可以找出其因果关系。通过把握现状、分析原因、寻求措施来促进问题的解决。绘制因果图时，应注意逻辑推理法和发散整理法；确定时应通过大家集思广益，充分发扬民主，以免疏漏；确定原因尽可能具体；质量特性有多少，就要绘制多少张因果图；质量特性和因素尽可能量化；最后加以验证。

(2)排列图

排列图又称巴雷特图法，是找出影响产品质量主要问题的一种方法。这种方法是以图表的形式把许多问题或构成问题的许多内容、因素等按照各自所占的份额，用相应高低的长方形依次排列出来，同时，标出各项累计百分比，以指示解决问题的主要目标。

影响产品质量的因素往往由少数项目所致，通过区分最重要的和次要的项目，可以用最小代价获得最好效果。质量问题是以质量损失(缺陷项目和成本)的形式表现出来的,大多数损失往往是由几种缺陷引起的,而这几种缺陷往往又是少数原因引起的。因此,一旦明确了这些"关键的少数"就可以消除这些特殊原因,避免由此引起的大量损失。排列图可分为分析现象用排列图和分析原因用排列图两种。

(3)直方图

直方图法又称质量分布图法或频数分布图法。它是把收集到的质量数据整理后,根据分布的情况分成若干组,画出以组距为底边,以频数为高度的许多直方形,再把它们连接起来,形成矩形图。通过观察图形,分析质量现状和趋势,从而提出控制商品质量的方法。

(4)检查表

检查表是用来检查有关项目的表格,收集、处理数据都比较容易,因此成为非常有用的数据记录工具。检查表可分为工具分布检查表、不合格项检查表、缺陷位置检查表和缺陷原因检查表。

(5)分层法

分层法通过分层对整体进行剖析以获取有关信息,是分析影响质量因素的一种基本方法,也是加工整理数据的一种重要方法。这种方法是通过分类把性质不同的数据以及错综复杂的影响质量的因素及其责任划分清楚,找出规律,提出解决方法。但有时由于分层不当,也可得出错误的信息,必须运用有关产品技术知识和经验进行正确分层。通常分层的方法有:按操作者和作业方法分层、按机器设备分层、按原料分层、按时间分层、按作业环境状况分层。

(6)散布图

在质量改进活动中,常常要分析研究两个相应变量是否存在相关关系。散布图法就是用于研究质量变量间的相互关系。

在对原因的分析中,常常遇到一些变量共处于一个统一体中,它们相互联系,相互制约,在一定条件下又相互转化。有些变量间存在确定性的关系,有些变量间却存在着相互关系,即这些变量之间既有关系,但又不能由一个变量的数值精确地求出另一个变量的值。将两种有关数据列出,并用"点"填在坐标上,观察两种因素之间的关系,这种图称为散布图。对它们进行分析,称为相关分析。在质量管理中,就是利用散布图来观察质量特征的关系,从而改进质量。

(7)控制图

控制图是对过程质量特性值进行测定、记录、评估,从而检察过程是否处于控制状态的用统计方法设计的图。

控制图的实质是区分偶然因素与异常因素两类因素的有效手段,当过程中只有偶然因素而无异常因素时过程就处于统计控制状态。通过控制图可以将所描点与控制界限或规范界限相比较,从而能直观看出产品或服务的质量。应用控制图对过程进行监控时，可根据判异准则来发现问题加以预防，应考虑为所确定控制的对象选择合适的控制图。控制图是根据稳态下的条件来制定的，如果条件变化，应重新修订控制图，并重新抽取数据进行检验。

2. 质量管理的新工具

(1)箭线图法

箭线图法，又称矢线图法，是网络图在质量管理中的应用。过去普遍使用的甘特图，对于描述粗略的计划或简单的作业确实可行，但它不能把各个作业之间的从属关系表示出来。箭线图就是为此修补而设计改进的方法，它利用了在计划评审法和关键路径法中使用的网络图。箭线图法是确定某项质量工作的最佳日程计划和有效地进行进度管理的一种方法，特别是运用于工序繁多、复杂、衔接紧密的一次生产项目时效果尤为明显。

(2)关联图法

关联图法是指用一系列的箭线来表示影响某一质量问题的各种因素之间的因果关系的连线图。对于由复杂因素构成的问题，可以明确其原因—结果、目标—手段的关系，找到恰当的解决对策。

通常，在绘制关键图时，将问题与原因用“O”表示，其中要达到的目标和重点项目应重点圈起，箭头表示因果关系，箭头指向结果，其基本图形如图 3-2 所示。

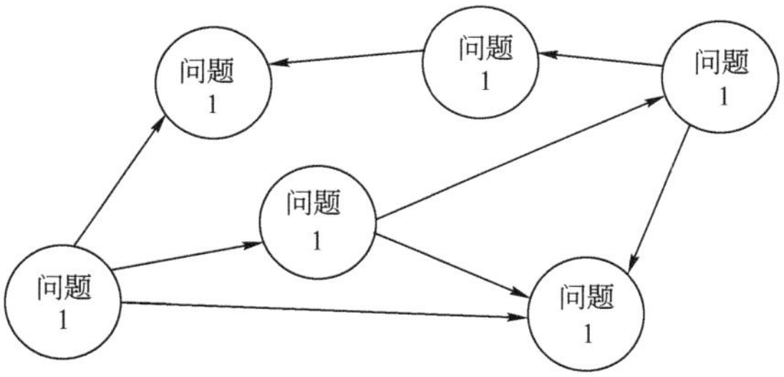

图 3-2　关联图

(3)系统图法

系统图法是为了达到某种目的，从系统上寻求最佳手段的一种方法，使用的是树形图或框图，它将价值工程中的功能分析所用的功能系统图的想法和手段应用到质量管理中的各种问题上来。系统图法可以系统地掌握问题、寻找到实现目的的最佳手段。

系统图的具体做法是将把要达到的目的所需要的手段逐级深入，即上一水平手段对于下一水平手段来说是目的，如图 3-3 所示。

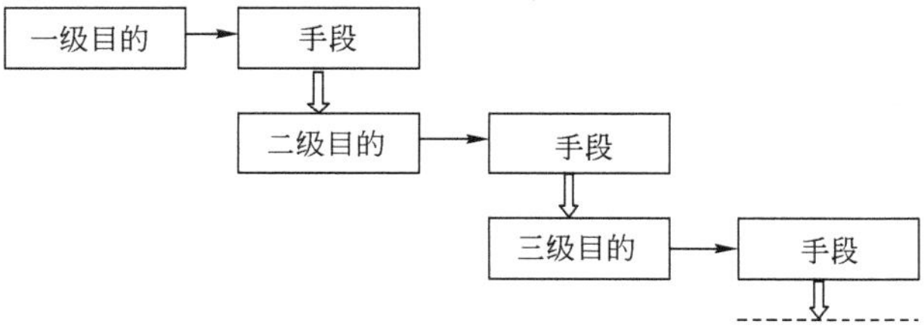

图 3-3　系统图

(4)KJ 法

KJ 法又称亲和图法或 A 型图解法，由日本专家川喜田二郎创造，KJ 是其英文名字打头字母缩写。KJ 法针对某一问题广泛收集各种经验知识、想法和意见等语言、文字资料，通过 A 型图解汇总，并按照资料近似程度、内在联系进行分类整理，抓住事物的本质，找出结论性的解决办法。这种方法是开拓思路、集中集体智慧的好办法，尤其针对未来和未知的问题可以进行不受限制的预见、构思，对质量管理方针计划的制订、新产品新工艺的开发决策和质量保证都有积极的意义。A 型图解的绘制步骤：

①确定课题，根据客观事实，开始收集各种语言文字资料；

②将语言资料制成卡片，尽量使用生动具体的语言表示，并综合整理卡片，将内容相似的变成一组；

③卡片整理好后制图，按整体结构用易于理解的 A 型图解来表示；

④开始使用，通过大家讨论，反复观察，专题发言，通过不断讨论，达到使用目的。

(5)矩阵图法

所谓矩阵图是运用二维、三维或更多维的矩阵表格，通过多元因素分析找出问题和造成问题的原因。在二维矩阵图中，从造成问题的因素中找出成对的因素 R(R_1, R_2, R_3, …, R_n) 和 L(L_1, L_2, L_3, …, L_n) 形成一列一行因素，在列 R_i 和行 L_i 的交点上表示各因素的关联程度，从二元配置当中探索问题的所在和问题的形态，从二元的关系当中得到解决问题的线索，从而找出解决问题的着眼点。在矩阵图法中，按矩阵图的形式可以将其分为 L 形、T 形、X 形、Y 形和 C 形五种。应用时首先确定待解决的问题并确定因素组及有关因素，再绘制矩阵图，分析因素间的相互关联程度，最后写出分析报告，并制订措施计划加以实施。矩阵图的基本形式如图 3-4 所示。

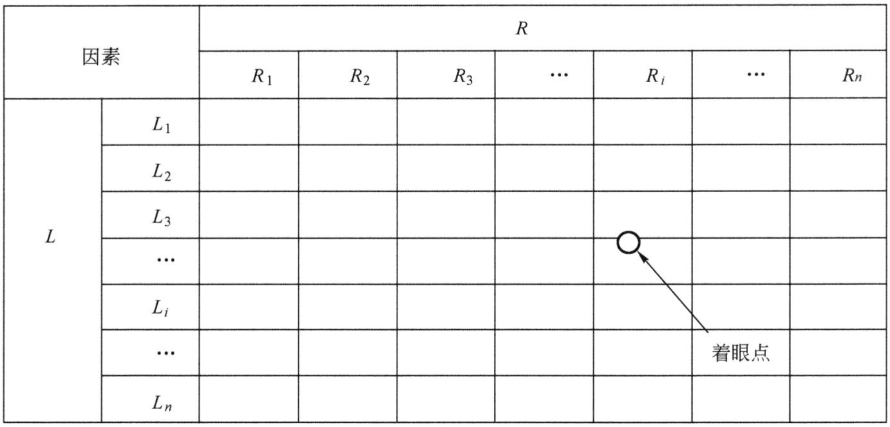

图 3-4　二维矩阵图

矩阵图主要用于寻找改进老产品的着眼点和研制新产品、开发市场的战略;系统核实产品的质量与各项操作的关系,对工作质量进行全面管理;了解市场与产品的关联性分析,制订市场产品发展战略;明确一系列项目与相关技术之间的关系以及寻找产品质量问题产生的原因、确立质量保证体系的关键环节等质量管理工作。

(6)矩阵数据分析法

若矩阵图中各对应因素之间的关系能够定量表示时(行列交点可以有数据),这就产生了矩阵数据分析法。矩阵数据分析法是对矩阵图的数据进行整理和分析的一种方法,是唯一的数据分析法,本来是统计方法中的多变量分析法的一种。这种方法主要用于影响产品质量的多因素分析、复杂的质量评价,具体可用于复杂因素相互缠绕的工程分析,从大量数据中分析不良原因,从市场调查数据中掌握要求质量,官能特性的分类体系化等。

(7)PDPC 法

PDPC(process decision program chart)法或称为过程决策程序图法,是将运筹学中运用的过程决策程序图应用于质量管理中。PDPC 法是指在制订达到目标的实施计划时,加以全面分析,对于事态进展中可以设想的各种结果的问题,设想和制订相应的处置方案和应变措施,确定其达到最佳结果的方法。PDPC 法可以在一种预计方案不可行或效率不高出现质量问题时采用第二、第三或其他计划方案,确保最佳效果。PDPC 法适用于制订质量管理的实施计划以及预测整个系统可能发生的重大问题并预先制订措施控制质量管理的全过程。

PDPC 法的特点是从全局整体上掌握系统情况,因而可做出全局性判断,可以按照时间先后掌握系统进展情况并密切监视系统进程的动向,找出“非理想状态”,可以及时补充修订计划措施。

S 本章小结

21 世纪是质量世纪,质量水平的高低直接反映了组织、地区,乃至国家和民族的素质。国际标准化组织关于质量的定义是“一组固有特性满足要求的程度”。质量管理专家关于质量的定义是“质量即适用性,所谓适用性是指产品在使用期间能够满足使用者的需要”。

随着经济的发展和社会进步,质量概念也随之深化发展,具有代表性的有“符合性质量”、“适用性质量”、“广义性质量”等。

商品质量是指商品的一组固有特性满足规定和隐含的要求(或需求)的程度。商品质量概念的核心是满足消费者的需求,商品的质量是与商品用途有关的属性参数的综合,商品质量具有针对性、相对性、可变性三层含义。对有形商品的质量要求主要有使用性、安全卫生性、审美性、经济性、寿命和可靠性、信息性。对服务性商品的质量要求主要有功能性、时间性、文明性、安全性、舒适性、经济性。

影响工业产品质量的因素主要有产品设计、原材料、生产工艺、设备和操作方法、标准水平、检验以及包装质量等。影响农产品质量的因素主要有生产环境、动植物品种、植物栽培技术和动物饲养管理等。流通过程的运输装卸、仓库储存保管和销售服务等环节对商品质量也有一定程度的影响。商品消费过程中的商品使用范围、使用方法和维护、商品使用后的废弃处理对商品质量也有影响。

质量管理是企业全部管理职能的一个重要组成部分。质量管理是指在质量方面指挥和控制组织的协调活动。质量管理通常包括制订质量方针和质量目标，以及质量策划、质量控制、质量保证和质量改进等活动。质量管理的发展大致经历了质量检验、统计质量控制和全面质量管理三个阶段。

全面质量管理是一个组织以质量为中心，以全员参与为基础，目的在于通过让顾客满意和本组织所有成员及社会受益而达到长期成功的管理途径。“全面”有以下五个方面的含义：①全面质量的管理；②全过程的管理；③全员的管理；④全社会推动的管理；⑤全面运用各种管理方法。PDCA 循环是全面质量管理的基本方法，具有大环套小环、阶梯式上升、科学管理方法的综合应用。质量管理改进常用的工具有因果图、排列图、直方图、检查表、分层法、散布图和控制图等。

R 课后阅读 1

苛求质量创新领先

2005 年 5 月 3 日，热闹了 4 天的北京国际家电展落下了帷幕。在西门子家电展区，几款新颖、亮丽、功能独特的产品成为最吸引人的地方。

质量优势和技术领先是西门子公司保持长寿的秘诀。西门子对于质量的追求可以用苛刻两字来形容。一款产品从研发、设计、生产到检验，每一个环节都要用具体的数据来证明达到了要求。此次展出的新款抽油烟机，产品已经出来半年后也没推向市场。因为产品要在慕尼黑的实验中心接受各种各样的环境实验。以耐磨实验为例，用一个机器人高强度地摩擦抽油烟机的外壳，以测试它的材料和外层涂料的耐磨程度。降低残次率是西门子生产过程要控制的关键数据，严格科学的质量管理体系是生产高质量产品的保证。

一般的企业做产品品质检验，是按 10％的比例抽验，但西门子对产品是 100％的比例抽验，尤其是对新上市的一类产品。一般公司开董事会，董事们往往仅看财务数据，而西门子的董事会要看持续的质量数据。

西门子的管理可以追溯到每一个零部件的质量。比如一台机器由 1 000 个零部件组成，每一个零部件都有编号。市场上卖出去 1 000 台以后，通过服务信息反馈，可以知道这个机器上每一个部件的残次率是什么样的一条曲线，企业据此推断出这类产品在市场上的维修周期是多长，这个零部件需要如何改进等。

R 课后阅读 2

让一流的标准打天下

20 年前，海尔用大铁锤砸了 76 台不合格的冰箱。那时候，让产品符合生产标准，做得精致点、耐用点几乎是唯一的目标。现在的海尔人追求什么？他们在想方设法创造标准，让别人按照海尔的标准来生产产品。

就像很多人常常说的那样，一流的企业卖标准。

海尔制定的电热水器防电墙技术标准已经通过国际电工委员会(IEC)表决成为国际标准。试验表明，在地线带电的情况下，即便向热水器内胆中通入 220V 电压，海尔电热水器出水口的电压也在人体绝对安全电压 12V 以下，考虑到许多发展中国家用电环境恶劣，这项技术因而具有极大的推广价值。

根据海尔“双动力”技术标准，海尔研制出世界上第四种洗衣机：双动力洗衣机。“双动力”为用户创造了一种全新的洗涤方式，不仅将波轮式、搅拌式和滚筒式三种洗衣机的优点集于一身，而且最大限度地克服了以上三种洗衣机的缺点，洗得净、磨损低、不缠绕，省水、省电各一半，省时 70%。产品推出仅仅两年，双动力洗衣机就在全球卖出了 100 万台。海尔推出的这种双动力式洗衣机很好地解决了用户的洗衣难题，让用户受益，中国标准化管理委员会努力让“双动力”技术早日成为国际标准。

除了成为第一个参与 IEC 国际标准制定的中国家电企业外，截至目前，海尔已经参与了 86 项国家标准的制定(修订)。其中包括刚刚成为行业标准的中国首个家庭网络标准，海尔是这个标准的牵头者。由于海尔品牌在国际上的影响力和技术上的领先地位，巴基斯坦甚至明确提出，要求海尔帮助该国建立一套完整的家电标准。

种种事实表明，从产品意义上的竞争到技术意义上的竞争，再到标准层面的竞争，海尔的创新路径已经十分清晰。而且，最为难得的是，海尔的每一个创新都坚定地站在用户一边，都坚定地把市场需求奉为永不动摇的根本。在海尔，从来没有盲目的以创新为目的的创新，这一理念帮助海尔赢得了潜力无穷的市场。

这就是海尔，把每一件正确的事情都做到极致的海尔。这些努力不断增强着海尔的优势，也推动着海尔向世界品牌的目标一步步地逼近。

T 思考与练习

一、思考题

1. 什么是质量？简述质量概念的发展。
2. 什么是商品质量？商品质量内涵的三个层次是什么？

3. 举例说明对有形商品和服务性商品质量的基本要求。
4. 举例说明影响工业品和农业品商品质量的基本要求。
5. 流通过程可以采取什么措施实现商品质量的保护与提高？
6. 什么是质量管理？质量管理的活动要素有哪些？
7. 试述商品质量管理的历史发展经历了哪几个阶段？其演变原因是什么？
8. 什么是全面质量管理？全面质量管理有何特点？
9. 什么是 PDCA 循环？PDCA 循环的特点是什么？

二、练习题

(一)填空题

1. 随着经济发展和社会进步，人们对质量的要求不断提高，质量概念也随之深化发展，具有代表性的有(　　)、(　　)、(　　)等。

2. 质量从符合性发展到适用性使人们对质量的认识逐步把(　　)放在首位。

3. 对有形商品的质量要求(　　)、(　　)、(　　)、(　　)、(　　)、(　　)等。

4. 影响工业产品质量的因素主要有(　　)、(　　)、(　　)、(　　)、(　　)、(　　)以及(　　)等。

5. 质量管理活动要素包括(　　)、(　　)、(　　)、(　　)、(　　)和(　　)。

6. 全面质量管理的特点就在于“全面”上，所谓“全面”有以下五个方面的含义：(　　)、(　　)、(　　)、(　　)、(　　)。

(二)单项选择题

1. 以“符合”现行标准程度作为衡量依据，符合标准就是合格的产品质量，符合的程度反映了产品质量的一致性，这是(　　)的观点。

A. 符合性质量　　B. 通用性质量　　C. 广义性质量

2. 商品质量的核心是(　　)。

A. 满足消费者的需求　　B. 符合标准　　C. 参数符合要求

3. (　　)是商品开发与设计的基础。

A. 原材料的采购　　B. 市场调研　　C. 产品生产工艺的选择

4. 质量检验阶段主要是对产品的质量实施(　　)。

A. 事后检验　　B. 事中检验　　C. 事前检验

(三)判断题(正确打√，错误打×)

1. 不同时节采摘的茶叶，不影响茶叶的质量。(　　)
2. 原材料质量对产品质量不构成影响。(　　)
3. 流通和服务也是影响商品质量的重要因素。(　　)
4. 质量方针是组织经营总方针的组成部分，应与组织经营方针保持一致。(　　)
5. 全面质量管理就是质量管理。(　　)

(四)案例分析

突破传统思维定式,联想质量管理再突破

由中国质量协会组织的“全国质量管理奖”颁奖大会于2002年9月17日在北京国际会议中心隆重举行,联想凭借先进的质量管理意识和卓越的质量管理水平,荣获“2002年全国质量管理奖”。

今天,质量管理已经超越了传统意义上单一的产品质量考核标准,而关注企业经营管理过程中的各个方面,包括企业的经营战略、资源管理、经营绩效、满足顾客需要能力与持续改进能力,以及外部环境变化时企业的应变能力等各个方面。“全国质量管理奖”这一奖项在参考了美国波德里奇国家质量奖、日本戴明奖、欧洲质量奖标准的基础上,结合我国实际制定了评审标准,是先进、科学、公正的国家质量管理大奖。

在过去的十几年里,联想一贯秉承“让用户用得更好”的理念,致力于为中国用户提供最新、最好的科技产品,推动中国信息产业的发展。在这个理念指导下,联想的质量工作经过了从“符合标准”、“客户满意”到“质量经营”的跳跃式发展。早期,联想产品以“符合标准”为目标,接下来联想发现,“符合标准”不一定就是受消费者欢迎的产品,于是,联想又以“用户满意”作为衡量产品质量的标准。

现在,联想又正在经历从“客户满意”到全面“质量经营”阶段的发展。在企业文化方面,联想总结了过去发展的经验,凝练了联想“服务客户,精准求实,诚信共享,创业创新”的核心价值观,并把这种价值观作为质量经营的指导思想。2001年11月,联想单独成立了公司级质量管理部,并建立了各层级的监督检查机制与制度。质量部门引导各个环节,将客户的需求转化为各个产品形成环节的关键性能指标。每个环节和部门都有明确的质量、效率和成本指标及其考核办法。

近些年来,日趋完善的“质量经营”帮助联想获得了突出的成绩。2000年联想成为唯一荣获全国质量管理先进企业奖的计算机整机制造企业;2002年,联想被国家质检总局评选为“2002年全国质量管理先进企业”。这次联想获得的“全国质量管理奖”代表了中国质量协会及有关专家对联想的再次肯定。

从“符合标准”到“客户满意”,再到“质量经营”,联想成为“质量管理”先进概念的积极倡导者和有力实施者,走过了一条坚实而成功的道路。卓越有效的质量管理是联想所提供的完善服务与优质产品的重要保证。

案例思考题

从联想企业质量管理的实践,谈谈你对“符合性质量”和“适应性质量”的认识。

第四章 商品标准和标准化

本章知识目标

通过本章的学习学生应掌握以下知识：

1. 商品标准的概念、作用；
2. 商品标准的分类、分级；
3. 商品标准的内容；
4. 商品标准化的概念、商品标准化工作；
5. 国际标准化组织体系及我国的标准化工作。

本章能力目标

通过本章的学习学生应具备以下能力：

1. 结合实例能够解释商品标准的分类、分级；
2. 理解并能解释商品标准化的概念；
3. 能够描述商品标准化的产生和发展过程。

本章学习要求

本章将主要介绍商品标准和商品标准化的相关知识，如商品标准的概念、作用、分类、分级、内容，商品标准化的概念、工作、产生和发展，国际标准化组织体系及我国的标准化工作等。通过本章的学习应掌握商品标准的分类和分级、商品标准化的组织和工作，能够运用商品标准和标准化相关知识解决实际问题。

典案阅读

靠标准撑起"安全伞"

山西焦煤汾西矿业集团新峪公司把加强标准化工作作为安全生产的重头戏，狠抓标准化不放松，在全公司推行按标准管理、按标准操作、按标准验收的矿井质量标准化工作，夯实了安全基础，改善了职工的生产生活条件。截至目前，未发生一起重大伤亡事故，掉道、电机烧损等零星事故也比去年减少90%以上。

在标准管理方面，该公司狠抓采掘质量达标、井巷生产环境和职工培训等措施，在全公司开展了“大排查、大整改”活动，针对标准化管理的薄弱环节，自我加压，突出安全专项整治工作，投入一定资金完善矿井各系统，进一步提高矿井的抗灾能力。此外，对各采区、工作面的电缆、水管和风管等都统一标准进行吊挂，补充和完善了标准化考核奖罚办法，细化标准，明确责任，进一步健全了队组标准化考核运行机制，把标准化工作落实到了安全生产的全过程；同时，充分以“每日一题”为载体，通过每天的班前会，不断提高职工的业务素质和安全意识，提高职工责任心，用标准规范职工操作行为，促进安全生产。在标准操作方面，该公司严格按照标准操作，从一架支架、一架棚子抓起，严格工人规范，把标准化工作渗透到安全生产的每一个环节、每一个岗位，形成“事事有标准、人人有标准、时时抓标准”的良好氛围。严把标准验收关，做到现场监督、现场检查，严格实行一票否决制，只要安全质量不达标，不论产量任务完成好坏，均要严格处罚，并实行跟踪管理直至达标。

点评：

标准化生产可以规范员工的行为，促进工作质量和商品质量的提高。

第一节　商品标准概述

商品标准是对商品质量和与质量有关的各个方面所作的技术规定。商品标准的分类和分级种类很多。商品标准一经正式颁布执行，就具有法律效力。因此，要求政府、企业和其他社会团体及公民都应遵照执行。

一、商品标准的概念

1. 标准

标准是对重复性事物和概念所作的统一的规定，它是以科学、技术和实践经验的综合成果为基础，经有关方面协商一致，由主管机构批准，以特定形式发布，作为共同遵守的准则和依据。理解标准的概念，应把握以下几个要点。

(1)标准的对象是需要协调统一的重复性事物和概念。重复性是指事物的反复性特征，只有当他们反复出现和应用时，对该事物才有制定标准的必要。

(2)制定标准的依据是科学技术和实践经验的综合成果。一方面标准是新技术、新工艺和新材料等科学技术进步创新的结果，另一方面标准又是人们在实践中不断总结和吸取带普遍性和规律性经验的成果。

(3)标准制定的程序要经有关方面充分协商。

(4)标准文件有着自己的一套格式和制定发布的程序，具有一定的严肃性和法规性。

(5)标准的本质特征是统一。

(6)制定标准的出发点是建立最佳秩序和取得最佳效益。

2. 商品标准

商品标准是标准的一部分。商品标准是对商品质量和与质量有关的各个方面所规定的准则，是商品生产、经营和消费者评定商品质量的共同依据。对具体的商品来说，商品标准是对商品的质量、品种、规格、技术性能、检验规则、试验方法、包装、运输和储存等方面所做的技术规定，是设计、生产、检验商品质量的技术依据，是生产和流通领域中鉴定商品质量、评定商品等级的技术准则和客观依据。

商品标准对商品质量及与质量有关的各个方面都做了具体的规定，要求政府、企业和其他社会团体及公民都应遵照执行。

二、商品标准的作用

1. 商品标准可保证和提高商品质量

商品标准的统一表达了生产和消费对商品质量及其相关方面的要求，是产销或购销双方对商品质量发生争议时执行仲裁的依据。商品的种类繁多、质量千差万别，如何判断商品质量的好坏，其依据就是商品标准，尤其是产销双方、销售与使用双方对商品质量发生争议时，标准是仲裁的统一准则和依据。生产部门按技术标准生产，质量检验部门按技术标准对商品质量检验。所以，在《中华人民共和国标准化管理条例》中规定，对于正式生产的商品，都必须制定标准。

此外，商品标准在制定和修订过程中，将科研新成果、技术进步新成就及实践中的先进经验，经过分析、比较和选择，然后加以综合，纳入标准。这样，可使商品质量不断得到提高。

2. 商品标准能促进商品质量的提高

商品标准体现了一个国家的技术经济政策，能反映一个国家生产力发展水平的高低。制定标准的过程是科学的反映过程，使商品的设计、生产、加工和流通都建立在科学的基础之上，都能“有章可循”、“有法可依”，从而使商品质量得到了基本保证。对于不符合标准的产品，《标准化管理条例》中规定：一律不列入计划完成数，不计产值，不准出厂。如能认真贯彻，必能保证和促进产品质量不断提高。

3. 商品标准有利于贸易的顺利进行

随着关税的不断降低，非关税壁垒已成为各国贸易保护的重要手段，其中约

30%以上是技术壁垒。发达国家凭借其先进的技术，制定各种名目繁多、苛刻的技术标准，使发展中国家的产品出口受到严重影响。近年来，中国许多大类产品，如食品、纺织品、玩具、陶瓷品、机电产品和建材等传统出口商品，均在出口时因技术壁垒的问题而严重受阻，已成为中国出口产品的头号拦路虎。如果产品在生产时采用国际先进标准，就获得了进入国际市场的通行证，从而促进对外贸易的发展。

4. 标准可更好地满足消费需要

通过制定和贯彻商品标准，可简化多余或低功能的商品品种。标准的系列化形式能以最佳品种构成满足广泛需要。

5. 商品标准有助于拉开商品差价

商品标准中的质量要求，反映了商品使用价值的高低。商品标准中质量指标所规定的质量水平，更具体划分了该种商品使用价值的高低程度，从而为划分商品品级提供了依据。

6. 商品标准有利于资源利用和环境保护

商品标准的制定和贯彻有利于合理利用国家资源和节约资源。此外，商品标准的制定和贯彻，在组织专业化生产、合理发展商品新品种、节约能源和保证安全等方面也具有重要作用。

三、商品标准的分类

1. 按表达形式分类

商品标准按其表达形式，分为文件标准和实物标准两类。

(1)文件标准指用特定格式的文件，通过文字、表格和图样等形式，表达全部或部分商品质量有关方面技术内容的统一规定。目前，绝大多数商品标准是文件标准。

(2)实物标准指用实物作为标准样品，对某些难用文字准确表达的色、香、味、形、手感和质地等质量要求，由标准化机构或指定部门用实物做成与文件标准规定的质量标准完全或部分相同的标准样品，按一定的程序发布，作为文件标准的补充，是一种经过权威机构确认可以作为标准的制品，如棉花、茶叶实物标准。实物标准又分为全国基本标准和地方仿制标准。标准样要每年更新。

2. 按对象特征分类

按照标准化对象特征分类，通常把标准分为技术标准、管理标准和工作标准三大类。

(1)技术标准是对标准领域中需要协调统一的技术事项所制定的标准。它是从事生产、建设工作以及商品流通的一种共同技术依据。凡正式生产的工业产品、主要的农产品、各类工程建设、环境保护、安全和卫生条件以及其他应当统一的技术要求，都必须制定技术标准。主要包括：基础标准、产品(商品)质量标准、方法标准、安全标准、卫生标准、环境和保护标准。基础标准是指最基本的、具有广泛指导意义的标准，如商品名词术语、符号等标准，该标准应用最广泛。产品（商品）质量标准是指对具体商品的性能、规格、可靠性和外观等方面规定的准则，如铅笔标准、酱油质量标准。方法标准是指方法、程序和规程性质的标准，如合成洗衣粉实验方法标准、酱油质量检验方法标准。安全、卫生标准是指一切有关人身安全和卫生方面的专门标准，如儿童玩具安全标准、食品卫生标准等。

（2）管理标准是指对标准化领域中需要协调统一的管理事项所制定的标准。一般包括技术管理标准、生产管理标准、经济管理标准、行政管理与业务管理标准等。

（3）工作标准是指对工作的责任、权利、范围、质量要求、程序、效果、检查方法和考核办法所制定的标准，是对标准化领域中需要协调统一的工作事项所制定的标准。工作标准一般包括部门工作标准和岗位（个人）工作标准，通常包括基础工作、工作质量、工作程序和工作方法等方面的标准。

在三种标准中，目前数量最多的是技术标准。它是从事生产、建设工作以及商品流通的一种共同技术依据。凡正式生产的工业产品、重要的农产品、各类工程建设、环境保护、安全卫生要求以及其他应当统一的技术要求，都必须制定技术标准。商品标准是技术标准的一种，主要是对商品的品质规格及检验方法所作的技术规定。

3. 按约束力分类

商品标准按其约束性，有强制性标准和推荐性标准两类。

（1）强制性标准，又称法规性标准。强制性标准是指保障人体健康和人身、财产安全的标准和法律、行政法规规定必须强制执行的标准，是标准制定之后，需要使用此类标准的部门必须贯彻执行。也就是说强制性标准所规定的内容必须执行，不允许以任何理由或方式违反、变更，对违反强制性标准的行为，国家将依法追究当事人的法律责任。强制性标准包括强制性的国家标准、行业标准和地方标准。《标准化法》规定，保障人身健康，人身、财产安全的标准以及法律和行政法规强制执行的标准，均属于强制性标准。

（2）推荐性标准，又称为自愿性标准。推荐性标准是指国家鼓励自愿采用的具有指导作用而又不宜强制执行的标准，即标准所规定的技术内容和要求具有普遍的指导作用，允许使用单位结合自己的实际情况灵活选用。推荐性标准是除强制性标准以外的其他标准，企业自愿采用，国家采取优惠措施，鼓励企业采用推荐性标准。推荐性标准的实施以自愿采用为原则，不要求强制执行，但是在下列几种情况下，推荐性标准必须严格执行。

①一项推荐性标准一旦纳入国家法律、法规或指令性文件规定，在一定范围内该项标准便具有强制推行的性质。

②一项推荐性标准被企业作为认证所采用的标准时，经过按此标准认证的产品，

必须严格执行该项标准。

③企业向公众明示其产品符合某项推荐性标准时，应当严格执行其所明示的推荐性标准。

④某项推荐性标准被购销双方引用为交货依据时，双方应当严格执行该项标准。

对于以上情况所采用的推荐性标准，标准化行政部门对贯彻执行该项标准的情况有权实施监督检查。

4. 按熟练程度分类

(1)正式标准。绝大多数商品的标准为正式标准。

(2)试行标准。与正式标准具有同等法律效力，一般试行二三年后进行修订，待成熟时转为正式标准。

5. 按标准化的对象和作用分类

根据标准化的对象和作用分类，标准可分为基础、产品、方法、安全、卫生和环境保护等标准。

(1)基础标准指在一定范围内作为其他标准的基础并普遍通用，具有广泛指导意义的标准。如：名词、术语、符号、代号、标志、方法等标准；计量单位、公差与配合、形状与位置公差、表面粗糙度、螺纹及齿轮模数标准；优先数系列、基本参数系列、系列型谱等标准；图形符号和工程制图等标准；产品环境条件及可靠性要求等标准。

(2)产品标准指为保证产品的适用性，对产品必须达到的某些或全部特性要求所制定的标准，包括：品种、规格、技术要求、试验方法、检验规则、包装、标志、运输和储存要求等。

(3)方法标准指以试验、检查、分析、抽样、统计、计算、测定和作业等各种方法为对象而制定的标准。

(4)安全标准指以保护人和物的安全为目的而制定的标准。

(5)卫生标准指为保护人的健康，对食品、医药及其他方面的卫生要求而制定的标准。

(6)环境保护标准指为保护环境和有利于生态平衡，对大气、水体、土壤、噪声、振动、电磁波等环境质量、污染管理、监测方法及其他事项而制定的标准。

6. 按照适用领域和有效范围不同分类

按照适用领域和有效范围不同，商品标准可分为不同的层次、级别，如国际标准、区域标准、国家标准、行业标准、地方标准和企业标准。

7. 其他分类

按商品标准的适用范围分为出口商品标准和内销商品标准；按保密程度分为公开标准和内部标准；按其使用要求分为生产型标准和贸易型标准等。

小 阅 读

各国的技术标准十分复杂，且名目繁多，如欧洲的技术标准就有10万多个，其中有些标准是专门针对某国或某类产品而专门设计制定的。

四、商品标准的分级

标准按照其适用领域和有效范围不同，可分为不同的层次，其目的是为了适应不同技术水平、不同管理水平以及满足不同的经济要求，以便更有效地促进商品质量的提高和管理的改善。从世界范围来说，标准通常被分为国际标准、区域标准、国家标准、行业或专业团体标准以及公司（企业）标准五级；中国的商品标准自1989年《标准化法》实行后分为国家标准、行业标准、地方标准和企业标准四个等级。

1. 从世界范围来说，商品标准的分级

(1)国际标准

国际标准是由国际标准化组织采用的标准或是在某些情况下由国际标准化团体采用的技术规范。国际标准主要包括以下几项。

①国际标准化组织标准。国际标准化组织标准由国际标准化组织（ISO）制定，每隔5年审定一次。ISO通过它的2 856个技术机构开展技术活动。其中技术委员会（简称TC）共185个，分技术委员会（简称SC）611个，工作组（WG）2 022个，特别工作组38个。ISO的2 856个技术机构技术活动的成果（产品）是“国际标准”。截止到2004年2月，ISO已制定国际标准共13 700个，主要涉及各行各业各种产品（包括服务产品、知识产品等）的技术规范。例如，ISO 9000和ISO 14000国际标准。

ISO 9000系列标准。它是国际标准化组织为适应国际贸易发展的需要制定的国际质量管理和质量保证标准，也是质量体系的评价标准。“ISO 9000”不是指一个标准，而是一族标准的统称。“ISO 9000族”是由ISO/TC 176制定的所有国际标准。TC 176即ISO中第176个技术委员会，它成立于1980年，全称是“品质保证技术委员会”，1987年又更名为“品质管理和品质保证技术委员会”。TC 176专门负责制定品质管理和品质保证技术的标准。由ISO/TC 176技术委员会制定并已由ISO正式颁布的国际标准有19项，主要有：ISO 9001，即1994《品质体系设计、开发、生产、安装和服务的质量保证模式》；ISO 9002，即1994《品质体系生产、安装和服务的质量保证模式》；ISO 9003，即1994《品质体系最终检验和试验的质量保证模式》等。

ISO 14000系列标准。它是顺应国际环境保护的发展，依据国际经济贸易发展的需要而制定的。目前正式颁布的有ISO 14001、ISO 14004、ISO 14010、ISO 14011、ISO 14012、ISO 14040六个标准，其中ISO 14001是系列标准的核心标准，也是唯一可用于第三方认证的标准。

ISO 9000 和 ISO 14000 系列标准都是 ISO 组织制定的针对管理方面的标准，都是国际贸易中消除贸易壁垒的有效手段。两套标准最大的区别在于面向的对象不同，ISO 9000 标准是对顾客承诺，ISO 14000 标准则是对政府、社会和众多相关方（包括股东、贷款方、保险公司等）；ISO 9000 标准缺乏行之有效的外部监督机制，而实施 ISO 14000 标准的同时，就要接受政府、执法当局、社会公众和各相关方的监督。

国际标准编号的格式是：ISO＋标准号＋[杠＋分标准号]＋冒号＋发布年号（方括号中的内容可有可无），例如：ISO 8402：1987 和 ISO 9000—1：1994，分别是某一个标准的编号。

②国际电工委员会标准。国际电工委员会标准是由国际电工委员会（IEC）制定和颁布的标准。国际电工委员会简称 IEC，是世界上最早的国际性电工标准化专门机构，成立于 1906 年，会址设在瑞士的日内瓦（1974 年以前设在英国伦敦）。IEC 在 ISO 组织中保持组织上、经济上和技术上的独立性。其宗旨是“促进电气、电子工程领域中标准化及有关方面问题的国际合作，增进国际间的相互了解”。IEC 标准均属于推荐性标准。

③国际权威组织标准。由国际上一些权威组织制定的某些标准，例如，联合国粮农组织（UNFAO）、世界卫生组织（WHO）、国际羊毛组织（IWS）、食品法典委员会（CAC）、国际电气设备合格认证委员会（CEE）、国际葡萄与葡萄酒局（IWO）、国际乳制品联合会（IDF）、国际棉花咨询委员会（ICAC）、国际材料与结构研究所联合会（RIIEM）、国际原子能机构（IAEA）、国际合成纤维标准化局（BISFA）等颁布的标准。

（2）区域标准

随着世界区域经济体的形成，区域标准化日趋发展。区域标准是指由世界区域性集团的标准化组织制定和发布的标准。这种区域性集团，有的是由于地理原因，有的则是由于政治经济原因而形成。如欧洲标准化委员会（CEN）、亚洲标准咨询委员会（ASAC）、欧洲电工标准化委员会（CENELEC）、欧洲电信标准学会（ETSI）、太平洋地区标准大会（PASC）、泛美技术标准委员会（COPANT）、非洲地区标准化组织（ARSO）和阿拉伯标准化与计量组织（ASMO）等所颁布的标准都是区域标准。

制定区域标准的主要目的在于促进区域性集团成员国之间的贸易，便于该地区的技术交流与合作，协调该地区与国际标准化组织的关系。但是这类标准也有弊端，弄不好容易造成贸易障碍。

（3）国家标准

国家标准是指由国家标准化主管机构批准发布，在全国范围内统一的标准。我国《标准化法》规定，对需要在全国范围内统一的技术要求，应当制定国家标准。国家标准（包括标准样品）主要包括：有关互换、配合、通用技术术语的标准；有关保障人体健康和人身、财产安全的标准；基本原料、燃料、材料标准；通用基础件标准；通用的试验、检验方法标准；国家需要控制的其他重要产品的通用标准或质量分等标准等。

(4)行业或专业团体标准

行业或专业团体标准是国际上通行的团体标准，该类标准是指某些国家的标准化团体所制定的有一定影响的标准。如美国材料与试验协会标准(ASTM)、美国石油学会标准(API)、美国电子工业协会标准(EIA)和美国军用标准(MIL)等。

(5)公司(企业)标准

国际公认的企业标准也非常先进，如美国IDM公司、美国HP公司、芬兰诺基亚公司和瑞士钟表公司等企业标准。

2.从中国国内来说，商品标准的分级

(1)国家标准

我国国家标准的制定，由国务院标准化行政主管部门编制计划，组织草拟，统一审批、编号、发布。对于药品、食品卫生、兽药、环境保护等方面的国家标准，分别由国务院卫生主管部门、农业主管部门、环境保护主管部门组织草拟、审批，其编号和发布办法由国务院标准化行政主管部门会同国务院有关行政主管部门制定。目前，国家标准分为强制性国家标准和推荐性国家标准。

随着改革开放以及对外贸易的发展，我国国家标准积极广泛地采用国际标准，以扩大出口。截至2003年底，我国共有国家标准20 906项(不包括工程建设标准)，其中采用国际标准和国外先进标准达9 250项，其中采用ISO的4 539项，采用IEC的1 882项，采用ISO/IEC的287项，采用ITU的48项，采用其他国外先进标准的2 494项。

按照《国家标准管理办法》的规定，我国强制性国家标准的代号由“国标”二字的汉语拼音第一个字母组成，为“GB”；推荐性国家标准的代号为“GB/T”。国家标准的编号由发布的顺序号和年号构成。例如，GB 1103—90，表示1990年颁布的第1103号强制性国家标准。

(2)行业标准

行业标准即专业标准，是指在没有国家标准的情况下，由专业标准化主管机构或专业标准化组织批准发布、在某个行业范围内统一使用的标准。在没有国家标准而又需要在全国某个行业范围内统一技术要求的情况下，可以制定行业标准。行业标准不能与有关国家标准相抵触。有关行业标准之间应保持协调、统一，不得重复。

我国的行业标准是由国务院有关行政主管部门编制计划，统一审批、编号、发布，并报国务院标准化行政主管部门(国家技术监督局)备案。在发布实施相应的国家标准之后，该行业标准自行废止。行业标准也分为强制性标准和推荐性标准。全国专业标准化技术委员会在国家技术监督局领导下，承担本行业的国家标准和行业标准的制定和审查。行业标准代号是由行业标准代号加顺序号、发布年号构成，行业标准代号在1998年国务院部委机构改革前已规定，用行业的汉语拼音确定行业与标准代码，例如农业部行业的某个标准代码：NY 110588，其中“NY”是指农业批准代号，“1105”是指顺序号，“88”是指批准年代号。

(3)地方标准

地方标准是指在没有国家标准和行业标准情况下，由地方制定、批准发布，在本行政区域范围内统一使用的标准。

我国《标准化法》规定，对没有国家标准和行业标准而又需要在省、自治区、直辖市范围内统一的工业产品的安全、卫生要求，可以制定地方标准。地方标准由省、自治区、直辖市标准化行政主管部门编制计划、组织制定、审批、编号和发布，并报国务院标准化行政主管部门(国家技术监督局)和国务院有关行政主管部门备案。地方标准在相应的国家标准或者行业标准发布实施后，即行废止。工业产品的卫生安全要求的地方标准是强制性标准。地方标准可以补充国家标准和行业标准的不足，使同一地区多家生产的无国家标准和行业标准的产品有统一的技术依据，有利于地方经济的发展。到2001年底，我国已备案的地方标准12 000多项。全国各省、自治区、直辖市和特别行政区代码见表4-1。

全国各省、自治区、直辖市、特别行政区代码 表4-1

名　称	代　码	名　称	代　码
北京市	110000	河南省	410000
天津市	120000	湖北省	420000
河北省	130000	湖南省	430000
山西省	140000	广东省	440000
内蒙古自治区	150000	广西壮族自治区	450000
辽宁省	210000	海南省	460000
吉林省	220000	重庆市	500000
黑龙江省	230000	四川省	510000
上海市	310000	贵州省	520000
江苏省	320000	云南省	530000
浙江省	330000	西藏自治区	540000
安徽省	340000	陕西省	610000
福建省	350000	甘肃省	620000
江西省	360000	青海省	630000
山东省	370000	宁夏回族自治区	640000
新疆维吾尔自治区	650000	台湾省	710000
香港特别行政区	810000	澳门特别行政区	820000

地方标准的代号是“DB”，加上省、自治区、直辖市行政区域代码前两位数字和斜线，组成强制性地方标准代号；再加“T”，组成推荐性地方标准代号。例如：上海市强制性地方标准代号为 DB 31/ ；上海市推荐性地方标准代号为 DB 31/T。

(4)企业标准

企业标准由企业组织制定、批准、发布，在该企业范围内统一使用的标准，并按省、自治区、直辖市人民政府的规定备案。

企业标准的制定必须贯彻上级有关的标准规定，并且接受上级标准化管理部门的监督与检查。企业标准作为对外贸易交货依据的商品标准或超出本企业范围使用时，需要由企业的上级主管单位审批、发布。

企业标准的代号采用分数形式。分子为“企”字汉语拼音字的第一个字母“Q”。其编号方法如下：Q/$\times_1\times_2\times_3\times_4\times_5-\times_6\times_7$，其中“Q/”是指企业标准代号，“$\times_1\times_2$”是指企业代号，“$\times_3\times_4\times_5$”是指顺序号，“—$\times_6\times_7$”是指发布年代号。例如安徽芜湖缝纫机厂的企业标准：Q/WfJ02.04—1995。到 1999 年底，我国已备案的企业标准有 86 万多项。随着全球经济一体化，企业标准将越来越受重视。

3. 我国采用标准情况

国际标准和国外先进标准是世界各国均可采用的共同技术。通过采用国际标准，不仅可以获得世界生产技术、商品质量水平的重要情报，而且可以为消除贸易技术壁垒，促进外贸事业的发展提供必要的条件，对于促进本国的技术进步，提高商品质量，开发新商品和发展出口贸易都有十分重要的作用。因此，我国把积极采用国际标准作为重要的技术经济政策和技术引进的重要组成部分。

在采用国际标准的我国标准中，采用程度分为等同、等效和参照采用三种。等同采用国际标准是指技术内容完全相同，不作或稍作编辑性修改，加上国家标准编号；等效采用是指技术内容有小的差异，编写上不完全相同：参照采用指技术内容根据我国实际做了某些变动，但性能和质量水平与被采用的国际标准相当，在通用、互换、安全和卫生等方面与国际标准协调一致。采用国际标准的程度仅表示我国标准与国际标准之间的异同情况，而不表示技术水平的高低。值得指出的是，目前国际上只承认等同、等效采用，对非等同、等效采用则要作出说明。所以，在采标时，应尽可能选用等同或等效这两种形式直接采用国际标准，以避免造成技术壁垒。我国于 1993 年等同采用 ISO 9000 系列国际标准，发布实施了《质量管理和质量保证》(GB/T 19000—87)等国家标准。

2002 年，国家标准委员会确定了今后五年的国际标准转化计划。在 2002 年召开的全国采标工作会议，确定了今后五年国际标准转化为我国标准的转化率要达到 70%的工作目标。按照 ISO、IEC 标准的年平均增长率，到 2005 年年底，ISO、IEC 标准总数预计达到 21 000 项。国家标准委经对各有关技术委员会和国内技术对口单位上报的研究结果进行分析整理，经各有关行业主管部门审查确认制定了 2002～

2005 年国际标准的转化计划。具体安排是，2002～2003 年度国际标准转化项目 1 921项，2003～2004 年度国际标准转化项目 2 110 项，2004～2005 年度国际标准转化项目 2 062 项，2005～2006 年度国际标准转化项目 2 188 项，共计 8 281 项。而根据《采用国际标准产品标志管理办法（试行）》的规定，国家质量技术监督局从 1994 年开始在全国推行采用国际标准产品标志，截止到 2001 年，全国累计完成采标标志 6 268项，这项工作引起了消费者的注意，并受到了企业的欢迎。一些申请了采标标志的企业，已在产品上使用了采标标志。

小阅读

截止到 2001 年底，我国共有国家标准 19 744 项，行业标准（备案的）34 000 多项，地方标准（备案的）12 000 多项，企业标准（1999 年底备案的）86 万多项。在 19 744 项国家标准中，采用国际标准和国外先进标准的有 8 621 项，采用率为 43.7%。现有 ISO、IEC 标准 17 910 项，已转化为我国国家标准的6 364 项，转化率为 35.3%。

五、商品标准的内容

商品标准是一种具有法规性的文件，为便于使用和管理，国内外对其封面格式、内容编排以及符号等都有统一规定。商品标准包含的内容很多，一般是由概述、正文和补充三个部分组成。

1. 概述部分

商品标准的概述部分概括地说明了标准的对象、技术特征和适用范围。其主要内容包括封面与首页、目次、标准名称和引言。

（1）封面与首页

封面列有标准名称、编号、分类号、批准发布单位、发布和实施日期等。合订本内的标准只有首页，首页上的内容与封面相近。

（2）目次

当商品标准的内容较长、结构复杂、条文较多时，一般应编写目次。

（3）标准名称

标准名称一般是由标准化对象的名称和标准所规定的技术特征两部分组成。可用商品名称作为标准名称，也可用商品名称和“技术条件”（或“规范”）作为标准名称。标准名称明确规定标准的主题及其所包括的方面，指明该标准或其他部分的使用限制，包括本标准适用何种原料、何种工艺生产、作何用途的何种商品等内容。

(4)引言

引言主要阐述制定标准的必要性和主要依据，历次复审、修订的日期，修订的主要内容，废除和被代替的标准以及采用国际标准的程度。一般不写标题，也不编号。

2. 正文部分

商品标准的正文部分是商品标准的实质性内容，包括主体内容、适用范围、引用标准、术语、符号、代号、商品分类、技术要求、试验方法、检验规则、标志、包装、运输和储存等方面。

(1)主题内容与适用范围

该部分简要说明标准的主要内容及其适用范围。有的商品标准在必要时还明确指出该标准不适用的范围。在商品标准中，首先要说明这项标准适用于何种商品，以及这种商品的原料、生产工艺、分类及分级等，并写明直接引用的标准和与本标准配套使用的标准。例如中国国家标准《脂松香》(GB 8145—87)规定："本标准适用于松树采集的松脂制得的松香。"

(2)引用标准

引用标准主要说明标准中直接引用的标准和本标准必须配套使用的标准，并列出标准的编号和名称。

(3)术语、符号和代号

标准中采用的术语、符号和代号，在现行国家标准、行业标准中尚无规定，一般在标准中给出定义或说明。其定义或说明集中写在标准技术内容部分的前面，或分别写在有关章、条的前面。有关该商品的名词术语和符号代号，凡在国家基础标准中未作统一规定的，都应在标准中作出规定。

(4)商品分类

商品分类是在商品标准中规定商品种类和形式，确定商品的基本参数和尺寸，作为合理发展商品品种、规格以及用户选用的依据。

商品分类的内容包括商品的种类、结构形式与尺寸、基本参数、工艺特征、型号与标记、商品命名和型号编制方法等。在商品分类中，为协调同类商品和配套商品之间的关系，常按一定数值规律排列成科学的系列标准化形式。

(5)技术要求

技术要求是商品标准的中心内容，包括物理性能、化学性能、感官性能、稳定性、可靠性、耗能指标、材料要求、工艺要求、环境条件、有关质量保证、卫生、安全和环境保护方面的要求以及质量等级等。技术要求是指导商品生产、流通、使用消费以及进行质量检验和评价的主要依据。列入商品标准的技术要求应当是决定商品质量并可以评价的主要指标。

技术要求是为了保证商品使用要求而必须具备的产品技术性能方面的规定，在规定技术要求时,必须同时规定产品的工作条件。在某些标准中,还需要规定该商品附有注意事项、用户须知或安装指南等。

(6)试验方法

试验方法是评定商品质量的具体做法,是对商品质量是否符合标准而进行检测的方法、程序和手段所作的统一规定。试验方法一般包括试验原理、试样的采取、所用试剂或标样、试验用仪器和设备、试验条件、试验步骤、试验结果的计算、分析评定、试验的记录和试验报告等内容。

(7)检验规则

检验规则是对商品如何进行验收而作的具体规定。它是商品制造厂将商品提交质量检验部门进行检验的规定,也是商品收购部门检查商品质量的依据,其目的是保证商品质量达到标准要求。检验规则一般包括检验的类别和项目、抽样或取样方法、检验方法、检验结果的评定和复检规则等。

(8)标志、包装、运输和储存

标志、包装、运输和储存是为使商品从出厂到交付使用的过程中不致受到损失,标准中必须对商品的标志、标签、包装制定合理的统一规定。

3.补充部分

补充部分是对标准条文所作的必要补充说明和提供使用参考的资料。它包括附录和附加说明两项内容。

(1)附录

根据实际需要,一个标准可以有若干个附录,以其性质分补充件和参考件两种。

①补充件是标准条文的补充,是标准技术内容的组成部分,与标准条文具有同等效力。

②参考件用来帮助使用者理解标准的内容,如某些条文的参考资料或推荐性方法,标准中重要规定的依据等,它不是标准条文的组成部分,仅供参考。

(2)附加说明

附加说明是指制定和修订标准中的一些说明事项,分段写在标准终结符号下,其内容主要有:标准提出单位,归口单位,负责起草单位和标准主要起草人;标准首次发布、历次修改和重新确认的年月;标准负责解释单位以及其他附加说明等。

第二节 商品标准化

制定标准、组织实施和对标准的实施进行监督,是标准化工作的主要任务。商品标准化的主要目的是促进商品经济的高速发展,保证以丰富的优质产品满足人们日益增长的物质和文化生活的需要,增强企业国际市场的竞争能力。

一、商品标准化概念

标准化是沟通国际贸易和国际技术合作的技术纽带，通过标准化能够很好地解决商品交换中的质量、安全、可靠性和互换性配套等问题，是在经济、技术、科学及管理等社会实践中，对重复性事物和概念，通过制定、发布和实施标准，达到统一，以获得最佳程序和社会效益。标准化的程度直接影响到贸易中技术壁垒的形成和消除。因此，世界贸易组织贸易技术壁垒协议（WTO/TBT）中指出："国际标准和符合性评定体系能为提高生产效率和便利国际贸易做出重大贡献。"

商品标准化的主要目的是促进商品经济的高速发展，保证以丰富的优质产品满足人们日益增长的物质和文化生活的需要，增强国际市场的竞争能力。标准化实施范围越广，标准化效果越显著。电子计算机作为标准化的有效工具被广泛地应用，使企业可以实现自动化管理。

标准化的概念可以从以下几个方面进行理解。

（1）标准化不是一个孤立的概念，而是一个活动过程。这个过程包括制定、贯彻和修订标准，循环往复，不断提高。

（2）标准化是一个相对的概念，"化"是在程度上没有止境，是在一定条件下的最佳程度。无论是对一项标准或是整个标准系统而言，都在向更深的层次发展，不断提高，不断完善。

（3）标准化概念的相对性还包括标准与非标准的相互转化。

（4）实施标准是标准化活动的核心环节。即标准化的效果只有当标准在社会实践中实施以后才能表现出来。

（5）标准是标准化活动的产物。即制定、修定和贯彻标准是标准活动的主要任务。

（6）标准化领域可以在一切有人类智慧活动的地方开展。

小 阅 读

商品标准化包括名词术语统一化；商品零部件通用化；商品品种规格系列化；商品检验方法标准化；商品包装、储运、养护标准化和规范化等内容。

二、标准化工作

标准化工作，在整体上看，它是一个对标准化的对象加以优化、简化、统一、协调、扩散、积累和提高的不断循环、上升的过程。标准化内容的存在方式，即标准化过程的表现形态，标准化有多种形式，每种形式都表现不同的标准内容，针对不同的标准化任务，达到不同的目的。

标准化的主要形式有：简化、统一化、系列化、通用化和组合化。

1. 简化、优化

简化、优化是指去掉多余、重复和低功能的产品，剔除落后，从而为新的商品类型、品种和规格的出现扫清障碍，进一步提高产品质量水平。

简化是标准化的初级形式，也是实际中应用较广泛的一种形式。简化即在一定范围内缩减对象（事物）的类型数目，使之在既定时间内满足一般需要的标准形式。简化能控制复杂性，防止多样性自由泛滥。

2. 统一化

随着国际分工的深化，以国内市场为界线的生产已经不符合规模经济的要求，零配件和工艺过程的专业化分工，已使得各国企业间的协作越来越紧密。统一化是指把同类事物两种以上的表现形式归并为一种或限定在一定的范围内，使产品零部件规格、尺寸统一化、标准化，目的是消除由于不必要的多样化而造成的混乱。统一化是标准化活动中内容最广泛、开展最普遍的一种形式。

3. 系列化

系列化是对同一类商品中的一组商品同时进行标准化的一种形式。它是标准化的高级形式。通过对同一类商品发展规律的分析研究，国内外产品发展趋势的预测，结合我国的生产技术条件，经过全面的技术经济比较，对商品的主要参数、形式、尺寸和基本结构等做出合理的安排与规划，以协调同类商品和配套商品之间的关系。因此，也可以说系列化是使某一类商品系统结构优化、功能最佳的标准化形式。

4. 通用化

通用化是指在互换性的基础上尽可能地扩大同一标准化对象的使用范围，互换性是通用化的前提。互换性是指在同一规格零部件中不需做任何挑选或再加工及调整就可装上机器，且达到使用性能的要求。具有互换性特征的零部件称为通用件，即使用上具有重复性，结构上具有先进性。通用化的目的是最大限度地减少零部件在设计和制造过程中的重复劳动，有利于组织专业化生产和扩大零部件的使用范围，提高产品通用化水平，增强企业竞争能力，提高企业经济效益。

5. 组合化

组合化是指重复标准单元或通用单元并合成可以满足各种不同需要的具有新功能产品的标准化形式。组合化的理论基础是建立在产品系统的分解与组合上，组合化的目的可以节约费用和缩短生产准备周期。目前组合化的原理和方法正广泛应用于机床、仪器仪表、家具制造、工艺装备的制造与使用，并显示出明显的优越性。

三、标准化的产生和发展

1. 标准化的产生

标准化的最先表现是人类语言的标准化和生产工具的标准化。随着人类进步，生产发展，产生了商品交换。为适应商品交换的需要，计量器具便成为商品交换和商品分配的标尺，这在实际上是应用了标准化。

我国标准化工作的历史，可追溯到公元前 221 年秦始皇统一六国，建立了我国第一个专制主义的中央集权的封建国家时期，当时施行统一法律、货币、车轨、度量衡和文字，这是最早的标准化工作。到汉朝、北宋时期标准化已被广泛使用。秦统一后，又将原修筑的长城规定为下宽 1.8 丈，上宽 1.62 丈；烽火台均为正方形，边长为 2.4 丈，高为 3.6 丈。说明我国很早就应用了标准化，到汉朝时期标准化已被广泛应用。

2. 标准化的发展

从世界范围看，标准化是伴随着社会化大生产的发展逐步发展起来的。社会化大生产的突出特点是规模大、分工细、协作广泛，为适应生产中相互联系、合作与协作的需要，必须采用一种技术手段使各独立的、分散的生产部门和企业之间保持必要的技术统一，建立稳定的生产协作与合作关系，使相互联系的生产过程形成一个有机联系的整体。标准化正是为建立这种关系实施的技术手段。

1845 年，英国的瑟·韦特瓦尔提出了统一螺钉、螺母规格尺寸及互换性的建议，从此标准化开始问世。

标准化工作的发展大致经过以下四个阶段。

第一阶段，19 世纪末到 20 世纪初为现代标准化的初创阶段。1898 年，美国成立了“材料实验协会”，开始了材料、建筑材料等方面的标准化工作。1901 年，英国成立了世界上第一个国家标准团体，即“英国标准协会”，1906 年，成立了世界上最早的国际性标准团体，即国际电工委员会(IEC)。这个时期的典型事件是“工序标准化”，即泰罗制，由美国工程师费雷德里克·泰罗发明。做法是选择企业中最强壮、灵巧的工人，用最快速度进行技术劳动操作，以秒和几分之一秒为单位，记录完成每一操作所用的时间，然后拍成电影，并进行科学分析，去掉不必要的动作，研究出效率最高的合理的操作方法，作为标准操作法，依此确定工人的劳动定额。列宁指出，泰罗制既是“一系列的最丰富的科学成就”，又是“资产阶级剥削的最巧妙的残酷手段”。

第二阶段，第二次世界大战前为标准化在企业内部推广时期。代表事件是福特公司将“T”形车定义为标准产品，实行大量协作生产，实行零部件标准化。

第三阶段，第二次世界大战以后到 20 世纪 50 年代为国家标准化阶段。1947 年国际标准化组织(ISO)成立，目前世界上已有 100 多个国家和地区成立了国家和地区性标准机构。

第四阶段，为国际标准化阶段。随着全球经济、贸易一体化的发展和跨国公司的发展，国际标准化工作越来越被重视。在现代工业发展中，由于生产过程系列化迫切要求形成标准化系统。现代标准化的特点是以系统最优化为目标，应用数字方法和电子计算机进行最佳处理，建立起与经济、技术发展水平相适应的标准化体系。

四、国际标准化组织体系及我国的标准化工作

1. 国际标准化组织体系

(1)国际标准化组织合格评定委员会(ISO/CASCO)

ISO 理事会为了协调各国认证工作的发展，促进各国认证制度间的相互认可，减少国际贸易中的技术壁垒，于 1970 年成立了认证委员会。随着其工作任务的发展，1985 年改名为合格评定委员会(CASCO)。它是国际化标准组织中专门从事合格认证、实验室认可和质量体系评定工作的机构。其主要任务如下：

①研究关于产品、加工、服务和质量体系符合适用标准或其他技术规范的评定方法；

②制定有关产品认证、检验和检查的国际指南，制定有关质量体系、检验机构、检查机构和认证机构的评定和认可的国际指南；

③促进国家和区域合格评定制定的相互承认和认可，并在检验、检查、认证、评定和有关工作中，促进采用适用的国际标准。

(2)国际电子元器件质量认证组织(IECQ)

国际电子元器件质量认证组织是经 IEC 授权建立的对电子元器件实行国际质量认证的国际认证组织。主要工作机构有：认证管理委员会是其最高权力机构，检查协调委员会是监督质量评定程序规则并提出有关建议和决议的机构。

(3)国际电工产品安全认证组织(IECEE)

国际电工产品安全认证组织是由 IEC 于 1985 年建立的关于电工产品安全认证的国际组织。IECEE 实施认证的电工产品有 14 大类。

(4)欧洲标准化委员会的认证机构(CENCER)

1970 年欧洲标准化委员会(CEN)开始实行符合其标准(EN)的合格认证制度，认证工作由下设的认证机构(CENCER)负责，对认证合格的产品发给 CEN 标志。

(5)欧洲电工标准化委员会(CENELEC)

1970 年欧洲电工标准化委员会建立了欧洲电子元器件质量评定体系，并成立了电子元器件委员会(CECC)，负责 CECC 体系工作。

(6)英国标准化协会认证(BSI)

英国标准化协会(BSI)是一个非官方的民间学术团体，成立于 1901 年。质量保证部 QA 是 BSI 四大组成部分(标准部、质量保证部、检验部和出口商技术服务部)之

一。该部主要从事产品认证、体系认证、测试服务和代理服务四项工作。BSI 是英国认证机构委员会(NACCB)认可的认证机构之一。

(7)美国保险商实验所(UL)

美国保险商实验所(UL),也有的译为美国保险商实验室、美国保险商安全实验所等。UL 创建于 1884 年,经过 100 年的发展,UL 已成为比较有权威的,世界上较大的从事安全试验和鉴定的非政府机构。UL 是一个独立的、非盈利的、从事公共安全试验和认证的专业机构。UL 还在世界近 70 个国家和地区的 200 多个城市设立了检验中心,其中在美国本土的 130 个城市派驻了 UL 检验员。

(8)CSA 认证

加拿大标准协会(CSA)成立于 1919 年,总部设在多伦多市。目前,CSA 是加拿大最大的编制起草标准、从事产品认证测验和检验的组织。CSA 属于独立的、非盈利的民间机构。经过 70 多年的发展,CSA 已在加拿大本土和世界近 60 个国家和地区建立了自己的服务网络。

(9)TUV 认证

德国莱茵技术监督协会(TUVTUV RHEINLAND),成立于 1872 年,总部设在科隆。它在德国本土和海外 20 多个国家的 30 个办理处雇用了 7 000 多名工作人员,其中 2/3 是来自不同领域的科学家和技术人员。它是德国 11 个 TUV 中最大的一个,也是德国劳动和社会事业部认可的检测机构。它依据德国的产品安全法和欧洲共同体低压设备指令、DIN 标准以及其他安全要求从事产品的检测认证,颁发证书和授权使用 GS、CE 标志。

(10)中国方圆标志认证委员会

该委员会成立于 1991 年 9 月,是原国家技术监督局根据《中华人民共和国产品质量认证管理条例》设立的第三方国家认证机构,其认证标志为方圆标志,分安全认证(S)、合格认证(Q)两种,对凡自愿申请方圆标志认证的产品(包括有形产品和无形产品)实施产品质量认证。

(11)中国电子元器件质量认证委员会(QCCECC)

该委员会成立于 1981 年 4 月,是我国按照国际电工委员会电子元器件质量评定体系(IECQ)的章程和规则成立的,是参加 IECQ 体系活动的中国国家代表机构。1982 年,中国电子元器件质量认证委员会成为 IECQ 的认证委员会(CMC)参加及其检查协调委员会(ECC)的协商成员国。

(12)中国电工产品认证委员会(CCEE)

中国电工产品认证委员会是中国国务院标准化行政主管部门技术监督局授权成立的行业认证委员会,是代表中国参加国际电工委员会电工产品安全认证组织(IECEE)的我国国家认证机构。CCEE 成立于 1984 年,1985 年作为中国国家认证机构参加了 IECEE,并成为其管理委员会成员。

小阅读

欧盟制定了“CE”标志。“CE”标志是证明相关产品符合安全、卫生、环保和消费者保护要求的合格认证标志。只有当产品符合欧洲标准化委员会(CEN)、欧洲电信标准协会(ETSI)和欧洲电工标准化委员会(CENELEC)制定的有关安全、卫生、环保和保护消费者的一系列有关标准规定时,方准加贴“CE”标志,才能够在欧洲市场销售。

2.我国的标准化工作

(1)我国标准化机构

国家质量监督检验检疫总局是国务院主管标准化工作的直属机构。中国国家标准化管理委员会(中华人民共和国国家标准化管理局)为国家质量监督检验检疫总局管理的事业单位。国家标准化管理委员会是国务院授权履行行政管理职能,统一管理全国标准化工作的主管机构。国务院有关行政主管部门和有关行业协会也设有标准化管理机构,分工管理本部门本行业的标准化工作。各省、自治区、直辖市及市、县质量技术监督局统一管理本行政区域的标准化工作。各省、自治区、直辖市和市、县政府部门也设有标准化管理机构。国家质量监督检验检疫总局对省、自治区、直辖市质量技术监督局实行业务领导,对省以下质量技术监督管理系统实行垂直领导。

中国标准情报资料中心是标准馆。我国标准情报中心,于 1957 年 10 月建立,当时为国家科委标准局的标准资料室。1961 年并入中国科学技术情报研究所,1982 年又划归国家标准局。

标准馆代表中国参加 ISO 情报委员会 INFCO 各项活动,同时与英国、美国、日本、法国和德国等 ISONET(情报网)成员国直接进行标准资料(系指国家标准)的交换,现已与 30 余个国家建立了这样的交换关系。标准馆通过中国图书进出口公司向国外订购国际性标准、国家标准和各国有影响的专业协会标准。

标准馆在国内负责收藏国际标准、世界各国的国家标准和各专业协会标准,以及我国国家标准、各部委标准和部分省市标准。它直接为全国企事业单位的标准化工作、质量监督、质量认证、商品检验工作、对外贸易工作、科学研究、技术引进及采用国际标准工作提供信息服务。

(2)我国标准化管理体制

20 世纪 50 年代我国在学习前苏联模式的基础上,逐步建立了计划经济体制和国家管理上的中央集权制,与此相应,我国标准化工作也采用了中央政府集中管理体制。政府对企业的生产进行管理和控制,组织制定所有国家标准、行业标准和地方标准并强制实施。

1988 年 12 月,《中华人民共和国标准化法》(简称《标准化法》)颁布。《标准化法》为当时我国的经济建设提供了标准化的保障。标准化管理体制是标准化管理系统的核心。由于各国社会制度、经济体制、工业与科技发展水平不同,标准化管理体制也不同。有的分散管理,有的集中管理,有的集中与分散相结合管理,有的由官方行政机构管理,有的由民间标准(化)协会管理,也有的官方机构和民间协会结合管理。尽管管理体制各种各样,但基本上可以分为两类:一类是由官方行政机构管理为主,其特点是集中统一,法制性强;另一类是以民间标准化协会管理为主,政府给予一定的支持、授权或干预,其特点是分散为主,或分散和集中结合,集中统一性差。

中国标准化工作实行统一管理与分工负责相结合的管理体制。按照国务院授权,2001 年,我国成立了隶属于国家质量监督检验检疫总局的国家标准化管理委员会(副部级事业单位),统管全国的标准化工作。国务院有关行政主管部门和国务院授权的有关行业协会分工管理本部门、本行业的标准化工作。省、自治区、直辖市标准化行政主管部门统一管理本行政区域的标准化工作。省、自治区、直辖市政府有关行政主管部门分工管理本行政区域内本部门、本行业的标准化工作。市、县标准化行政主管部门和有关行政部门主管,按照省、自治区、直辖市政府规定的各自的职责,管理本行政区域内的标准化工作。

S 本章小结

商品标准是对商品质量和与质量有关的各个方面所作的技术规定。商品标准一经正式颁布执行,就具有法律效力。

标准是对重复性事物和概念所作的统一的规定,它是以科学、技术和实践经验的综合成果为基础,经有关方面协商一致,由主管机构批准,以特定形式发布,作为共同遵守的准则和依据。商品标准可保证和提高商品质量;能促进商品质量的提高;有利于贸易的顺利进行;可更好地满足消费需要;有助于拉开商品差价。商品标准按其表达形式,分为文件标准和实物标准两类;按照标准化对象特征分类,通常把标准分为技术标准、管理标准和工作标准三大类;商品标准按其约束性,有强制性标准和推荐性标准两类;根据标准化的对象和作用分类,标准可分为基础、产品、方法、安全、卫生和环境保护等标准;按照适用领域和有效范围不同,商品标准可分为不同的层次、级别,如国际标准、区域标准、国家标准、行业标准、地方标准和企业标准。

从世界范围来说,标准通常被分为国际标准、区域标准、国家标准、行业或专业团体标准以及公司(企业)标准五级;中国的商品标准自 1989 年《标准化法》实行后分为国家标准、行业标准、地方标准和企业标准 4 个等级。

商品标准是一种具有法规性的文件,为便于使用和管理,国内外对其封面格式、内容编排以及符号等都有统一规定。商品标准包含的内容很多，一般是由概述、正文和补充三个部分组成。

标准化是沟通国际贸易和国际技术合作的技术纽带，通过标准化能够很好地解决商品交换中的质量、安全、可靠性和互换性配套等问题，是在经济、技术、科学及管理等社会实践中，对重复性事物和概念，通过制定、发布和实施标准，达到统一，以获得最佳程序和社会效益。

国际标准化组织体系有国际标准化组织合格评定委员会、国际电子元器件质量认证组织、国际电工产品安全认证组织、欧洲标准化委员会的认证机构、欧洲电工标准化委员会、英国标准化协会认证、美国保险商实验所、CSA 认证、TUV 认证、中国方圆标志认证委员会、中国电子元器件质量认证委员会、中国电工产品认证委员会。国家质量监督检验检疫总局是国务院主管标准化工作的直属机构。

R 课后阅读 1

北京将重点支持发展 10 大领域技术标准制定

记者从北京市质量技术监督局了解到，2006～2010 年，北京市将重点发展 10 大领域的技术标准，并重点补助这 10 大领域的标准制定单位，最高补助金额不超过 100 万元。这 10 大领域包括：高新技术领域、资源节约、食品消费品安全、农业、现代制造业、公共安全、环境保护、服务、科技中介和城市公共事务管理。

在重点支持的技术标准中，包括电子防伪系统以及网络安全监控系统标准、数字高清晰度电视及其他音视频产品标准、文化创意标准、清洁生产评价指标体系标准、数字医学诊疗设备标准、纳米技术材料的安全标准、食品包装材料卫生标准、食品添加剂使用卫生及产品标准、转基因产品鉴别方法、化妆品卫生标准中禁用及限用物质监测标准、动植物疫病风险分析指南、纺织原料生产和加工过程中有害物质限量标准、汽车儿童座椅安全标准、家用电器健康安全标准以及汽车零部件产品标准等涉及百姓生活各个领域的数百项标准。

据北京市质量技术监督局标准化处有关负责人介绍，技术标准主要是针对产品生产和加工技术等规定和要求，不但包括国家标准，也包括行业标准甚至国际标准。今后 5 年，只要是属于这 10 大领域且对北京市的发展有促进作用的技术标准，都将是市政府资金重点支持的对象。标准制定锁定这 10 大领域也体现了今后北京市经济发展的趋势。

为了鼓励企业积极参与标准制定，北京市财政局和北京市质量技术监督局最近还出台了《北京市技术标准制（修）订专项补助资金管理办法》。管理办法中明确规定，补助资金是针对标准制（修）订单位参与国际标准、国家标准、行业标准和地方标准制（修）订工作结果的一次性无偿资助。

资助标准按照单位创制标准的级别等级而定，其中，创制标准为国际标准并已批准发布，其补助金额不高于50万元；创制标准为国家标准并已批准发布，其补助金额不高于30万元；创制标准为行业标准并已批准发布，其补助金额不高于20万元；创制标准为北京市地方标准并已批准发布，其补助金额不高于20万元；企业自主创新的技术，被国际标准、国家标准、行业标准、地方标准采纳的，给予不高于15万元的特别补助；特别重大的标准制定项目，标准经批准发布后，补助金额不高于100万元。

管理办法还规定，申请资金补助必须接受监督，如有弄虚作假骗取资助的，将依法受到处罚，并在媒体上曝光。

R 课后阅读2

浙江着力构建创新平台推进技术标准战略

起草制定了我国工业自动化领域里的第一个国际标准，启动了名牌培育质量提升工程，推进了千家企业技术标准提升工作，在过去的2006年里，浙江省质量技监局着力构建创新平台，积极推进技术标准战略工作取得了明显成效。

2006年年初，浙江省质量技监局启动了百家企业实施技术标准战略试点和千家企业标准提升工程，指导海盐、浦江、长兴和永康4个试点县（市）根据当地重点产业特点和发展需求，推进千家企业技术标准提升工作，并在全省范围内确定了18家技术标准战略试点企业。积极鼓励并组织相关单位参与国家标准的制定、修订和国家标准化科研项目工作。目前，浙江企业有幸成为了冰箱压缩机和浴霸两个项目国家标准制定、修订工作的组长起草单位。

此外，该局还积极争取国家专业标准化技术委员会落户浙江，2006年已有民用装饰镜标准化技术委员会和钓具、皮鞋、食品检测3个分技术委员会秘书处落户于此，并与上海、重庆联合共建四轮全地形车标准化技术委员会。到目前为止，该省共有全国专业技术委员会7家，分技术委员会13家。在此基础上他们还进一步加快省级标准化技术委员会的建设工作，正式批准成立了食品、信息技术、医疗器械、旅游和皮革等10家省级标准化技术委员会。

在技术标准提升工作的促进下，浙江省的高新技术领域标准化工作也取得了突破性进展。杭州滨江高新区被国家标准委批准为国家高新技术标准化示范区并正式启动，示范企业浙大中控联合浙江大学等22家国内高等院校、科研院所、高新技术企业共同进行EPA实时以太网的研究和开发，起草制定了我国第一个拥有自主知识产权的现场总线国家标准，并被确认为国际标准，从而成为我国工业自动化领域内的第一个国际标准。

浙江省质量技术监督局相关负责人介绍，2006年该局还积极组织企业争创中国标准创新贡献奖，最终宁波中银电池、宁波新海打火机、浙江菲达电除尘器3个项目分别获得了该奖项的二等奖和三等奖。

T 思考与练习

一、思考题

1. 我国商品标准如何分级？各级的使用范围有何不同？
2. 制定商品标准时必须包含哪些内容？
3. 如何正确合理地采用国际标准和国外先进标准？
4. 简述商品标准化的形式。

二、练习题

(一)填空题

1. 标准是对(　　)所作的统一的规定，它是以科学、技术和实践经验的综合成果为基础，经有关方面协商一致，由主管机构批准，以特定形式发布，作为共同遵守的准则和依据。

2. 按照标准化对象特征分类，通常把标准分为(　　)、(　　)和(　　)三大类。

3. 国际标准和国外先进标准是世界各国均可采用的共享技术。通过采用国际标准，不仅可以获得世界生产技术、商品质量水平的重要情报，而且可以为消除(　　)、促进(　　)的发展提供必要的条件。积极采用国际标准对于促进本国的技术进步、提高商品质量、开发新商品、发展出口贸易等都有十分重要的作用。

4. 在采用国际标准的我国标准中，采用程度分为(　　)、(　　)和(　　)三种。

5. 标准化是沟通(　　)的技术纽带，通过标准化能够很好地解决商品交换中的质量、安全、可靠性和互换性配套等问题，是在经济、技术、科学及管理等社会实践中，对重复性事物和概念，通过制定、发布和实施标准，达到统一，以获得最佳程序和社会效益。

6. 标准化工作，在(　　)看，它是一个对标准化的对象加以优化、简化、统一、协调、扩散、积累和提高的不断循环、上升的过程。

7. 标准化的最先表现是(　　)的标准化和(　　)的标准化。随着人类进步，生产发展，产生了商品交换。为适应商品交换的需要，计量器具便成为商品交换和商品分配的标尺，这在实际上是应用了标准化。

8. (　　)是国务院授权履行行政管理职能，统一管理全国标准化工作的主管机构。

(二)单项选择题

1. 国际标准化组织标准由国际标准化组织(ISO)制定，每隔(　　)年审定一次。

A. 3　　B. 4　　C. 5　　D. 6

2.(　　)作为标准化的有效工具被广泛地应用，使企业可以实现自动化管理。

A. 电子计算机　B. 条形码　C. 互联网　D. 机器人

3. 我国最早的标准化工作可追溯到(　　)朝代(或时期)。

A. 春秋　B. 战国　C. 秦　D. 汉

4. 我国标准情报中心，于(　　)年10月建立，当时为国家科委标准局的标准资料室。1961年并入中国科学技术情报研究所，1982年又划归国家标准局。

A. 1949　B. 1957　C. 1966　D. 1978

5.(　　)是标准化活动中内容最广泛、开展最普遍的一种形式。

A. 简化　B. 统一化　C. 系列化　D. 通用化　E. 组合化

6. 商品标准的(　　)部分是商品标准的实质性内容，包括主体内容、适用范围、引用标准、术语、符号、代号、商品分类、技术要求、试验方法、检验规则、标志、包装、运输和储存等方面。

A. 概述　B. 正文　C. 补充

(三)判断题(正确打√，错误打×)

1. 商品标准化的主要目的是促进商品经济的高速发展，保证以丰富的优质产品满足人们日益增长的物质和文化生活的需要，增强国际市场的竞争能力。标准化实施范围越广，标准化效果越显著。电子计算机作为标准化的有效工具被广泛地应用，使企业可以实现自动化管理。(　　)

2. 我国标准化工作的历史，可追溯到公元前221年秦始皇统一六国，建立了我国第一个专制主义的中央集权的封建国家时期，当时施行统一法律、货币、车轨、度量衡和文字，这是最早的标准化工作，到明清时期标准化已被广泛使用。(　　)

3. 中国标准情报资料中心是标准馆，1961年并入中国科学技术情报研究所，1982年又划归国家标准局。(　　)

4. 区域标准是指由世界区域性集团的标准化组织制定和发布的标准。这种区域性集团，有的是由于地理原因，有的则是由于政治经济原因而形成。(　　)

5. 标准化工作，在整体上看，它是一个对标准化的对象加以优化、简化、统一、协调、扩散、积累和提高的不断循环、上升的过程。标准化内容的存在方式，即标准化过程的表现形态，标准化有多种形式，每种形式都表现不同的标准内容，针对不同的标准化任务，达到不同的目的。(　　)

(四)案例分析

2001年10月，在我国胜利完成加入世贸组织的各项谈判时，一个旨在保护欧洲打火机制造商利益的贸易法案也在悄然拟定中，这就是欧盟卫生和消费者保护协会主持制定的《打火机——防止儿童开启要求及测试方法》(简称CR法规)。

这一消息通过欧洲打火机进口商协会传到了温州日丰打火机有限公司董事长黄发静耳里。黄发静既是温州打火机生产企业业主，也是温州市烟具协会副会长，同时还是打火机出口欧盟的大户。他一听到这个信息，立即意识到问题的严重性。1994年，美国发生了多次因儿童玩弄打火机而不慎失火的事件，美国著名的打火机生产厂商ZIPPO公司为保护自身利益，借机游说有关立法机构，促成美国出台了CR法规，规定凡售价2美元以下的打火机都必须执行该法规，加装一个防止儿童开启的安全装置，否则不能在美国市场销售。这个法规生效后，温州打火机首当其冲，出口美国市场严重受阻。

温州打火机产业起步于20世纪80年代初期，但发展很快，在不到20年的时间里，相继超过日本、韩国。2001年，中国五金制品协会授予温州"中国金属外壳打火机生产基地"称号。原来的打火机生产大国日本，现有90%的打火机生产企业被迫关闭，转向来温州定牌生产。据有关部门统计，目前温州市拥有打火机生产企业300多家，年产销金属外壳打火机5亿只左右，占国内市场总量的95%。温州的金属外壳可重复使用于打火机，从20世纪的90年代初开始出口众多国家，并以价格低廉和品种多样的优势，打破了打火机市场由日本、韩国及欧洲企业一统天下的局面。现在，温州生产的打火机80%出口，占全球金属外壳打火机市场70%的份额，年出口交货值在1 000万元以上的出口大户就有20多家，是世界最大的金属外壳打火机产销基地。温州打火机产业蒸蒸日上，出口量猛增，对欧美的打火机制造商构成了严重威胁。

美国当初出台CR法规的理由是，出厂价2美元以上的打火机，在零售时通常要在10美元以上。这么高的价格，5周岁以下的儿童一般不易买到，也就是说，他们想通过价格因素来阻断孩童购买和接触打火机，从而起到保护儿童安全的作用。这看起来是个安全法规，其实是针对中国产品的，隐含着明显的贸易歧视。因为，目前欧美企业，包括日本、韩国企业生产的金属外壳打火机，成本都在2美元以上，而温州企业由于劳动力成本低，加上规模化专业生产，产品成本比其他地区要低得多，出口价一般都在2美元以下。选择这个价格作为要不要加装安全装置的标准，针对性是很强的，目的就是限制中国打火机进口，以保护本国生产商利益。欧盟仿效美国的做法，同样出于保护欧洲企业的利益。欧洲也有一家类似美国ZIPPO的企业，叫BIC公司，是欧洲最有影响的打火机生产商，但近年来，这家企业同样受到了来自中国同行的严峻挑战。为保护自身利益，BIC公司联合瑞士火柴(SWEDISH－MATCH)公司、东海(TOKIE)公司等打火机生产企业，游说欧盟卫生和消费者保护协会，以保护儿童安全为由，对中国产品设置贸易壁垒。

由此可见，这种以安全为由的技术壁垒，实际是套在我国企业脖子上的一条条绳索，随时可以用来制约你，但在应对上要比反倾销起诉更复杂、更艰难，对我国出口企业来说，这是个全新的领域、全新的课题，是一次新的艰巨的挑战。CR法规虽然看起来冠冕堂皇，无懈可击，但仔细推敲，它违反了世贸组织的有关规则，带有明显的贸易歧视倾向。

首先，一个产品的价格定位，是依据它的生产成本和合理利润，最终的价格定位取决于市场的接受程度和供求关系，跟安全与否无关。但CR法规却把价格作为产品的安全标准而加以限制，显然违反了自由贸易的原则，是一种价格歧视。事实上，打火机生产有一套国际通行的安全标准，这就是ISO 9994国际安全标准，从2001年6月1日开始，温州出口的打火机全部纳入这一法定的安全检验和检测，检测机构是国家质检局天津危险品中心实验室，并且在产品上标明禁止儿童使用。如果说，打火机对儿童安全有潜在威胁，那世界上任何打火机一旦被儿童接触或被拿去玩耍，都有危险，而不是2欧元以下的才有危险，2欧元以上的就没有危险。

其次，从技术角度讲，温州生产的金属外壳可充气打火机，采用的气胆材料通常为尼龙和聚甲醛，其耐压性能、抗压性能和高温承受性能都超过一次性打火机，同时还有金属外壳保护。而CR法规混淆一次性打火机和金属外壳打火机的区别，笼统地以价格为标准加以限制，是有意混淆概念，造成竞争的不公平。如果单纯从安全角度讲，欧美等国家生产的以汽油为燃料的汽油打火机更有危险性。为在国际贸易中争得公平的地位和待遇，在政府有关部门的统一部署下，温州市烟具行业协会和成员企业积极运用世贸规则，收集相关材料，与欧洲打火机进口商协会联手，在进口国进行游说和抗辩。与此同时，温州打火机生产企业也组织了一个民间游说团，利用各自的渠道到各进口国游说，抵制CR法规。据说，目前他们已在欧盟成员国中争取到了20多张反对CR法规的表决票，如果能再争取到十多张，就能成功抵制该法规出台。

案例思考题

1. 结合案例分析各种国际商品标准的理解解释对企业商品销售的影响。

2. 案例对从事生产经营特别是国际化企业的启示是什么？

第五章　商品质量认证和质量监督

本章知识目标

通过本章的学习学生应掌握以下知识：

1. 商品质量认证的概念、作用；
2. 商品质量管理体系认证的概念、作用；
3. 中国强制性产品认证的概念、范围；
4. 商品质量监督的概念、作用。

本章能力目标

通过本章的学习学生应具备以下能力：

1. 理解并能解释商品质量认证的概念；
2. 熟悉各种商品质量认证标志；
3. 掌握商品质量认证所蕴涵的质量信息；
4. 熟悉各种商品质量管理体系认证及其标志；
5. 理解并能解释中国强制性产品认证的概念；
6. 熟悉"CCC"认证标志；
7. 理解并能解释商品质量监督的概念、质量监督的种类和形式。

本章学习要求

通过本章学习应能了解商品质量认证和质量监督的知识，商品质量认证的概念和作用，常见的商品质量认证、质量体系认证以及认证程序，商品质量监督的概念、意义，质量监督的种类和管理体制。

典案阅读

以下是国家质量监督检验检疫总局产品质量监督司2007年1月19日发布的葡萄酒产品质量国家监督抽查结果新闻发布稿。

为了维护消费者的合法权益,进一步促进葡萄酒行业的健康发展,国家质检总局组织对葡萄酒产品质量进行了国家监督抽查。共抽查了北京、天津、河北、吉林、辽宁、上海、江苏、浙江、山东、新疆、宁夏和甘肃12个省、直辖市、自治区78家企业的78种产品,产品抽样合格率为88.5%。

本次抽查依据《发酵酒》(GB 2758—2005)等国家标准,对葡萄酒的卫生、理化和感官等指标进行了检验。经检验,卫生指标(包括细菌总数、大肠菌群)全部合格。

抽查中发现的主要质量问题如下。

(1)感官品质不合格。感官是保障葡萄酒质量的指标之一,通过外观、色、香、味典型性来表现。抽查有少数产品感官品质不合格,主要是有异香、异味,酒体寡淡,不具备葡萄酒的典型性。

(2)酒精度不合格。抽查中有个别产品酒精度不符合标准要求,其中有1种产品的酒精度为7.9(vol),低于规定值11.0~24.0(vol)的要求。

(3)超范围使用甜味剂和合成色素。葡萄酒属于发酵酒,国家强制性标准《食品添加剂使用卫生标准》(GB 2760—1996)中明确规定,发酵酒中不得添加甜味剂(糖精钠、甜蜜素),不得添加合成色素(苋菜红)。抽查中有个别产品检出甜味剂糖精钠、甜蜜素和合成色素苋菜红。葡萄酒中添加甜味剂,会影响酒的真实属性,降低葡萄酒的品质。

针对抽查中反映出的主要质量问题,国家质检总局已责成各地质量技术监督部门严格按照产品质量法等有关法律法规的规定,对抽查中产品质量不合格的企业依法进行处理,限期整改。同时,公布抽查中质量较好的产品及其生产企业,加大宣传力度。国家质检总局将继续对该类产品质量进行跟踪抽查,促进葡萄酒行业整体质量水平的提高,为消费者创造出安全满意的消费环境。

点评:

商品质量认证促进了商品质量的提高,为消费者提供了质量信息,减少了社会重复检验评价费用。

第一节　商品质量认证

商品质量认证是社会促进质量进步的重要手段,对稳定和提高商品质量有现实意义,商品质量认证直接与商品质量相关,反映了商品质量整体的一种状态。各个国家质量认证有各种形式，质量认证标志也多种多样，我国加入 WTO 后逐步和国际接轨并趋于统一。

一、商品质量认证及其种类

商品质量认证是对商品符合标准的一种证明活动，我国《标准化法》第十五条规定：企业对有国家标准或者行业标准的产品，可以向国务院标准化行政主管部门或者国务院标准化行政主管部门授权的部门申请产品质量认证。认证合格的，由认证部门授予认证证书，准许在产品或者其包装上使用规定的认证标志。

已经取得认证证书的产品不符合国家标准或者行业标准的，以及产品未经认证或者认证不合格的，不得使用认证标志出厂销售。

1. 商品质量认证的概念

国际标准化组织给现代商品质量认证下的定义是：由可以充分信任的第三方证实某一经鉴定的产品或服务符合特定标准或其他技术规范的活动。我国 1991 年发布的《中华人民共和国产品质量认证管理条例》第二条规定：产品质量认证是依据产品标准和相应技术要求，经认证机构确认并通过颁发认证证书和认证标志来证明某一产品符合相应标准和相应技术要求的活动。《中华人民共和国产品质量法》第十四条规定：国家根据国际通用的质量管理标准，推行企业质量体系认证制度。企业根据自愿原则可以向国务院产品质量监督部门认可的或者国务院产品质量监督部门授权的部门认可的认证机构申请企业质量体系认证。经认证合格的，由认证机构颁发企业质量体系认证证书。

国家参照国际先进的产品标准和技术要求，推行产品质量认证制度。企业根据自愿原则可以向国务院产品质量监督部门认可的或者国务院产品质量监督部门授权的部门认可的认证机构申请产品质量认证。经认证合格的，由认证机构颁发产品质量认证证书，准许企业在产品或者其包装上使用产品质量认证标志。相应技术要求是指由权威机构组织制定的补充技术要求或名、优、特产品的特殊技术要求。

2. 商品质量认证的分类

(1)按照认证的范围分类

商品质量认证按照认证的范围分类可以分为国家认证、区域性认证和国际认证。国家认证是指国家对国内产品施行的认证；区域性认证是指由若干国家和地区按照自愿的原则组织起来，按照共同的标准和技术规范进行认证，如欧洲标准化组织“CEN”的“CE”认证；国际认证是指参与国际标准化组织 ISO 和国际电工委员会 IEC 等的认证组织按照 ISO 和 IEC 标准开展的认证。

(2)按照认证的性质分类

商品质量认证按照认证的性质分类可以分为安全认证和合格认证两类。国家为了保障人民生命与财产的安全，对许多产品制定了安全标准。根据安全标准进行认证或只对标准中安全项目进行认证的，称为安全认证。合格认证是依据国家标准或行业标准的要求，对商品的全部性能所进行的质量认证，又称为综合认证或全性能认证。合格认证一般属于自愿性认证。

二、商品质量认证制度的发展和意义

1. 商品质量认证制度的发展

世界上工业国家最早开展商品认证活动的是英国，1903 年英国工程标准委员会创建了世界上第一个英国标准的标志“BS”，因其形状像风筝，也称为风筝标志。1903 年英国制造商们开始在符合尺寸标准的钢轨上使用世界上第一个认证标志——BS风筝标志。1919 年英国政府颁布了《商标法》，规定经第三方检验机构检验合格的产品方可使用风筝标志。1921 年成立英国标志委员会，负责管理风筝标志的发放和使用，1926 年英国标志委员会向英国电气总公司颁发了第一个《风筝标志使用许可证》。1975 年开始在家用电器及其他安全设备和产品上使用 BSI 安全标志。目前已有 20 多个国家和地区使用风筝标志和安全标志。

产品标准化的发展为大工业生产奠定了基础，同时产品的极大丰富也为消费者辨别产品质量增加了难度，工厂要证明自己的产品符合标准，顾客也需要证明自己购买的产品可靠，而大多数顾客不可能靠自己的直观和经验判断商品质量，这样从客观上就要求能有一种独立的社会机构，介于厂商和顾客之外的第三方，按一定的标准和程序进行检查和验证，证明商品是合格的产品，这就催生了商品质量认证活动。现在，BSI 的风筝标志是英国最流行并受到关注和认可的标志，当产品贴有风筝标志时，消费者可以确信该产品符合相关标准要求，并能达到其规定的基本安全和健康水准。由英国民意调查公司 NOP 代表 BSI 所做的调查表明，80％的英国公众很快就认识了风筝标志，并能很好地理解其含义；消费者看见产品上贴有风筝标志时会感到特别放心，并联想到有安全和质量保证，从而作出购买商品的决定。

我国质量认证工作始于 1980 年，与世界发达国家相比起步较晚，但是由于我国质量认证借鉴的技术成熟，认证工作起点高、发展快，取得的效果也非常显著。至 1994 年底国家颁布了与质量认证相关的两个法律：《产品质量法》、《标准化法》；一个行政法规：《产品质量认证管理条例》；五个规章：《产品认证管理条例实施细则》、《认证委员会管理办法》、《认证机构管理办法》、《质量体系检查员和检查机构评审员管理办法》、《产品认证证书和认证标志管理办法》。至 1996 年 6 月国家先后建立了 4 个产品认证委员会和 28 个质量体系认证机构，注册数百名评审员和审核员，我国质量认证工作步入规范发展的道路。

2. 商品质量认证制度的意义

(1)商品质量认证促进了产品质量的提高。

商品质量认证要检查产品、定期抽查产品和对企业的质量管理提出一定要求，这就促进认证企业改进质量管理，重视产品质量、讲求信誉，从而带动整个社会产品质量的提高。

(2)商品质量认证提高商品的信誉，提高了商品的竞争力。

产品通过质量认证就可以在产品包装上使用质量认证标志，商品质量认证标志本身就是对质量合格强有力的证明，会提高商品的信誉。

(3)商品质量认证为商品提供了质量信息。

普通消费者在不了解某产品的质量状况时，可以通过商品商标来了解商品，现代商品商标蕴涵的信息非常丰富，消费者整体素质的提高也使消费辨别能力得到提高，质量认证标志是表示商品质量状况的一项重要信息。

(4)减少社会重复检验评价费用。

质量认证产品质量抽查检验的结果为社会所承认，其他需要获得检验结果的机构一般不再进行重复检验，这对于企业节省时间、精力，对社会节省检验费用。如中国质量认证中心 CQC 与南德意志集团检验认证公司 TUV－PS 业务相互委托协议框架下，可以为客户提供 TUV－PS 标志认证、GS 认证(德国国家产品安全认证标志)业务，从而使客户实现一次测试完成多份报告、取得多个认证的目标。

商品质量认证的积极作用有很多，因此用户要求在生产领域中认证的种类也越来越多，这在一定程度上促进了商品质量的稳定和提高。但是对质量认证的要求也正在成为新的技术壁垒，有些国家为了保障自己国民利益，利用商品质量认证设置障碍，增加商品的销售成本，阻止其他国家的商品进入其国内市场。

三、商品质量认证的类型、程序及认证标志

通过商品质量认证的产品可以在商品或者包装上使用认证标志，这可以在一定程度上促进产品销售，现在申请认证的企业越来越多，质量认证有各种类型。

1. 质量认证的主要类型

(1)型式试验。按规定的方法对产品进行抽样试验，以证明其符合标准或规定的技术规范的要求。

(2)型式试验加认证后监督——市场抽样检验。监督的方法是从市场上或从批发商或零售商的仓库中随机抽样进行检验，以证明认证后产品质量持续符合标准或技术规范的要求。

(3)型式试验加认证后监督——工厂抽样检验。从生产厂发货前的产品中随机抽样进行检验。

(4)型式试验加认证后监督——市场和工厂抽样检验。第(2)、第(3)种的综合。

(5)型式试验加工厂质量体系评定加认证后监督——质量体系复查加工厂和市场抽样检验。这种认证的特点是在批准认证的条件中增加了对生产厂质量体系的审核，在批准认证后的监督措施中也增加了对生产厂质量体系的复查。

(6)工厂质量体系的评定。这种认证制度是对生产厂按规定选用的质量保证模式而建立的质量体系进行检验评定,常称为质量体系认证。

(7)批检。根据规定的抽样方法对一批产品进行抽样检验,并据此作出该批产品是否符合标准或技术规范的判断。

(8)百分之百检验。对每一件产品在出厂前由经认可的检验机构进行检验。

以上八种认证类型以第(5)、(6)种最完善,是国际标准化组织向各国推荐的认证制度,各个国家普遍采用。商品质量认证主要采用第(5)种认证类型,工程建设施工服务单位主要采用第(6)种认证类型。

2. 商品质量认证的程序

(1)制定认证标准。这是开展认证的前提和依据。

(2)申请。企业按照认证机构的要求填写申请书和申请表。

(3)检查评价质量体系。按照国家标准 GB/T 19001—2000～GB/T 19003—2000 系列标准检查和评价生产企业的质量体系,以鉴定企业是否具有持续生产符合标准产品的质量保证能力。

(4)产品测试。按所规定标准的全部要求,对样品进行型式试验,确定产品的质量状况,根据试验结果作出最终评定。

(5)审查评议。认证机构对上述工作结果进行审查和评议,认证合格则由认证机构颁发认证证书,允许使用质量认证标志。

(6)监督检查。颁发合格证书后,认证机构继续对企业的质量保证体系进行监督检查,确保企业具备质量保证能力。

(7)监督检验。在质量认证标志使用有效期内,认证机构可随时在工厂、市场或用户单位抽取样品进行监督检验。

(8)监督处理。经过质量体系监督复查和样品监督检验,如发现不符合规定要求的情况,认证机构可根据具体情况,作出停止使用质量认证标志,撤销认证的处理决定,以规范市场秩序,维护认证机构的信誉。

3. 商品质量认证标志

企业商品质量认证合格,可以在商品或者包装上使用认证标志;同样有质量认证标志的商品,也符合特定的标准或技术条件。消费者没有可能到企业或工厂去观看质量管理或参与商品检验,商品标志信息的完善为顾客提供了尽可能多的产品信息,商品质量认证标志就是其中一项。

(1)国内商品质量认证标志

①CCC 中国强制性认证标志,见图 5-1。

图 5-1　中国强制性认证标志

2001 年 12 月,国家质检总局发布了《强制性产品认证管理规定》,以强制性产品认证制度替代原来的进口商品安全质量许可制度和电工产品安全认证制度。中国强制性产品认证简称 CCC 认证或 3C 认证。是一种法定的强制性安全认证制度,也是国际上广泛采用的保护消费者权益、维护消费者人身财产安全的基本做法。列入《实施强制性产品认证的产品目录》中的产品包括家用电器、汽车、安全玻璃、医疗器械、电线电缆和玩具等 20 大类 135 种产品,其中 CQC 被指定承担 CCC 目录范围内 17 大类 129 种产品的 3C 认证工作。

②食品包装 CQC 标志认证,见图 5-2。

食品包装 CQC 标志认证是中国质量认证中心(英文简称 CQC)实施的以国家标准为依据的第三方认证,分为食品包装安全认证(CQC 标志认证)和食品包装质量环保认证(中国质量环保认证标志)。安全认证实施规则中合理地划分单元,要求企业对主原料、添加剂和印刷油墨等关键原料及供应企业进行备案,对关键原材料进行控制,通过产品一致性检查,保证企业产品符合卫生安全要求,降低食品包装的危害隐患;质量环保认证对产品本身及其生产过程的环保性进行认证,促使企业推广使用新型环保材料,使企业生产工艺以及过程的环保性得以改进提高。

图 5-2 食品包装 CQC 标志认证

③有机食品认证标志,见图 5-3。

图 5-3 有机食品认证标志

截至 2006 年 8 月,经过国家认证认可监督管理委员会授权的有机产品(食品)认证机构有 28 家,其中环保系统的 11 家,质检系统的 12 家,农业系统的 5 家,中国合格评定中心认可的有机产品认证机构 12 家。目前,在我国开展有机认证业务的外国有机认证机构有美国有机认证机构“国际有机作物改良协会”(OCIA)、法国的ECO-CERT、德国的BCS、瑞士的IMO和日本的JONA和OMIC,这些认证机构都相继在北京、长沙、南京和上海建立了各自的办事处。

中绿华夏有机食品认证中心(China Organic Food Certification Center,简称COFCC)是中国农业部推动有机农业运动发展和从事有机食品认证、管理的专门机构,也是中国国家认证认可监督管理委员会(CNCA)批准设立的国内第一家有机食品认证机构(批准号CNCA-R-2002-100),并获得中国认证机构国家认可委员会(CNAB)的认可(注册号CNAB115—0)。COFCC在国家工商局依法注册,具有独立的法人资格。中绿华夏有机食品认证中心有机食品标志(见图5-3)采用人手和叶片为创意元素。我们可以感觉到两种景象:其一是一只手向上持着一片绿叶,寓意人类对自然和生命的渴望;其二是两只手一上一下握在一起,将绿叶拟人化为自然的手,寓意人类的生存离不开大自然的呵护,人与自然需要和谐美好的生存关系。有机食品概念的提出正是这种理念的实际应用。人类的食物从自然中获取,人类的活动应尊重自然的规律,这样才能创造一个良好的可持续的发展空间。

④绿色食品标志,见图5-4。

绿色食品是按特定生产方式生产并经权威机构认定使用专门标志的安全、优质、营养食品。

图5-4　绿色食品标志

中国绿色食品发展中心受理绿色食品申请和管理绿色食品标志的使用。绿色食品防伪标签是绿色食品产品包装上必备的特征,既可防止企业非法使用绿色食品标志,也便于消费者识别。绿色食品标志防伪标签采用了以造币技术中的网纹技术为核心的综合防伪技术。标签用绿色食品指定颜色,印有标志及产品编号,背景为各国货币通用的细密实线条纹图案。防伪标签的发放数量受到监管,以控制企业生产产量,从而避免企业取得标志使用权后,扩大产品使用范围及产量。

绿色食品标准分为两个技术等级,AA级绿色食品标准和A级绿色食品标准。AA级绿色食品标准要求:生产地的环境质量符合《绿色食品产地环境质量标准》,生产过程中不使用化学合成的农药、肥料、食品添加剂、饲料添加剂、兽药及有害于环境和人体健康的生产资料。A级绿色食品标准要求:生产地的环境质量符合《绿色食品产地环境质量标准》,生产过程中严格按绿色食品生产资料使用准则和生产操作规程要求,限量使用限定的化学合成生产资料。

(2)国际商品质量认证标志

①UL认证标志

UL是美国保险商实验室(Underwriters Laboratories Incorporation)的缩写,它是一个国际认可的安全检验及UL标志的授权机构,对机电包括民用电器类产品颁发安全保证标志。一百多年来,一直致力于对有关材料、工具、产品、设备、构造、方法和系统等对生命财产的危险性进行评估实验。产品要行销美国市场,UL 认证标志是不可缺少的条件。

生产厂家申请 UL 标志,可就近和 UL 驻各国的检验代表联系,附上产品的技术资料,申请登记,以便安排检验。一般第一次送验即合格的产品并不很多,要多次送验,直到安全方面符合标准的要求,才能取得 UL 标志。

对检验合格的产品,UL 还会定期到生产厂家作突击性抽查。如抽查中发现产品品质与检验合格的产品有重大差异,检验代表有权停止 UL 认证标志的使用,直到质量差异消除。

②CE 标志

CE 标志是欧洲共同市场安全标志,是一种宣称产品符合欧盟相关指令的标志。使用 CE 标志是欧盟成员对销售产品的强制性要求。目前欧盟已颁布 12 类产品指令,主要有玩具、低压电器、医疗设备、电信终端(电话类)、自动衡器、电磁兼容和机械等。产品符合相关指令有关主要要求,就能附加 CE 标志,而不按有关标准对一般质量的规定裁定是否使用 CE 标志。

③GS 标志

GS 标志是德国安全认证标志,它是德国劳工部授权由特殊的 TUV 法人机构实施的一种在世界各地进行产品销售的欧洲认证标志。GS 标志虽然不是法律强制要求,但是它确实能在产品发生故障而造成意外事故时,使制造商受到严格的德国(欧洲)产品安全法的约束,所以 GS 标志是强有力的市场工具,能增强顾客的信心及购买欲望,通常 GS 认证产品销售单价更高而且更加畅销。欧共体 CE 规定,从 1997 年 1 月 1 日起管制"低电压指令(LVD)"。GS 已经包含了"低电压指令(LVD)"的全部要求。所以获得 GS 标志后,TUV 会例外免费颁发该产品 LVD 的 CE 证明(COC)。

④TUV 标志

TUV 标志是德国零部件产品型式认证标志,适用于电气零部件,如:电源、变压器、调光器、继电器、插接件、插头、导线等机械产品零部件及运动器材零部件。

⑤VDE 标志

位于德国奥芬巴赫的 VDE 检测认证研究所(VDE Testing and Certification Institute)是德国电气工程师协会(Verband Deutscher Elektrotechniker,简称 VDE)所属的一个研究所,成立于 1920 年,是一个中立、独立的机构。VDE 的实验室依据申请,按照德国 VDE 国家标准或欧洲 EN 标准,或 IEC 国际电工委员会标准对电工产品进行检验和认证。VDE 直接参与德国国家标准制定,是欧洲最有经验的在世界上享有很高声誉的认证机构之一。它每年为近 2 200 家德国企业和 2 700 家其他国家的客户完成总数为 18 000 个认证项目。迄今为止,全球已有近 50 个国家的 20 万种电气产品获得 VDE 标志。在许多国家,VDE 认证标志甚至比本国的认证标志更加出名,尤其被进出口商认可和看重。

在我国,电气产品出口方向的多元化,使得欧洲、澳洲、东南亚等地区的进口商纷纷提出诸如 GS(德)、BEAB(英)、IMQ(意)等安全认证及 CE 标志的要求。而大多数整机厂在认证过程中又把这些要求化整为零,要求各自的电气安全零部件供货厂家确保拿到一个高水平的安全认证标志,这也是越来越多的零部件生产企业希望获得 VDE 标志的原因。

⑥EMC 认证标志

随着电气电子技术的发展,家用电器产品日益普及。广播电视、邮电通信和计算机网络的日益发达,电磁环境日益复杂和恶化,使得电气电子产品的电磁兼容性问题受到各国政府和生产企业的日益重视。欧共体政府规定,从 1996 年 1 月 1 日起,所有电气电子产品必须通过 EMC 认证,加贴 CE 标志后才能在欧共体市场上销售。此举在世界上引起广泛反响,各国政府纷纷采取措施,对电气电子产品的 EMC 性能实行强制性管理。国家标准《家用和类似用途电动、电热器具,电动工具以及类似电器无线电干扰特性测量方法和允许值》(GB 4343—1995)已于 1996 年 12 月 1 日起强制实施。

⑦JIS 标志

JIS 标志是日本标准化组织(JISC)对经指定部门检验合格的电器产品、纺织品颁发的产品标志。

⑧国际羊毛标志

国际羊毛标志是国际通用的供消费者识别优良品质羊毛产品的标志。使用羊毛标志的产品,其生产过程必须受到严格控制,其成品出厂前须经抽样检验,合格后由国际羊毛事务局授权使用羊毛标志。

⑨BEB 标志

BEB 标志是英国家用电器审核局对电器及电器设备经指定的第三方认证机构确认合格后,颁发的安全质量认证标志。

⑩NF 标志

NF 标志是法国认证标志,这种标志可单独用于电器及非电器类产品,也可与其他标志或字母的图案共同使用,主要指安全标准要求和效能特征。

法国标准化协会(AFNOR)是根据法国 1901 年法令于 1926 年成立的公益性非营利,并由政府承认和资助的全国性标准化机构。协会是法国标准化体系的核心,其任务主要是发布标准和开展产品服务和体系的认证以及 NF 标志的认证。

⑪GBS 标志

GBS 标志是加拿大标准委员会颁发给质量合格产品的认证标志。

⑫GOST 标志

GOST 标志是俄罗斯产品合格认证标志。中国向俄罗斯出口的大多数产品属于强制认证范围。因此,中国出口商了解俄罗斯认证制度是非常必要的。

根据俄罗斯法律规定,商品如果属于强制认证范围,不论是在俄罗斯生产的,还是进口的,都应依据现行的安全规定通过认证并领取俄罗斯国家标准合格证书。没有 GOST 证书的产品不能上市销售,对许多进口产品来说,连海关也不能通过。

⑬SG 安全认证

SG 是"安全商品"(Safety Goods)的缩写。加贴有 SG 标志的产品,证明其原材料中绝对不含或只含有极少量的有害物质,对消费者的健康不会带来伤害,并保证该产品的使用安全。SG 标志制度除了要求产品在使用过程中必须保证安全外,还要求在产品发生事故时,制造商和销售商都有责任和义务进行善后处理,赔偿消费者的损失。

⑭CB 标志

CB 检验为全球性相互认证体系,全世界有 34 个会员。在共同的 IEC 标准下,各验证单位均相互承认彼此核发之 CB 证书及报告,据此,可以迅速地转换他国证书。

⑮Nordic 标志

Nordic 标志是北欧四国安全认证标志,产品范围同 CB 标志。

选择合适的认证方案,将会使企业以较小的投入获得较大的利益。一般情况下,企业根据下述内容进行认证。

根据销售地区:产品销往不同的国家和地区则要相应满足不同国家的不同认证要求。去欧洲要满足 CE 要求;去美国要满足 UL 要求;去俄罗斯要满足 GOST 要求。

根据产品种类:不同种类的产品有不同的检测标准,也有不同的认证标志,如德国的 TUV 机构对整机产品用 GS 标志或 EMC 标志,对零部件元器件则用 TUV 标志。

根据当地有关法律的要求:对于安全性标准,有 EN 标准、IEC 标准、BS 标准、JIS 标准等,对于电磁兼容性的要求,有 BZT、FCC、CE/EMC 等。所以要根据当地要求选择所需的标准。另外有些地区标准颁布后,并没立即强制实施,企业可根据法律要求和市场销售情况来决定是否马上采用。对于电子电器产品,欧洲 EMC 指令及低电压指令都已强制实施。

根据市场销售的目的:获取何种认证,一般买家都会提出自己的建议,企业也可获取其他认证,来改善产品形象,增加消费者的信心和购买欲。

选择权威高的认证机构:认证机构良好的信誉度是其认证效力的立足点。因为产品连带责任的问题,买家均要求第三方认证机构对产品的安全及质量有严格的监控，信誉良好的认证机构提供的检验认证能够得到大多数买家的认同。如美国著名的 UL 实验室，德国 TUV 莱茵公司等。

选择多国认同的认证机构的服务：选择多国认同的认证机构的服务可以使得企业需要进行多国认证的时候，免去重新测试和支付测试费用，如德国莱茵公司与俄罗斯签署的协议可以使得企业在得到 GS 认证后，随即得到 GOST 认证；如 CB 报告被认为是通向全球认证的通行证，如果企业产品是销往多个国家的话，不妨选择 CB 报告。我国的 CCEE 被 IECEE 国际电工认证组织认可为能够按 46 个 IEC 标准颁发 CB 测试证书的国家认证机构，其所属的 10 个检测站为 CB 实验室，获得 CCEE 颁发的 CB 测试证书的企业，其产品出口到 IECEE－CCB 的成员国，则这些国家均予以认可检测试验的结果。

第二节　质量管理体系认证

一、质量管理体系认证的基本概念

商品质量体系认证是考察生产商品的企业在质量管理方面指挥和控制的组织机构和运行程序即质量管理体系能否满足生产合格产品的要求。

把影响质量的技术、管理、人员和资源等因素都综合在一起，形成一个有机的整体，质量管理的各个过程以及每一过程所开展的活动都被看作组成质量管理体系的要素，这样相互关联、相互作用的在质量管理中起决定作用的一组要素称为质量管理体系。

商品质量体系认证是指由第三方公正机构依据质量体系标准，对供方的质量体系实施评定，合格者由公证机构颁发质量体系认证证书，并给予注册公布，证明供方在特定的产品范围内具有质量保证能力的活动。

质量体系认证区别商品质量认证之处是：质量体系认证的对象是质量管理体系；质量体系认证的依据是质量体系标准；质量体系认证的目的是为了证明供方的质量体系有能力确保其产品满足规定的要求；质量体系认证的证实方式是对质量体系审核而不是对产品实物实施检验；质量体系认证的证明方式是颁发证书，注册公布，供方可以使用注册标志作宣传，但不得直接用于产品或以其他方式误导产品已经合格；质量体系认证后定期监督供方质量体系，但不对产品实物实施监督检验。部分国家的认证标志，见图 5-5。

二、质量管理体系认证的发展和作用

1. 质量管理体系认证的发展

国际标准化组织（ISO）的前身是国际标准化协会（ISA），成立于 1926 年，1942

国家 Country	认可标志 Mark	国家 Country	认可标志 Mark
中国 China	CB	法国 France	NF
欧洲 Europe	CE En/en	荷兰 Holland	KEMA KEUR
德国 Germany	GS	瑞士 Switzerland	S
美国 USA	UL FC ETL	奥地利 Austria	ÖVE
日本 Japan	PSE PSE	意大利 Italy	
加拿大 Canada	SP	俄罗斯 Russia	PCT
巴西 Brasil	UC	澳洲 Australia	
挪威 Norway	N	韩国 Korea	MIC K
丹麦 Demark	D	新加坡 Singapore	SAFETY MARK
芬兰 Finland	FI	以色列 Israel	
瑞典 Sweden	S	南非 South Africa	SABS
英国 England		阿根廷 Argentina	
比利时 Belium	CEBDC		

图 5-5 部分国家认证标志

年因第二次世界大战而解体。1946 年 10 月 14 日，美、中、英、法、苏等 25 个国家的代表在伦敦开会，决定成立新的标准化机构——ISO，现在 10 月 14 日被定为世界标准化日。1947 年 2 月 23 日，国际标准化组织 ISO 正式成立。

ISO/TC 176 是 ISO 组织中专门制定“质量管理与质量保证标准”的技术委员会，ISO/TC 176 技术委员会制定的所有国际标准，即为 ISO 9000 族标准。1987 版 ISO 9000 族标准至 1994 版标准制定了 16 个标准，至 1999 年末标准数量增加到 27 个，为了使 ISO 9000 族标准结构更通用、简练、适用和协调，ISO/TC 176 技术委员会修订了 2000 年 ISO 9000 族标准，将系列标准进行了大量的精简。精简后的 ISO 9000 族标准有 4 个核心标准，一项其他标准和技术报告的小册子。

ISO 9000 质量管理和质量保证系列标准自诞生以来，受到世界各国的普遍重视。很多国家和国际组织采用这套标准并建立起质量体系认证制度。ISO 9000 系列标准已经成为国家从事质量管理、指导企业建立和完善质量体系的国际性通用标准。我国 1992 年正式发布等同采用这套标准。

2. 实施 ISO 9000 质量管理体系认证的作用

(1)企业实施 ISO 9000 质量管理体系认证后可以强化质量管理,提高企业效益;增强客户信心,扩大市场份额。负责 ISO 9000 品质体系认证的认证机构都是经过国家认可机构认可的权威机构,对企业质量体系的审核是非常严格的。这样,对于企业内部来说,可按照经过严格审核的国际标准化的质量体系进行质量管理,真正达到制度化、科学化的要求,极大地提高工作效率和产品合格率,迅速提高企业的经济效益和社会效益。对顾客来说,当顾客得知供方按照国际标准实行管理,拿到了 ISO 9000 质量体系认证证书,并且有认证机构的严格审核和定期监督,就可以确信该企业是能够稳定地生产合格产品乃至优秀产品的信得过的企业,从而放心地与企业订立供销合同,扩大了企业的市场占有率。可以说,在这两方面都收到了立竿见影的功效。

(2)获得了国际贸易"通行证",消除了国际贸易壁垒。许多国家为了保护自身的利益,设置了种种贸易壁垒,包括关税壁垒和非关税壁垒。其中非关税壁垒主要是技术壁垒,技术壁垒中,又主要是产品质量认证和 ISO 9000 质量体系认证的壁垒。有些国家在生产外包或工程招标上,就明确参与竞标企业必须通过 ISO 9000 质量体系认证,没有认证的企业没有资格参与。在"世界贸易组织"内,各成员国之间相互排除了关税壁垒,只能设置技术壁垒,所以,获得认证是消除贸易壁垒的主要途径。我国加入 WTO 以后,所有贸易都有可能遭遇上述技术壁垒,应该引起企业界的高度重视,及早防范。

(3)节省了第二方审核的精力和费用。在现代贸易中,顾客为了保证产品质量合格,经常对供方进行第二方审核,这种审核存在很大的弊端:一个供方通常要为许多需方供货,第二方审核无疑会给供方带来沉重的负担;另一方面,需方也需支付相当的费用,同时还要考虑派出或雇用人员的经验和水平问题,否则,花了费用也达不到预期的目的。质量体系认证可以排除这样的弊端。因为作为第一方的生产企业申请了第三方的 ISO 9000 认证并获得了认证证书以后,众多第二方就不必要再对第一方进行审核,这样,不管是对第一方还是对第二方都可以节省很多精力或费用。还有,如果企业在获得了 ISO 9000 认证之后,再申请 UL、CE 等产品品质认证,还可以免除认证机构对企业的质量保证体系进行重复认证的开支。

(4)在产品质量竞争中争得先机。国际贸易竞争的手段主要是价格竞争和品质竞争。由于低价销售的方法不仅使利润锐减,如果构成倾销,还会受到贸易制裁,所以,价格竞争的手段越来越不可取。20 世纪 70 年代以来,品质竞争已成为国际贸易竞争的主要手段,不少国家把提高进口商品的品质要求作为限入奖出的贸易保护主义的重要措施。实行 ISO 9000 国际标准化的品质管理，可以稳定地提高产品品质，使企业在产品品质竞争中永远立于不败之地。

(5)避免产品责任。各国在执行产品质量法的实践中，由于对产品质量的投诉频繁，事故原因越来越复杂，责任追究越来越严格。尤其是近几年，发达国家都在把原有的“过失责任”转变为“严格责任”法理，体现在制法上就是执行质量责任法，对制造商的安全要求提高很多。例如，工人在操作一台机床时受到伤害，按“严格责任”法理，法院不仅要看该机床机件故障之类的品质问题，还要看其有没有安全装置，有没有向操作者发出警告的装置等。法院可以根据上述任何一个问题判定该机床存在缺陷，厂方便要对其后果负责赔偿。但是，按照各国产品责任法，如果厂方能够提供 ISO 9000 品质体系认证证书，便可免赔，否则，要败诉且要受到重罚。

(6)有利于国际间的经济合作和技术交流。按照国际间经济合作和技术交流的惯例，合作双方必须在产品(包括服务)品质方面有共同的语言、统一的认识和共守的规范，方能进行合作与交流。ISO 9000 质量体系认证正好提供了这样的信任，有利于双方迅速达成协议。

三、重要的质量管理体系认证

1. ISO 9000 族标准简介

(1)ISO 9000:2000《质量管理体系——基础和术语》

ISO 9000:2000 标准描述了质量管理体系的基本原理，并规定了质量管理体系的基本术语。ISO 9000:2000 取代了 ISO 8402:1994。

(2)ISO 9001:2000《质量管理体系——要求》

ISO 9001:2000 规定了质量管理体系的要求，可用于内部质量管理，也可以作为认证的依据。ISO 9001:2000 取代了原 ISO 9001:1994、ISO 9002:1994、ISO 9003:1994 三个标准。

(3)ISO 9004:2000《质量管理体系——业绩改进指南》

ISO 9004:2000 提供了改进质量管理体系业绩的指南。该标准可用于内部质量管理，帮助组织追求卓越，但不能用作认证依据。ISO 9004:2000 取代了 ISO 9004—1:1994。

(4)ISO 19011:2000《质量和(或)环境管理体系审核指南》

ISO 19011:2000 标准是在合并 ISO 19011、ISO 14010、ISO 14011、ISO 14012 的基础上重新起草的。

ISO 9000 族标准其他标准只有一项:ISO 10012《测量控制系统》。技术报告和小册子有 ISO 10006《项目管理指南》、ISO 10007《技术状态管理指南》、ISO 10013《质量管理体系文件指南》、ISO 10014《质量经济性管理指南》、ISO 10015《教育和培训指南》、ISO 10017《统计技术指南》等。

ISO 9000族标准认证，可以理解为质量体系注册，就是由国家批准的、公正的第三方机构——认证机构依据ISO 9000族标准，对企业的质量体系实施评定，向公众证明该企业的质量体系符合ISO 9000族标准，具有提供合格产品的能力，公众可以相信该企业的服务承诺和企业产品质量的一致性。

ISO 9000族标准不仅在全部发达国家推行，发展中国家也正在逐步加入到此行列中来，ISO已成为一个名副其实的技术上的世界联盟。

2. QS 9000质量认证

美国三大汽车公司通用、福特和克莱斯勒每年在全球的采购量达1 300多亿美元，所有直接供应商都限期建立符合这一要求的质量体系，并通过认证。美国主要的货厂及在澳大利亚的日系丰田和马自达也已正式采用这一要求。他们对供方提出极为严格的要求，包括质量、服务、价格和技术。为了达到持续改进、预防缺陷、减少质量浪费和保持质量稳定的目的，三大公司荟萃了通用公司"北美创优目标"、福特公司"Q-101质量体系标准"和克莱斯勒公司"供方质量保证手册"的质量体系要求的精华，于1994年8月首版发行质量体系要求(Quality System Requirements)，即QS 9000标准。三大汽车公司对供方提出了明确的质量保证要求，这样，要给美国三大汽车公司配套产品，做他们的供应商，就必须达到QS 9000标准的要求。1995年2月发行第2版QS 9000标准，1998年3月发行第3版QS 9000标准，也即现行有效的QS 9000标准。随着QS 9000被越来越多的汽车整车厂所认同，很多整车厂(包括中国)都向各自的供方提出了QS 9000的要求，使得QS 9000认证火了起来，全球现大约有23 000个组织获得QS 9000认证证书。

QS 9000质量体系要求的目标是建立基本质量体系，不断地改进提高，强调缺陷的预防并减少在供应环节出现的差异及浪费。

QS 9000确定了克莱斯勒、福特和通用汽车和载货汽车制造公司及所属公司对内、外部的生产和服务用零件及材料供方的基本质量体系要求。上述这些公司愿意与供方共同工作，通过满足质量要求以保证满意，并不断地减少差异和浪费，使最终顾客、供货基地和公司本身均从中受益。

厂商一旦通过QS 9000认证，可以同时取得ISO 9001或ISO 9002的证书。不过只通过ISO 9000，并不保证一定通过QS 9000，因尚有QS 9000补充条款，仍需被审查。

四、食品质量安全QS认证和药品质量安全GMP认证

1. 食品质量安全QS认证

食品质量安全是指食品质量状况对食用者安全、健康的保障程度。用于消费者最终消费的食品，不得出现因食品原料、包装问题或生产加工、运输、储存过程中存在

的质量问题对人体健康、人体安全造成(可能造成)任何不利的影响。食品的质量必须符合国家法律、行政法规和强制性标准的要求,不得存在危及人体健康和人身财产安全的不合理危险。

食品质量安全认证是我国工业产品质量准入制度的一部分,食品质量安全准入制度是,为保障食品的质量安全,具备规定条件的生产者才允许进行生产经营活动,具备规定条件的食品才允许生产销售的监管制度。

食品质量安全市场准入制度包括三项具体制度。

(1)对食品生产企业实施生产许可证制度,对符合生产条件的企业发放《食品生产许可证》,准予生产获证范围内的产品,未取得《食品生产许可证》的企业不准生产食品。

(2)对企业生产的食品实施强制检验制度,未经检验或检验不合格的食品不准出厂销售。

(3)对实施食品生产许可制度的产品实行市场准入标志制度。对检验合格的食品要加贴市场准入标志——QS标志(图 5-6),没有加贴 QS 标志的食品不准进入市场销售。

图 5-6　食品质量安全 QS 认证标志

食品市场准入标志由“质量安全”英文(Quality Safety)字头“QS”和“质量安全”中文字样组成。

标志主色调为蓝色,字母“Q”与“质量安全”四个中文字样为蓝色,字母“S”为白色。食品市场准入标志的式样、尺寸及颜色都有具体的制作要求。

2.药品质量安全 GMP 认证

良好操作规范(Good Manufacturing Practice,GMP)就是指政府制定颁布的强制性食品生产、储存卫生法规。

我国于 1994 年发布了强制性标准《食品企业通用卫生规范》(GB 14881—94),规定了我国食品企业在加工过程、原料采购、运输、储存、工厂设计与设施的基本卫生要求及管理准则,使之用于食品生产、经营的企业、工厂,并作为制定各类食品厂的专业卫生规范的依据。

卫生部于 1995 年开展药品 GMP 认证。卫生部卫药发(1995)第 53 号“关于开展药品 GMP 认证工作的通知”规定,由企业申请药品 GMP 认证。药品 GMP 认证合格的,由省级卫生行政部门发给《药品生产企业许可证》。

国家食品药品监督管理局主管全国药品 GMP 认证工作,负责药品 GMP 认证检查评定标准的制定、修订工作,负责设立国家药品 GMP 认证检查员库及其管理工作,负责注射剂、放射性药品、国家食品药品监督管理局规定的生物制品生产企业的药品 GMP 认证工作,负责进口药品 GMP 认证和国际药品 GMP 认证的互认工作。

五、环境管理体系认证和食品安全认证

经济发展和环境保护是矛盾的，现代企业除了创造经济效益之外，对环境的保护负有不可推卸的责任。

环境管理体系认证是由获得认可资格的环境管理体系认证机构依据审核准则，对受审核方的环境管理体系通过实施审核及认证评定，确认受审核方的环境管理体系的符合性及有效性，并颁发证书与标志的过程。

1. 环境管理体系认证的标准

环境管理体系认证使用的标准是 ISO 14001 标准。这一标准是由国际标准化组织于 1996 年 9 月 1 日正式颁发的环境管理体系标准。标准提出了对组织环境管理体系进行认证/注册和(或)自我声明的要求，是进行环境管理体系建立和认证的最终证据。标准规定了对环境管理体系的要求。该体系适用于任何类型与规模的组织，并适用于各种地理、文化和社会条件。标准要求组织在其环境方针中作出遵守有关法律法规和持续改进的承诺。标准的其他条款中没有提出组织环境绩效的绝对要求，不包含任何环境质量、污染治理技术与水平的内容。因此，组织的技术水平和环境绩效水平可根据组织自身状况确定，因而两个从事类似活动，却具有不同环境绩效的组织，可能都满足本标准的要求。

(1)ISO 14001:《环境管理体系——规范及使用指南》

ISO 14001 是 ISO 14000 系列标准中的主体标准。它规定了组织建立、实施并保持的环境管理体系的基本模式和 17 项基本要求。该体系适用于任何类型和规模的组织，并适用于各种地理、文化和社会条件。标准的总目的是支持环境保护和污染预防，协调它们与社会需求和经济需求的关系。标准可供组织建立一套机制，用来确定环境方针和目标。通过环境管理体系的持续改进实现组织环境绩效的持续改进。

ISO 14001 标准是对一个组织的环境管理体系进行认证、注册和自我声明的依据。组织可以通过展示对本标准的成功实施，使相关方确信它已建立了妥善的环境管理体系。

(2)ISO 14004:《环境管理体系——原则、体系和支持技术通用指南》

标准简述了环境管理体系的五项原则，为建立和实施环境管理体系，加强环境管理体系和其他管理体系的协调提供可操作的建议和指导。它同时也向组织提供了如何有效地改进和保持环境管理体系的建议，使组织通过资源配置，职责分配以及对操作惯例、程序和过程的不断评价来有序地处理环境事务，从而确保组织确定并实现其环境目标，达到持续满足国家或国际要求的能力。该指南不是一项规范标准，目的是为环境管理体系的实施和强化它和组织全部管理工作的关系提供帮助，不适用于环境管理体系的认证和注册。

(3)ISO 14010:《环境审核指南——通用原则》

标准给出了环境审核定义及有关术语，并阐述了环境审核通用原则，旨在向组织、审核员和委托方提供各种环境审核的一般原理。

(4)ISO 14011:《环境审核指南——审核程序——环境管理体系审核标准》

标准提供了进行环境管理体系审核的程序，包括审核目的，启动审核直至审核结束一系列步骤要求，以判定环境管理体系是否符合环境管理体系审核准则。

标准适用于实施环境管理体系的一切类型和规模的组织。

(5)ISO 14012:《环境审核指南——环境审核员资格要求》

标准提供了关于环境审核员的资格要求，它对内部审核员和外部审核员同样适用。

(6)ISO 14040:《生命周期评价——原则和框架》

标准于 1997 年 6 月 1 日正式颁布，是 ISO 14000 系列标准中的工具性标准。标准规范了生命周期分析方法，并给出了“生命周期评价”过程所涉及的概念定义和具体方法要求。

由于各国环境立法日趋严格，促进环境保护的经济政策和其他措施陆续出台，各类组织的活动、产品和服务对环境的影响逐渐受到各项法规和政策的制约，并引起消费者、官方机构、信贷机构及环境保护组织的普遍关注。组织通过建立环境管理体系，采用系统化的管理方法，强化组织的内部环境管理，改善组织的环境绩效，持续满足法律法规和环境方针的要求，推动环境保护和持续改进。

图 5-7 和图 5-8 分别为中国环境认证标志和 II 型环境标志。

图 5-7　中国环境认证标志

图 5-8　II 型环境标志

2. 食品安全 HACCP 认证

HACCP 是“危害分析关键控制点”的词首字母的缩写，是人们用来控制食品安全危害的一种通常技术，一个分析工具，也是一种重要的管理体系，它可以与任何操作相结合，能使正在进行的食品安全性项目保持经济有效。

(1)HACCP 的意义和重要性

HACCP从生产角度来说是安全控制系统，是使产品从投料开始直至成品保证质量安全的体系，使用HACCP管理系统最大的优点是：使食品生产对最终产品的检验（检验是否有不合格产品）转化为控制生产环节中潜在的危害（预防不合格产品）；应用最少的资源做最有效的事情。

HACCP是决定产品安全性的基础，食品生产者利用HACCP控制产品的安全性比利用传统的最终产品检验法要可靠，实施时也可作为谨慎防御的一部分。HACCP作为控制食源性疾患最为有效的措施得到了国际和国内的认可，并被FDA和世界卫生组织食品法典委员会批准。

(2)使用HACCP的益处

①HACCP验证、补充和完善了传统的检验方法；

②强调加工控制；

③集中在影响产品安全的关键加工点上；

④强调执法人员和企业之间的交流；

⑤安全检验集中在预防性上；

⑥不需要大的投资，可使其既简单又有效；

⑦制定和实施HACCP计划可随时与国际有关食品法规接轨。

HACCP是一种控制危害的预防体系，不是反应体系，食品加工者可以使用它来确保提供给消费者更安全的食品。HACCP是预防性的，而不是反应性的一种用于保护食品防止生物的、化学的、物理危害的管理工具。

20世纪90年代及21世纪，HACCP将成为食品生产厂家及销售商安全管理的重要工具，并将向法律形式发展。1993年6月，欧共体委员会发布的食品卫生新换令中规定"食品行业应明确保证食品安全的关键步骤，并保证按HACCP原则贯彻执行安全操作步骤"，因此欧洲的所有食品工业均要发展HACCP体系。

HACCP是用于分析和测定关键控制点的一项专门技术，它不是一个死板的体系，必需根据产品的生产加工及设备等因素相应制定。HACCP是一个动态的、详细的体系，不是一个纸面上的东西。HACCP需要其他质量管理措施及卫生规范的支持，如供应商质量保证，统计质量控制及良好的实验室操作规范等。这些均与ISO 9000原理相连，使企业向全面质量管理方面发展。

目前在美国颁布强制性的水产品HACCP法规并宣布自1997年12月18日起所有对美国出口的水产品企业都必需建立HACCP体系，否则其产品不得进入美国市场。体系HACCP虽然不是一个零风险体系，却是一个食品安全控制的体系，它不是一个独立存在的体系。HACCP必须建立在食品安全项目的基础上才能使它运行。例如：良好操作规范（GMP）、标准的操作规范（SOP）和卫生标准操作规范（SSOP）。

第三节 中国强制性产品认证制度

一、强制性产品认证制度的概念和标志

强制性产品认证制度是各国政府为保护广大消费者人身和动植物生命安全、保护环境、保护国家安全,依照法律法规实施的一种产品合格评定制度,它要求产品必须符合国家标准和技术法规。强制性产品认证是通过制定强制性产品认证的产品目录和实施强制性产品认证程序,对列入《强制性产品认证目录》中的产品实施强制性的检测和审核。凡列入强制性产品目录内的产品,没有获得指定认证机构的认证证书,没有按规定加施认证标志,一律不得进口、不得出厂销售和在经营服务场所使用。

强制性产品认证制度在推动国家各种技术法规和标准的贯彻,规范市场经济秩序,打击假冒伪劣行为,促进产品的质量管理水平和保护消费者权益等方面,具有重要的作用。实行市场经济制度的国家,政府利用强制性产品认证制度作为产品市场准入的手段,正在成为国际通行的做法。

以前,我国强制性产品认证存在着政出多门、重复评审、重复收费以及认证行为与执法行为不分的问题,尤其是国内产品和进口产品存在对内对外两套认证管理体系,原国家质量技术监督局对国内产品和部分进口商品实施安全认证并强制监督管理,原国家出入境检验检疫局对进口商品实施进口商品安全质量许可制度。两个制度将一部分进口产品共同列入了强制认证的范畴,因而导致了两个主管部门对同一种进口产品实施两次认证、贴两个标志、执行两种标准与程序。随着我国加入WTO,世贸协议和国际通行规则要求我国统一认证制度,对强制性产品认证制度实施“四个统一”,即统一目录,统一标准、技术法规、合格评定程序,统一认证标志,统一收费标准。为此,2001 年新成立的国家质检总局和国家认监委,建立了新的国家强制性产品认证制度。

我国强制性产品认证制度于 2001 年 12 月 3 日正式对外公布,我国强制性产品认证制度的法律依据是《中华人民共和国产品质量法》、《中华人民共和国进出口商品检验法》、《中华人民共和国标准化法》、《中华人民共和国进出口商品检验法实施条例》、《中华人民共和国产品质量认证管理条例》等法律和法规。

国家强制性产品认证标志名称为“中国强制认证”,英文缩写为“CCC”,也可简称“CCC” (China Compulsory Certification)标志。

目前的“CCC”认证标志分为四类,分别为:

(1)CCC+S　安全认证标志,见图 5-9。

(2)CCC+S&E　安全与电磁兼容认证标志,见图 5-10。

(3)CCC+EMC 电磁兼容认证标志,见图 5-11。

(4)CCC+F 消防认证标志,见图 5-12。

图 5-9 安全认证标志

图 5-10 安全与电磁兼容认证标志

图 5-11 电磁兼容认证标志

图 5-12 消防认证标志

上述四类标志每类都有大小五种规格,适合不同规格的产品或包装。

CCC 标志一般贴在产品上面,或通过模压压在产品上。目前设计的 CCC 标志不仅有激光防伪,而且每个型号都有一个独特的序号,序号不重复。消费者区别真假 CCC 标志的方法很简单,细看 CCC 标志,会发现多个小菱形的“CCC”暗记。另外,CCC 标志最不容易仿冒的地方,就是每只标志后面都有一个随机码,它注明每个随机码所对应的厂家及产品,根据随机码,即可识别产品来源是否正宗。

二、强制性产品认证制度的作用

我国 1978 年恢复国际标准化组织的成员国地位后,就按照国际规范建立了中国强制性产品认证制度,并开展了相关的工作,对 107 种国内产品实施了产品安全认证,对 104 种进口商品实施了进口商品安全质量许可证制度,这项制度涉及到 60 多个国家和地区。新的强制性产品认证制度是由国家公布统一的目录,确定统一使用的国家标准、技术规则和实施程序,制定统一的标志,规定统一的收费标准。凡是列入目录内的产品,必须经国家指定的认证机构认证合格,取得相关证书并加施认证标志后,才能出厂、进口、销售和在经营服务场所使用。

产品认证制度对提高我国产品质量水平和在国际市场上的竞争力,维护国家经济利益、经济安全,保护环境等方面起到了积极的作用。

三、我国强制性产品认证管理体制

国家认证认可监督管理委员会是国务院授权的负责全国强制性产品认证工作的机构，在强制性产品认证制度建立和实施中的职能主要是：拟定、调整《强制性产品认证目录》，并与国家质检总局共同对外发布；拟定和发布《强制性产品认证目录》内产品认证实施规则；制定并发布认证标志，确定强制性产品认证证书的要求；指定承担认证任务的认证机构、检测机构和检查机构；指导地方质检机构对强制性产品认证违法行为的查处等。

强制性产品认证工作由国家认监委指定的认证机构负责认证工作的具体实施，并对认证结果负责；地方质检部门对列入《强制性产品认证目录》内的产品实施监督；生产者、销售者和进口商以及经营服务场所的使用者对生产、销售、进口和使用的产品负责；国家认监委指定的标志发放管理机构负责发放强制性认证标志。

第四节　商品质量监督

党的十一届三中全会以后，我国实行了对外开放、对内搞活的经济政策，经济建设飞速发展，有很多企业只追求经济效益而忽视产品质量，1984 年全国出现了部分工业产品质量下降的趋势。在这种形式下中央要求各级政府和企业必须“狠抓质量”、“把质量摆在第一位”，1985 年 9 月，国务院批转原国家经委《关于扭转部分工业产品质量下降状况的报告》，提出加强产品质量的九项措施。其中，国家监督抽查产品质量制度作为扭转产品质量下降的一项重要措施被确定下来，从 1985 年第三季度实行。

一、商品质量监督的概念及作用

目前，国家产品质量监督抽查工作基本上形成了一套规范的工作程序，包括计划制订、产品抽查具体方案设计、现场抽样、样品检验、结果反馈、数据汇总、公布结果、督促整改和进行复查等。国家监督抽查产品质量每季度进行一次，每次抽查若干种产品，主要是各类工业企业生产、销售的重要生产资料和市场紧俏的耐用消费品，涉及和影响人身安全健康、消费者反映质量差的产品。在产品抽样过程中，为客观反映产品质量的实际状况，保证抽样的代表性、随机性，事先不通知被抽查的企业。抽查的样品由承检单位直接到销售部门、用户仓库、生产企业的近期产品中按规定提取。适当分散被抽查的企业，力求把全国各大生产企业的产品质量置于国家经常监督之下。抽查后，按照国家现行标准进行严格检验。对于还没有统一标准而必须抽查的产品，则制定出统一的质量指标要求和检验方法；检验的内容，选择标准中规定的重要质量指标、主要功能的质量指标。抽查结果和检验数据，在指定的报刊上公布和发表。

1. 商品质量监督的概念

商品质量监督是根据国家的质量法规和商品质量标准，由国家指定的商品质量监督机构对生产和流通领域的商品和质量保证体系进行监督的活动。其目的是防止不合格品流入市场，维护国家和消费者利益。

凡是抽查中检验内部合格品超标的企业，要限期进行整改，并根据产品不合格程度，结合企业质量状况和整改结果进行相应的处罚。

商品质量监督是国家商品质量管理体系和标准化工作的重要组成部分，是保证国家各级标准得以实施的有效措施，对促进企业贯彻执行管理标准和产品技术标准，提高商品质量和企业经济效益、社会效益，促进我国对外经济贸易的发展起着重要作用。

2. 商品质量监督的作用

(1)对国家经济运行进行调节、监控，保证国民经济健康发展和实现国民经济目标。

(2)通过对质量违法行为的制裁，实现市场行为的规范。尤其在目前市场机制尚不完善、全民质量意识和企业质量意识不足，制假造假可以获取暂时利益，质量监督工作发挥的作用就不可替代。

(3)企业的产品质量和管理体系处于经常性的监控之下，促使企业采取必要的措施和手段保证和提高产品质量，避免牺牲质量、降低成本等短期行为的发生，使企业步入健康发展的良性轨道。

(4)促使商品的生产方、销售方重视商品质量，特别是关系人身安全健康和关系国计民生的重要产品，加强监督，可以起到维护国家利益，保护消费者权益的作用。

(5)促使企业强化内部管理，健全质量体系，保障技术法规和质量标准的贯彻实施。

(6)促进我国进出口贸易健康发展，提高我国商品竞争能力，保障国家经济利益。

(7)为顾客提供重要的商品质量信息。

二、商品质量监督的种类和形式

1. 国家质量监督检查的种类

(1)国家监督抽查产品质量，这是国家对产品质量进行监督检查的主要方式，通过有计划地抽查部分企业生产销售的产品质量，监督产品质量的状况。

(2)全国统一监督检验，是国家对产品质量监督检查的一种重要方式，通常只用于检查某类问题比较突出的产品。按照产品统一、部署统一、检验和判定方法统一、检验结果汇总格式统一的要求，下达全国统一监督检验的计划，由各省、自治区、直辖市质量监督管理部门负责组织实施。

(3)定期监督检查,是地方对产品质量监督检查的主要方式。通过制订受检产品目录,按规定周期,对本地区的重要产品进行连续检查,以监控和促进提高这些产品的质量水平。

此外,各级质量技术监督部门还可以根据实际情况、群众举报和上级指示意见组织日常执法检查。

国家质量监督检查结束后,一般要公开公布检查结果和处理结果,造成强大的新闻舆论压力,为社会提供商品质量信息。

2.商品质量监督的形式

(1)抽查型质量监督。抽查型质量监督是指国家质量监督机构,通过从市场或生产企业或仓库等地随机抽取样品,按照技术标准进行监督检验,判定其是否合格,从而采取强制措施,责成企业改进产品质量所进行的监督活动。抽查型质量监督,是一种强制性的质量监督形式;抽查产品采用地点不限、随机抽查的方式;抽查检测采用科学的方法进行,对产品质量的判断、评价公正;抽查检验的结果公开;对抽查检验不合格的单位限期整改。

(2)评价型质量监督。评价型质量监督是指国家监督机构通过对企业的产品质量和质量保证体系进行检验和检查,考察合格后颁发产品质量证书、标志等方法确认和证明产品已经达到某一质量水平,并向社会提供质量评价信息的一种质量监督活动。

(3)仲裁型质量监督。产品质量仲裁检验是指经省级以上产品质量技术监督部门或者其授权的部门考核合格的产品质量检验机构,在考核部门授权其检验的产品范围内根据申请人的委托要求,对质量争议的产品进行检验,出具仲裁检验报告的过程。仲裁型质量监督是对产品质量有争议,进行仲裁时使用的手段,是国家质量监督机构站在第三方的立场上,公正地处理质量争议问题,规范质量争议问题的解决方式或对不法行为进行监督,促进产品质量提高的一种质量监督活动。仲裁型质量监督检验的依据是国家法律、法规或国家强制性标准,当事人约定的产品标准或质量要求;没有标准或约定,以提供产品一方所明示的产品质量要求为准。

(4)产品质量鉴定。产品质量鉴定是当仲裁检验仍不能很好地判定产品质量状况并为解决质量争议提供依据时,省级以上质量技术监督部门指定的鉴定组织单位,根据申请人的委托要求,组织专家对质量争议的产品进行调查、分析、判断和出具质量鉴定报告的过程。

三、商品质量监督管理体制

我国商品质量监督管理体制是由多系统组成监督管理网,包括技术监督系统和专业监督系统的质量监督管理机构和质量监督检验机构。

1. 技术监督系统

技术监督系统是指国务院授权统一管理和组织协调全国技术监督工作的国家质量监督检验检疫总局系统，县级以上地区技术监督部门负责行政区内的商品质量监督和管理工作。

2. 专业监督系统

卫生系统、船检系统、商检系统和农林牧系统等均根据国家颁布的有关法规，由各行业、部门相应的质量监督机构行使监督职权。

3. 综合监督管理

2006年，国家质量监督检验检疫总局制定发布了《全国重点产品质量安全监管指南》，以协调各个监管部门，指导各地质量技术监督部门加强对重点产品的质量安全监管工作。监管指南提出了以下主要措施、鼓励措施和产业政策等监管手段。

(1)监管措施

监管措施是目前针对产品质量安全监管工作实施的各项监管制度，包括：生产许可、国家监督抽查、地方监督检查、强制性产品认证。

①生产许可制度。是指行政部门或其指定机构，依据《中华人民共和国工业产品生产许可证管理条例》，应企业申请对其生产纳入《国家生产许可证产品目录》产品的生产条件和产品质量进行审查和检测，并对符合规定要求的企业通过颁发生产许可证的方式进行行政管理的制度。

②国家监督抽查制度。是指国务院产品质量监督部门依据《中华人民共和国产品质量法》和《产品质量国家监督抽查管理办法》，对生产、销售的可能危及人体健康和人身财产安全的产品、影响国计民生的重要工业产品以及消费者和有关组织反映有质量问题的产品，依据有关规定进行抽样、检验，并对抽查结果依法公告和处理的活动。

③地方监督检查。是指县级以上地方产品质量监督部门依据《中华人民共和国产品质量法》和有关规定，对本行政区域内的产品质量进行以监督抽查为主的监督、检查活动。

④强制性产品认证制度。

(2)鼓励措施

是政府引导和支持优质产品的优秀生产企业采取的扶优扶强措施，包括：中国名牌、国家免检。

①中国名牌制度。是指国家产品质量监督部门依据《中国名牌产品管理办法》，为推进名牌战略的实施，推动企业实施名牌战略，引导和支持企业创名牌，指导和督促企业提高质量水平，增强我国产品的市场竞争力，对实物质量达到国际同类产品先进水平、在国内同类产品中处于领先地位、市场占有率和知名度居行业前列、用户满意程度高、具有较强市场竞争力的产品授予中国名牌产品称号。

②国家免检制度。

(3)产业政策

产业政策是指根据国务院《促进产业结构调整暂行规定》有关引导投资方向,鼓励和支持发展先进生产能力,限制和淘汰落后生产能力,推进产业结构优化升级的产业政策,确定的产业结构调整方向和重点,所制定的《产业结构调整指导目录》中鼓励、限制和淘汰三类目录的分类原则和配套政策措施。

(4)建议采取措施

主要是根据各项监管措施、鼓励措施和产业结构调整方向的要求及实施情况,提出今后一段时期内对各种产品实施监管的具体指导意见、建议及参考,包括:本年度重点监督抽查、下年度推荐开展国家免检、重点提升检验能力等工作建议。

重点提升检验能力:为提高产品质量安全监管的技术保证能力和水平,对涉及健康、安全、环保、节能产品以及量大面广的日常消费品和维护国民经济健康发展重要产品相关的检验技术、装备和人员,不能满足当前日常监管和应对突发事件需要的,应作为重点提升检验能力的对象。国家质检总局负责统一规划质检机构的检验能力提升工作,重点扶持国家质检中心和省级综合质检机构的检验能力提升。省级质量技术监督局负责规划和扶持本行政区域内所属质检机构的检验能力提升工作。

(5)产品分类代码

《全国重点产品质量安全监管指南》中所列每一个(种)产品赋予的代码,与《全国主要产品分类与代码》(GB/T 7635.1—2002)是一一对应的。

四、产品质量国家免检制度

为鼓励企业提高产品质量,扶优扶强,引导消费,国家质检总局按照《国务院关于进一步加强产品质量工作若干问题的决定》(国发[1999]24 号)要求,制定了《产品免于质量监督检查管理办法》,规定对质量长期稳定在较高水平,执行的产品标准达到或者严于国家标准要求,经省级以上质量技术监督部门连续三次以上监督检查均为合格,具备完善的质量保证体系,生产经营符合国家法律法规的要求和国家产业政策,经济效益在本行业排名前列等条件的产品授予免检资格。图 5-13 为国家免检产品标志。

产品质量国家免检工作每年进行一次,由国家质检总局公布当年度开展免检的产品类别目录,符合条件的企业自愿向所在地省级质量技术监督部门提出申请,由省级质量技术监督部门进行审查,国家质检总局征求有关方面意见并按规定的程序进行审定后,向符合规定条件的企业颁发免检证书,并向社会公布。获得免检资格的产品在有效期内免于各级政府部门的质量监督检查。

图 5-13　国家免检产品标志

获得免检证书的企业在免检有效期内可以自愿在免检产品或者其包装上使用规定的免检标志。

国家免检制度以引导消费、促进出口和服务经济为中心，紧紧围绕国务院确定的经济工作主旋律，为国民经济持续、快速和健康发展做贡献。免检工作坚持扶优扶强、宁缺毋滥、保持权威性和含金量、简化手续、不向企业收费五项原则。同时，还坚持做到减轻企业负担与促进完善企业自律机制相结合，严格事前审查与加强事后监督相结合。免检产品的种类有电视机、电冰箱等66大类产品，涉及日用消费品、食品、工业生产资料、农业生产资料和建筑工程材料。获得免检的产品是质量过硬、深得消费者信赖的好产品。获得免检资格的生产企业是行业内的排头兵、佼佼者。这些企业在采用先进科学技术，提高产品质量，增强消费者满意度方面进行了不懈努力，取得了显著成效，在日益激烈的市场竞争中，经过千锤百炼、大浪淘沙，在众多企业中脱颖而出，从而也带动了全行业总体质量水平的提高。

免检制度实施5年来，不仅受到企业的赞誉，还受到社会各界的普遍欢迎。目前，社会上已经形成企业积极争创免检产品、商家大力宣传免检产品和消费者放心购买免检产品的良好氛围。

S 本章小结

商品质量认证是对商品符合标准的一种证明活动，由可以充分信任的第三方证实某一经鉴定的产品或服务符合特定标准或其他技术规范的活动。按认证的范围分类，可以分为国家认证、区域性认证和国际认证；商品质量认证按照认证的性质分类可以分为安全认证和合格认证两类。世界上工业国家最早开展商品认证活动的是英国。我国质量认证工作始于1980年。商品质量认证促进了产品质量的提高；商品质量认证提高商品的信誉、提高了商品的竞争力；商品质量认证为商品提供了质量信息；减少社会重复检验评价费用。质量认证的主要类型有型式试验、型式试验加认证后监督——市场抽样检验、型式试验加认证后监督——工厂抽样检验、型式试验加认证后监督——市场和工厂抽样检验、型式试验加工厂质量体系评定加认证后监督——质量体系复查加工厂和市场抽样检验、工厂质量体系的评定、批检、百分之百检验。

企业商品质量认证合格，企业产品可以在商品或者包装上使用认证标志，国内商品质量认证标志主要有CCC中国强制性认证标志、食品包装CQC标志认证、有机食品认证标志和绿色食品标志。国际商品质量认证标志有UL认证标志、CE标志、GS标志、TUV标志、VDE标志、EMC认证标志、JIS标志和国际羊毛标志等。

把影响质量的技术、管理、人员和资源等因素都综合在一起，形成一个有机的整体，质量管理的各个过程以及每一过程所开展的活动都被看作组成质量管理体系的要素，这样相互关联、相互作用的在质量管理中起决定作用的一组要素称为质量管理体系。

强制性产品认证制度是各国政府为保护广大消费者人身和动植物生命安全、保护环境、保护国家安全，依照法律法规实施的一种产品合格评定制度，它要求产品必须符合国家标准和技术法规。强制性产品认证工作由国家认监委指定的认证机构负责认证工作的具体实施并对认证结果负责。

商品质量监督是根据国家的质量法规和商品质量标准，由国家指定的商品质量监督机构对生产和流通领域的商品和质量保证体系进行监督的活动。其目的是防止不合格品流入市场，维护国家和消费者利益。

R 课后阅读

众多食品认证标志如何辨别？

2007 年元月，我国又有 13 类食品实行市场准入制度。至此，全国共有 28 类食品进入流通领域必须加贴 QS 标志。

连日来，记者随同质监部门检查 QS 标志执行情况时，发现目前市场上食品认证标志众多，不少消费者被弄得“一头雾水”。

记者在超市看到，越来越多的认证标志出现在各类食品包装上，不光有 QS“质量安全”认证，还有 HACCP“食品安全管理体系”认证、绿色食品认证、有机食品认证、ISO 认证、GMP 认证等众多不同形式的认证。往往一项食品标有多个认证标志，不但消费者分辨不清，就连一些销售人员也“说不清”。

据了解，各式各样的认证，代表不同含义。

食品生产许可证是国家质检总局对于具备基本生产条件、能够保证食品质量安全的食品加工企业颁发的生产许可证，并需加印或加贴食品质量安全市场准入标志 QS 标志。

食品卫生许可证是由卫生行政部门对食品及相关产品的生产经营，进行审核合格后，颁发的认证。

无公害食品是农业行政部门对于能够按照相应生产技术标准生产的、符合通用食品卫生标准，并经认证的食品。

有机食品是由“有机食品认证中心”对于在生产加工中不使用化学农药、化肥、化学防腐剂和添加剂，也不用生物基因工程而被认定的食品。

绿色食品是由专门的认证机构对生态环境符合标准的产地，在生产加工过程中允许使用限量、限定的化学合成物质，并经绿色食品认证机构认定的食品。

HACCP 是一套保证食品安全的预防性管理系统和管理方式；GMP 则是“良好作业规范”，是一种特别注重在生产过程中实施对产品质量与卫生安全的自主性管理制度。

据介绍,除食品卫生许可证、食品生产许可证及QS标志是强制性的,其余则是企业自愿达标取得。

业内人士提醒消费者,除了解不同认证标志的含义外,还要注意辨别真伪。有的未获得认证的企业,在产品包装上打印"绿色无公害食品"字样,误导消费者;一些根本不具备市场准入条件的不法商家,甚至花钱印制各种认证标志贴在伪劣产品上。

2006年10月底,江岸岱山工商所在江岸区百步亭16号一米厂,发现百余吨无厂名、厂址及生产日期的糯米,包装袋上均印有QS质量安全标志和标准号。现场抽检发现,米堆里不单有糯米,还混有糙米,且出现受潮结块现象。

T 思考与练习

一、思考题

1. 区别商标上的食品认证。
2. 简述商品质量认证和质量体系认证的区别。
3. 简述产品质量国家免检制度对促进商品质量进步的作用。
4. 符合什么条件的产品可以获得国家质量监督免检资格?

二、练习题

(一)填空题

1. 产品质量认证是依据(　　),经认证机构确认并通过颁发认证证书和认证标志来证明某一产品符合相应标准和相应技术要求的活动。

2. 世界上工业国家最早开展商品认证活动的是(　　)。

3. 商品质量认证共有八种认证类型,其中以第(　　)种最完善,是国际标准化组织向各国推荐的认证制度,各个国家普遍采用。

4. 绿色食品标志图案下面一般都附绿色食品编号,编号中末位数字是1的是(　　)级绿色食品。

5. 2000版ISO 9000质量管理体系标准包含(　　)个核心标准。

(二)选择题

1. 国家对产品质量实行以抽查为主要方式的监督检查制度。在产品质量监督检查中,下列(　　)做法是正确的。

A. 抽查的样品在市场上随机抽取
B. 抽查的样品由产品质量监督部门与销售者共同确定
C. 抽查的样品在企业的成品仓库内随机抽取
D. 抽查的样品由产品质量监督部门与生产企业共同确定

2. 产品质量监督部门或者其他国家机关以及产品质量检验机构不得以对产品进行(　　)等方式参与产品经营活动。

A. 质量认证　　B. 推荐　　C. 监制　　D. 监销

3. 产品质量认证分为(　　)认证和合格认证。

A. 强制　　B. 推荐　　C. 自愿　　D. 安全

4. 下列(　　)行为属于产品质量法规定的禁止性行为。

A. 伪造或者冒用认证证明等质量标志

B. 伪造产地

C. 冒用他人的厂名或厂址

D. 产品质量合格但没有标明厂名厂址的

5. 国家实施产品质量监督检查判定产品质量的依据是(　　)。

A. 有关保障人体健康和人身财产安全的标准

B. 国家的质量法规

C. 企业明示采用的标准

D. 产品说明、实物样品等方式表明的质量状况

(三)判断题(正确打√,错误打×)

1. 产品质量监督部门在产品质量监督抽查中可以适当多抽取样品。(　　)

2. 产品质量监督部门在产品质量监督抽查中收取适量的检验费用。(　　)

3. 中国生产的商品上有"CCC"标志,说明该产品符合国家强制性标准。(　　)

4. 食品商品上印有"QS"标志,表明该产品符合国家食品质量标准。(　　)

5. ISO 9000 质量体系认证标志与我国的"CCC"标志一样,能够表明产品经过严格检验达到质量标准。(　　)

(四)案例分析

使用过期质量标志属"欺骗"行为

陈小姐日前在某大型超市购买了一瓶某大品牌威极生抽王,生产日期为2006年1月25日,当时她选购时就是因为看到该酱油瓶身标签上的三个质量认证标志:QS、中国名牌和国家免检,而放心地购买的,但回到家细看,却发现这瓶名牌酱油上面的三个质量认证标志,有两个已远远超过使用有效期。其中"QS"的有效期是至2006年1月8日;"国家免检"标志的有效期是2002年8月至2005年8月。已过期的质量认证标志,还能再使用?

原则上,"国家免检"标志有效期过了后,商家是不能再使用,而应重新申请,待有关部门批示后才可重新启用新的"国家免检"标志。以有效期至2005年8月的国家免检标志为例,由于新的国家免检产品名单是在2005年11月公布,因此,属于国家免检产品的企业,其旧标志只能使用到去年11月,11月之后应采用新的"国家免检"

标志,即采用有效期至2008年的新标志。

对于过期QS标志的管理目前国家尚没有相关条文,这是因为该标志是近几年才出现的,而今年1月8日才出现第一批QS有效期到期的商品。据透露,目前国家质检局已向各地质监部门收集意见以便制定相关管理法规,估计今年5月上旬将会出台,届时,对于过期QS如何使用和处置,将会有一个明确的指示。

三种违规使用质量认证标志的做法:

一是伪造或者冒用“QS”、“国家免检”标志;

二是使用过期标志,如有些产品可能是几年前曾获得国家免检资格,三年后在重新申请时未获通过,被取消国家免检资格了,但有些企业则打起擦边球,仍将该免检标志打在产品标签或广告宣传上,同时并不注明其有效期;

三是只是一个产品获得QS或国家免检资格,但该企业却将其生产的所有系列产品均打上“QS”或“国家免检”标志,以此混淆消费。

第六章 商品包装和装潢

本章知识目标

通过本章的学习学生应掌握以下知识：

1. 商品包装的概念、商品包装的功能、商品包装合理化；
2. 商品包装的分类、商品包装材料、商品包装技法；
3. 商品使用说明、商品包装标志；
4. 商品包装的装潢设计、色彩在装潢中的作用、商品包装装潢的设计原则。

本章能力目标

通过本章的学习学生应具备以下能力：

1. 结合实例说明商品包装的分类；
2. 通过实践，亲身体验如何做到商品包装的合理化；
3. 通过实践认识商品包装技法；
4. 结合实例了解商品包装标志；
5. 通过实践对商品包装装潢进行设计。

本章学习要求

本章将主要介绍有关商品包装的概念、功能、分类、材料、技法、标志和包装装潢等知识，通过学习，使学生对商品包装和装潢有个准确的认识。同时，要让学生知道合理的商品包装是随商品流通环境的变化、包装技术的进步而不断改进和发展的。合理的商品包装既要符合实际条件，又要满足消费者需要，实现最佳的经济效益和社会效益。

典案阅读

商品包装中的教训

我国传统的出口产品——18头莲花茶具,因包装问题让外商赚了一大笔钱。18头莲花茶具本身质量很好,但由于采用简易的瓦楞纸盒做包装,既容易破损,又不美观,既难以辨别是什么商品,又给人以低档廉价的感觉,所以销路一直不好。后来,一个精明的外商将该产品买走后,仅仅在原包装上加了一个精制的美术包装,系上了一条绸带,使商品显得高雅华贵,一时销路大开,身价陡增,销售价格由一套1.7英镑提高到一套8.99英镑。

人参是名贵的稀有药材,价格昂贵。但是在改革开放以前,我国的有关单位在出口人参时,像捆萝卜干似将人参捆扎起来,用麻袋或木箱(10kg)包装。可想而知,这种“稻草包珍珠”的包装方式,不能不让人对其商品的真实性表示怀疑,同时也极大地降低了人参的身价。在这种情况下,尽管价格很低,但是销路仍然不佳。在市场给我们上了一堂生动的“营销学”课程和外商赚取大笔利润后,我们的有关单位终于明智地改变了包装策略——采用小包装(一到两支),配上了绸缎锦盒,或使用木盒外套玻璃纸罩,这样的“装束”雅致大方,使人参的稀有名贵充分表现出来了。结果是不仅销路打开,而且每吨的售价比过去增加了2.3万元,使商品利润倍增。

四川人在销售其“拳头”产品榨菜时,一开始是用大坛子、大篓子将其商品卖给上海人;精明的上海人将榨菜倒装在小坛子后,出口日本;在销路不好的情况下,日本商人又将从上海进口的榨菜原封不动地卖给了香港商人;而爱动脑子、富于创新精神的香港商人,以块、片、丝的形式把榨菜分成真空小袋包装后,再返销日本。从榨菜的“旅行”过程中,不难看出各方商人都赚了钱,但是靠包装赚“大钱”的还是香港商人。

现在,我国的大多数企业虽然有了“货卖一张皮”的观念,在重视包装的保护功能的同时,也重视了包装的促销功能、增值功能,承认了包装这一“无声的推销员”的作用,但毕竟付出了沉重的代价和交了高额的“学费”。

点评:

一个好的产品要打入市场首先要有好的包装,而这种包装又必须能切合消费者的消费心理,这样才能使产品与消费者产生一种潜在的互动,从而为产品成功占有市场打好基础。

第一节　商品包装概述

商品包装是商品的重要组成部分，现在已经成为企业竞争的一个重要手段。商品包装具有两个基本属性：一是商品包装的商品性，二是商品包装的从属性。

一、商品包装的概念

商品包装是指在商品流通过程中为保护商品、方便储运和促进销售，按一定技术方法而采用的容器、材料和辅助材料等的总称。商品包装也指为了达到上述目的而在采用容器、材料和辅助材料的过程中，施加一定技术方法等的操作活动。因此，包装有两层含义：一指盛装商品的容器及其他包装用品，即包装物，如箱、桶和袋等；二是指产品盛装、包扎和装潢的操作过程，如装箱、灌瓶和装桶等。

包装材料、包装技法、包装结构造型和表面装潢构成了包装实体的四大因素，包装材料是包装的物质和技术基础，包装结构造型是包装材料和包装技术的具体形式。包装材料、技术、结构造型是通过画面和文字美化来宣传和介绍商品的主要手段。

小阅读

据统计，美国城市垃圾中来自包装行业的垃圾约占到35%以上，而日本的这个比例则高达45%，欧共体国家的包装垃圾也占到城市垃圾的30%～50%。我国至今尚没有这方面较为可靠的统计资料，但据估计至少也在15%以上，并且，这个比例值还在呈继续上升的势头。

二、商品包装的功能

1. 保护功能

保护功能是商品包装最基本的功能。商品从生产领域向消费领域转移的过程中，必然会经过多次不同情况、不同条件的空间移动、冲击或振动，以及如温度、湿度、微生物等外界因素的影响，如果包装不当，就会造成商品的破损、变形、霉变、腐烂、生锈和虫蛀等损失。而科学的包装能有效地保护商品的外观形态和内在品质，维护商品的使用价值。

2. 方便流通

商品包装为商品在流通领域的流转和消费领域的使用提供了便利。在流通领域,实施合理的包装,运用恰当的标志,可以方便运输、搬运、装卸、储存、分发、清点和销售,便于识别、开启和携带,方便使用和回收,可以提高商品物流各环节的适应性,使物流技术管理快捷、准确、可靠和便利。

3. 促进销售

商品包装特别是销售包装,是无声的推销员。良好精美的包装,能引起消费者的注意,唤起消费者的共鸣,激发消费者的购买欲望,促进商品的销售。包装的促销功能是由于包装具有传达信息功能,表现商品功能和美化商品功能引起的。传达信息功能主要是通过包装上的文字说明,向消费者介绍商品的名称、品牌、产地、成分、功用、使用方法和产品标准等信息,起到宣传商品、指导消费的作用。表现商品功能主要是通过包装上的图案、照片及透明包装所显露的商品实物,把商品的全貌展示出来,以给消费者良好的感觉印象。包装的美化功能是通过整个包装的装潢设计,造型安排,突出商品的性能和品质,美化商品。随着市场经济的发展,包装的促销功能越来越被人们重视,得到了不断的开发和运用。

4. 容纳和成组化功能

容纳也是商品包装的基本功能。许多商品,如气体、液体、粉状商品以及许多食品和药品,如果没有包装就无法运输、储存、携带和使用。

成组化功能是容纳功能的延伸。它是把许多个体或个别的包装物统一加以包装,例如一些瓶装饮料商品 24 瓶为一箱。成组的容纳有利于商品运输、保管和销售,并能减少商品流通的费用。

5. 传递信息的功能

商品包装上标有商标、商品名称、品种、规格、产地、成分、功能及使用说明等有关商品的信息,一些消费品上还标有建议零售价格,从而起到介绍商品、宣传商品的功能,尤其是在超级市场中,包装已起到无声推销员的作用。

6. 便利和复用功能

包装的便利功能是指商品的包装为商品的空间移动及消费者的携带使用提供了方便条件,如方便运输、搬运,方便展销陈列,方便携带、使用,方便处理。例如,各种便携式结构、易开启结构和气压式喷雾结构等,虽然它们价格提高了许多,但仍受到市场的欢迎。

包装的复用功能是指包装商品的任务完成时,包装物还可以直接再利用,如一些包装,其包装功能完成后可以用来做储存罐,不仅扩大了包装的用途,而且能长期发挥广告的宣传效用。

7. 卫生与环保功能

包装的卫生功能是指包装要能保证商品卫生性能，尤其是用于食品、药品、化妆品的包装，包括两方面内容：一是包装能阻隔各种不卫生因素，如灰尘、病菌对内装物的污染；二是包装材料本身在与内装物接触时不污染商品。

包装的环保功能是指包装对环境的影响，主要包括两个方面内容：一是包装废弃物能回收再利用；二是如果不能再利用，包装废弃物在大自然中能自然降解。例如，1t 废纸可回收再利用 0.75t，即使没有回收回来的，在自然界也能被微生物分解，所以，纸材料属于绿色包装材料。

在关税税率不断降低，非关税壁垒不断强化的今天，包装的卫生与环保功能在对外贸易中已成为许多国家保护本国市场的重要手段。

8. 提高商品附加值功能

包装是商品的“改良”，不仅保护商品，而且通过优美的造型、色彩、图案和合理的定位来美化商品，把物质的东西和文化的、精神的内涵结合起来。通过包装表现出来的商品，不仅满足人们的物质需要，同时，满足人们的精神需要；不仅提高了商品的竞争力，增加了企业利润，同时也有利于对外贸易的发展和国家的声誉。

在以上八项功能中，前三项功能，即保护功能、方便流通和促进销售是商品包装的基本功能。

三、商品包装合理化

商品包装合理化是包装作用能否正常发挥的前提条件。合理的商品包装是随商品流通环境的变化、包装技术的进步而不断改进和发展的。包装既要符合国情，又要满足消费者需要，并取得最佳的经济和社会效益。一般而言，合理的商品包装，应符合以下要求。

1. 商品包装应适应商品特性

商品包装必须根据商品的特性，分别采用相应的材料与技术，使包装完全符合商品理化性质的要求。

2. 商品包装应适应运输条件

要确保商品在流通过程中的安全，商品包装应具有一定的强度，坚实、牢固和耐用。对于不同运输方式和运输工具，还应有选择地利用相应的包装容器和技术处理。总之，整个包装要适应流通领域中的储存运输条件和强度要求。

3. 商品包装要“适量、适度”

对于销售包装而言，包装容器大小应与内装商品相宜，包装费用应与内装商品相吻合，预留空间过大、包装费用占商品总价值比例过高，都是有损消费者利益，误导消费者的“过分包装”。

4.商品包装应标准化、通用化和系列化

商品包装必须推行标准化,即对商品包装的包装容(重)量、包装材料、结构造型、规格尺寸、印刷标志、名词术语和封装方法等加以统一规定,逐步形成系列化和通用化,以便有利于包装容器的生产,提高包装生产效率,简化包装容器的规格,节约原材料,降低成本,易于识别和计量,有利于保证包装质量和商品安全。

5.商品包装要做到绿色、环保

商品包装的绿色、环保要求要从两个方面认识:首先,材料、容器和技术本身对商品、对消费者而言,是安全和卫生的。其次,包装的技法、材料容器等对环境而言,是安全和绿色的。在选材和制作上,遵循可持续发展原则,节能、低耗、高功能和防污染,可以持续性回收利用,或废弃之后能安全降解。

商品包装在某种程度上能综合地反映一个国家的科技水平、工业水平以及文化艺术水平,同时还关系到国家和民族的声誉。出口商品销售对象是不同国家、不同民族和不同文化背景下的消费者,因此,设计出口商品包装时,不仅要使其具备商品包装的基本条件,同时还要适应这些国家、民族的文化差异,不仅要起到保护商品、方便运输的作用,而且要引起消费者的购买欲望,增强商品的国际竞争力。

四、商品包装的分类

包装类型很多,按包装在流通领域中的作用、包装使用次数、包装适用性、包装耐压程度和包装制造材料可做如下分类。

1.按包装在流通领域中的作用分类

(1)销售包装。销售包装亦称商品的内包装,指能与商品配装成一个整体,随同商品一同出售,并能适应人们复杂的消费需要,在人们的消费行为中发挥效用。

(2)运输包装。运输包装也称商品的外包装,其作用是保护商品,方便运输、装卸和储存。常见的运输包装有木箱、纸箱、铁桶、竹篓、柳条筐、集装箱、集装袋及托盘等。

2.按包装使用次数分类

(1)一次使用包装。

(2)多次使用包装。要求包装坚固,可再次使用。

3.按包装适用性分类

(1)专用包装。具有特定使用范围,例如,盛装硝酸、硫酸的专用陶瓷包装,盛放鸡蛋用的纸格箱包装都称为专用包装。

(2)通用包装。适应性强,使用范围广的商品包装称为通用包装,如木箱、麻袋等。

4.按包装耐压程度分类

(1)硬质包装。如木箱、木桶、铁箱和铁桶,耐压性较强的包装均属于硬质包装。

(2)半硬质包装。如纸板箱、竹篓和柳条筐等均属于半硬质包装。

(3)软质包装。如麻袋、布袋和纸袋,耐压力差的包装等均属于软质包装。

5. 按包装制造材料分类

包装制造材料主要包括纸制品、纺织制品、木制品、塑料制品、金属制品、玻璃制品、陶瓷制品、复合材料制品和草类编制品等包装。

小阅读

在欧美一些森林资源较为丰富的国家,纸制品在包装材料中占据的比例较大,大约为40%左右。这是由于纸制品有着易于被降解、易印刷等优点。但在我国,更应当着眼于发展玻璃制品来作为包装材料,玻璃制品材料来源丰富,易于回收重复使用,对环境无污染,并且因为化学稳定性好而卫生。

为什么我国不着重发展纸制品作为包装材料?

第二节　商品包装材料和技法

商品包装材料有很多种,选择什么包装材料要根据实际情况决定,选择合适的包装材料也是消除国际贸易"绿色壁垒"的有效手段之一,不能对环境和人类的健康造成危害。先进的工艺是保证能否制得效果良好的包装产品的重要保证。

一、商品包装材料

常用的包装材料有纸、塑料、木材、金属和玻璃等。使用最为广泛的是纸及各种纸制品,其次是塑料、木材。随着社会经济发展和国内外对环境保护日益重视,以纸代木、以纸代塑的绿色包装已势在必行,纸质包装逐步向中高档、低量化方向发展。

1. 纸和纸板

纸和纸板是支柱性的包装材料,应用范围十分广泛,纸和纸板是按定量(单位面积的质量)或厚度来区分的。凡定量在 $250g/m^2$ 以下或厚度在 0.1mm 以下称为纸,在此以上的称为纸板。由于纸无法形成固定形状的容器,常用来做裹包衬垫和口袋,而纸板常用来制成各种包装容器。包装纸主要有:纸袋纸、牛皮纸、中性包装纸、普通食品包装纸、鸡皮纸、半透明玻璃纸和玻璃纸、有光纸、防潮纸、防锈纸和铜版纸等。包装纸板主要有:箱纸板、牛皮箱纸板、草纸板、单面白纸板、茶纸板、灰纸板和瓦楞纸板等。

2. 塑料

塑料是一类多性能、多品种的合成材料，具有物理性能优越、化学稳定性好、轻便和易加工成形的特点。但塑料作为包装材料，强度不如钢铁，耐热性不如玻璃，易老化，易产生静电。包装常用塑料有聚乙烯、聚丙烯、聚氯乙烯、聚苯乙烯和聚酯等，可制成瓶、杯、盘和盒等容器，聚苯乙烯还大量地用来制造包装用泡沫缓冲材料。

3. 木质材料

木质材料是传统的运输包装材料，包括天然木材和人造板材，具有特殊的耐压、耐冲击性能，加工方便，是大型和重型商品运输包装的重要材料。人造板材有胶合板和纤维板两种。

常用的木制包装容器有木箱(包括胶合板箱和纤维板箱)、木桶(包括木板桶、胶合板桶和纤维板桶)等。

4. 金属材料

包装用金属材料主要是指钢板、铝材及其合金材料，其形式有薄板和金属箔，品种有薄钢板(黑铁皮)、镀锌薄钢板(白铁皮)、镀锡薄钢板(马口铁)、镀铬薄钢板、铝合金薄板和铝箔等。金属材料牢固结实；密封性、阻隔性好；延展性强，易加工成形；金属表面有特殊的光泽，便于进行表面装潢。但金属材料成本高，生产能耗大，化学稳定性差，易锈蚀，所以金属材料包装的应用受到限制。

5. 玻璃

玻璃是以硅酸盐为主要成分的无机性材料，其特点是透明、清洁和美观，有良好的机械性能和化学稳定性，价格便宜，可多次周转使用。但玻璃耐冲击性低，自身质量大，运输成本高，限制了其在包装上的应用。玻璃包装容器常见的有：玻璃瓶、玻璃罐和玻璃缸等，主要应用于酒类、饮料、罐头食品、调味品、药品和化学试剂等商品。此外，也可制造大型运输包装容器，存装强酸类产品。

6. 复合包装材料

复合包装材料是将两种或两种以上的材料紧密复合在一起而制成的包装材料。塑料与纸、塑料与铝箔、塑料与玻璃、纸与金属箔都可制成复合材料。复合材料兼有不同材料的优良性能，使包装材料具有更加良好的机械性能、气密性、防水、防油、耐热或耐寒性，是现代包装材料的一个发展方向，特别适用于休闲食品、复杂调味品、冷冻食品等食品商品的包装。

7. 纤维织物

纤维织物可以制成布袋、麻袋和布包等，具有牢度适宜、轻巧，使用方便、易清洗，便于回收利用等特点，适用于盛装粮食及其制品、食盐、食糖、农副产品、化肥、化工原料及中药材。

8. **其他材料**

毛竹、水竹等竹类材料可以编制各种竹制容器，如竹筐、竹箱、竹笼、竹篮、竹盒和竹瓶等包装容器。水草、蒲草和稻草等可编织席、包和草袋，是价格便宜的、一次性使用的包装用材料。柳条、桑条、槐条及其他野生藤类，可用于编织各种筐、篓、箱和篮等。陶瓷可制成缸、坛、砂锅、罐和瓶等容器。另外，棕榈、贝壳、椰壳和麦秆等也可用于制作各种特殊形式的销售包装。

小阅读

美国田纳西的冰点心生产公司梅费尔德乳制品农庄公司，为了产品远销到迈阿密等城市，决定采用对内容物保护性能高的包装材料，即 Rock—Term 公司生产的"千年纸板纸"。此材料是再生纸，取代了历来使用的格兰码固体无漂白纸。

二、商品包装技法

商品包装技法包括商品包装技术和商品包装防护方法两部分。

1. **商品包装技术概述**

商品包装技术主要是指为了防止商品在流通领域发生数量损失和质量变化而采取的抵抗内、外影响质量变化因素的各种技术措施。环境是造成商品质量变化的外部因素，主要有气候条件、生物条件、化学物质和机械条件。气候条件包括温度、气压、阳光、湿度和各种气候现象等；生物条件包括微生物、害虫、鼠类和蚁类等；化学物质包括大气污染中的硫化物、有机物和氧化物等；机械条件包括振动、冲击、静负载和动负载等。

商品本身的自然属性是商品发生质量变化的内部因素，可分为物理、化学和生物等因素。物理因素包括商品结构的机械强度，允许承受机械外力的耐热、耐寒能力等；化学因素包括抗氧化、抗腐蚀、抗老化和耐水性等；生物因素包括抗生物侵蚀、防鲜活商品的生理生化变化等。

2. **常见的包装防护方法**

(1)防振包装

防振包装又称缓冲包装，是为了保护商品的性能和形状，防止商品在流通过程中受到冲击和振动的破坏，采取一定防护措施的包装技术。防振包装设计是要选择适当的缓冲材料与包装结构，使商品在运输、搬运过程中传递到商品上的冲击力、振动力不至于超过商品自身的强度。为此，首先要了解环境条件的各项参数，如冲击加速度、振动幅度和频率等;其次还要了解商品本身的脆值或易损度、抗破坏性能等,然后确定包装的整体结构和缓冲材料的种类、形式和厚度。包装的防振性能可以通过垂直冲击跌落试验、滚动试验和振动试验来检验。

常用的缓冲技法有防振衬垫、现场发泡、弹簧吊装和机械固定。

(2)防锈包装

防锈包装是防止金属制品与周围介质发生化学腐蚀和电化学腐蚀而采用一定防护措施的包装。

防锈包装的方法很多,常见的技法有对金属制品表面进行防锈处理、延缓锈蚀过程、阻断有害介质与金属的接触。

(3)防潮包装

防潮包装是为了防止潮气侵入包装的措施。空气中的水汽量超过一定限度时,会引起商品溶化、水解、霉变、腐烂、虫害和锈蚀等多种质量变化。包装的防潮性就是为了防止包装外部的高湿度向包装内的低湿度扩散。

(4)防霉包装

防霉包装是防止商品霉变而采取一定措施的包装。霉菌以孢子繁殖,当孢子落在商品或包装上,遇到适宜的温、湿度条件,孢子就会生长发霉,并吸收商品或包装中的有机物作为营养物,使商品结构受到破坏,产生霉变、变色等质量变化。

(5)充气包装与真空包装

充气包装是将商品置于气密性包装容器中,用氮、二氧化碳等不活泼气体置换容器中原有空气的一种包装方法。这种包装多用于水果、蔬菜等鲜活商品包装。采用充气包装可以改变包装容器内的气体组成成分,降低氧气浓度,抑制微生物的生理活动、酶的活性和鲜活商品的呼吸强度,达到防霉、防腐和保鲜的目的。

真空包装是将商品置于气密性包装容器中,在容器封口之前抽真空,使密封后的容器内基本没有空气的一种包装方法。这种方法多用于食品包装,如鲜肉、鲜鱼和鲜肉肠等生鲜易腐性食品。由于包装容器内基本没有空气,就阻止了氧气与食品、微生物接触,限制了好氧微生物的生长繁殖,所以在一定的储藏期内不会发霉、腐烂和变质。对羽绒制品采用真空包装体积压缩 80%~90%,节省空间。

(6)贴体包装与收缩包装

贴体包装是将物品放在包装底板上,再把透明可以加热的塑料薄膜盖在物品上。从底板背面抽真空,使薄膜与包装物紧贴并热黏合。贴体包装可以很好地保护商品,便于展销,多用于易碎日用器皿、玩具和小五金等商品的销售包装。

收缩包装是用一种具有热收缩性能的塑料薄膜(经过拉伸冷却工艺)包装商品,

送入加热室加热，冷却后薄膜按一定比例收缩，紧紧裹住被包装物。收缩包装广泛用于日用工业品、纺织品、小五金及食品的包装。其特点是用于销售包装时，使商品型体突出，密封性好，有利于销售。

第三节　商品包装标志

商品使用说明是通过商品说明书载体实现的。包装标志便于识别商品，便于运输、仓储等部门工作和收货人收货，对保证安全储运，减少运转差错，加速商品流通有重要作用。

一、商品使用说明

商品使用说明是通过商品说明书载体实现的。商品说明书，也叫"产品说明书"或"使用说明书"，它是关于商品的构造、性能、规格、用途、使用方法和维修保养等的文字说明，大体分内容简短的使用说明书和内容较全面的商品说明书。

1. 商品使用说明书的特点

商品使用说明书的特点是：内容的科学性、说明的条理性、样式的多样化、语言的通俗性和图文的广告性。根据实际需要对以下各项有选择地或侧重地进行说明。

(1)商品概况。包括商品名称、规格、成分、产地、性质、性能和特点等。

(2)使用方法。有的配合插图说明各部件名称、操作方法及使用注意事项。

(3)保养与维修。配合图表，说明保养、排除一般故障和具体维修方法。

(4)商品成套明细。只有成套商品才列此项，主要说明成套商品的名称和数量。

(5)附属备件及工具。

(6)附"用户意见书"或"系列商品订货单"。

2. 商品使用说明书的写作

商品使用说明书的写作，一般分标题和正文两大部分。内容复杂的说明书，可印成折子、书本等样式。因此有封面、目录、前言、正文和封底等部分。书本式在机电产品及成套设备出口中，被普遍应用。

(1)封面。一般有"说明书"字样和厂名，有的还印有商标、规格型号、商品标准名称和图样，如要增强顾客的印象，还可配有商品彩照、图样和表格。封面的标题，要求鲜明醒目。

(2)前言。前言的形式有的采用书信式，而更多的是采用概述式的短文。

(3)正文。这是商品说明书的主要部分。一般是对商品的性能、规格、使用和注意事项进行具体的说明。

(4)封底。为方便用户联系，一般封底上注明厂址、含国家地区代号的电话号码和电报挂号等。

3. 商品使用说明书的要求

(1)必须明确说明介绍的对象。

(2)说明和介绍必须实事求是。

(3)文字要简练，数字要准确。

(4)以条文的方式出现较好。

(5)辅之以图解。

4. 商品使用说明书的注意事项

(1)好的说明书应起到指导消费的作用，但有些说明书却未能做到这一点，如介绍使用方法太简单，或不得要领，有的把功效写得很笼统。

(2)说明商品，应把重要的、关键的内容告诉消费者，但有些商品介绍只是泛泛而谈，未能在关键、重点问题上多加笔墨。

(3)用词不恰当，常因语义含混而影响表达效果。

(4)商品说明书要求行文简洁，但不少说明书唯恐用户不明白，不厌其烦，赘赘而谈，语句重复。

(5)食品不标明出厂日期或保质期。这种商品，顾客会因疑其过期而不购买，影响商品销售。

二、商品包装标志

商品包装标志主要是指商品运输包装标志，是指按规定在包装上印刷、粘贴、书写的文字和数字、图形以及特定记号和说明事项等。包装标志便于识别商品，便于运输、仓储等部门工作和收货人收货，对保证安全储运，减少运转差错，加速商品流通有重要作用。运输包装标志可分为收发货标志、包装储运图示标志和危险货物包装标志等。

1. 收发货标志

商品运输的收发货标志是指在运输过程中识别货物的标志，也是一般贸易合同、发货单据和运输保险文件中记载的有关标志事项的基本部分。

发货标志，又称唛头，通常由一个简单的几何图形和一些字母、数字及简单的文字组成，它不仅是运输过程中辨认货物的根据，而且是一般贸易合同、发货单据和运输、保险文件中记载有关标志的基本部分。

收发货标志的具体要求在国家标准《运输包装收发货标志》(GB 6388—86)均有

明确规定，见表 6-1。

运输包装收发货标志内容

表 6-1

序号	项目			含义
	代号	中文	英文	
1	FL	商品分类图形标志	CLASSIFICATION MARKS	表明商品类别的特定符号
2	GH	供货号	CONTRACT No.	供应该批货物的供货清单号码（出口商品用合同号码）
3	HH	货号	ART No.	商品顺序编号，以便出入库、收发货登记和核定商品价格
4	PG	品名、规格	SPECIFICATIONS	商品名称或代号，标明单一商品的规格、型号、尺寸和花色等
5	SL	数量	QUANTITY	包装容器内含商品的数量
6	ZL	重量	GROSS WT NET WT	包装件的重量（千克），包括毛重和净重
7	CQ	生产日期	DATE of PRODUCTION	产品生产的年、月、日
8	CC	生产工厂	MANUFACTURER	生产该产品的工厂名称
9	TJ	体积	VOLUME	包装件的外径尺寸，长×宽×高＝体积
10	XQ	有效期限	TERM of VALIDITY	商品有效期至某年某月
11	SH	收货地点和单位	PLACE of DESTINATION and CONSIGNEE	货物到达站、港和某单位（人）收（可用标签或涂写）
12	FH	发货单位	CONSIGNOR	发货单位或人
13	YH	运输号码	SHIPPING No.	运输单号码
14	JS	发货件数	SHIPPING PIECES	发运的货物件数

2. 包装储运图示标志

包装储运图示标志是根据不同商品对物流环境的适应能力，用醒目简洁的图形和文字标明在装卸运输及储存过程中应注意的事项。国家标准《包装储运图示标志》(GB 191—2000)规定，见表 6-2。

包装储运图示标志 表 6-2

序号	标志名称	标 志 图 形	含 义
1	易碎物品		运输包装件内装易碎品，因此搬运时应小心轻放
2	禁用手钩		搬运运输包装件时禁用手钩
3	向上		表明运输包装件的正确位置是竖直向上
4	怕晒	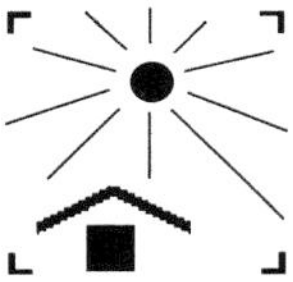	表明运输包装件不能直接照晒
5	怕辐射		包装物品一旦受辐射便会完全变质或损坏
6	怕雨		包装件怕雨淋
7	重心		表明一个单元货物的重心
8	禁止翻滚		不能翻滚运输包装

续上表

序号	标志名称	标 志 图 形	含 义
9	此面禁用手推车	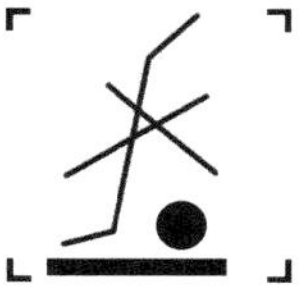	搬运货物时此面禁放手推车
10	禁用叉车		不能用升降叉车搬运的包装件
11	由此夹起	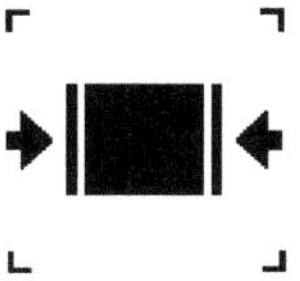	表明装运货物时夹钳放置的位置
12	此处不能卡夹	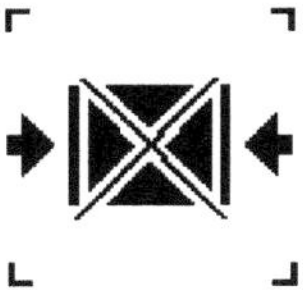	表明装卸货物时此处不能用夹钳夹持
13	堆码重量极限	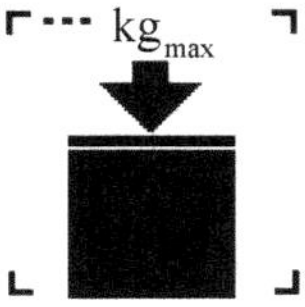	表明该运输包装件所能承受的最大重量极限
14	堆码层数极限	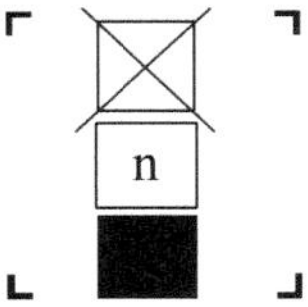	相同包装的最大堆码层数，*n* 表示层数极限
15	禁止堆码	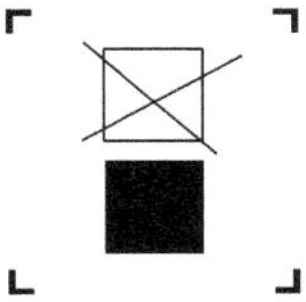	该包装件不能堆码并且其上也不能放置其他负载
16	由此吊起	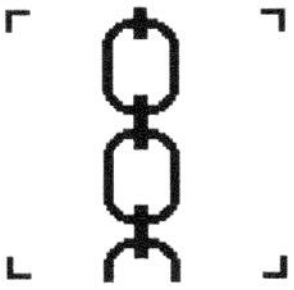	起吊货物时挂链条的位置

续上表

序号	标志名称	标 志 图 形	含 义
17	温度极限	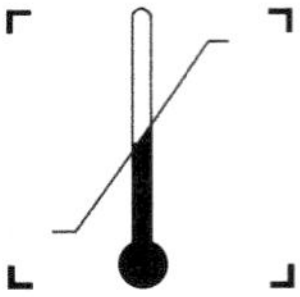	表明运输包装件应该保持的温度极限

3. 危险货物包装标志

危险货物包装标志是对易燃、易爆、易腐、有毒和放射性等危险性商品，为起警示作用，在运输包装上加印的特殊标记，也是以文字与图形构成。参照国家标准《危险货物包装标志》(GB 190—1990)，危险货物包装标志的图形、适用范围、颜色、尺寸和使用方法均有明确规定，见表6-3。标志的图形共21种、19个名称，其图形分别标示了9类危险货物的主要特性。

危险货物包装标志 表6-3

标志号	标 志 名 称	标 志 图 形	对应的危险货物类项号
标志1	爆炸品	(符号:黑色;底色:橙红色)	1.1 1.2 1.3
标志2	爆炸品	(符号:黑色;底色:橙红色)	1.4
标志3	爆炸品	(符号:黑色;底色:橙红色)	1.5
标志4	易燃气体	(符号:黑色或白色;底色:正红色)	2.1
标志5	不燃气体	(符号:黑色或白色;底色:绿色)	2.2

续上表

标志号	标志名称	标志图形	对应的危险货物类项号
标志 6	有毒气体	（符号：黑色；底色：白色）	2.3
标志 7	易燃液体	（符号：黑色或白色；底色：正红色）	3
标志 8	易燃固体	（符号：黑色；底色：白色红条）	4.1
标志 9	自燃物品	（符号：黑色；底色：上白下红）	4.2
标志 10	遇湿易燃物品	（符号：黑色或白色；底色：蓝色）	4.3
标志 11	氧化剂	（符号：黑色；底色：柠檬黄色）	5.1
标志 12	有机过氧化物	（符号：黑色；底色：柠檬黄色）	5.2

续上表

标志号	标 志 名 称	标 志 图 形	对应的危险货物类项号
标志 13	剧毒品	(符号:黑色;底色:白色)	6.1
标志 14	有毒品	(符号:黑色;底色:白色)	6.1
标志 15	有害品(远离食品)	(符号:黑色;底色:白色)	6.1
标志 16	感染性物品	(符号:黑色;底色:白色)	6.2
标志 17	一级放射性物品	(符号:黑色;底色:白色,附一条红竖条)	7
标志 18	二级放射性物品	(符号:黑色;底色:上黄下白,附两条红竖条)	7
标志 19	三级放射性物品	(符号:黑色;底色:上黄下白,附三条红竖条)	7
标志 20	腐蚀品	(符号:上黑下白;底色:上白下黑)	8

续上表

标志号	标志名称	标志图形	对应的危险货物类项号
标志 21	杂类	 (符号:黑色;底色:白色)	9

第四节　商品包装装潢

包装物是商品包装装潢的载体,包装物和包装装潢是不可分的统一体,共同体现商品包装保护商品、美化商品的功能作用。

一、商品包装的装潢设计

商品包装装潢是对商品包装的装饰,包括对包装形体结构、图案设计和文字说明的整体设计的艺术表现和制造。包装物是商品包装装潢的载体,包装物和包装装潢是不可分的统一体,共同体现商品包装保护商品、美化商品的功能作用。

1. 商品包装装潢的概念和要求

(1)商品包装装潢的概念

商品包装装潢是根据商品特性和销售对象,设计包装容器的造型结构、外表画面及文字说明,对商品进行科学的包装并力求装饰和美化,便于商品的运输、储存、市场陈列展销、消费者使用和携带等。包装装潢是商品的重要组成部分,也是商品质量的一个方面,一个好的包装装潢,能够给人以美的感受,使之增加对商品的了解和对商品的购买兴趣。

(2)商品包装装潢的设计要求

①整体处理。在整体处理的包装设计时,要注意装运托盘的安全、数量和体积需要。在选择包装大小时应注意产地和销地市场要求的衔接。为稳定托盘负荷,应在整体包装上设计有堆叠拉手等。

②包装标准化。包装标准化是物流活动的基本内容。包装的规格适应“托盘”装卸。所谓“公制托盘”,即指托盘规格为长×宽=1 200mm×1 000mm,也有1 219mm×1 016mm 规格的,产品包装大小规格建议为 600mm×400mm、500mm×400mm、500mm×300mm 和 400mm×300mm。包装标准化在实际应用中,目前仍有不少困难和问题,但这是一个有潜力的领域。

③适合于各种环境条件的需要。包装遇到各种情况必须仍能保持良好状态,因

此,包装物必须经特殊防潮湿处理或加强瓦楞板强度,以免包装损坏。

④销售和重复使用、便于检验。套筒式瓦楞包装除去盖后即可接受检查。

⑤包装物处置和重复使用。近年来有关包装物使用后处置的问题越来越严重。焚化处理只限于大多数城市区域。处置方式有多种,可根据包装物料的性质而定,如重复使用、重复改造和填土处理。某些木包装可重复改造后使用,瓦楞纤维板包装可重复循环使用,塑料泡沫包装材料很少循环利用。塑料或泡沫包装和曾用塑料涂被或重蜡处理过的瓦楞纤维板包装,已成为主要的城市环境污染源。

因此,应制造可折叠、可回收的包装,以便重复使用,并应形成全国性或区域性网络来进行收集、复原、清洁和回收,加速推进包装无公害化进程。

2. 商品包装装潢的设计内容

(1)商品包装装潢的设计方案

商品包装装潢设计方案,从广义上讲包括两个部分,即包装设计和装潢设计。由于包装和装潢是统一体,因此,包装设计和装潢设计必须同时进行。包装装潢设计方案是包装装潢设计的基础。包装装潢是一种实用装饰技术,是表现商品、传达商品信息的载体。包装装潢设计方案则是实现表现商品、传达商品信息的设计构想,即装潢设计定位,或者说是装潢设计的目的。

装潢设计必须在三方面定位,即品牌定位、产品定位和消费者定位。

①品牌定位

商品的品牌或商标是商品生产厂家的标示,是商品的代号,是商品形象的塑造。经注册后的品牌或商标,受法律保护,享有专利权。商品品牌或商标不仅表现产品质量水平,而且代表企业信誉和形象。商品的品牌或商标是商品信息的重要内容之一,因此,装潢设计定位首先是品牌定位。品牌定位包括生产厂家、产品命名和产品牌号的选定,包装标志、造型、图案、文字、色彩的选定和辨认等都有基本定位。

②产品定位

产品定位是通过包装直接告诉消费者包装的是什么产品,产品的品质特性、功能用途、使用保管方法是什么,使消费者看到包装便想到商品,是为"卖"进行设计的。对不同种类、不同特点和使用功能不同的产品,产品定位的表现方法也是不同的。

③消费者定位

商品生产是为"卖"而生产,商品包装装潢是为了更好地"卖"对商品包装进行的装饰。这种包装装饰要根据商品的功能用途,对消费者要有针对性。消费者定位包括消费对象的年龄、性别、职业、生活方式、风俗习惯和宗教信仰等,也包括消费区域对象的民族风俗、地理环境和气候条件等。特别是出口商品的包装装潢的设计更要根据国别的不同,对色彩、动植物等爱好、禁忌的东西慎重选定图案。

(2)商品包装装潢的造型结构设计

要求从力学角度出发,设计出科学的结构,既保证容器的强度,又合理利用包装材料，降低包装成本，并根据包装在商品流通中所起的主要作用不同，设计不同的造型结构。

①适合于陈列、便于识别商品的包装造型

挂式造型包装，它是适应自选销售的方式发展起来的，能充分利用货架的空间陈列展销商品。目前在服装行业被广泛应用。

展开式造型包装，又可细分为不同种类。其中有一种摇盖盒式，造型很别致，盒盖打开后，按设计好的折线翻转，并把盒舌插入盒内，则盒盖表面图案清晰可见，形成一小型宣传广告牌，具有良好的陈列和装饰效果。

堆叠式造型包装，是便于商品在货架上堆叠陈列节省货位的包装，不同包装之间的上下有相互咬合的装置，可以堆叠陈列。

透明包装有全透明和部分透明。开窗包装所开天窗也有大小之分，它们均能使消费者直接看清包装容器之内的商品。

惯用造型包装，是指这种商品的销售包装的造型已约定俗成，成了标明内装商品种类的标志，消费者一见到这种造型，就知道是何种商品。如牙膏用软管包装，鱼类罐头用椭圆形金属盒包装等。

②便于消费者携带和使用的包装

这类包装造型的容器现在越来越多，越来越合理。主要有各种便携式、各种易开式和喷雾式等。此外，还有配套包装、礼品包装和复用包装等多种使用功能的包装形式。

(3)商品包装装潢的表面设计

①包装装潢中的图案、文字与色彩

包装装潢图案可采用照片、漫画、装饰纹样和浮雕等形式表现。装潢图案能使人产生触景生情的种种联想，达到充分表现商品特征的目的。图案表现方法有三种：写实、抽象和象征表现法。包装装潢画面中的照片、绘画、装饰纹样及浮雕等形式，都称为包装画面图案。包装装潢画面图案设计的表现手法可分为写实、抽象、夸张和概括的设计手法包装及广告式包装等。

文字是包装装潢画面设计的重要组成部分，它是采用视觉方式最直观地传递商品信息的方法。包装装潢上的文字分主体文字和说明文字两种，主体文字是用以表示商品品牌、品名的标题字，是装潢画面的主体部分。主体文字设计应从各个方面，如文字、字体的选择、画面面积、位置、色彩和明暗程度等，在画面中占有优势地位，表现出突出的视觉效果。说明文字是用来说明商品的规格、品种、成分、产地、用途和使用方法等，它的作用是宣传商品、指导消费。说明文字不需要任何艺术加工，要求字体端正、规范和易于阅读识别，各种单位、术语要符合有关法规。

色彩是装潢画面中最富吸引力、诱惑力的无声语言，也是最富表现力、影响力的艺术表现方法。色彩直接影响包装装潢的整体效果。最新研究表明，消费者对物体的感觉首先是色，其后才是形。在最初接触商品的 20s 内，人的色感占 80%，形感为 20%。

②各种标志性的图文符号

商品销售包装作为一种载体，承载着对内装商品身份、身价和质量等有说明作用的各种图文符号。这些图文符号是在总体设计时应纳入装潢总画面之中的不可或缺的重要内容。它们主要是商标、商品条码、商品质量标志（合格标志、认证标志和商检标志）、各种识别标志和使用指导操作标志等。在国际贸易中，由于各国国情不同，文化差异的存在，对商品的包装材料、结构、图案及文字标志等要求不同。了解这些规定，对我国外贸出口大有裨益。如澳大利亚防疫局规定，凡用木箱包装（包括托盘木料）的货物进口时，均需提供熏蒸证明；法国人视鲜艳色彩为高贵，鲜艳色彩备受欢迎，视马为勇敢的象征，忌核桃，厌恶墨绿色，忌用黑桃图案，商标上忌用菊花，法国视孔雀为恶鸟，忌讳仙鹤、乌龟，不宜用作商标；沙特阿拉伯港口规定，凡运往该港的袋装货物，每袋重量均不得超过 50kg，否则不提供包储便利，除非这些袋装货物附有托盘或具有可供机械提货和卸货的悬吊装置；美国食品药物局规定所有医疗、健身及美容药品都要具备能防止掺假、掺毒等防污能力的包装；加拿大政府规定销往香港的食品标签，必须用中文，但食品名称及成分，须同时用英文注明等。

小 阅 读

美国规定，为防止植物病虫害的传播，禁止使用稻草作包装材料，如被海关发现，必须当场销毁，并支付由此产生的一切费用。新西兰农渔部农业检疫所规定，进口商品包装严禁使用以下材料：土壤、泥灰、干草、稻草、麦草、谷壳或糠、生苔物、用过的旧麻袋及其他废料。菲律宾卫生部和海关规定，凡进口的货物禁止用麻袋和麻袋制品及稻草、草席等材料包装。澳大利亚防疫局规定，凡用木箱包装（包括托盘木料）的货物进口时，均需提供熏蒸证明。

二、色彩在装潢中的作用

色彩是装潢画面中最富吸引力、记忆力和诱惑力的无声语言，也是最富表现力、影响力的艺术表现方法。色彩直接影响包装装潢的效果。

1. 形象地突出商品特性的设计

用色彩突出商品特性，是商品包装装潢最佳效果之一。装潢的图案、文字及底色都需要配色，以形象的色彩直观地表现商品特色，达到美的效果。如用暖色设计参茸补酒，象征温和大补之功；用蓝、白设计食品，象征清洁卫生；用粉红色、玫瑰色设计化妆品，象征富贵高雅；用红、蓝、黑设计五金、机械，象征坚实、精密和耐用等。

2. 运用色彩作用设计

色彩对人的感应作用是极其复杂的，可以使人高兴，可以使人悲哀，可以使人沉思，可以使人愤怒，可以使人快乐，也可以使人烦躁、忧郁、紧张、轻松和安定，或者说受人的心理因素影响很大，又对人的心理作用很大。因此，色彩的选择与运用在装潢画面设计中是非常重要的。如婚庆用品采用红色包装会使人感到喜悦、吉庆和享乐；医药商品采用素雅的淡色包装，会使人感到清心、安静和健康；文体用品采用红色、天蓝色或鲜艳色彩包装，会使人感到飞翔、活跃、轻松、明快和精力充沛。色彩的选择与运用，在包装装潢设计过程中要特别针对不同种类、不同用途和不同销售对象进行科学的选定，方能取得最佳设计效果，否则整个包装装潢设计是失败的。此外，包装装潢色彩的运用还应针对不同国家、不同地区和不同历史时期的流行色彩进行设计，充分体现时代风貌与时代特色。

3. 有利于商品销售、增强商品竞争力的设计

商品包装装潢设计的最终目的是表现商品、美化商品，增强商品的竞争力。因此，商品包装装潢设计的色彩选择与运用，要采用引人注目的、具有鲜明格调的颜色进行设计，从而达到其独特的显示商品风采的突出效果。

三、商品包装装潢的设计原则

商品包装装潢的设计原则是一致性原则、时代性原则、民族性原则和主体性原则。

1. 一致性原则

商品的质量特征、品质特性、功能作用和使用保管方法等是通过商品包装表现的，要最大限度达到宣传商品、促进商品销售的目的。在介绍商品性能特点、品质特征时，包装设计必须从内容到形式都建立在为消费者服务的基础上，真实地反映商品质量特征，坚持包装上的文字、图案的艺术表现与商品质量特征的一致性原则，使消费者通过包装便可清楚地了解内装物的特征、特性、功能作用及使用保管方法等，达到指导消费、促进销售的目的。包装标志、商品品牌等要清晰醒目，并具有强烈的宣传感染力。

2. 时代性原则

包装装潢设计要适应现代化生产、现代化生活方式的需要，体现时代风貌、时代风格和艺术特性。包装的形体结构、造型、容积和重量等方面的设计，要依据消费者携带、使用和收藏的方便作为设计基础。在艺术表现上要突出包装形体美观、加工精致，具有鲜明的时代特征，努力反映现实生活和时代风貌。

3. 民族性原则

商品包装装潢要反映和表现民族文化特色。包装装潢设计要按照商品销售地的民族风俗、风土人情进行设计与构思，突出地方特色，表现时代风貌。对出口商品包装设计，要像设计商标一样，必须尊重不同国家、不同地区和不同民族的风俗习惯，采用适宜的文字、图案和色彩展示商品美，增加商品的附加价值。

4. 主体性原则

商品包装装潢是以商品为主体的实用装饰技术。必须以产品为先导，以产品的形体结构、品质特征、功能作用、保管使用方法和销售目的作为创作设计基础，采用艺术手法表现商品的使用价值。

S 本章小结

商品包装是指在商品流通过程中为保护商品、方便储运和促进销售，按一定技术方法而采用的容器、材料和辅助材料等的总称。商品包装也指为了达到上述目的而在采用容器、材料和辅助材料的过程中，施加一定技术方法等的操作活动。商品包装具有保护、方便流通、促进销售、容纳和成组化、传递信息、便利和复用、卫生与环保、提高商品附加值的功能。商品包装合理化是包装作用能否正常发挥的前提条件。合理的商品包装是随商品流通环境的变化、包装技术的进步而不断改进和发展的。包装既要符合国情，又要满足消费者需要，并取得最佳的经济和社会效益。一般而言，合理的商品包装，应适应商品特性，应适应运输条件，要“适量、适度”，应标准化，通用化和系列化，要做到绿色、环保。商品包装可以按以下几种方法进行分类：按包装在流通领域中的作用可将包装分为销售包装和运输包装；按包装使用次数可将包装分为一次使用包装和多次使用包装；按包装适用性可将包装分为专用包装和通用包装；按包装耐压程度可将包装分为硬质包装、半硬质包装和软质包装。

常用的包装材料有纸、塑料、木材、金属和玻璃等。使用最为广泛的是纸及各种纸制品，其次是塑料、木材材料。商品包装技法包括商品包装技术和商品包装防护方法两部分。商品包装技术主要是指为了防止商品在流通领域发生数量损失和质量变化而采取的抵抗内、外影响质量变化因素的各种技术措施。常见的商品包装防护方法有防振包装、防锈包装、防潮包装、防霉包装、充气包装与真空包装、贴体包装与收缩包装。

商品使用说明是通过商品说明书载体实现的。商品说明书，也叫“产品说明书”或“使用说明书”，它是关于商品的构造、性能、规格、用途、使用方法和维修保养等的文字说明，大体分内容简短的使用说明书和内容较全面的商品说明书。

商品包装标志主要是指商品运输包装标志，是指按规定在包装上印刷、粘贴、书写的文字和数字、图形以及特定记号和说明事项等。包装标志便于识别商品，便于运输、仓储等部门工作和收货人收货，对保证安全储运，减少运转差错，加速商品流通有重要作用。运输包装标志可分为收发货标志、包装储运图示标志、危险货物包装标志等。

商品包装装潢是对商品包装的装饰，包括对包装形体结构、图案设计和文字说明的整体设计的艺术表现和制造。包装物是商品包装装潢的载体，包装物和包装装潢是不可分的统一体，共同体现商品包装保护商品、美化商品的功能作用。

R 课后阅读 1

可口可乐的再定位设计

戴斯格里普斯·哥贝联合公司为可口可乐的新形象进行了设计。设计师从分析老可口可乐所使用的不同标志——水滴、颜色、字体、圆形标志以及瓶形发现，除了瓶子以外，那些标志都采用了相同的明亮度，没有任何一部分被突出出来。而调查的结果却是顾客对其中一些东西更感兴趣。尤其值得一提的是，瓶子的轮廓很能有效地唤起怀旧的情怀，引发人们爽口提神的感觉，并能立刻辨认出来。

可口可乐的红色和其字体是其品牌的有效切入点。可是瓶子的轮廓图案就像耐克的那个折勾一样超越了它的意愿而成为一个象征。设计师们发现"always"一词与圆印章一样蕴含着情感因素。通过重新强调新品牌形象中的这些要素以及飞溅的水滴，设计师们将要素中的情感价值纳入一种新颖、相关的方式。他们在可口可乐经典的包装中加入了"always"(永远的)、"delicious"(可口的)、"unique"(独一无二的)以及"refreshing"(提神的)等词，并且重新启用了为人们所熟悉的绿色可乐瓶，以进一步将这些怀旧的氛围具体化。

新设计的因素应用到了1996年亚特兰大奥运会上及后来的98世界杯，取得了很大的成功。哥贝的设计师说："现在可口可乐能更好地根据不同分寸把握其商标了。"

可口可乐的新品牌形象以熟悉的瓶装形象取代了自1969年起一直沿用的飘带图案。新品牌的大版本中融入怀旧元素，如"always"等更多描述性的词所产生的效果是向顾客传递爽口感觉的同时也拨动了人们的心弦。这一新品牌形象在1996亚特兰大奥运会期间得到了尝试启用。为体现戴斯格里普斯·哥贝联合公司关于为全球化品牌创立个性形象的理念，广告图案将可口可乐定位于运动迷们的饮品。

R 课后阅读 2

超市商品包装需改进

上海市包装技术协会曾结合市商委、经委和农委联合对超市商品包装进行调查，发现超市商品包装目前问题很多。比如：包装过量、单一、陈旧和不便等，特别是商品标志问题较多，进口商品上大多没有中文标志、商品外包装没有保质期或者保质期不准确、商品条码存在问题。

目前，家乐福、沃尔玛等国外零售巨头大举进入我国，使我国零售业正走向国际化。我国包装行业要想适应零售业的国际化发展趋势，必须要与商品生产行业联合起来，认真研究超市商品包装特点，积极学习国外超市商品包装的经验，加紧改造超市商品的各种包装。为此，上海包协提出了改进超市商品包装的几点措施：

(1)包装定量要适当改小；

(2)研制并提供新型的包装材料、技术，扩大应用各种包装新形式；

(3)继续大力提高包装设计水平；

(4)加强从产到销各环节的包装管理等。

超市商品的包装，虽有着较高和特殊的要求，但与整个商品流通领域的商品包装要求基本一致，因此很好地研究和改进超市商品包装，不仅可以适应入世后中国零售业发展的需求，同时可以使我国包装行业的整体水平得到显著提高。

T 思考与练习

一、思考题

1. 包装具有哪些功能？
2. 常见的包装防护方法有哪些？
3. 如何写作商品使用说明书？
4. 包装装潢设计要求有哪些？
5. 简述商品包装装潢的设计原则。

二、练习题

(一)填空题

1. 在现代社会中，绝大多数商品都是经过包装以后才进入流通和消费领域，(　　)、(　　)和(　　)都有碍于商品价值和使用价值的实现。

2. (　　)(　　)、(　　)和(　　)构成了包装实体的四大因素，包装材料是包装的物质和技术基础，包装结构、造型是包装材料和包装技术的具体形式。包装材料、技术和结构造型是通过画面和文字美化来宣传和介绍商品的主要手段。

3. (　　)亦称商品的内包装，指能与商品配装成一个整体，随同商品一齐出售，并能适应人们复杂的消费需要，在人们的消费行为中发挥效用。

4. 防振包装又称(　　)，是为了保护商品的性能和形状，防止商品在流通过程中受到冲击和振动的破坏，采取一定防护措施的包装技术。

5. (　　)是根据商品特性和销售对象，设计包装容器的造型结构、外表画面及文字说明，对商品进行科学的包装并力求装饰和美化，以便于商品的运输、储存、市场陈列展销、消费者使用和携带等。

6. 玻璃是以(　　)为主要成分的无机性材料，其特点是透明、清洁和美观，有良好的机械性能和化学稳定性，价格便宜，可多次周转使用。

(二)单项选择题

1. 现场发泡。在包装容器与衬有薄膜的商品之间空隙处，注入能产生塑料泡沫的异氰酸酯和多元醇树脂原料，约 10 s 后，化合物发泡膨胀至本身体积的(　　)倍。经过 1s，聚氨酯变成半硬性的泡沫塑料，将形状各异的产品固定在包装箱内，起防震保护作用。

A. 100～140　　B. 100～150　　C. 100～160　　D. 100～180

2. (　　)是装潢画面中最富吸引力、诱惑力的无声语言，也是最富表现力、影响力的艺术表现方法。

A. 色彩　　B. 图案　　C. 文字　　D. 音乐

3. (　　)是商品包装最基本的功能。

A. 传递信息　　B. 促进销售　　C. 方便流通　　D. 保护功能

(三)判断题(正确打√，错误打×)

1. 不同商品所用的包装都是不同的。(　　)

2. 商品包装的最基本作用是保护商品的使用价值。(　　)

3. 复写纸的商标可以是“复写”，荔枝罐头的商标可以是“荔枝”。(　　)

4. 保护功能是商品包装最基本的功能。(　　)

(四)案例分析

恒寿堂的包装策略

到 1998 年中期，恒寿堂经过一两年的前期运作，主力产品的种类基本形成，有金乳钙、鲨鱼肝油和金枪鱼油三大产品，销量呈递增之势。由于广告的强力推动作用，恒寿堂品牌知名度迅速提升，具有传统文化底蕴的企业理念逐渐被广大受众所接受。药店、商场的铺货已经不能满足企业的发展需要，产品进入大卖场、连锁超市已经势在必行了。在这个转型的过程中，产品包装所存在的问题逐渐显露出来。首先，盒装的规格不适合超市、大卖场的货架陈列；其次，瓶装产品的包装为无色透明瓶体，但产品受光照容易变质氧化，因而，对产品的保存有一定的影响；再次，各产品包装外观差异太大，没有统一品牌的系列感，对统一宣传、产品推广、产品出样和堆装产生较大难度；对今后不断推出的新产品缺乏统一的视觉规范，而且包装的设计样式明显过时，已不能与恒寿堂品牌形象相协调。产品包装已经到了不得不换的地步。

经过企划部门与营销部门相互沟通，决定全面对各产品包装重新定位设计。如何让每个产品既符合各自的个性形象，又有统一性，是首先必须解决的难点。恒寿堂虽然有一个非常传统的名称，企业理念也是极具中国文化的儒道思想，但生产的产品却是新型现代的保健品。在企业形象的表现上就必须突出这一特点，体现“新古典主义”风格。

已推出的产品只有三个：金乳钙、鲨鱼肝油和金枪鱼油。虽然在包装上存在种种问题，但经调查发现，每个产品包装上的画面都有一定的认知度：金乳钙是倒牛奶的场景，鲨鱼肝油是条凶猛的鲨鱼，金枪鱼油则是条神采奕奕的金枪鱼。除此之外的印象并不深，所以这也成为考虑如何设计包装的依据。

设计人员经过反复推敲，画出初稿：以椭圆为基本形，结合不同的代表画面为三个产品设计了“产品 LOGO”。就是说为每一个产品设计了一个专用的图形标志，成为它的象征。

金乳钙在显目的中文名称字体下配以英文，并由一个扇形的图形衬托起来，古朴中带有现代感，一个大的主体椭圆形里是幅美丽的画面：一股洁白的牛奶倾倒下来，溅起动人的奶花，背景衬以草原奶牛，一派自然美味。一切体现金乳钙“牛奶钙源，天然之选”的产品精神。

鲨鱼肝油同样是在扇形的衬托下，配以中英文名称，主体的大椭圆里是一片幽深的海，跃起一条凶猛的鲨鱼，定格成一幅强有力的画面，充分地表现出“增加免疫力”的产品特性。

金枪鱼也同样规范在这一风格里，画面是一群充满活力的鱼群，衬托出一条大金枪鱼，活灵活现，“聪明、活力”的产品特色得以很好地体现。在这统一的设计规范中，恒寿堂今后上市的各种产品，都遵循着这一风格，从而使产品的形象多而不乱，系统化地从视觉的角度进行管理。

包装的外形尺寸决定了产品出样陈列的好坏，什么样的规格才能适合多样性的终端场地呢？经过深入市场考察发现，商场、超市和大卖场等对产品包装规格的要求基本相同，宜适当大些；药店等对规格的要求宜小些。把握这一点后，把包装的外形尺寸定为两类：一类是针对商场、超市和大卖场，称为普通装；另一类针对药店，称为药口装。款式一样，只是尺寸的区别，这样就解决了不同终端的不同要求。

瓶装产品的包装是具有突破性的设计，抛弃了原有的无色透明塑料瓶，针对胶丸易潮、避光和易氧化等不良特性，专利设计了一种新型的“瓶中瓶”包装。采用双层瓶壁，有效地解决了胶丸的保存问题，为延长产品的有效期起到积极的作用。同时，也增加了瓶体的展示面积，为瓶装产品的出样解决了难题。虽然此款瓶装设计产生了较大的市场争议，但这毕竟是瓶装产品的一次包装变革。

产品常规包装的定位设计基础确立，新的产品形象出台了，果然是焕然一新。品味得以明显提升，出样陈列有了很好的效果，在保健品良莠不齐的包装海洋中，跻身前列。完成常规包装仅仅是工作进行了一半，接下来就是针对节日市场的节日装礼盒包装了。节日市场是保健品销量的大头，所以节日装的设计就非常重要。设计思路本着以红色为主色，因为红色是被国人所认同的喜庆色彩，配以五彩祥云作为主体画面，体现“吉祥、恒寿”的美好祝愿，符合老百姓的心理特点；运用光晕的表现手法使画面达到更加丰富的层次效果，“恒寿堂”品牌标志位于画面的视觉中心，强有力地突出了品牌识别形象。

通过集思广益，礼盒命名为“全家福”，集合四种产品，以金乳钙、鲨鱼肝油和金枪鱼油来带动新产品卵磷脂的销售，不但迎合了国人的吉利口彩，为节日市场增添了一道亮丽的风景线，而且企业赢得了可观的销售收入。这样，针对日常市场的常规包装和针对节日市场的礼盒装定位设计全部完成，新包装全面上市。

案例思考题

1. 分析恒寿堂新包装装潢中图案表现方法及色彩设计作用。

2. 分析恒寿堂新包装装潢中体现的原则。

第七章 商品检验

本章知识目标

通过本章的学习学生应掌握以下知识：

1. 商品检验的概念及作用；
2. 商品抽样检验的概念及作用；
3. 商品检验的内容、商品检验的主要依据；
4. 商品感官检验的概念及作用。

本章能力目标

通过本章的学习学生应具备以下能力：

1. 熟悉企业各种商品检验业务活动；
2. 知道商业流通企业如何进行商品检验；
3. 知道常用的商品抽样检验标准；
4. 知道怎样进行商品检验和检验哪些内容；
5. 熟悉国家外贸、内贸各种商品检验法规和标准；
6. 知道商品感官检验标准和商品实物(样品)标准。

本章学习要求

通过学习，学生应该掌握商品检验的基本概念，了解商品检验的内容、过程和环节，知道商品检验标准，会运用简单的感官检验或理化检验方法对常见商品进行检验。

典案阅读

某植物油厂使用非食用原料生产加工食用油案

2006 年 12 月 1 日，根据群众举报，某市质量技监局对该市一植物油厂进行了突击执法检查，现场查获饲料玉米毛油 5 400kg，工业盐 550kg，工业用磷酸三钠 125kg，工业用氢氧化钠 3 400kg。经调查，该厂从一饲料经营部购入饲料玉米油 157t，从盐业公司购入工业盐 3.5t，从化工商店购入工业用氢氧化钠 6t，工业用磷酸三钠 150kg。据该厂负责人介绍，生产过程中每吨饲料玉米毛油中加入 5kg 氢氧化钠、10kg 工业盐、0.1kg 磷酸三钠等工业原料，共计生产成品食用油 120t，货值金额 68.4 万元。经抽样检验，油品酸价、过氧化值超标，为不合格品。质量技监部门对此案依法作出处理。

点评：

商品检验是保证商品质量、维护消费者权益、维护企业信誉和持续发展的重要手段。

第一节　商品检验的概念和作用

商品检验贯穿于商品生产和流通的各个环节，是生产企业判断原材料质量，下一道工序判断上一道工序质量，商品出厂质量判断，经营者判定进货商品质量，消费者判断所购商品质量的重要手段。

一、商品检验的概念

1. 商品检验的概念

商品检验是指商品的供货方、购货方或第三方在一定条件下，借助某种手段和方法，按照合同标准或国际、国家有关法律、法规和惯例，对商品的质量、规格、重量以及包装等方面进行检查，并作出合格与否或通过检验与否的判定。社会上专门的检验机构还可以提供商品检验证书。具有法律效力的检验证书，可以作为解决社会各种商品质量争议、合同纠纷的有效证据。

2. 商品检验的种类

(1)根据商品检验的目的分类，可以分为第一方、第二方和第三方检验

第一方检验也称生产检验，是商品生产者为了维护企业的信誉、保证商品质量对半成品和成品进行检验的活动。

第二方检验也称验收检验，是指商品的买方为了维护自身及顾客的利益，保证所购商品的质量满足合同的规定或标准要求所进行的检验活动。

第三方检验是指处于买卖利益之外的第三方，以公正权威的非当事人身份根据

有关法律、法规、合同或标准所进行的检验。

(2)根据商品内、外销情况分类,分为内贸商品检验和外贸商品检验

内贸商品检验是指商品经营企业、用户、行业主管部门及其附属质量监督检验机构或国家质量技术监督检验部门及其所属商品质量监督检验机构,依据国家的法律、法规、有关标准或合同所进行的商品质量检验活动。

外贸商品检验是由国家出入境检验检疫及其派出机构,即国家出入境检验检疫局在各省、自治区、直辖市,以及进出口商品的口岸、集散地设立的分支机构负责对进出口商品进行法定检验、鉴定检验及监督管理检验。

(3)根据被检验商品有无破坏分类,可以分为破坏性检验和非破坏性检验

破坏性检验。检验后商品遭到破坏的检验。如钢铁材料的化学成分,电视机的寿命,食品卫生指标的检验,子弹、炮弹的射程,检验后商品即遭到破坏。

非破坏性检验。检验后商品未被破坏,也称无损检验。部分商品尺寸、规格的检验等,使用先进的仪器进行的痕量检验。

(4)根据检验商品的数量分类,分为全数检验、抽样检验和免于检验

全数检验是对被检批的商品逐个地进行检验,也称百分之百检验。全数检验适用于批量小、质量特性少、贵重和非破坏性质的商品检验。全数检验费用大、时间长,判断结果比较准确。

抽样检验是按照事先已确定的抽样方案,从被检批商品中随机抽取一定数量的样品,组成样本进行检验,以判断一批商品或一个过程是否可以被接收。抽样检验适用于破坏性、大批量、散装或流程性材料等商品的检验。抽样检验费用少、节省时间,有时会犯判断错误,实施抽样检验时,需要均衡生产方风险和使用方风险。

免于检验是指对于生产技术和检验条件较好,具有良好的质量运行体系,成品质量长期稳定的生产企业的商品,在企业自行检验合格后,商业和外贸部门可以直接收货,免于检验。国家质量技术监督局自 2000 年 8 月中旬起,开始实施产品质量免于监督检查工作,获得免检的产品,可按规定自愿在商品或其品牌、包装物、使用说明书、质量合格证上使用免检标志,并在三年内免于各地区、各部门各种形式的质量监督检查。

二、商品检验的作用

商品检验是验证商品质量是否合格的唯一手段,所以商品检验对贸易各方确保商品质量符合要求,维护贸易各方的合法权益提供保障;为商品安全保管与合理养护提供可靠的数据;为国家宏观控制商品质量提供客观依据;对维护国家的利益和声誉,增强国际竞争力有现实的意义。综合起来,商品检验有以下作用。

1. 商品检验是保证商品质量,维护企业信誉,持续发展的重要手段

我国由计划经济转轨为市场经济之后,很多观念发生了根本性改变,商品供应极大丰富,消费者的维权意识不断增强,国家也陆续制定发布了《中华人民共和国产品

质量法》和《中华人民共和国消费者权益保护法》，企业要想在竞争激烈的市场上求得生存发展，应加强质量管理，保证自身商品质量。质量事故使企业受伤害甚至倒闭的事例比比皆是，所以企业在商品生产过程和出厂时都要实施严格的商品检验，并在成品上加贴检验合格证予以证明。

2. 商品检验是保证在储运过程中质量不发生变化的依据

长期以来消费者受问题商品侵害都找生产厂家赔偿，1994 年 1 月 1 日起施行的《中华人民共和国消费者权益保护法》第 35 条明确规定了销售者的赔偿责任，第 40～50 条规定了销售者的法律责任。商业企业在购进商品时进行商品检验，并注意合理保管养护是避免造成事故责任的有效措施。

3. 商品检验是判定质量责任的依据

现实中经常会出现消费者与经营者或生产厂商、贸易双方或多方、部门、国家之间的质量争议，判定这些争端的有效证据基本是商品仲裁检验或商品质量鉴定的结果。争议方可以将问题商品提请检验机构检验，国家认可的检验机构经过检验后出具的检验证书具有法律效力。

4. 商品检验是保障人民群众安全消费的重要手段

为了保障人民安全消费，国家对社会商品实行质量监督抽查制度。生产领域的商品质量监督由技术监督局负责，流通领域的商品质量监督由工商行政管理局负责。国家监督抽查工作程序包括计划制订、产品抽查具体方案设计、现场抽样、样品检验、结果反馈、数据汇总、公布结果、督促整改和进行复查等。

5. 商品检验是国家对外贸易中保证商品质量合格，维护国家信誉的保障

我国主要出口商品贸易伙伴是欧洲、美国和日本等发达国家，这些国家的商品质量标准非常严格，有时甚至为了设置技术壁垒而改变标准中的技术指标，世界贸易组织 WTO 为尽量减少技术性贸易壁垒对世界经济造成的不利影响，鼓励自由贸易，成员间签署了《技术性贸易壁垒协定》，尽量避免各成员所制订的技术性贸易措施成为不必要的贸易障碍。但是在多数情况下，国家间的贸易战是不可避免的，所以国家商品检验技术要避免落后、设备设施要先进、人员素质要适应不断变化的形式，还要密切关注其他国家标准或技术条件的改变，即 WTO/TBT 通报。

技术性贸易壁垒即一个国家或地区为限制进口，保护本国市场或企业，以技术法规、标准或合格评定程序等技术措施为手段设置的贸易障碍。技术法规强制性的特点决定了一旦进口货品不能满足进口国、地区的技术要求，则禁止通关放行，甚至退货等问题，会给进出口商，尤其是出口商带来极为严重的损失。如果出口商未能及时注意到进口国、地区对其技术法规进行的制定、修订工作，未能进而及时调整其出口产品，就会遭遇到进口方的技术壁垒。TBT 协定贯彻 WTO 的透明度原则，实行通报咨询制度，要求各成员在其拟制、修订的技术措施不存在相应的国际标准、指南、建议或与其有实质性不同，且该措施对其他成员的贸易可能产生重大影响时，应及时予以通报，并对其他成员的相关合理咨询予以答复。可见，TBT 通报对于解决信息问题起着十分关键的作用。我国入世后，根据国发办(2002)50 号文的精神及有关规定，在国家质检总局设立了中国 WTO/TBT 通报咨询中心，负责 WTO/TBT 通报咨询的国内协调，受理答复有关咨询，业务上接受商务部的领导。

第二节 抽样检验

20 世纪 20 年代，在统计技术史上发生了两个划时代的事件，第一件是休哈特于 1924 年提出控制图，第二件是道奇和罗米格于 1929 年提出抽样检验理论和抽样检验表，他们都服务于美国贝尔电话实验室，休哈特是过程控制课题组的领导人，道奇是产品控制课题组的领导人。当时美国处于工业化大生产初期，产品质量控制中传统的事后检验方法会造成巨大的浪费。控制图可以随时监督生产过程异常变化，查出质量特性变异原因并加以解决，其数据依赖生产过程中质量特性的抽样检验。工业化大生产使每天生产的产品成千上万，对它们全数检验费工费时，而且有些检验项目是破坏性的，进行全数检验不可能，抽样检验提供了一种既经济又及时的方法，即通过检验少量的产品或产品的某种质量特性推断总体的质量状况。

一、商品抽样检验的概念

抽样是根据合同或标准所确定的方案，从被检批商品中抽取一定数量的有代表性的、用于检验的单位商品的过程，又称取样或拣样。

抽样检验的对象是一批产品，根据抽样结果应用统计原理推断产品批的接收与否。由于抽样检验是用样本质量特征推断整体质量特征，所以可能存在误判，可能把实际的不合格批判为合格，也可能把实际的合格批判为不合格。

抽样检验一般用于破坏性检验(如零件的强度检验)、批量很大的商品检验(如螺钉的检验)等，测量对象是散装或流程性材料，如水泥、煤炭等，还包括其他适合抽样检验的场合。如《计数抽样检验程序第 1 部分：按接收质量限(AQL)检索的逐批检验抽样计划》(GB/T 2828.1—2003)计数抽样标准适用于最终产品、零部件和原材料、操作、在制品、库存品、维修操作、数据或纪录、管理程序的抽样检验。

抽样检验中，涉及的基本术语有单位产品、检验批、批量、不合格(品)、批质量、过程平均和接收质量限 AQL 等。单位产品是为实施抽样检验需要而划分的基本产品单位，如一件商品，或一定量的商品。检验批是提交进行检验的一批产品，或作为检验对象而汇集起来的一批产品，通常检验批应该由同型号、同等级和同种类，且生产条件和生产时间基本相同的单位产品组成。批量是被检批中单位产品的数量，常用 N 来表示。在抽样检验中，不合格是指单位产品中任何一个质量特性不满足规范要求，有时根据需要将不合格划分为 A 类不合格、B 类不合格和 C 类不合格等。批质量是指单个提交检验批产品的质量，通常用 P 表示，在计数抽样检验中常用来衡量批质量的指标有批不合格品率、批不合格品百分数等，计量抽样检验中衡量批质量的指标有质量特性平均值、质量特性标准差或变异系数等。过程平均是在规定的时段或生产量内平均的过程质量水平，即一系列交检批的平均质量。接收质量限（AQL）是当一个连续系列批被提交验收抽样时，可允许的最差过程平均质量水平，是对生产方的过程质量提出的要求，是允许的生产方过程平均（不合格品率）的最大值。

在抽样检验中，有时使用固定百分比抽样，在批量相同或相似的时候，固定百分比抽样操作相对比较简单；但是在批量大小差异很大时，固定百分比抽样就非常不合理，会造成小批松、大批严的结果。

部分商品抽样检验国家标准见表 7-1。

部分商品抽样检验国家标准 表 7-1

标准代号	标准名称	质量特性指标	计数/计量	是否调整	抽样次数与程序
GB 2828—2003	计数抽样检验程序	每百单位产品不合格品数、每百单位产品不合格数	计数	调整	一次、二次和五次
GB/T 2829—2002	周期检验计数抽样程序及表（适用于对过程稳定性的检验）	每百单位产品不合格品数、每百单位产品不合格数	计数	非调整	一次、二次和五次
GB/T 6378—2002	不合格品率的计量抽样检验程序及图表（适用于连续批的检查）	批不合格品率	计量	调整	一次
GB/T 8053—2001	不合格品率的计量标准型一次抽样检验程序及表	批不合格品率	计量	非调整	一次
GB/T 8054—1995	平均值的计量标准型一次抽样检验程序及抽样表	批平均值	计量	非调整	一次
GB/T 8051—2002	计数序贯抽样检验程序及表	每百单位不合格品数、每百单位平均缺陷数	计数	非调整	序贯
GB/T 8052—2002	单水平和多水平计数连续抽样检验程序及表		计数	调整	

二、抽样检验方法

抽样检验的对象是一批产品，一批产品是否合格即是否被接收通过抽样检验来判断，判断过程是先按一定方法抽取样本，用全数检验样本得到的质量参数来推断总体质量参数。抽样检验涉及到确定抽样方案，如何抽样，检验判定程序和检验后处理等问题。

1. 抽样检验的分类

（1）按照产品质量特性分类，可以分为计量抽样检验和计数抽样检验

计量抽样检验是对样本中的每一个产品的质量特性进行测量，再将测量结果与预先规定的判断准则进行比较，判定交检批商品是否合格（或接收）的抽样检验。抽样标

准有《不合格品率的计量抽样检验程序及图表(适用于连续批的检查)》(GB/T 6378—2002)、《不合格品率的计量标准型一次抽样检验程序及表》(GB/T 8053—2001)等。

计数抽样检验是从批量商品中抽取一定数量的样品,检验其中每个样品的质量,然后统计合格品数,再与规定的"合格判定数"比较,由此决定该批商品是否合格(或接收)的方法。抽样标准有《计数抽样检验程序第1部分:按接收质量限(AQL)检索的逐批检验抽样计划》(GB/T 2828.1—2003)、《周期检验计数抽样程序及表》(GB/T 2829—2002)等。

(2)按照抽样方案是否调整分类,可以分为调整型抽样检验和非调整型抽样检验

(3)按照抽取样本的次数分类,可以分为一次抽样检验、二次抽样检验和多次抽样检验

一次抽样检验是只抽取一次样本进行检验就判别接收或绝收结果的检验方法。二次抽样检验是最多抽取两次样本进行检验就得出接收或拒收结果的检验方法。多次抽样检验是进行三次以上(常见的是五次)样本进行检验,根据样本积累结果作出接收该批产品或拒收该批产品或抽取下一样本的决定。

2. 抽样方法

(1)简单随机抽样。简单随机抽样是指总体中每个个体被抽到的机会是相同的。从批量为 N 的被检批中抽取 n 个单位商品组成样本,共有 C_N^n 种组合,对于每种组合被抽取的概率都相同的抽样方法。被检商品批量较小时,用编号、抽签或查随机数表、计数器等选号,掷随机数骰子等办法。如要从100件产品中抽取10件组成样本进行检验,可以把100件产品用同样大小的纸签代表从1号一直编到100号,然后用抽签或抓阄的办法,任意抽出10张,如得到68、5、9、11、22、34、48、75、56、90号,就把10个编号的产品拿出来组成样本检验。简单随机抽样的优点是误差小,缺点是抽样手续比较繁杂。

(2)分层随机抽样。分层随机抽样也叫类型抽样法,是把批量为 N 的被检批分成各为 N_1 个、N_2 个,直至 N_i 个商品组成的 i 层,使每层内商品质量尽可能均匀整齐,$N=N_1+N_2+\cdots+N_i$,然后在每层分别按简单随机抽样法取样,合在一起组成一个样本。这样抽取的样本代表性好,但是要注意分层的合理性。有些层次是自然形成的,如甲、乙、丙三个工人在同一台设备上倒班生产同一种零件,产品分别放在三个地方,生产数量相同,现在要抽取12个零件组成样本,则采用分层抽样法,应从三个地方各抽取4个零件,组成12个零件的样本。

(3)系统随机抽样。系统随机抽样又叫等距抽样法或机械抽样法,是按一定的规律从整批商品中抽取样品的方法。例如要从100件产品中抽取10件组成样本,首先将100件产品按1,2,3,…,100顺序编号;然后用抽签或查随机数表的方法确定1～10号中的哪一件产品入选样本,假如查随机数表得5号,依次确定入选样本的产品编号是05,15,25,35,45,55,65,75,85,95,这样就得到了10件产品组成的样本。由于系统抽样法操作简单,实施起来不易出差错,在生产现场使用率很高。如在某道工序上定时去抽一件产品进行检验,就属系统随机抽样。如果商品总体的某质量特性

发生周期性变化时，系统随机抽样容易判断错误。

3. 抽样工具

随机抽取样本需要利用抽样工具来获得随机数字，常用的抽样工具有六面体的骰子、扑克牌、随机数表、正 20 面体的骰子以及电子随机数抽样器等，而国际上公认的是随机数表。以下分别介绍抽样工具的使用方法。

(1)利用扑克牌获得随机数字

玩具扑克牌共 54 张为一副牌，取出大王、小王和所有的 J、Q、K 后剩下 40 张：A、2、3、4、5、6、7、8、9、10，规定 A=1，10=0，得到从 0 到 9 的 40 个数。具体用法是：洗牌后，从中任意抽出一张牌，就得到了 0 到 9 的一位随机数字，彻底洗牌后，再抽出一张，得到第二个随机数，重复数不算，如此反复操作 N 次就得到了需要的 N 个随机数字。

(2)利用随机数表获得随机数字

随机数表是由 0～9 十个数字随机组合每两个数字为一组的数表，一般分为两个表[表 7-2 随机数表(I)、表 7-3 随机数表(II)]。

随 机 数 表 (I) 表 7-2

03 47 43 73 86	36 96 47 36 61	46 98 63 71 62	33 26 16 80 45	60 11 14 10 95
97 74 24 67 62	48 81 14 57 20	42 53 32 37 32	27 07 36 07 51	24 51 79 89 73
16 76 62 27 66	56 50 26 71 07	32 90 79 78 53	13 55 38 58 59	88 97 54 14 10
12 56 85 99 26	96 96 68 27 31	05 03 72 93 15	57 12 10 14 21	88 26 49 81 76
55 59 56 35 64	38 54 82 46 22	31 62 43 09 90	06 18 44 32 53	23 83 01 30 30
16 22 77 94 39	49 54 43 54 82	17 37 93 23 78	87 35 20 96 43	84 26 34 91 64
84 42 17 53 31	57 24 55 06 88	77 04 74 47 67	21 76 33 50 25	83 92 12 06 76
63 01 63 78 59	16 95 55 67 19	98 10 50 71 75	12 86 73 58 07	44 39 52 38 79
33 21 12 34 29	78 64 56 07 82	52 42 07 44 38	15 51 00 13 42	99 66 02 79 54
57 60 86 32 44	09 47 27 96 54	49 17 46 09 62	90 52 84 77 27	08 02 73 43 28
18 18 07 92 46	44 17 16 58 09	79 83 86 19 62	06 76 50 03 10	55 23 64 05 05
26 62 38 97 75	84 16 07 44 99	83 11 46 32 24	20 14 85 88 45	10 93 72 88 71
23 42 40 64 74	82 97 77 77 81	07 45 32 14 08	32 98 94 07 72	93 85 79 10 75
52 36 28 19 95	50 92 26 11 97	00 56 76 31 38	80 22 02 53 53	86 60 42 04 53
37 85 94 35 12	83 39 50 08 30	42 34 07 96 88	54 42 06 87 98	35 85 29 48 39
70 29 17 12 13	40 33 20 38 26	13 89 51 03 74	17 76 37 13 04	07 74 21 19 30
56 62 18 37 35	96 83 50 87 75	97 12 25 93 47	70 33 24 03 54	97 77 46 44 80
99 49 57 22 77	88 42 95 45 72	16 64 36 16 00	04 43 18 66 79	94 77 24 21 90
16 08 15 04 14	33 27 14 34 09	45 59 34 68 49	12 72 07 34 45	99 27 72 95 14
31 16 93 32 43	50 27 89 87 19	20 15 37 00 49	52 85 66 60 44	38 68 88 11 80
68 34 30 13 70	55 74 30 77 40	44 22 78 84 26	04 33 46 09 52	68 07 97 06 57
74 57 25 65 76	59 29 97 68 60	71 91 38 67 54	13 58 18 24 76	15 54 55 95 52
27 42 37 86 53	48 55 90 65 72	96 57 69 36 10	96 46 92 42 45	97 60 49 04 91
00 39 68 29 61	66 37 32 20 30	77 84 57 03 29	10 45 65 04 26	11 04 96 67 24
29 94 98 94 24	68 49 69 10 82	53 75 91 93 30	34 25 20 57 27	40 48 73 51 92

续上表

16 90 82 66 59	83 62 64 11 12	67 19 00 71 74	60 47 21 29 68	02 02 37 03 31
11 27 94 76 06	06 09 19 74 66	02 94 37 34 02	76 70 90 30 86	38 45 94 30 38
35 24 10 16 20	33 32 51 26 38	79 78 45 04 91	16 01 74 91 62	48 51 84 08 32
38 23 15 86 38	42 38 97 01 05	87 75 66 81 41	40 01 74 91 62	48 51 84 08 32
31 96 25 91 47	96 44 33 49 13	34 86 82 53 91	00 52 43 48 85	27 55 26 89 62
66 67 40 67 14	64 05 71 95 86	11 05 65 09 68	76 83 20 37 90	57 16 00 11 66
14 90 84 45 11	75 73 88 05 90	52 27 41 14 86	22 98 12 22 08	07 52 74 95 80
68 05 51 18 00	33 96 02 75 19	07 60 62 93 55	59 33 82 43 90	49 37 38 44 59
20 46 78 73 90	97 51 40 14 02	04 02 33 31 08	39 54 16 49 36	47 95 93 13 30
64 19 58 97 79	15 06 15 93 20	01 90 10 75 06	40 78 78 89 62	02 67 74 17 38
05 26 93 70 60	22 35 85 15 13	92 03 51 59 77	59 56 78 06 83	52 91 05 70 74
07 97 10 88 23	09 98 42 99 64	61 71 62 99 15	06 51 29 16 93	58 05 77 09 51
68 71 86 85 85	54 87 66 47 54	73 32 08 11 12	44 95 92 63 16	29 56 24 29 48
26 99 61 65 53	58 37 78 80 70	42 10 50 67 42	32 17 95 85 74	94 44 67 16 94
14 65 52 68 75	87 59 36 22 41	26 78 63 06 55	13 08 27 01 50	15 29 39 39 43
17 53 77 58 71	71 41 61 50 72	12 41 94 96 26	44 95 27 36 99	02 96 74 30 83
90 26 59 21 19	23 52 23 33 12	96 93 02 18 39	07 02 18 36 07	25 99 32 70 23
41 23 52 55 99	31 04 49 69 96	10 47 48 45 88	13 41 43 89 20	97 17 14 49 17
60 20 50 81 69	31 99 73 68 68	35 81 33 03 76	24 30 12 48 60	18 99 10 72 34
91 25 38 05 90	94 58 28 41 36	45 37 59 03 09	90 35 57 29 12	82 62 54 65 60
34 50 57 74 37	98 80 33 00 91	09 77 93 19 82	74 94 80 04 04	45 07 31 66 49
85 22 04 39 43	73 81 53 94 79	33 62 46 86 28	08 31 54 46 31	53 94 13 38 47
09 73 13 77 48	73 82 97 22 21	05 03 27 24 83	72 89 44 05 60	35 80 39 94 88
88 75 80 18 14	22 95 75 42 49	39 32 82 22 49	02 48 07 70 37	16 04 61 67 87
90 96 23 70 00	39 00 03 06 90	55 85 78 38 36	94 37 30 69 32	90 89 00 76 33

随机数表（II） 表7-3

53 74 23 99 67	61 32 28 69 84	94 62 67 86 24	98 33 41 19 95	47 53 53 38 09
63 38 06 86 54	99 00 65 26 94	02 82 90 23 07	79 62 67 80 60	75 91 12 81 19
35 30 58 21 46	06 72 17 10 94	25 21 31 75 96	49 28 24 00 49	55 65 79 78 07
63 43 36 82 69	65 51 18 37 88	61 38 44 12 45	32 92 95 88 65	54 34 81 85 35
98 25 37 55 26	01 91 82 81 46	74 71 12 91 97	24 02 71 37 07	03 92 18 66 75
02 63 21 17 69	71 50 80 89 56	38 15 70 11 48	43 40 45 86 98	00 83 26 91 03
64 55 22 21 82	48 22 28 06 00	61 54 13 43 91	82 78 12 23 29	06 66 24 12 27
85 07 26 13 89	01 10 07 82 04	59 63 69 36 03	69 11 15 83 80	13 29 54 19 28
58 54 16 24 15	51 54 44 82 00	62 61 65 04 69	38 18 65 18 97	85 72 13 49 21
34 85 27 84 87	61 48 64 56 26	90 18 48 13 26	37 70 15 42 57	65 65 80 39 07
03 92 18 27 46	57 99 16 96 56	30 33 72 85 22	84 64 38 56 98	99 01 30 98 64
62 95 30 27 59	37 75 41 66 48	86 97 80 61 45	23 53 04 01 63	45 76 08 64 27
08 45 93 15 22	60 21 75 46 91	98 77 27 85 42	28 88 04 01 63	45 76 08 64 27
07 08 55 18 40	45 44 75 13 90	24 94 96 61 02	57 55 66 83 15	73 42 37 11 61
01 85 89 95 66	51 10 19 34 88	15 84 97 19 75	12 76 39 43 78	64 63 91 08 25

续上表

72	84	71	14	35	19	11	58	49	26	50	11	17	17	76	86	31	57	20	18	95	60	78	46	75
88	78	28	16	84	13	52	53	94	53	75	45	69	30	93	73	89	65	70	31	99	17	43	48	76
45	17	75	65	57	28	40	19	72	12	25	12	74	75	67	60	40	60	81	19	24	62	01	61	16
96	76	28	12	54	22	01	11	94	25	71	95	16	16	88	68	40	60	81	19	24	62	01	61	16
43	31	67	72	30	24	02	94	08	63	38	32	36	66	02	69	36	38	25	39	48	03	45	15	22
50	44	66	44	21	66	06	58	05	62	68	15	54	35	02	42	35	48	96	32	14	52	41	52	48
22	66	22	15	86	26	63	75	41	99	58	42	36	72	24	58	37	52	18	51	03	37	18	39	11
96	24	40	14	51	23	22	30	88	57	95	67	47	29	83	94	69	40	06	07	18	16	36	78	86
31	73	91	61	19	60	20	72	93	48	98	57	07	23	69	65	95	39	69	58	56	80	30	19	44
78	60	73	99	84	43	89	94	36	45	56	69	47	07	41	90	22	91	07	12	78	35	34	08	72
84	37	90	61	56	70	10	23	98	05	85	11	34	76	60	76	48	45	34	60	01	64	18	39	96
36	67	10	08	23	98	93	35	08	86	99	29	76	29	81	33	34	91	58	93	63	14	52	32	52
07	28	59	07	48	89	64	58	89	75	83	85	62	27	89	30	14	78	56	27	86	63	59	80	02
10	15	83	87	60	79	24	31	66	56	21	48	24	06	93	91	98	94	05	49	01	47	59	38	00
55	19	68	97	65	03	73	52	16	56	00	53	55	90	27	33	42	29	38	87	22	13	88	83	84
53	81	29	13	39	35	01	20	71	34	62	33	74	82	14	53	73	19	09	03	56	54	29	56	93
51	86	32	68	92	33	97	74	66	99	40	14	71	94	58	45	94	19	38	81	14	44	99	81	07
35	91	70	29	13	80	03	54	07	27	96	94	78	32	66	50	95	52	74	14	53	89	74	60	54
37	71	67	95	13	20	02	44	95	94	64	85	04	05	72	01	32	90	76	14	53	89	74	60	41
93	66	13	83	27	92	79	64	64	72	28	54	96	53	84	48	14	52	98	94	56	07	93	89	30
02	96	08	45	65	13	05	00	41	84	93	07	54	72	59	21	45	57	09	77	19	48	56	27	44
49	83	43	48	35	82	88	33	69	96	72	36	04	19	76	47	45	15	18	60	82	11	08	95	97
84	60	71	62	46	40	80	81	30	37	34	39	23	05	38	25	15	35	71	30	88	12	57	21	77
18	17	30	88	71	44	91	14	88	47	89	23	30	63	15	56	34	20	47	89	99	82	93	24	98
79	69	10	61	78	71	32	76	95	62	87	00	22	58	40	92	54	01	75	25	43	11	71	99	31
75	93	36	57	83	56	20	14	82	11	74	21	97	90	65	96	42	68	63	86	74	54	13	26	94
38	30	92	29	03	06	28	81	39	38	62	25	06	84	63	61	29	08	93	67	04	32	92	08	09
51	29	50	10	34	31	57	75	95	80	51	97	02	74	77	76	15	48	49	44	18	55	63	77	09
21	31	38	86	24	37	79	81	53	74	73	24	16	10	33	52	83	90	94	76	70	47	14	54	36
29	01	23	87	88	58	02	39	37	67	42	10	14	20	92	16	55	23	42	45	52	96	09	11	06
95	33	95	22	00	18	74	72	00	18	38	79	58	69	32	81	76	80	26	92	82	80	84	25	39
90	84	60	79	80	24	36	59	87	38	82	07	53	89	35	96	35	23	79	18	05	98	90	07	35
46	40	62	98	82	54	97	20	56	95	15	74	80	08	32	16	46	70	50	80	67	72	16	42	79
20	31	89	03	43	38	46	82	68	72	32	14	82	99	70	80	60	47	18	97	63	49	30	21	30
71	59	73	05	50	08	22	23	71	77	91	01	93	20	49	82	96	59	26	94	66	39	67	98	60

①决定使用哪个表的方法

因为两个表是等效的，所以用哪个表产生随机数都一样。为防止争议、公正和随机，由操作人员闭上眼睛用铅笔向随机数表中点一下，笔尖点到的数是奇数，用随机数表(I)，是偶数，用随机数表(II)，点到空白处，重点，至点到奇偶数为止。

②决定起点的方法

在确定使用的表上，用铅笔点，点到数后，即以该数所在位置为起点，从左向右取数。例如一个人右手拿铅笔在该表中点中第 11 行的 99，即从右往左数第 5 列的 99，就从此 99 为起点。

③读随机数的方法

需要获得一位数：从起点向右读，读取各两位数的个位数字。例如起点是 99，向右是 01，30，98，64，接第 12 行第一组数 62，95，30…取个位数是 1，(0)，8，4，2，5，(0)，0 不算，所以用括号括起，重复的只留一个数。

需要获得两位数：从点到的数起从左向右取两位数，按上例为 01，30，98，64，62，95，62，30…有两个 30，所以取消一个留一个。

需要获得三位数：从点到的数起从左向右取三位数。按上例为 990，130，986，462，953…以此类推。取数顺序与平时读书习惯相同，取数从左至右，从上至下，如果需要数量大，取到表最后数字时还没有结束，可以转到数表开头继续取数。

商品检验中，确定检验范围、检验方案后，就可以将被检批商品编号，然后查随机数表获得与检验数量一致的随机数，然后将对应随机数字的商品取出检验，得到检验结果，并根据事先确定的不合格(品)率标准作出合格判定。

第三节　商品检验的内容和依据

商品检验的范围很大，大体上包括外观质量检验与内在质量检验两个方面。外观质量检验主要对产品的外形、结构、花样、色泽、气味、触感、疵点、表面加工质量、表面缺陷、商品包装标签和标签内容等的检验。内在质量检验一般指有效成分的种类含量、有害物质的限量、产品的化学成分、物理性能、机械性能、工艺质量和使用效果等的检验。

商品检验的主要依据是商品技术法规，我国现有的技术法规分散在以下法规体系之中：标准化法规体系；计量法规体系；质量认证法规体系；进出口商品检验法规体系；食品、化妆品卫生法规体系等。

商品检验离不开标准和法规。商品质量标准规定商品的外观、标签和主要技术指标；国家、部门制定强制性标准和法规规定重要商品的质量、安全、环境参数和技术指标，针对某些商品还制定了专门的检验标准和检验操作规程，此外，贸易合同中对商品的一些特殊规定也是商品检验的内容。

一、商品检验的内容

1. 商品检验的内容

(1)商品质量检验

商品质量检验包括成分、规格、等级、性能和外观质量等的检验。商品质量检验是判断商品的各项指标是否符合标准的各项规定，以进一步判定商品是否合格。《产品质量法》第七条规定：“产品质量应当检验合格，不得以不合格产品冒充合格产品”。第十三条规定：“可能危及人体健康和人身、财产安全的工业产品，必须符合保障人体健康和人身、财产安全的国家标准、行业标准；未制定国家标准、行业标准的，必须符合保障人体健康和人身、财产安全的要求。”

生产者、销售者和消费者进行产品质量检验的目的是避免购进不合格原材料用于生产和避免将不合格产品出厂销售和使用。生产厂家和销售商遇到销售不合格商品时都会损害其信誉，而且商品使用过程中一些不合格产品会造成很大的质量事故。质量事故一旦形成就要追究质量责任。产品质量责任，是指产品的生产者、销售者应当依法承担的法律后果，包括承担相应的行政责任、民事责任和刑事责任。判定承担产品质量责任的依据是产品的默示担保条件、明示担保条件或者是产品缺陷。产品的默示担保条件，是指国家法律、法规对产品质量规定的必须满足的要求；产品的明示担保条件，是指生产者、销售者通过标明采用的标准、产品标志、使用说明和实物样品等方式，对产品质量作出的明示承诺和保证；产品缺陷是指产品存在危及人身、财产安全的不合理的危险。

商品质量检验是商品检验的主要内容，国家重视商品质量而制定了《产品质量法》，使商品质量检验有了法律依据。制定产品质量法是为了加强国家对产品质量的监督管理，促使生产者、销售者保证产品质量；明确产品质量责任，严厉惩治生产、销售假冒伪劣产品的违法行为；保护用户、消费者的合法权益，完善我国的产品质量民事赔偿制度；遏制假冒伪劣产品，维护正常的社会经济秩序。

(2)商品重量和数量的检验

商品的重量检验是根据合同规定，采用规定的计量方式，计量出商品准确重量的检验；商品的数量检验是按照发票、装箱单或尺码明细单等规定，对整批商品进行逐一清点，得到实际装货的准确数量的检验。商品的重量和数量检验直接关系到贸易双方的经济利益和责任，因此尽管检验比较容易，检验环节要严密，结果必须准确无误。在重量检验方面，国家的相关法规有《中华人民共和国计量法》、《零售商品称重计量监督规定》和各种计量工具的质量标准等。

(3)商品的包装检验

商品的包装检验是根据商品标准或合同的有关规定，对商品的包装标志、包装材料、种类和包装方法等进行检验，判断包装是否符合规定要求的活动。商品的包装检验包括商品的运输包装检验和销售包装检验，一般商品的销售包装技术要求包含在商品标准中；运输包装要求则由运输部门制定包装规定或由当事人双方在运输合同中根据运输要求制定。例如对食品商品包装标志的检验，2004 年 5 月 9 日国家质检总局发布的《预包装食品标签通则》(GB 7718—2004)、《预包装特殊膳食食品标签通则》(GB 13432—2004)的规定，食品标签上不符合规定的预包装食品不得出厂和销售。

小阅读

我国出口商品都会在出口前接受严格的检验，但是在对我出口产品被美国食品药品管理局(FDA)扣留原因分析中显示：我国因标签不符被扣的输美药品，2004 年 1 月份占被扣药品批次的 42.8%，2 月份占 73.1%；因包装和标签不符被扣的输美化妆品 1 月份占被扣化妆品批次的 82.3%；因标签不符被扣的输美日用品，2 月份占被扣日用品批次的 66.6%。可见，在国内标签内容不受重视或对美国标签要求理解有偏差，标签达不到进口国要求已成为我对外商品贸易的瓶颈。美国法规在世界上比较健全和完善，如食品药品管理局颁布的法规有：《联邦食品、药物和化妆品法》、《公平包装和标签法》、《茶叶进口法》和《联邦烈性毒物法》等；美国消费产品安全委员会颁布的法规有：《消费产品安全法》、《防毒包装法》、《易燃纤维法》等，对产品的包装要求非常详细。另外发达国家对商品标签的要求非常苛刻，即使这些国家国内的产品也要万分小心，因为包装警示语不清楚而遭遇责任官司的案例很多，而且现在质量责任的索赔金额特别大。

(4)商品安全、卫生检验

商品安全检验主要是指电子电器类商品的漏电检验、绝缘性能检验和 X 光辐射等。商品卫生检验是指对商品中的有毒有害物质及微生物进行的检验。

进出口商品卫生检验主要是对进出口食品检验其是否符合人类食用卫生条件，以保障人民健康和维护国家信誉。《中华人民共和国食品卫生法》规定："进口的食品、食品添加剂、食品容器、包装材料和食品用工具及设备，必须符合国家卫生标准和卫生管理办法的规定。进口上款所列产品，由国家出入境食品卫生监督检验机构进行卫生监督检验。进口单位在申报检验时，应当提供输出国(地区)所使用的农药、添加剂、熏蒸剂等有关资料和检验报告。海关凭国家卫生监督检验机构的证书放行。"又规定："出口食品由国家进出口商品检验部门进行卫生监督、检验。海关凭国家进出口商品检验部门的证书放行。"

(5)其他检验

商品进出口检验业务中，除了上述检验内容外，还包括海损鉴定、集装箱检验、进出口商品的残损检验、进出口商品的装运技术条件检验、货载衡量、产地证明、价值证明以及其他业务的检验。

2. 商品检验机构

(1)国外商品检验机构

国际上进出口商品检验机构大体上可以分为官方、半官方和非官方检验机构三种类型。官方检验机构由国家或地方政府设置，根据国家法律、法规，对特定的进出口商品，执行强制的检验检疫和监督管理，如美国食品药品监督管理局(FDA)、矿山安全与健康管理局(MSHA)和农业部(USDA)等。非官方检验机构，即第三方独立检验机构，大都是经政府注册登记，由具备专业鉴定检验业务技术能力和国际法律知识的社团法人或私人办理的，通常称检验公司、公证行和鉴定公司等，如瑞士日内瓦检验公司SGS。有些民间检验机构在行业有了一定权威，由国家政府授权代表政府行使某项商品或某一方面的检验管理工作，可以承担部分法定检验任务，这时就是半官方的检验机构，如美国保险商实验室UL。

小阅读

美国拥有一批国际知名的商检公司，还有一大批中、小检测公司。大检验公司跨国经营，员工上万人；小公司只有3～5人。他们把对国内外制造商提供产品认证和检测作为自己的主业，并建立了一套完整的组织机构体系。商检公司的检测实验室下设检测分公司和跟踪检查分公司，检测分公司从事检测和认证业务，跟踪检查分公司按照检测分公司出具的检测报告和技术文件，对使用公司认证标志的产品实施跟踪检查(一般3个月进行一次)，对认证产品的质量进行定期监督。

(2)国内商品检验机构

国内商品检验机构包括国家检验机构、专门检验机构、指定检验机构和认可检验机构。国家商检部门、商检机构，国家质量监督检验检疫总局及其下设机构均属国家检验机构。专门检验机构是指国家行政法律、法规立法规定，承担一些特定进出口商品或项目的检验管理机构，如药品检验、卫生防疫、计量、航空、船舶、安全监察等检验部门。指定检验机构是指国家商检部门和商检机构指定承担部分检验任务的检验机构。认可检验机构是国家商检部门或机构根据实际需要，凭检验机构申请，经过审查，认为符合条件的专业检验机构、科研单位、大专院校和厂矿企业等检验机构，其承担指定的商品检验任务，认可检验机构不能签发检验证书，检验结果由商检机构凭证换发检验证书或其他有关单证。

3. 产品检验标准的制定

国家商品检验部门或工厂、企业在商品检验过程中，有检验标准的产品按照检验标准进行检验，没检验标准的产品需要制定检验标准。

制定检验标准的目的是使检验人员有所依据，了解如何进行检验工作，以确保产品质量。

检验标准的内容包括适用范围、检验项目、质量基准、检验方法、抽样计划、取样方法、群体批经过检验后的处置和其他应注意的事项。

检验标准的制定与修正由工程单位、质量管理单位进行。

检验标准内容的说明如下。

(1)适用范围:列明适用于何种进料(含加工品)或成品的检验。

(2)检验项目:将实施检验时应检验的项目列出。

(3)质量基准:明确规定各检验项目的质量基准,作为检验时判定的依据,如无法以文字述明,则用标准实物样本或限度样本来表示。

(4)检验方法:说明在检验各检验项目时,是分别使用何种检验仪器量规或是以感官检查(例如目视)的方式来检验,如某些检验项目须委托其他机械代为检验,亦应注明。

(5)抽样计划:采用何种抽样计划表(例如计数值用 MIL—SID—105E、计量值用 MIL—STD—414)。

(6)取样方法:抽取样本,必须由群体批中无偏倚地随机抽取,可利用随机数表来取样,但群体批各制品无法编号时,则取样时必须从群体批任何部位平均抽取样本,如闭起眼睛取样。

(7)群体批经过检验后的处置:

①属进料(含加工品)者,则依进料检验规定有关要点办理(合格批,通知仓储人员办理入库手续;不合格批,则将检验情况通知采购单位,由其依实际情况决定是否需要特采);

②属成品者,则依成品质量管理作业办法有关要点办理(合格批则入库或出货,不合格批退回生产单位检修);

③注意在检验过程中对不合格品进行隔离。

(8)其他应注意的事项:

①如检验时必须按特定的检验顺序来检验各项目时,则必须将检验顺序列明;

②必要时可将制品的蓝图或略图附于检验标准中;

③详细记录检验情况;

④检验时于样本中发现的不良品,以及于群体批次中偶然发现的不良品均应与良品交换;

⑤其他。

二、商品检验的依据

1.进出口商品检验的依据

我国 1989 年颁布,2002 年修订的《中华人民共和国进出口商品检验法》第四条规定:国家商检部门制定、调整必须实施商品检验的进出口商品检验目录并公布实施。第五条规定:进口商品未经检验的,不准销售、使用;出口商品未经检验合格的,不准出口。第六条规定:必须实施的进出口商品检验,是指确定列入目录的进出口商品是否符合国家技术规范的强制性要求的合格评定活动。合格评定程序包括:抽样、检验和检查;评估、验证和合格保证;注册、认可和批准以及各项的组合。第七条规定:列入目录的进出口商品,按照国家技术规范的强制性要求进行检验;尚未制定国家技术规范的强制性要求的,应当依法及时制定,未制定之前,可以参照国家商检部门指定的国外有关标准进行检验。第九条规定:法律、行政法规规定由其他检验机构实施检验的进出口商品或者检验项目,依照有关法律、行政法规的规定办理。

(1)检验检疫商品目录

2000 年 1 月 1 日,我国国家出入境检验检疫局与海关总署联合发布了 2000 年第一号公告,公布《出入境检验检疫机构实施检疫的进出境商品目录》,并于当年 2 月 1 日起施行。该目录是在原国家商检局制定的《进出口商品检验种类表》和原卫生检疫局制定的《进出口卫生监督检验食品与 H·S 目录对照表》的基础上合并、修订而形成的现行法定检验检疫商品目录。凡列入该目录的进出境商品,必须凭出入境检验检疫机构签发的货物通关证明验放。

(2)依据法律、法规和标准实施检验

法律、行政法规规定有强制性标准或者其他必须执行的检验标准的,按照强制性标准或检验标准检验;法律、行政法规未规定有强制性标准或者其他必须执行的检验标准的,按照对外贸易合同约定的检验标准检验,实物标准具有同等效力;法律法规规定的强制性标准或检验标准,低于外贸合同检验标准时,可以按照合同规定的检验标准检验。

2.内贸商品检验的依据

我国在 1986 年 12 月 2 日发布的《中华人民共和国国境卫生检疫法》,1988 年发布、于 1989 年 4 月 1 日实施的《中华人民共和国标准化法》、《中华人民共和国进出口商品检验法》,1993 年发布、9 月 1 日起实施的《中华人民共和国产品质量法》,1995 年 10 月 30 日发布的《中华人民共和国食品卫生法》等系列法律、法规,为商品检验提供了实施商品检验的法律依据。如《中华人民共和国标准化法》第十九条规定:县级以上政府标准化行政主管部门,可以根据需要设置检验机构,或者授权其他单位的检验机构,对产品是否符合标准进行检验。法律、行政法规对检验机构另有规定的,依照法律、行政法规的规定执行。

(1)质量标准

质量标准是检验商品质量的主要依据,是生产、经营企业必须执行的技术法规。在实际运用中,国家、行业或地方强制性标准是必须执行的标准;而各级推荐性标准企业可以选择执行,也可以选择制定企业标准,这种情况,国家通过标准备案来进行控制,一旦企业确定了执行何种标准并通过技术监督局备案,该标准就是企业必须执行的标准，是商品检验的依据。

(2)统检细则

国家和地方监督部门出于对某一产品主要项目进行全面监督抽查的需要，根据国家标准、行业标准或地方标准制定统一检验项目、统一检验方法、统一技术指标和统一判据的统检细则。

(3)检验规则

当没有国家标准、行业标准和地方标准时，政府质量监督部门临时制定检验项目、检验方法、技术指标和判据的检验细则。

(4)购销合同

购销双方约定的质量要求，必须共同遵守，一旦发生质量纠纷时，没有违背现行国家法律法规购销合同的质量要求，就是仲裁的法律依据。

第四节　商品检验的方法

一、感官检验法

感官检验法，又称感官分析、感官检查或感官评价，是利用人的感觉器官作为检验器具，对商品的色、香、味、形、手感和音色等感官质量特性作出判断和评价的检验方法。

感官检验法在商品流通领域中使用比较广泛，处在流通领域中的商品都经过出厂检验且配有合格证，但商品在储存、运输或进出货过程中，经常需要对商品的品质变化作出判断，其范围是商品的外形结构、外观疵点、色泽、硬度、弹性、气味、声音和包装物等，所以流通中的检验以感官检验为主。另外对于某些特殊商品的感官检验，国家还制定了检验标准，比如酒类的品评。

感官检验的优点是：不需要复杂精密仪器，简便易行，快速灵活，成本低，可以依赖实践经验进行判断。缺点是：准确度低，检验项目受感官能力限制，只能得出初步判断，需要进一步检验。

感官检验法可以分为视觉检验法、嗅觉检验法、味觉检验法、触觉检验法和听觉检验法等。

1. 视觉检验法

视觉检验是用人的视觉器官来检验商品的外形、结构、颜色、光泽以及表面状态、疵点等质量特性。凡是直接能够用眼睛分辨的质量指标都适合视觉检验。

视觉检验中，有时要使用标准样品，例如茶叶、烟叶、棉花、羊毛和生丝等均制定有标准样品，标准样品是实物标准，它是标准的另一种存在形式，它与文字标准合在一起构成完整的标准形态。自从 20 世纪初美国研制成功第一个冶金标准样品（当时称 Standard sample）以来，经过约 100 年的发展，在国际上和我国均已经建立了一个完整的标准样品管理体系。这个体系包括一套行政管理和技术管理法规体系和相应层次的管理机构。全国标准样品技术委员会还分别批准成立了冶金、有色金属、环保、农药、气体化学品、无损探伤和酒类等7个分技术委员会以及多个专业技术工作组。

视觉检验鉴定者应该具有丰富的关于被鉴定商品外观形态方面的知识,并熟悉标准样品中各等级的条件、特征和界限;视觉鉴定过程中要注意对光线强弱的要求。

2. 嗅觉检验法

嗅觉检验是通过人的嗅觉器官检查商品的气味,进而评价商品质量。适用于食品、药品、化妆品、洗涤用品和香料等商品的气味检验和评价,也适用于一些通过燃烧气味进行品质成分鉴定的检验实验。

当食品或工业品的质量发生变化时,气味也会发生相应的变化;某些具有吸附性的商品,吸收了其他异味而影响商品的品质;某些商品具有本品独特的芳香气味,有时质量产生变化或不适当的加工会改变这种独特的香气;这些情况都可以通过嗅觉检验来对商品进行鉴定。嗅觉鉴定者要具备要求的生理条件,丰富的实践经验。嗅觉鉴定场所也要符合鉴定标准要求。

3. 味觉检验法

味觉检验是利用人的味觉器官,检查有一定滋味要求的商品(如食品、药品等),并作出一定判断的检验方法。

酒类品评主要使用味觉检验法,商务部制定了《酒类商品批发经营管理规范》(SB/T 10391—2005)和《酒类商品零售经营管理规范》(SB/T 10392—2005),国家关于品酒员、品酒师和高级品酒师进行三级管理,中国酿酒协会设有白酒品酒员培训班,学员通过考核合格后,可以获得中国酿酒协会颁发的全国统一专业资格证书。味觉检验依靠检验者味觉的敏感度,检验者味觉的敏感度决定了检验结果的准确性,为此国家制定了《感官分析味觉敏感度的测定》(GB/T 12312—1990)标准以评判味觉的敏感度。

4. 触觉检验法

触觉检验是利用人的触觉感受器对被检商品轻轻作用的反应以触觉来评价商品质量。如利用触摸、按压、拉伸、拍敲和抓摸等方法施加于商品,得到商品的光滑细致程度、软硬程度、干湿程度和弹性拉力弹力大小的感觉,对商品的某些特性进行判断。

5. 听觉检验法

听觉检验是凭借人的听觉器官来检验商品质量的方法,如检查玻璃、陶瓷和金属制品有无裂纹,评价家用电器、乐器的音质等。

以上五类感官检验方法各有特点,在实际检验时有时要综合运用。感官检验要运用人的感觉器官,要求操作者具有灵敏的感觉,有良好的生理、心理素质,有丰富的商品知识和实践经验。在实施感官检验时还要注意检验环境的配合。一般要求检验场所空气清新,无异味;光线柔和自然,避免使用强光或有颜色的光线;场地安静,装饰搭配不影响检验效果。

二、化学分析检验法

化学检验法是利用化学原理与方法,应用试剂与仪器对商品的化学成分及其含量进行测定,进而判断商品品质是否合格的检验方法。

化学鉴定的主要内容是化学分析,包括定性分析与定量分析。定量分析又分重量分析和滴定分析两类。重量分析是将试样中的被测成分与其他成分分离,根据被测成分的重量计算占试样重量的百分含量,如各类食品的水分含量、灰分含量和纤维素含量等;滴定分析是将已知准确浓度的标准溶液通过滴定管滴加到被测溶液中直到等当点,然后根据体积计算被测成分含量的方法,各类食品中的蛋白质含量、酸度等都使用滴定分析法。

三、仪器分析检验法

仪器分析检验法是采用光、电等方面比较特殊或复杂的仪器,通过测量商品的物理性质或化学性质来确定商品的化学成分的种类(定性)、含量和化学结构以判断商品质量的检验方法。仪器分析检验法包括光学分析法和电学分析法,光学分析是通过被测成分吸收或发射电磁辐射的特性差异来进行成分鉴定,具体有比色法、分光光度法和荧光光度法等。如利用光量光谱仪可以在 1～2min 内测出钢中 20 多种合金元素的含量;用气相色谱法测定绝缘油中溶解气体的组分含量,是判断运行中的充油电力设备是否存在潜伏性的过热、放电等故障,是保障电网安全有效运行的有效手段,也是充油电气设备制造厂家对其设备进行出厂检验的主要手段。变压器油色谱分析系统采用单柱流程系统,一次进样即可完成绝缘油中溶解气体组分(包括氢气、氧气、甲烷、乙烯、乙烷、乙炔、一氧化碳和二氧化碳)含量的全分析。电学分析法是利用被测物的化学组成与电物理量之间的定量关系来确定被测物的组成与含量,具体有光谱法、电位滴定法和电解分析法等。

仪器分析检验投资成本比较高,普及起来比较困难,但是仪器检验速度快,准确度高,检测量达到一定程度时单位检测成本会降低。如美国一直使用大型 X 射线装置检验集装箱,X 射线对装在铁盒里的核弹或浓缩钚无能为力,所以出于安全考虑,美国劳伦斯·利弗莫尔国家实验室 2004 年试验用活性中子探寻法检测可疑货物,每个集装箱不到 1min 的时间就可以完成扫描,差错率小于千分之一,而且对人和货物都安全无害。

四、物理检验法

物理检验法是在一定的实验环境条件下,利用各种仪器、器具作手段,运用物理的方法来测定商品质量指标的方法。

物理检验法包括一般物理检验法、光学检验法、热学检验法、机械检验法、力学检验法和电学检验法。

1. 一般物理检验法

一般物理检验法即通过各种量具、测量仪、天平及专门仪器来测定商品的长度、细度、面积、体积、厚度、相对密度、黏度、渗水性和透气性等一般物理特性的方法。例如棉纤维长度和细度的测定。

2. 光学检验法

光学检验法是通过各种光学仪器来检验商品品质的方法。可以用来检验商品的物理性质，也可以用来检验某些商品的成分和化学性质，常用的仪器有显微镜、折光仪、旋光仪和比色计等。如用折光仪测定油脂的折光率，可以判断油脂的新陈；利用旋光仪测定糖液的比旋光度，可以测定溶液中可溶性固形物的含量等。

3. 热学检验法

热学检验法是利用热学仪器测定商品的热学特性的一种检验方法。可以用来检验商品的熔点、凝固点、沸点和耐热性能等，玻璃、金属、塑料、橡胶等很多商品的热学性质与质量密切相关。

4. 机械检验法

机械检验法是利用各种力学仪器测定商品机械性能的一种检验方法。工业品商品的质量指标，如抗拉强度、抗压强度、断裂伸长率、抗顶强度、硬度、弹性、塑性和脆性等多采用这种检验方法。机械检验法使用的仪器设备有万能材料试验机、冲击试验机、扭力试验机和硬度试验机等。

5. 电学试验法

电学试验法是利用电学仪器测定商品电学特性的一种检验方法。检验的项目有电阻、介电系数、电容、电压和电流强度等。电学检验节省材料，检验速度快，结果准确。

五、生物学检验法

生物学检验法是食品类、药类和日常工业品商品质量检验的常用方法之一，包括微生物学检验法和生理学检验法两种。

微生物学检验法是利用培养法、分离法、显微镜观察法和形态观察法等，对商品中有害微生物存在与否及其存在的数量进行检验，并判断其是否超过允许限度的一种检验方法。微生物学检验法是判断商品卫生质量的重要手段。

生理学检验法是用来检验食品的可消化率、发热量及营养素对机体的作用及食品和其他商品中某些成分的毒性等的一种检验方法。检验中有时使用鼠、兔等进行毒理、病理试验，经过动物试验后验证无毒害，经过有关部门批准才能在人体上进行试验。现在科学家正在尝试避免使用动物试验，利用更好的办法对一些有毒化学品进行检测，如马歇尔航天飞行中心的科学家利用微生物在低重力下对有毒化学品敏感导致游动速度和方向都改变的现象检测化学品、废水和潜在污染源，检测化妆品的生理毒性、过敏反应等非常有效。

S 本章小结

商品检验是指商品的供货方、购货方或第三方在一定条件下，借助某种手段和方法，按照合同标准或国际、国家有关法律、法规和惯例，对商品的质量、规格、重量以及包装等方面进行检查，并作出合格与否或通过检验与否的判定。根据商品检验的目可将商品检验分为第一方、第二方和第三方检验；根据商品内、外销情况可将商品检验分为内贸商品检验和外贸商品检验；根据被检验商品有无破坏性可将商品检验分为破坏性检验和非破坏性检验；根据检验商品的数量可将商品检验分为全数检验、抽样检验和免于检验。商品检验是商品生产、加工企业保证商品质量，避免质量责任追究，维护企业信誉，持续发展的重要手段；是商业流通企业保证购进商品质量合格，保证在储运过程中质量不发生变化的依据；是判定质量责任的依据；是国家质量部门控制宏观商品质量，保障人民群众安全消费的重要手段；是国家对外贸易中保证商品质量合格，维护国家信誉的保障。

抽样是根据合同或标准所确定的方案，从被检批商品中抽取一定数量的有代表性的、用于检验的单位商品的过程，又称取样或拣样。抽样检验的方法主要有简单随机抽样、分层随机抽样和系统随机抽样。抽样工具主要有利用扑克牌获得随机数字、利用随机数表获得随机数字。抽样检验的分类按照产品质量特性分类，可以分为计量抽样检验和计数抽样检验；按照抽样方案是否调整分类，可以分为调整型抽样检验和非调整型抽样检验；按照抽取样本的次数分类，可以分为一次抽样检验、二次抽样检验和多次抽样检验。

商品检验的内容有商品质量检验、商品重量和数量的检验、商品的包装检验、商品安全卫生检验。商品检验机构有国外商品检验机构、国内商品检验机构。

商品检验的方法有感官检验法、化学分析检验法、仪器分析检验法、物理检验法和生物学检验法。

P 实训项目

利用执行标准代号进行检验

1. 市场上两种小包装淀粉的执行标准代号分别为 GB 12309—90 和 GB 8885—88，其余的提示信息是厂名、厂址和生产日期等，有些饭店为了价格便宜使用批号是

GB 12309—90 的淀粉，请你利用所学知识或其他媒体判断两种淀粉有何不同，是否适合食用？（提示：查询标准代号对应的标准名称和淀粉相关知识，例如马铃薯淀粉是以马铃薯为原料加工而成的由多葡萄糖分子组成的一种白色粉状物，其理化指标为：白度≥90%，水分≤20%，黏度≥1100BU，蛋白质≤0.15%，主要用于食品和医药、石油化工、造纸、纺织、饲料、发酵、铸造、建材等各工业领域。）

2. 某消费者购买一件毛衣后贴身穿了几天就感觉不舒服，看标签上标示的执行标准代号为 GB 18401—2003，安全类别为“C”，请你帮助消费者判断，这件毛衣是否适合贴身穿着？（提示：我国标准规定了服装安全类别，A、B、C 类安全级别的服装分别适合各种穿着方式，查阅相关安全标准，可以指导自己或他人合理选择穿着方式。）

T 思考与练习

一、思考题

1. 简述感官检验的分类。

2. 什么是物理检验？物理检验包括哪些方法？

二、练习题

（一）填空题

1. 全数检验一般适用于（　　）、（　　）和（　　）的商品检验。

2. 商品抽样检验可能会出现（　　）、（　　）和（　　）的错误。

3. 从 5 000 件商品中随机抽取 50 件进行检验，确定抽样方案为 50(2,3)，结果有 2 件不合格品，则（　　）或（　　）。

（二）单项选择题

1. 商品生产检验属于（　　）。

A. 第一方检验　　B. 第二方检验　　C. 第三方检验　　D. 全数检验

2. 商品验收检验属于（　　）。

A. 第一方检验　　B. 第二方检验　　C. 第三方检验　　D. 全数检验

3. 商品监督检验属于（　　）。

A. 第一方检验　　B. 第二方检验　　C. 第三方检验　　D. 全数检验

4. 商品的生产方希望抽样方案能使（　　）。

A. 不合格批判为合格的概率尽量小

B. 合格批判为不合格的概率尽可能小

C. 合格批判为不合格的概率尽量大

D. 不合格批判为合格的概率尽可能大

5. 商品经检验有(　　)称为不合格品。

A. A 类不合格　　B. B 类不合格

C. C 类不合格　　D. 任何不合格

6. 10 个螺钉中有 3 个不合格品，随机取 4 个使用，4 个全是合格品的概率是(　　)。

A. 1/4　　B. 1/5　　C. 1/6　　D. 1/3

7. 产品上有缺陷就是不合格品，产品上的缺陷数 X 是随机变量，设产品上有 x 个缺陷的概率为：$p(X=x)=1/2^{x+1}$，$x=0,1,2\cdots$ 则该种产品的合格率为(　　)。

A. 1/8　　B. 1/4　　C. 1/2　　D. 1

8. 固定百分比抽样是不合理的，按此抽样的结果是(　　)。

A. 小批松、大批严　　B. 大批松、小批严

C. 小批松、大批松　　D. 小批严、大批严

9. 用糖量计测果实含糖量属于(　　)。

A. 物理鉴定法　　B. 化学鉴定法

C. 光学鉴定法　　D. 电学鉴定法

(三)案例分析

2001 年 11 月，因为氯霉素事件，来自中国的褐虾中检验出氯霉素，由此确定中国动物饲料中含有欧盟禁用药物。欧盟因此发出全面禁止从中国进口动物源性食品的禁令，在欧盟对中国的动物源性食品下达禁令以后，石荷州根据德国消费部的通知，州环境部首先委托本州检疫人员，对从中国进口的动物源性食品开始抽样检测。2002 年 2 月 11 日和 13 日，检疫人员对约 400t 蜂蜜开始了抽样检测。2 月 19 日，有了初步结果，在受检蜂蜜中发现抗生素残留物，为此，环境部立即通知了进口商和有关企业，让他们查封了这批蜂蜜。2 月 21 日，初步检测结果显示蜂蜜含有氯霉素，环境部立刻通知德国消费者部和联邦德国各个州的主管部门。2 月 25 日晚，正式检测结果显示，这 400t 的来自中国的蜂蜜氯霉素的含量在 3.5～5.6mg/kg 之间。2 月 26 日，环境部立即把检测结果报告联邦德国消费部，消费部当天便告知欧盟。2 月 27 日，欧盟立即通知了所有欧盟成员国，这就是人们经常听说的提前预警系统。

案例思考题

1. 查阅国家强制性标准《食品添加剂使用卫生标准》(GB 2760—1996)，尝试找到我国国家标准规定蜂蜜可否使用氯霉素作添加剂，如果可以剂量是多少？

2. 发达国家对食品的质量安全要求越来越严格，结合实际，谈谈自己对我国食品质量安全监管的意见和建议。

第八章　几大类商品的特征

本章知识目标

通过本章的学习学生应掌握以下知识：

1. 酒品的分类；
2. 茶叶的化学成分；
3. 食品的安全卫生；
4. 天然纤维的类别；
5. 针棉织品的种类、结构；
6. 化妆品的质量要求、合成洗涤剂的组成；
7. 电冰箱的挑选和使用，空调器使用时应注意的问题。

本章能力目标

通过本章的学习学生应具备以下能力：

1. 结合实例说明常见的水果类食品的营养价值和禁忌；
2. 理解并能阐述纺织品质量的鉴别；
3. 理解并能阐述合成洗涤剂的主要品种；
4. 通过实践认识塑料制品的成型方法。

本章学习要求

通过学习，使学生对商品大类有个准确的认识。同时，要让学生知道商品大类包括糖酒类、茶叶和水果类、纺织品、日用化学品和家用电子电器等种类，以及各大类商品的特点、养护等。

典案阅读

我国出台四项运动营养食品行业标准

我国运动营养食品行业标准的制定和修改工作取得重大突破。国家发展改革委发布公告称，批准《运动营养食品能量补充食品》(QB/T 2831—2006)等4项运动营养食品标准，自2007年8月1日起实施。该标准是在北京康比特威创体育新科技有限发展公司的合作下完成的。已通过的运动营养食品行业标准名称分别为《运动营养食品能量补充食品》，标准编号为QB/T 2831—2006；《运动营养食品蛋白质补充食品》，标准编号为QB/T 2832—2006；《运动营养食品能量控制食品》，标准编号为QB/T 2833—2006；《运动营养食品食用肌酸》，标准编号为QB/T 2834－2006。据介绍，上述四项标准于2005年被列入国家发展和改革委员会下达的“2005年行业标准制修订项目计划”，审核过程中，经过了行业调研、资料查阅、样品分析、检测方法研究和征求意见等程序。这四项标准以食品属性和食用目的为出发点，内容具体。标准从运动人群的特殊营养需求出发，注重与现有法规、标准协调一致，即考虑到营养素的有效性和安全性。运动营养食品行业标准的出台，将更好地引导和规范运动营养产业的发展。

点评：

食品安全和卫生是关系到国计民生的大问题。运动营养食品是食品发展的新趋势，行业标准的出台，能更好地规范运动营养食品产业的发展。

食品类商品是最具特色的商品，它的品种繁多，化学成分复杂，质量易变化。纺织品所用原料多种多样，加工方法很多，用途也广泛。日用工业品是指供人们日常使用的工业产品，俗称日用百货。日用工业品种类繁多，性能各异，用途广泛，主要包括硅酸盐制品、日用金属制品和洗化商品等。这些商品与人们生活关系非常密切。

第一节　食品商品的特征

食品是维持生命力，促进人体发育和保证健康所不可缺少的生活资料。食品商品包括食用加工产品、休闲食品、烟、酒、糖和茶等。食品的营养卫生和安全是对食品最基本的要求。

一、食品的分类与营养卫生

“民以食为天”，食品在消费者的日常生活中占有非常重要的地位。食品是维持生命力，促进人体发育和保证健康所不可缺少的生活资料。健康、合理的饮食可起到预防疾病及排毒养颜的功效，如，葡萄可预防口腔溃疡，蘑菇汤可以提升人体免疫力等。食品商品包括可直接食用的蔬菜、果品，水产品、肉禽蛋等食用加工产品，饼干、果仁等休闲食品，还包括乳制品、饮料和烟、酒、茶等。

食品的营养卫生和安全是对食品最基本的要求。

1. 食品的营养价值

食品是人体获得热能和营养素的基本来源，是满足人类营养需要的物质基础。食品的营养价值通常指食品中所含营养素和热能满足人体需要的程度，它包括营养素种类齐全、数量及其相互比例适宜，且易被人体消化吸收及利用。一种食品营养价值的高低主要取决于营养成分、可消化率和发热量三个因素。

营养成分，又称营养素，是指食品中所含的热量、蛋白质、脂肪、碳水化合物、膳食纤维、维生素、矿物质和水等。不同的食物含有不同的营养成分，提供不同的营养功能。如鱼、蛋、豆制品、肉类和禽类等是蛋白质的主要来源，起到维持神经系统正常功能和身体正常新陈代谢的作用；各种植物油、肉类和坚果等是脂肪的重要来源，主要供给维持生命必需的热能；蔗糖、谷物、水果和蔬菜等是碳水化合物的主要来源，主要起到维持大脑能源和调节脂肪代谢的功能。

现代营养学家认为，衡量食品的营养价值高低不仅仅只看食品中营养素含量的多少，还应看它在人体的可消化率与发热量。

可消化率，是指人体对食品内的营养成分消化和吸收的程度，用百分比来表示。可消化率高，即营养成分在体内的消化和吸收程度高，表明食品营养成分发挥的作用大，营养价值高。因此，只有当营养素被人体所吸收，才能发挥其作用。可消化率的高低除了与人体自身条件有关外，还跟食品的特性有关。原材料、加工方式等不同，可消化率也会不同。

发热量，是指食品中的营养成分被人体消化吸收后所产生的热量，是评价食品营养价值最基本的指标。人体对食品的需要量通常是用能产生热量的蛋白质、脂肪和碳水化合物的发热值来计算的。三种营养成分单位质量所产生的热量不同，其中以脂肪最多。

2. 食品的安全卫生

中国法律对食品安全卫生质量基本要求的规定为：食品应当无毒、无害，符合应有的营养要求，具有相应的色、香、味等感官性状。食品的安全性是以食品卫生为基础，食品安全性包括了卫生的基本含意。即“食品应当无毒、无害”，是正常人在正常食用情况下摄入可食状态下的食品，不会对人体造成危害。《食品工业基本术语》将“食品卫生（食品安全）”定义为：为防止食品在生产、收获、加工、运输、储藏和销售等各个环节被有害物质（包括物理、化学和微生物等方面）污染，使食品有益于人体健康，所采取的各项措施。强调保证食品卫生的首要问题，是解决吃得干净不干净，有害与无害，有毒与无毒的问题，也就是食品安全与卫生的问题。影响食品商品卫生与安全的因素主要有以下几个方面。

首先，动植物食品自身中的毒素，如鲤鱼、草鱼等淡水鱼类体内的鱼胆毒素，土豆发芽后产生的龙葵素等。这些毒素对人体的消化系统、神经系统等都有严重的危害。

其次，食品在加工及储藏过程中产生的毒素，包括微生物、真菌感染食品和造成腐烂或变质，农药、化肥和铅等有毒化学物质大量混入食品造成食品污染，食品储藏过程中自身产生的化学反应等。例如，食品中过量加入色素引起铅中毒，水果因其中的碳水化合物被酶分解而腐烂，花生、玉米等被产毒霉菌污染产生黄曲霉毒素等。

再次，因为某些人为因素所造成的食品污染，如使用过期或变质的原材料制作食品。

小阅读

食品的色、香、味、形指的是食品的色泽、香气、味道和外观形状，是评价食品质量的重要指标之一。首先，食品良好的色泽和外观，诱人的香气和滋味可以刺激人们的食欲，提高食品的消化吸收程度。其次，食品的色、香、味、形可用于鉴别食品的新鲜程度、成熟程度、加工精度、品种风味及变质状况。中国食品以其博大精深的文化内涵所著称，而饮食文化也日益被人们所注重。随着经济的发展和社会的进步，人们会加强对精神层面的追求，而食品的文化内涵也可能会成为评价食品质量的附加要求。

二、糖酒类食品

1. 糖类食品

人体内总热能的60%～70%来自食物中的糖类，主要是由大米、面粉、玉米和小米等含有淀粉的食品供给的，这些碳水化合物是构成机体的成分并在多种生命过程中起重要作用。碳水化合物，亦称糖类，是人体热能最主要的来源。它在人体内消化后，主要以葡萄糖的形式被吸收利用，葡萄糖能够迅速被氧化并提供(释放)能量，每克碳水化合物在人体内氧化燃烧可放出4千卡热能。

碳水化合物与脂类形成的糖脂是组成细胞膜与神经组织的成分，黏多糖与蛋白质合成的黏蛋白是构成结缔组织的基础，糖类与蛋白质结合成糖蛋白可构成抗体、某些酶和激素等具有重要生物活性的物质。人体的大脑和红细胞必须依靠血糖供给能量，因此维持神经系统和红细胞的正常功能也需要糖。糖类与脂肪及蛋白质代谢也有密切的关系。糖类具有节省蛋白质的作用，当蛋白质进入机体后，使组织中游离氨基酸浓度增加，该氨基酸合成为机体蛋白质是耗能过程，如同时摄入糖类补充能量，可节省一部分氨基酸，有利于蛋白质合成。食物纤维是一种不能被人体消化酶分解的糖类，虽不能吸收，但能吸收水分，使粪便变软，体积增大，从而促进肠蠕动，有助排便。

(1)糖类食品对人体的功能

①供给能(热)量。供给能量是糖的主要功能,成人平均每日每公斤体重需糖6g。虽然脂肪每单位产热量较糖多一倍,但饮食中糖含量多于脂肪。糖是产生热能的营养素,它使人体保持温暖。人们常说"吃饱了就暖和了"就是这个道理。

②构成身体组织。糖在机体中参与许多生命活动过程。如糖蛋白是细胞膜的重要成分;黏蛋白是结缔组织的重要成分;糖脂是神经组织的重要成分。

③保肝解毒。当肝糖原储备较丰富时,人体对某些细菌毒素的抵抗力会相应增强。因此保持肝脏含有丰富的糖原,可起到保护肝脏的作用,并提高了肝脏的正常解毒功能。

④节约蛋白质。糖广泛分布于自然界,来源容易。用糖供给热能,可节省蛋白质,而使蛋白质主要用于组织的建造和再生。

⑤抗酮作用。脂肪在人体内完全氧化,需要靠糖供给能量,当人体内糖不足,或身体不能利用糖时(如糖尿病人),所需能量大部分要由脂肪供给。脂肪氧化不完全,会产生一定数量的酮体,它过分聚积使血液中酸度偏高、碱度偏低,会引起酮性昏迷。所以糖有抗酮作用。

⑥增强肠道功能,合成维生素。糖类食物中不被机体消化吸收的纤维素促进肠道蠕动,防治便秘,又能给肠腔内微生物提供能量,合成维生素 B。

⑦增进食欲。糖不但是食物,而且可作为配料,调节食物风味,增加食欲。

糖类广泛分布于生物体内,为植物光合作用的初生产物。糖类不仅是植物体内的储藏养料,而且是生物合成其他有机化合物的前体。按照组成糖类成分的糖基个数,可将糖类分为单糖、低聚糖和多糖三类。

(2)常见的多糖化合物的种类

①淀粉。淀粉是植物体内储藏的营养物质,具有一定的形态,通常为白色颗粒状粉末,不溶于冷水、乙醇及有机溶剂,在热水中形成胶体溶液,可被稀酸水解成葡萄糖,也可被淀粉酶水解成麦芽糖。

②菊糖。菊糖溶解于细胞液中,广泛分布于菊科和桔梗科植物中。遇乙醇可形成球状结晶析出。能溶于热水,微溶或不溶于冷水,不溶于有机溶剂,遇碘液不显色。常用于肾功能检查。菊糖的形态结构可作为生药显微鉴定的特征之一。

③树胶。树胶为高等植物干枝受伤或受菌类侵袭后自伤口渗出的分泌物,在空气中干燥后形成半透明的无定形固体。树胶的形成是由于细胞壁、细胞内含物质受酶的作用分解变质(树胶化)所致。主要分布于蔷薇科、豆科、芸香科与梧桐科等多种植物。

④黏液质(mucilage)为存在于种子、果实、根、茎的黏液细胞和海藻中的一类黏多糖,是保持植物水分的基本物质,是植物正常的生理产物。如车前子胶(plantosan)是车前种子中的黏液质。黏液质的组成与树胶相似,多为无定形固体。在热水中形成胶体溶液,冷后成冻状,不溶于有机溶剂,可与醋酸铅溶液产生沉淀。

⑤黏胶质。黏胶质为高等植物细胞间质的构成物质，具有止泻作用。

⑥动物多糖。包括肝糖原（glycogen）、甲壳素（chitin）、肝素（heparin）、硫酸软骨素（chondroitin sulfate）和透明质酸（hyaluronic acid）等。

2.酒类食品

酿酒是用含糖类的原料，经水解后，逐步地转为单糖，然后在不同酵母所分泌的酶的作用下，引起酒精发酵而得到具有色、香、味的产品。如果所用原料（如葡萄、苹果等）含有大量单糖，则可以直接进行酒精发酵。如果用含多糖和双糖的原料，则必须先经各种酶的水解，由多糖转为双糖，再以双糖分解为单糖，然后才能进行酒精发酵。

(1)酒的分类

目前我国酒品的分类主要有以下几种方法。

①按酿制方法分类

蒸馏酒。它是把含糖或含淀粉的原料，经糖化、发酵和蒸馏而制成的酒，如我国的白酒，国外的白兰地、威士忌酒等。其特点是酒精度较高，刺激性强。

发酵原酒，也称压榨酒。是把含糖或淀粉原料经糖化（或不经过糖化）、发酵后直接提取或用压榨法制成的酒，如啤酒、葡萄酒和果酒等，其特点是酒精度低，刺激性小，并具有一定营养价值。

配制酒。将白酒或酒精与一定比例的糖料、香料、中药等配制而成的酒。如竹叶青、五加皮和虎骨酒等，其特点是酒内含有一定的糖分和固形物，有一定的药用价值。

②按酒精含量分类

高度酒。酒精度在40度以上是高度酒，如高度白酒、白兰地等。

中度酒。酒精度在20～40度之间是中度酒，如中度白酒和配制酒。

低度酒。酒精度在20度以下是低度酒，如葡萄酒、果酒、黄酒和啤酒等。

③按经营习惯分类

按经营习惯分为白酒、黄酒、啤酒、葡萄酒、果酒和露酒等。

(2)外国酒

世界上酒类品种繁多，难以计数。

①啤酒。世界上啤酒，按传统风味大致划分如下：拉戈啤酒（Lager beer），是世界上产量最大的啤酒；白啤酒或爱尔啤酒（Ale beer）；司都特啤酒（Stout beer）；跑特啤酒（Porter beer）和包克啤酒（Bock beer）等。目前，国内市场上较常见的外国啤酒品牌有：百威、蓝带、贝克、喜力、生力、虎牌和麒麟等。

②葡萄酒。世界葡萄酒种类繁多，根据其特点及作用可划分如下：无泡葡萄酒、起泡葡萄酒、强化葡萄酒和香料葡萄酒等。

③清酒。清酒在日本享有国酒之誉，与我国的黄酒为同一类型的米酒。酒精度在15度以上，含有多种氨基酸、维生素，是营养丰富的饮料。

④蒸馏酒。蒸馏酒按使用原料不同,可分为葡萄蒸馏酒、谷物蒸馏酒和杂果蒸馏酒三类;按销售习惯可分为白兰地、威士忌、金酒、伏特加、朗姆酒和特吉拉酒。

⑤配制酒。是以酿造酒、蒸馏酒作为酒基,与一些非酒精物质进行勾兑、浸制和混合等多种方法配制而成的酒液。配制酒种类较多,风格各异,大多数的开胃酒、餐后酒属此类。

⑥混合酒。用各种酒作为酒基,加上其他食品调制而成的酒精饮料。各种酒互相混合也可配成混合酒,大部分混合酒冷饮是现配现饮,鸡尾酒是混合酒中的一种。

(3)酒的保管

①白酒

白酒的包装主要是瓶装和桶装两种,瓶装又分为陶瓷瓶和玻璃瓶,为了确保白酒的质量,要求包装和封口绝对严密,防止跑气漏酒,挥发酒液。储存白酒的温度不得超过 25℃,相对湿度在 70%～80%之间,仓库门窗要严密,有良好的通风设备,避免阳光直射,要配备必要的消防设施以备不时之需。

②黄酒

黄酒的包装一般采用瓶装和小型陶瓷坛,尤其是后者,有利于酒液老熟,香气提高,切忌用金属物包装,因为黄酒的含量较高,一旦感染金属气味会败坏酒度。由于黄酒酒精度低,营养丰富,极易感染微生物,因此储存黄酒的仓库温度必须低于25℃,相对湿度控制在 60%～70%左右,但温度又不能低于－5℃,温度太低,黄酒容易受冻变质。经常检查酒液酸度,若超过 0.6g/100mL 说明已变质。

③啤酒

啤酒的包装有桶装、瓶装和听装三种,其中瓶装的酒瓶应为棕色或深绿色,以防阳光直射,造成酒液氧化混浊,酒瓶应定期更换,以防爆炸。储存啤酒的仓库温度应保持在 0～12℃之间,熟啤酒为 4～20℃之间,储存时间不宜过长,温度过高或储存时间过长,酒液会变质。

④葡萄酒和果酒

由于葡萄酒和果酒受阳光紫外线照射后,酒中的色素会产生沉淀,使酒液变色,所以葡萄酒和果糖包装瓶的颜色多为深绿色、棕绿色及棕色,以防止阳光直射。同时酒液受冻会变混浊,因此,储存时不能直接受阳光照射,环境温度也不能过低,温度在8～20℃之间为宜,相对湿度在 70%～75%为宜,温度过高或过低易使酒质变化或冻结,影响其质量。

(4)常见的伪劣酒简易鉴别方法

①伪劣白酒的鉴别

用肉眼观察酒液混浊不透明,用嗅觉和味觉品尝,其香味寡淡,尾味苦涩,用酒精计测量酒精度下降,不符合产品标准规定要求。将上述从感官上鉴别出可疑的伪劣酒送法定质量检验部门进行理化检测,以最终判定结果为准。

②伪劣啤酒的鉴别

酒色暗淡，不清洁透明。将啤酒离杯上口 3cm 处倒入玻璃杯(无油渍的)中，到泡沫至杯口为止，观察其泡沫情况，对水的啤酒泡沫少而粗糙，不洁白不挂杯。品尝其香气和滋味淡薄，缺乏酒花香气，欠纯正，无杀口感。将啤酒倒入酒杯中，观察是否混浊沉淀等。

③伪劣葡萄酒、果露酒和黄酒的鉴别

将酒倒入酒杯中，用肉眼观察是否混浊沉淀，如发现混浊沉淀物为胶体状，可能是果胶物质，如混浊沉淀物为带有泡沫的胶体状，可能是酒被生物污染所致，如沉淀物为无定形物沉于瓶底，这种沉淀物可能是因为过滤不严、杂质(如储酒罐的涂料脱落的残块)漏入酒瓶中造成的。

小 阅 读

鸡尾酒是按一定比例配方，用一两种主料加入数种配料调制而成的。鸡尾酒堪称酒中的艺术珍品，是色、香、味、形俱佳的混合酒。到目前为止，各种类型的鸡尾酒有近 30 个类别、3 000 种。鸡尾酒按地区国别可分为外国鸡尾酒和中国鸡尾酒；按饮用季节可分为夏季鸡尾酒、秋季鸡尾酒和冬季鸡尾酒；按混合方法可分为长饮类、短饮类和热饮类；根据我国的风俗习惯可分为十二属相鸡尾酒等。

三、茶叶和水果类食品

1. 茶叶

茶叶就是以茶树的嫩叶或嫩芽经加工制成的干制品，是一种植物性食品，其含有丰富的生理成分和营养成分。茶叶起源于我国，相传公元前 2700 年前，神农氏最早发现茶树。当今茶叶与咖啡、可可称为世界三大饮料，我国被称为“茶叶的故乡”。茶叶具有重要的生理功能，可止渴解热，兴奋神经，解除疲劳，促进消化，利尿解毒，补充维生素，能预防辐射，对减肥、美容和防癌有一定效果。

(1)茶叶的化学成分

茶叶中大约含有 450 多种化学成分，其中主要包括：水分、矿物质、茶多酚、咖啡碱、芳香油、色素、碳水化合物、蛋白质、氨基酸、类脂和维生素等。这些成分中以茶多酚、咖啡碱、芳香油对茶叶的质量和饮茶的功效关系最大。

茶叶的色泽包括干茶色泽、叶底色泽和茶汤的色泽，是由不同的化学成分决定的。红茶干茶和叶底的色泽主要是儿茶素的氧化产物，而茶汤色泽主要是由水溶性的茶红素、茶黄素和少量的茶褐素形成的。茶叶的香气主要取决于芳香油的含量和组成。鲜叶中芳香油以醇、醛类为主，还有部分酸类，故气味以青草味占主导地位。绿茶初制后，低沸点具有青草味的成分大部分被去掉，高沸点的萜烯类发生异构，生成醇、酸化合物较多，故绿茶显出清香、鲜灵和熟栗子香气。茶叶的外形也是评价茶叶质量的一项要求，对茶叶质量外形要求，虽然不同茶类有所区别，但茶叶外形与内在质量有关。一般来说，外形较粗松的茶叶，其色、香、味质量必然较差，而外形紧细的茶叶，具有较好的色、香、味。

(2)茶叶的种类

我国茶叶种类繁多，按茶叶加工方法不同和经营习惯，茶叶可分为绿茶、红茶、乌龙茶、花茶、紧压茶和其他六大类茶。

①绿茶。绿茶是我国茶叶中产量最多的一种，约占世界绿茶产量的 70%，花色品种之多也居世界之首。其中每年的出口量约为 5 万多吨。绿茶的加工过程为鲜叶—杀青—搓捻—干燥—绿毛茶。绿茶的品质特点是：干茶色绿，味道清香，鲜醇爽口，浓而不涩，其冲泡后清汤绿叶。杭州西湖龙井就以“色绿、香郁、味甘、形美”四绝著称。

②红茶。红茶是我国茶叶产量中较多的一种，其中的工夫红茶以做工精细而闻名，远销海外 60 多个国家和地区。红茶为发酵茶，即茶叶中的茶多酚在酶的作用下发生了氧化，其加工工序为：鲜叶—萎凋—揉捻—发酵—干燥。红茶的品质特点为：干茶色泽乌黑油润，冲泡后红汤红叶，香味如甜花香或蜜花香。其中福建的“正山小种”最早出现且品质也最好。

③乌龙茶。乌龙茶又称青茶，属半发酵茶类。青茶加工工序为：晒青—摇青—凉青—杀青—初揉—初烘—包揉—复烘—烘干。青茶的品质特点为：干茶外形条索粗壮，色泽青灰有光，冲泡后茶汤橙黄清澈，香味浓郁，犹如花茶。岩茶在青茶中，采制技术最为精细，质量也最好，岩茶外形粗壮、紧实，色泽油润，红点明显，不带梗，香味浓而持久。青茶中最著名的有闽北的“武夷岩茶”，还有入口微苦后转甜的闽南“安溪铁观音”、广东潮安“绿叶红镶边”的凤凰单丛水仙，也都是青茶中的名品。我国宝岛台湾也盛产青茶，“台湾乌龙”较为著名。

④花茶。花茶是我国特有的茶类，属再制品。它是用成品茶作原料，加入鲜花熏制而成。花茶的品种有很多，产地主要集中在江苏、福建、浙江和安徽等省。都是以鲜花的名称来命名，主要有茉莉花茶、珠兰花茶、玉兰花茶和玳玳花茶等。花茶的品质特点是：香气鲜灵，浓郁清高，滋味浓醇鲜爽，汤色清澈、淡黄、明亮，叶底细嫩、均匀、明亮。

⑤紧压茶。紧压茶又称黑茶，是用较粗老的鲜叶加工而成，是藏族、蒙古族和维吾尔族等少数民族日常生活的必需品。黑茶一般经杀青、揉捻、捂堆和干燥等工序压制而成。有砖茶、饼茶、圆茶和方茶等。黑茶的品质特点是：色泽黑褐油润，汤色橙黄或橙红，香味纯正不苦涩，叶底黄褐粗大。黑茶的品种主要有：湖南黑茶（每块约重

2kg)、湖北老青茶、四川边茶和滇桂黑茶，其中以云南普洱散茶和方茶最为著名。

⑥其他茶类

a. 白茶。白茶是我国的特产，因采摘细嫩、叶背多白茸毛的芽叶而得名，产量较少，主要产于福建的福鼎、政和、松溪和建阳等县。白茶的品质特点是：毫色银白，具有"绿装素裹"之美感，芽头肥壮，汤色黄亮，滋味鲜醇，叶底嫩匀。白茶的主要品种有银针、白牡丹、贡眉和寿眉等。

b. 黄茶。黄茶也属我国的特产，因在制茶过程中将茶叶进行闷堆捂黄而得名。黄茶的品质特点是：黄叶黄汤，多数叶芽细嫩显毫，香气浓醇。黄茶的品种主要有湖南的"君山银针"、"北港毛尖"，四川的"蒙顶黄芽"和安徽的"霍山黄芽"等。

c. 袋泡茶。袋泡茶是在散茶基础上发展起来的，其特点是冲饮方便，清洁卫生，泡茶是可以避免茶叶飘浮，也适合国外加糖、加奶的习惯。

d. 速溶茶。速溶茶是比较新型的茶饮品，它是用茶叶经浓缩干燥制成的。其特点是：冲饮方便，冷热水均可冲饮，饮后杯中无茶渣。在加工过程中常加入各种香料、果料和某些对人体有益的成分。

2. 水果类食品

常见的水果类食品包括苹果、梨、葡萄、橘子、香蕉、柿子和龙眼等，它们各有自己的营养价值和禁忌。

(1)苹果

苹果性凉味甘，有生津、止渴、润肺、除烦和解暑醒酒等功能。常食苹果能促进青少年的生长发育，有助于增强人的记忆力。苹果中的有机酸具有促进消化和调理胃肠的功能，对下痢和便秘有疗效。果胶则可防止胆固醇增高，减少血糖含量，对医治糖尿病有益。苹果还是高血压和肾炎水肿者的健康果品。补脑助血、润肺健胃、安眠养神、防积食、清口毒，这些都是苹果的特长。

苹果禁忌：不宜食用过多；不宜与萝卜同时食用；服磺胺类药物和碳酸氢钠时不宜食用；不宜与海味同食(海味与含有鞣酸的水果同吃，易引起腹痛、恶心和呕吐等)。

(2)梨

梨性寒味甘，有止咳，化痰，退热，降火，解疮毒、酒毒等功能。常食梨能滋阴清热，增进食欲，促进消化等。梨对肝炎病、高血压、食道癌、肺结核和哮喘等均有一定的疗效。健胃润肺、清热降火，降压解毒，这些都是梨的特长。

梨禁忌：服用糖皮质激素后不宜食用；服磺胺类药物和碳酸氢钠时不宜食用；不宜与鹅肉、蟹同食；不宜食后饮开水(易致腹泻)；忌多吃；忌与油腻、冷热之物杂食。

(3)葡萄

葡萄性平味甘，有益气补血、除烦止渴、健胃、利尿和利筋骨等功能。常食葡萄对神经衰弱和过度疲劳均有补益，葡萄干更是儿童妇女和体弱贫血者的滋补佳品。葡萄对治疗痢疾、红眼病、脑贫血和肝炎等均有一定的辅助疗效。酸甜适口、生津止渴、开胃消食，这些都是葡萄的特长。

葡萄禁忌：不宜与海鲜类、鱼类同食；服人参者忌用；忌铁器；忌和四环素同吃。

(4)橘子

橘子性温味甘，有润肺、止咳、止泻、利小便、开胃、行气和止消渴等功能。常食橘子能补阳益气，调节人体新陈代谢的生理机能，特别对心血管病患者更为有益。橘皮的食疗作用亦很高。橘皮通常作为陈皮和青皮两种应用。其陈皮能健胃、祛痰、镇咳，其青皮能疏肝理气、散积化滞。

橘子禁忌：忌与萝卜同食，同食诱发甲状腺肿；忌与牛奶、蟹、蛤同食。

(5)香蕉

香蕉性寒味甘，有清热解毒、利尿消肿和凉血安胎等功能。常食香蕉能够润肺、滑肠、降压和解酒毒。香蕉对治疗高血压、动脉硬化、冠心病，以及腹泻和一般消化性溃疡病等均有一定作用。治疗脂肪痢、中毒性消化不良，降低尿糖含量，这些都是香蕉的特长。

香蕉禁忌：服用痢特灵、甲基苄肼、优降宁和苯乙肼时不宜食用；服安体舒通、氨苯蝶啶和补钾药时不宜食用；不宜空腹食用；服红霉素、甲氰咪呱和灭滴灵时不宜食用；不宜与白薯同食。

(6)柿子

柿性寒味甘，有润肺生津、止咳化痰、健脾止血等功能。柿子的食疗作用很多，如柿霜对肺热痰咳、喉痛咽干和口舌疮类有明显疗效；柿蒂可治呃逆、百日咳和夜尿症；柿叶作茶饮用，能增进机体新陈代谢，利小便、通大便、净化血液，并有降低血压和软化血管的作用。

(7)龙眼

龙眼性平瓤甘，有开胃益脾、养血安神、壮阳益气和补虚长智的功能。龙眼肉中有一种抑制使人衰老的活性酶，所以常食龙眼可以抗衰老、补虚弱。龙眼的食疗效果明显，可治疗五脏邪气、安志厌食、气虚水肿、脾虚泄泻，以及思虑过度、劳伤心脾、健忘怔忡、自汗惊悸等症。

第二节 纺织品商品的特征

纺织纤维是织造纺织品的基本原料，纤维的性质直接影响着纺织品的性能。纺织品又是服装等服饰商品的制作原料。

一、纺织品商品的构成成分

自然界中存在有很多纤维，但用来纺纱织布的纺织纤维必须具有一定的长度、细度、柔软性、强度、弹性和化学稳定性等。纺织纤维是针纺织品最基本的原料。纺织纤维按其来源可分为天然纤维和化学纤维两大类。

1. 天然纤维

天然纤维是自然界中原有的或经人工培植而获得的纤维，它分为植物纤维和动物纤维两种。植物纤维的主要成分是纤维素，所以又称纤维素纤维。常用的植物纤维有棉花和麻类。动物纤维的主要成分是蛋白质，所以又称蛋白质纤维。常用的蛋白质纤维有蚕丝、羊毛。

(1)棉纤维

棉纤维是种子纤维，是棉属植物种子表面生成的绒毛，它是胚珠表皮细胞经伸长加厚而成的，一根棉纤维就是一个植物单细胞。它的生长特点是：先伸长长度，然后充实加厚细胞壁。棉纤维具有天然捻曲性，是有别于其他纤维的独特性能，天然捻曲越多，其成纱强度越大，棉纤维是热的不良导体，所以具有良好的保温性。棉纤维耐热性良好，在－110℃以下不会引起纤维损伤。棉纤维耐酸性差，尤其抵抗无机酸的能力更弱，遇到硫酸、盐酸等强酸纤维会立即被破坏。纤维耐碱性较强，在沸碱水中浸泡，破坏缓慢。在常温下，将棉纤维浸入18%～25%的苛性钠溶液中会使棉纤维产生膨胀，长度缩短，直径变粗，纤维表面产生强烈光泽，同时强力增大，吸湿性和染色力增强，在纺织工艺上，将这种处理叫“丝光”。

(2)麻纤维

麻纤维是从麻的茎部、叶子剥取下来的韧皮纤维和叶纤维的总称。纺织用麻主要有苎麻、亚麻两种。麻纤维的强度在天然纤维中最大，因而麻纤维织品耐穿、耐磨。麻纤维吸湿性好，吸湿迅速，散湿速度快。因此麻织品具有吸汗快，散汗快，具有穿着凉爽舒适的特点。麻纤维的伸长率在天然纤维中最小，这在一定程度上影响麻纤维的柔韧性、弹性和耐磨性，因此麻织物穿着时有刺痒感受。和棉纤维一样，麻纤维主要成分为纤维素，所以其耐碱不耐酸。

(3)毛纤维

毛纤维有发毛和绒毛两种。发毛粗、硬、长；绒毛细而柔，很适合衣用。其中用量最大的是绵羊毛，简称羊毛，其他的动物毛则统称为特种动物毛。

毛织品在洗涤时要用中性洗涤剂。氧化物对羊毛是有损伤的，当浓度不高时，注意控制可用来漂白羊毛。羊毛纤维织品在热液中经反复挤压揉搓，纤维会相互纠缠，黏合在一起，并使织品缩短加厚，这就是缩绒性。毛织品经缩绒处理后，织品致密、丰满、保暖，表面产生一层整齐、丰满的绒毛，形成优美的外观和独特的风格，如大衣呢、麦尔登等一般都经缩绒处理。羊毛纤维耐光性差，织品在日光照射下会发黄，强度、弹性和手感等性能均显著恶化。

(4)蚕丝纤维

蚕丝是天然蛋白质类纤维，是自然界唯一可供纺织用的天然长丝，分为家蚕丝与野蚕丝两大类。家蚕丝即桑蚕，是最早在我国利用的天然纤维，被织成绫罗绸缎等许多织物，久负盛名，是高级纺织原料，纤维细柔平滑，富有弹性，光泽、吸湿性好。野蚕丝种类很多，常见有柞蚕丝、蓖麻蚕丝、樗蚕丝、樟蚕丝和天蚕丝等。其以柞蚕丝为主要产品，也是最早在中国利用的蚕丝。它的强伸度要比桑蚕丝好，在耐腐蚀性、耐光性和吸湿性等方面也比桑蚕丝好，但它的细度差异大，丝上常有天然色，缫丝比较难，杂质也多，适合作中厚丝织物，质量好一些的丝可作薄型织物。

2. 化学纤维

化学纤维是以天然高分子物或人工高分子物为原料，经过化学处理与机械加工而制成的纤维。按最初原料的来源，化学纤维可分为人造纤维和合成纤维两大类。

(1)人造纤维

人造纤维也叫再生纤维，是化学纤维中最早生产的品种，它是以木材、棉短绒、蔗渣、大豆、花生和乳酪等天然的高分子物质为原料，经过化学处理和机械加工而制成的。其主要产品有粘胶纤维、富强纤维、铜铵纤维、醋酸纤维和大豆纤维等。其中粘胶纤维在人造纤维中产量最大。粘胶纤维的基本化学成分与棉纤维相同，因此性能总体上与棉纤维相似，但也有不同的地方：粘胶纤维强度低，在湿态下，强度显著下降，不能用劲搓洗；粘胶纤维具有良好的吸湿性，织品是优良的夏季布料；由于其吸湿性能好，所以染色性能也好，能染出各种鲜艳的颜色。粘胶纤维弹性差，缩水率大，织品不挺括，易起皱、变形和产生下垂等。粘胶纤维也是纤维素纤维，所以耐碱不耐酸。富强纤维是粘胶纤维的改进品种，与粘胶纤维相比，湿态强力好，缩水变形较小，但对原料的要求较高，一般用棉浆或高级木浆。

(2)合成纤维

合成纤维是以石油、煤和天然气等为原料，先制成低分子化合物，经人工合成为高分子化合物后，再经过机械加工而制成的纤维。合成纤维的品种很多，有聚酯纤维(涤纶)、聚酰胺纤维(锦纶)、聚丙烯纤维(丙纶)、聚乙烯醇纤维(维纶)、聚丙烯腈纤维(腈纶)、聚氯乙烯纤维(氯纶)和聚氨酯纤维(氨纶)等。如涤纶是中国对聚酯纤维的统一商品名称，涤纶产量约占世界合成纤维产量的48%，居合成纤维首位；锦纶又称“尼龙”，是世界上工业化生产最早，应用范围较广，性能比较优良的合成纤维；腈纶最适宜作室外织物，如窗帘、帐篷等；维纶素有“合成棉花”之称，可制吸汗性、透气性良好的睡衣、床单布及其混纺织品；丙纶是目前所有合成纤维中最轻的一种，故织品特别轻盈；氯纶的耐磨性较高，耐光性较好，强度与腈纶相仿而不及锦纶、涤纶和丙纶；氨纶是合成纤维中强度最低的纤维，特别适宜织制真丝内衣。

二、纺织品商品的结构

纺织品商品按照商业经营习惯一般分为纺织品和针棉织品两大类。纺织品是用经纱纬纱交织而成，主要分为棉布、麻布、呢绒、丝绸、化纤及其混纺织品五大类。针棉织品是针织品和棉织品的总称，其品种有针织内衣、针织外衣、袜子、羊毛衫和手套等。棉织品是由若干根经纱纬纱线相互垂直纵横交叉织成的成品织品，如毛巾、床单、毯子和手帕等。

1.纺织品的种类

(1)棉布

棉布是用棉纱纺织成的机织物的统称，其布面细而柔软，吸湿性和透气性好，保温性能优良，穿着舒适，经济实惠。棉布的主要品种结构主要有平布、府绸、麻纱、斜纹布、哔叽、咔叽、华达呢、泡泡纱、灯芯绒和平绒十类。

(2)呢绒

呢绒是用羊毛、兔毛和牦牛毛等各种动物毛或以羊毛与其他纤维混纺或交织而制成的织品。呢绒弹性好，抗皱性强，吸湿性好，保暖性好，穿着舒适挺括，经久耐穿。呢绒按商业经营习惯可分为粗纺呢绒、精纺呢绒、长毛绒和驼绒。呢绒的主要品种结构有凡立丁、派力司、哔叽、华达呢、花呢、麦尔登、制服呢和大衣呢八类。

(3)丝绸

丝绸是用蚕丝、绢丝及化学长丝作经纬织成的织品。丝绸织品历史悠久，品种繁多，是中国纺织业和中国文明的象征。织品光滑、细洁和光泽悦目，其中的真丝绸类织物吸湿性好，轻盈飘逸，明亮自然，高雅华贵，是高档织物。丝绸按组织结构和外观特征可分为纺类、绉类、绸类、缎类、绢类、绫类、罗类、纱类、绡类、葛类、绨类、绒类、呢类、锦类十四类。

(4)化学纤维织品

化学纤维织品是纯纺织品，按纤维种类划分，有粘纤织品、富纤织品、涤纶织品、锦纶织品、腈纶织品、维纶织品、丙纶织品和氯纶织品等；按纱线原料组成划分，有纯化纤织品、混纺化纤织品和交织化纤织品等；按纤维形态划分，有棉型化纤织品、毛型化纤织品、化纤丝织品和中长纤维织品等。

2.针棉织品的种类

(1)针织内衣

针织内衣是针织坯布经过缝纫加工的制成品，具有弹性好、柔软和松紧自如的特点。针织内衣包括汗衫背心、棉毛衫裤和绒衫裤三大类。针织内衣的规格是以其胸围和腰围的尺寸来划分的。根据穿着对象不同可分为四种类型：男式，80～110cm；女式，75～105cm；中童，65～75cm；儿童，45～65cm。

(2)针织外衣

针织外衣主要由化纤针织布制成。常见面料有低弹涤纶经编布、低弹涤纶纬编提花布、涤棉交织纬编提花布和涤纶经编衬衫布等。针织外衣可大致分为男女上衣、裤子、背心、衬衫和裙子五大类。针织外衣的特点是：具有良好的弹性和延伸性，不易变形，质地坚牢，穿着舒适得体等。

(3)袜子

袜子的种类有：平口袜，是指用平针组织织成，袜口为自摺边，长度过膝的袜子，具有穿着舒适、透气性好的特点，但弹性差，易下垮；罗口袜，是指袜口采用罗纹组织编织的袜子，是袜子中的主要品种，罗口袜弹性好，能使袜子紧固于脚脖上，不下垮；橡口袜，在袜口部位配装有富有弹性的橡胶丝或乳胶丝、氨纶丝等的袜子，橡口袜弹性好，穿着时不下垮；锦纶丝袜，是用锦纶丝编织成的袜子，其质地轻薄，耐磨性好，透明度高，易洗快干；弹力锦纶丝袜，是用弹力锦纶丝编织而成的袜子，具有一定的毛型感，质地蓬松，弹力差，但保暖性好；锦/棉混纺袜，是用70%的锦纶短纤维和30%棉混纺织成的袜子，由于两种原料相互取长补短，克服了锦纶吸湿性差和棉强度低的缺点。

(4)羊毛衫

羊毛衫是利用羊毛、驼毛、兔毛、马海毛或毛型化学纤维等纺成绒线后，编结而成的纬编针织服装。羊毛衫按原料可分为纯毛类、纯化纤类和混纺类羊毛衫。羊毛衫的主要品种有羊毛衫、羊绒衫、兔毛衫、驼毛衫、马海毛衫和腈纶衫等。羊毛衫的规格是以胸围为规格尺寸，以 cm 为计量单位，每隔 5cm 设档。

(5)毛巾类

毛巾类织物是采用毛圈组织利用经纱在织物表面形成毛圈的织物，其表面具有一层蓬松的毛圈，质地丰厚，手感柔软，保暖性好，吸水、储水性好。毛巾类织品按用途可分为毛巾、枕巾、方巾、毛巾被、沙发巾、毛巾布和毛巾杂品七类；按花色可分为彩条、彩格、全色、全白、提花、织花和印花毛巾等。毛巾又称面巾，主要为洗脸用，对毛巾基本要求是：密度不能太紧，毛圈要长，具有良好的柔软性和吸水性能。

(6)毯子

毯子按商业经营习惯可分为棉毯、绒毯、线毯和毛毯等种类。其中毛毯又可分为纯毛毛毯、混纺毛毯、人造毛毯和腈纶毯等。毯子一般具有柔软厚实、保温性好等特点。

三、纺织品商品的形成

纺织品商品的形成一般要经过纺纱工艺、织造工艺和染整工艺三个阶段。

1. 纺纱工艺

将短纤维加工成纱的过程叫纺纱。根据原料的不同，纺纱分为棉纺、毛纺、麻纺和绢纺等多种。纱线质量的好坏，直接影响着织品的外观和内在质量。衡量纱线质量的指标有细度、匀度、捻度和捻向、强度、外观疵点。纺纱工艺虽因原料而有不同，但原理基本相同，以棉型生产线为例，大致分为四个阶段。第一阶段：将相互纠缠或成块状的纤维进行开松、除杂和梳理，并制成棉条。第二阶段：将多根棉条合并牵伸，使棉条中的纤维成伸直状，以制成熟条。第三阶段：将熟条进一步牵伸，当达不到所需的细度时，加以适当的捻度，使纤维抱合成纱。第四阶段：将纺成的纱进行卷绕，使其成为管状、筒状或绞状的成品，以便织造纺织品。

2.织造工艺

织造工艺是指将纱线通过机械作用交织编结成织物的过程。纺织品的织造工艺因织物不同而不同，织物分为机织物和针织物两类。

(1)机织物

机织物是用相互垂直的两个系统的纱线，在织机上按一定的规律交织而成。机织物的织造工艺包括备纱和织造两个阶段。备纱，按照织造要求准备经纱和纬纱。织造，通过织机上各种机构配合运转，将经纱纬纱按一定的织物组织进行交织。织物组织的种类很多，有三原组织（平纹、斜纹和缎纹）、小花纹组织、复杂组织和大花纹组织等。平纹组织是最简单的织物组织，平纹组织交织点排列紧密，露在织物表面的经纱纬纱长度较短，所以织物结构紧密，质地坚牢，耐磨性好，无正反面之分，手感较硬，缺乏弹性，光泽较差。棉布中的平布、府绸，呢绒中的凡立丁、派力司，丝绸中的绸等都是采用平纹组织织成的。斜纹组织是经纬交织点形成明显斜向纹路的织物组织。斜纹组织织物表面光泽，柔软性较平纹好。在经纱纬纱支数和经纱纬纱密度相同的情况下，其强度比平纹差。因此，在实际生产中一般用加大经纬密度的方法来增加织物的强度。棉布中的斜纹布、毛织物中的华达呢、丝织物中的绫都是采用斜纹组织织造的。缎纹组织是原组织中较复杂的组织，织物表面经纱与纬纱相交织形成互不相连的经交织点或纬交织点，而且交织点均匀散布在织物上。缎纹组织的特点是柔软平滑并具有柔和的光泽，但交织点少而分散，织物表面浮线长，因此质地不坚牢，表面摩擦后易起毛。棉布中的直贡呢、横贡呢，绸缎中的缎织物等都采用缎纹织造。

(2)针织物

针织物是将纱线在针织机上由线圈相互套结而成，针织物组织结构的种类很多，按编织的方式不同，可分为纬编和经编两大类。纬编织物是采用一根或若干根纱线同时沿着织物的横向顺序形成线圈，纵向相互串套连接的织品。其特点是质地柔软，有较大的延伸性，弹性好，但线圈易脱散。经编织物是一组或几组平行排列的纱线纵向地各自形成线圈，于织物横向相互连接形成的针织品。其特点是织物表面平坦，不卷边，但弹性差，延伸性小。针织物的主要品种有纬平组织、罗纹组织、双罗纹组织、经平组织和双罗纹经缎组织等。与机织物相比，针织物具有手感柔软、延伸性好、弹性好、吸湿性及透气性好、抗皱性好等优点，但易脱落，尺寸稳定性差，有卷边性等特点。

3.染整工艺

纺织品的染整是根据纤维的性质和产品特点，利用各种机械设备对纺织品进行化学和物理处理的过程。其目的是美化织物，提高织物的适应性能。纺织品的染整包括前处理、染色、印花和整理四个工艺过程。前处理的目的是除去纺织品上的天然和人为杂质，提高白洁度和纯度，改善纺织品的品质。染色主要有浸染和扎染两种，是利用染料与纤维结合，使纺织品获得均匀、统一并有一定牢度的颜色。印花是把染料或颜料按预先的设计施加到纺织品上形成花纹图案的加工过程，有直接印花、防染印花和拔染印花三种。

整理是纺织品染整加工的最后工序，整理的目的是通过物理或化学方法改善纺织品的手感和外观，提高服用性能或赋予某种特殊功能。棉织物的整理一般要经过上浆、定幅和轧光三个过程，以增加织物的平整度和光泽。另外，根据需要还可对棉织物进行硬挺整理，柔软整理，增白、防缩和防皱整理，免烫整理等。毛织物的整理一般要经过洗呢、蒸呢、缩呢、起毛、刷毛和剪毛、整呢、压呢、防毡缩整理等。对于粗纺呢绒一般还要进行缩绒整理。丝织物整理的工艺与棉织物基本相同，除此以外，丝织物的整理还有汽熨整理、机械柔软整理、砂洗和化学防皱整理等。

第三节　几种主要日用化学品商品的特征

一、合成洗涤剂

合成洗涤剂是以合成洗涤表面活性剂为主要成分配制而成的一种家用洗涤剂，合成洗涤剂是含有有机成分和无机成分的混合物，是一种化学配制剂。

1. 合成洗涤剂的组成

合成洗涤剂是以洗涤表面活性剂为主要成分并添加助洗剂的多成分混合物。

(1)合成洗涤表面活性剂

合成洗涤表面活性剂的种类可达数千种。不同种类的合成洗涤表面活性剂的性能特点和用途都有差异。根据合成洗涤表面活性剂在水溶液中离解出来的表面活性离子的电荷不同，可分为阴离子型、非离子型、两性离子型和阳离子型四大类。用于洗涤衣物的一般为前两类。

(2)助洗剂和辅助剂

为了提高和改进合成洗涤剂综合性能，通常需要加入各种助洗剂和辅助剂。

①三聚磷酸盐是很好的硬水软化剂，还能提高污垢悬浮的能力和洗净作用，能保持洗衣粉的干爽流动性而不易吸潮和结块。但对水质的污染已引起国际广泛重视。“无磷化”将是洗涤业的发展趋势。

②硅酸钠能有效地抑制洗衣粉中磷酸盐对洗衣机金属表面的腐蚀，使溶液保持一定的 pH 值，有一定去污能力，并使粉粒保持干爽不结块。

③纯碱即碳酸钠，可提高棉麻织物洗涤剂对油性污垢的去污能力。

④硫酸钠主要用作填料，降低成本。

⑤抗再沉积剂多为水溶性高分子胶体，使无垢质点不再沉积在织物上。

⑥过氧酸盐起漂白、化学法去除污斑作用。

⑦荧光增白剂种类很多,起增白或增鲜艳作用。

⑧酶制剂能提高洗涤剂去污能力的30%～60%。

此外,还有植物柔软剂、皮肤保护剂、香料、色素等助洗剂和辅助剂。

2. 合成洗涤剂的主要品种

目前,市场销售的合成洗涤剂有合成洗衣粉、液体合成洗衣剂、浆状洗衣剂、块状洗衣剂、发用洗涤剂、餐具洗涤剂和住宅用洗涤剂等品种。

(1)合成洗衣粉。是合成洗涤剂中的主要大类,花色较多。特点是空心粉粒状,易溶解,干爽,流动性好,耐保存,不易结块。

(2)液体合成洗衣剂。是合成洗涤剂中的第二大类。其洗涤表面活性剂是阴离子和非离子型,用量在5%～40%。棉麻类液体洗涤剂的pH值约为10;通用类液体洗涤剂的pH值为7～9,毛织物洗后有柔软感,合成纤维织物洗后有短期抗静电效果。液体合成洗衣剂使用方便,生产消耗少,因此发展较快。

(3)浆状洗衣剂。是一种均匀而黏稠的胶体。洗涤效果与同类洗衣粉相同,由于组分中减少填充剂用量,提高含水量,因此价格便宜。

(4)块状洗涤剂。是添加了一定量松香、石蜡和滑石粉等黏合剂的块状制品,外观平滑光亮,色泽洁白或微黄,去污力强,携带方便。

(5)发用洗涤剂。主要是指洗发香波。是以能够去除头发污垢为目的的专用洗涤剂,性质较柔和,不会过多除去发表皮脂,不刺激头皮。

(6)餐具洗涤剂。指专门用于洗涤碗碟和水果蔬菜的合成洗涤剂,属轻役型。其一般为液体洗涤剂,碱性小,泡沫多,使用方便,各种成分的无毒安全性均符合国家食品卫生法及有关卫生法规的规定。

(7)住宅用洗涤剂。指专门用来清洁门窗、瓷砖、浴盆和家具等硬表面污垢的洗涤剂,如厨房、浴室清洁剂等。这种洗涤剂的表面活性剂含量不高,一般加入相当量的有机溶剂,属于碱性洗涤剂,有液状和粉粒状。

3. 合成洗涤剂的质量要求

合成洗涤剂内在质量决定其综合性能好坏,衡量的指标主要有:活性物含量和不皂化物含量、沉淀杂质含量、磷酸盐含量、泡沫力、去污力、生物降解率等。

(1)活性物含量和不皂化物含量

活性物是合成洗涤剂的主要成分,是确定洗涤剂使用类型的一种尺度。不皂化物含量亦即中性油含量的高低直接影响洗衣粉的洗涤效能。活性物含量应与要求一致,误差不大于1%,不皂化物含量不大于活性物的2%～3%,总体含量则因不同品种而有所不同。

(2)沉淀杂质含量

沉淀杂质含量指洗衣粉中不溶于水的杂质含量。通常含量不大于0.1%。用水洗、过滤、烘干和称重进行测定。

(3)pH 值

pH 值表示溶液的酸、碱度。pH 值的大小直接影响其用途。一般轻役型洗涤剂的 pH 值应接近中性，重役型洗涤剂的 pH 值可达 9～10.5。

(4)磷酸盐含量

磷酸盐是洗涤剂的重要助洗剂，它的含量用五氧化二磷的百分含量表示。可用光电比色计进行快速比色测定。

(5)泡沫力

泡沫力的多少虽然与洗涤剂的去污力没有直接关系，但习惯上仍作为洗衣粉的一项性能指标。泡沫性用生成泡沫体积表示发泡性能，用 5s 后泡沫消失的程度表示泡沫的稳定性。

(6)去污力

去污力的大小是衡量洗涤剂实际性能的一项重要指标。

(7)生物降解率

生物降解率指洗涤剂活性物在一定条件下，被微生物分解的程度。生物降解率是以活性物在 7～8d 后被微生物分解的百分率表示。分解率在 90%以上者为较软洗涤剂，在 90%以下者为硬性洗涤剂。

(8)抗再沉淀性能

抗再沉淀性能是洗涤剂防止污垢重新沉淀在织物上的一项特性，这与洗涤剂活性物分散力及悬浮性有关。抗再沉淀性较差的洗涤剂，白布洗涤后的白度就差。此一性能可加入抗再沉淀剂加以改善。

二、化妆品

化妆品是一种修饰人们的外貌、增加容貌美观或具有芳香气味的日用品。它是由脂肪性原料、甘油碱类、香料、色料、营养物质、药物和水等各种成分，按不同配方经过化学方法加工制成的具有不同用途的一类日用品。中国《化妆品卫生监督条例》中给化妆品下的科学定义是："化妆品指以涂擦、喷洒或其他类似的方法，散布于人体表面任何部位(皮肤、毛发、指甲、口唇等)，以达到清洁、消除不良气味、护肤、美容和修饰目的的日用化学工业产品"。随着社会的进步和发展，人们更加认识到化妆品对于美化容颜和保护皮肤的重要作用。

1. 化妆品的作用

化妆品的使用对象为人体的表面皮肤及其衍生的附属器官，其作用主要表现如下。

(1)清洁作用。化妆品能温和地清除皮肤及毛发上的污垢，使之保持健康状态。

(2)呵护作用。化妆品能温柔地保护皮肤，使之光滑、柔润、防燥和防裂；保护毛发使之光泽柔顺，防枯、防断。

(3)营养作用。维系皮肤及毛发的水分平衡，补充易被皮肤和毛发吸收的营养物质及清除致衰老因子，以延缓衰老。

(4)美容作用。化妆品经涂抹后，可美化面部皮肤(包括口唇、眼周)及毛发(包括眉毛、睫毛)和指甲(趾甲)，使之色彩耀人，富有立体感和青春魅力。

(5)其他作用。除上述作用之外，一些具有特殊用途的化妆品还具有增白、亮肤、育发、染发、烫发、脱毛、丰乳、健美减肥、除臭、祛斑、去痤疮和防晒等作用。

2.化妆品的种类

化妆品的种类繁多，国内外对化妆品没有统一的分类方法，一般常用的分类方法有以下几种。

(1)按化妆品的功能分类

①清洁类。它是用以除去皮肤、毛发上污染物的化妆品，如洗面奶、清洁霜、浴液香波、清洁面膜、磨砂膏和去死皮膏等。

②护理类。它是用以保护皮肤及毛发的化妆品，它能在其表面形成薄膜(或脂膜)，防止皮肤粗糙干裂，使毛发光泽、易梳理，如各种化妆品水(露)、乳(蜜)、霜、脂，护发素、发油、发乳等。

③营养类。它是用以营养皮肤及毛发，可保护皮肤角质层含水量，增进血液循环，清除过剩的氧自由基，延缓皮肤衰老的各类化妆品，如添加了维生素、水解蛋白、中草药、透明脂酸等生物活性成分的霜、乳、露等。

④美容类。它是用于美化皮肤及毛发的化妆品，如粉底、遮盖霜、唇膏、胭脂、眼影、眉笔、发胶、摩丝和彩色炯油等。

⑤芳香类。用于身体及毛发，能散发芳香气味的化妆品，如香水、花露水和古龙水等。

⑥特殊用途类。介于化妆品和药物之间，用于助长毛发生长，减少脱发、断发，改变毛发颜色，改变毛发弯曲程度，减少、消除体毛，消除腋臭，减轻皮肤表面色素沉着，可吸收紫外线，减轻因日晒引起皮肤损伤的功能性化妆品，如各种生发灵、染发剂、冷烫精、脱毛露、丰乳霜、减肥霜和腋下香露等。

(2)化妆品按使用的部位分类

化妆品按使用的部位可分为皮肤用化妆品、黏膜用化妆品、头发用化妆品、指甲用化妆品和口腔用化妆品等。

(3)按产品形态分类

①液态化妆品。常见的液态化妆品有化妆水、各种乳剂和油剂，它们是由水、油或酒精配入其他物质制成的，为了促进加入物质的溶解，还常常加入助溶剂。

②固体化妆品。固体化妆品最基本的类型是膏类、霜类、粉类、胶冻状、硬膏状(如唇膏)、块状(如粉饼、胭脂、香皂)、锭状、笔状、胶囊状和纸状等。

3. 化妆品的质量要求

(1)化妆品卫生标准

化妆品所用的原料必须保证不对人体造成伤害,《中国化妆品卫生管理条例》对不同类型的化妆品所禁止使用的原料及限定使用的着色剂都做了详细规定。如一般化妆品禁止使用二氯酚、汞及其化合物、硫双二氯酚、毛果芸香碱,含激素类化妆品对激素种类和用量都加以限定。

在《中国化妆品卫生管理条例》中对化妆品中有害成分含量限定为汞不得大于 70×10^{-6} mg/kg;铅不得大于 40×10^{-6} mg/kg (染发剂除外);砷不得大于 10×10^{-6} mg/kg;甲醇不得大于 0.2%。

对微生物的限定如下:所有的化妆品中不得检出致病菌(金黄色葡萄球菌、绿脓杆菌和大肠杆菌);口唇、眼部、婴儿用品含杂菌数不得大于 500 个/mL 或 500 个/g;其他化妆品含杂菌数应不大于 1 000 个/mL 或 1 000 个/g。《中国化妆品卫生管理条例》中对化妆品经营的卫生监督做了明确规定,指出化妆品经营单位和个人不得销售下列化妆品:未取得《化妆品生产企业卫生许可证》的企业所生产的化妆品;无质量合格标记的化妆品;标签、小包装或者说明书不符合规定的化妆品;未取得文号的特殊用途化妆品;超过使用期限的化妆品。

(2)化妆品的感官质量要求

对化妆品的感官质量要求主要是对其色泽、组织形态、气味和包装的具体要求。利用人体的感觉器官加以检验,这也是化妆品经营者以及指导消费者挑选时普遍采用的检验方法。

①色泽。无色固状、粉状、膏状和乳状化妆品应洁白有光泽,液体应清澈透明;有色化妆品应色泽均匀无杂色。如发现变色或红、黑、绿等颜色的霉斑或颜色暗淡,说明是过期货或制造时添加色素有误,不能出售或使用。

②组织形态。固状化妆品应软硬度适宜;粉状化妆品应粉质细腻,无粗粒或硬块;膏状、乳状化妆品应稠度适当,质地细腻,不得有发稀、结块、龟裂干缩和分离出水等现象;液状化妆品应清澈均匀,无颗粒等杂质。在检验或挑选时如发现外观混浊,油水分层或出现絮状物,膏体干缩、裂纹,则不能出售或使用。

③气味。化妆品必须具有幽静芬芳的香气,香味可根据不同的化妆品呈现不同的香型,但必须幽美持久,没有强烈的刺激性,如嗅之有变味、异味或刺鼻的怪味,则不能出售或使用。

④包装装潢。化妆品的包装应整洁、美观和封口严密。商标、装饰图案和文字说明应清晰,色泽鲜艳,配色协调。

三、塑料制品

塑料制品是以合成树脂为主要原料生成的塑料粉或颗粒,经过成型,有的还经过修饰、装配等加工而制成的日用工业品。具有质轻、耐冲击、耐酸碱盐及水的腐蚀、不导电、不透水、有光泽、易装饰、易加工、成本低等优点。在日常生活中应用十分广泛。塑料由合成树脂和辅助剂两部分组成，合成树脂是塑料的主要成分，是用化学合成方法制取的，质量占塑料的 40%～100%，它决定塑料的类型、化学性质和物理机械性质；常用的辅助剂主要有：增塑剂、稳定剂、润滑剂、抗静电剂、交联剂、填充剂、增强剂、发泡剂、着色剂和防霉剂等。

1. 塑料的分类

(1)按塑料的用途分类

①通用塑料。这是指产量大、价格便宜、成型性好和应用广泛的塑料。通用塑料占塑料总产量的 75%以上，多为民用，如聚乙烯塑料、聚丙烯塑料和聚氯乙烯塑料等。

②工程塑料。这是指具有相当强度及刚性，可作工程结构、机械部件等的材料，如聚酰胺塑料、ABS 塑料和玻璃纤维增强材料等。

③特种塑料。这是具有特殊性能的塑料，一般价格较贵，如耐辐射塑料、超导塑料和感光塑料等。

(2)按塑料的受热特性分类

①热塑性塑料。热塑性塑料是用线形高聚物制造的塑料。这种塑料受热能软化熔融，塑成一定形状，冷却后固结成型。这种变化可多次反复。因此，常见的热塑性塑料有聚乙烯塑料、聚丙烯塑料和聚氯乙烯塑料等。

②热固性塑料。热固性塑料是用体型高聚物制成的塑料。成型后受热不再软化变形，只会炭化，其废旧制品无回收再利用价值。常见的热固性塑料有酚醛塑料、脲醛塑料和蜜胺塑料等。

2. 塑料制品的成型方法

塑料制品常用的成型方法有注射成型法、挤出成型法、吹塑成型法、压延成型法和模压成型法等。

(1)注射成型法

注射成型法是将塑料(粉或颗粒)加入料桶内加热至黏流态后，经柱塞推挤，注入冷的金属模中，冷却后托模，即得尺寸准确的、有一定造型(包括复杂造型)的塑料制品。如塑料水桶、塑料面盆、塑料漏斗、塑料皂盒、塑料烟盒、塑料梳子和塑料鞋底等多种热塑性塑料的制品是日用塑料中最常用的成型方法。

(2)挤出成型法

挤出成型法是将塑料在料桶内加热到黏流态后，用推杆使其连续从特定形状的模口挤出，成为连续成型的制品，最后冷却定型。其制品形状取决于模口的断面。可制得塑料棒、塑料管、塑料片、塑料薄膜、塑料带、塑料绳和塑料丝等多种塑料制品。

(3)吹塑成型法

吹塑成型法用于热塑性塑料的薄膜或空心制品的成型。前者是将挤出的管状胚料经过压缩空气将其横向吹胀，同时纵向牵伸，使管壁膨胀变薄至所需厚度，冷却即得具有一定厚度的塑料薄膜；后者是将挤出的管状胚料置于模具里，并吹入热空气(或将胚料预热，并吹入空气)，使塑料膨胀、紧贴模具壁，再冷却，脱模，即得一定形状的空心塑料制品。如塑料提桶、塑料保温瓶外壳、塑料水壶、塑料奶瓶及各种塑料瓶、塑料球、塑料玩具等。

(4)压延成型法

压延成型法是将塑料通过加热压辊变软后，再通过若干组相向旋转辊筒的间隙进行压延，达规定厚度后冷却，即得软质塑料薄膜或硬质塑料板等塑料制品。压延法还是人造革的制造方法。将棉布或帆布、针织布等织物随同塑料通过最后一组辊筒的间隙，塑料膜层就会紧密覆盖在织物上，从而制得人造革。

(5)模压成型法

模压成型法主要用于热固性塑料制品及层压制品的成型。将塑料(粉、粒、碎屑)放入热模具里，闭模加压，使塑料固化成型，即得热固性塑料制品，如蜜胺塑料餐具、蜜胺塑料饮具、电木灯头外壳、电木墨水瓶盖和电玉纽扣等；若是将布或纸、玻璃布等材料经合成树脂浸渍后，以相同或不同材料若干层，在层压机上进行热压，即得层压制品，如塑料装饰板等。

3.常用塑料制品的鉴别

(1)感官鉴别

塑料的品种不同，其外观特征也不一样。根据塑料的不同外观特征，能基本判断出塑料的品种，这种方法就是感官鉴别法，也叫简易鉴别法。

①聚乙烯塑料。为乳白色半透明体，手摸有滑腻感，外观呈石蜡状，质地柔软，能弯曲，放入水中能浮出水面，在沸水中显著软化。

②聚丙烯塑料。本色为乳白色半透明体，手摸润滑但无滑腻感，质地硬挺，有韧性，放入水中能浮出水面，在沸水中软化不显著。

③聚氯乙烯塑料。外形形式较多，硬质塑料坚硬平滑，色泽鲜艳，敲击时声音发闷，半硬质塑料富有弹性，放入水中能下沉，薄膜制品透明度高，遇冷变硬、变脆，有特殊气味。

④聚苯乙烯塑料。表面坚硬有光泽，透明度高，敲击时声音发脆如金属声，色泽鲜艳，质地较脆，扭折时容易碎裂。

⑤有机玻璃。外观似水晶，透明度高，色彩鲜艳，有韧性，敲击时声音发闷。用柔软物摩擦制品表面产生水果香味。

⑥酚醛塑料。表面坚硬，质脆易碎，断面结构松散，为黑色或棕色不透明体，敲击时有木板声。

⑦脲醛塑料。表面坚硬，质脆易碎，断面结构紧密，颜色鲜艳，大都为浅色半透明体。

⑧蜜胺塑料。表面光滑，坚韧结实，外观似瓷器，可着成各种颜色。

⑨ABS 塑料。表面硬度较高，有弹性，断面结构紧密，表面易于电镀。

(2)燃烧鉴别

燃烧鉴别法是将塑料试样放在火焰上燃烧，仔细观察其燃烧的难易程度、火焰颜色、气味和冒烟情况，熄灭后塑料的色泽、形态等，根据这些特征，大致可以确定属于哪一类塑料。常见塑料的燃烧特征如下。

①聚乙烯塑料。容易燃烧，火焰上端为黄色，下端为蓝色，燃烧同时有熔融物滴落，离火后能继续燃烧，有石蜡燃烧的气味。

②聚丙烯塑料。燃烧性能与聚乙烯相似，但火焰上端有少量黑烟。

③聚氯乙烯塑料。难燃烧，在火焰上能够燃烧，离火即灭，火焰呈黄色，有刺激性酸味。

④聚苯乙烯塑料。容易燃烧，为橙黄色火焰并冒浓黑烟，离火后能继续燃烧，有聚苯乙烯单体味。

⑤有机玻璃。容易燃烧，为浅蓝色火焰，顶端呈白色，离火后能继续燃烧，有水果香味。

⑥酚醛塑料。在火焰上能慢慢燃烧，塑料膨胀开裂，为黄色火焰，离火后能自动熄灭，有木材和酚醛味。

⑦脲醛塑料。难燃烧，在火焰上膨胀开裂，为黄色火焰，离火后自动熄灭，有甲醛气味。

⑧ABS 塑料。容易燃烧，为黄色火焰并冒黑烟，离火后能继续燃烧，有特殊香味。

小阅读

随着环境保护的呼声日益高涨以及塑料工业的不断发展，可降解塑料逐渐成为一类重要的高分子材料。可降解塑料按其降解机理主要分为光降解塑料、生物降解塑料和光/生物双降解塑料。目前已采用的光降解技术有合成型和添加型两种。从全球来看，目前生产降解塑料的主要国家有美国、意大利、德国、加拿大、日本和中国等。

第四节　家用电子电器商品的特征

一、组合音响

组合音响是集各种音响设备于一体或将多种音响设备组合而成的立体声放音系

统，又称音乐中心，具有收、录、放、唱功能。组合音响有台式组合音响、单机式组合音响和落地式组合音响三种形式。

组合音响由音频信号源、放大器和扬声器三部分组成。

音频信号源，包括传声器（话筒）、调谐器、电唱机和录音座。话筒采用高阻抗型。与低阻抗型相比，高阻抗型可以用比较简单的输入放大器电路，而缺点是信噪比（S/N，在一定输入信号电平下，输出端的信号电压与噪声电压之比）稍低。话筒的输出信号非常微弱，所以它的输出与放大器输入电路的阻抗必须完全匹配，才能得到频率响应好和失真小的强信号。电唱机分模拟式和数字式两种。高级唱机和自动换片唱机是非常精密的机电装置，特别是音臂和唱针，使用时必须仔细操作，否则容易损坏。数字唱机是光、机、电合一的高技术产品，采用激光拾音，具有动态范围大、信噪比高和声道分隔度好三大优点，使唱机水平进入一个新阶段，已在高级组合音响中广泛使用。录音座也有模拟式和数字式两种。现代组合音响主要用模拟的盒式磁带录音座，而且多采用双卡式。录音座有使用方便、性能良好和结构紧凑等优点，是组合音响中的基本设备。为保持良好音质，需要定期清洗磁头和给磁头去磁，以便减小磁带的咝咝声，减少信号损失和失真。调谐器的作用是接收广播电台的信号，为保证收台准确，先进的设备都已改用数字调谐和数字显示。由于广泛采用集成电路，也提高了设备的稳定性和可靠性。

放大器，包括前置放大器和功率放大器。前置放大器的作用是将话筒、唱机、录音座和调谐器送来的小信号加以放大。功率放大器再把前置放大器输给它的信号放大到足以推动扬声器工作。放大器的控制旋钮很多，分别用来控制扬声器的选择、平衡、低音、高音、响度和音量等。

扬声器往往比其他设备更能影响组合音响的音质。在更换放大器时，必须仔细挑选扬声器，使之匹配完好。家用的扬声器均为电动式扬声器，由发音振动系统、磁路系统和其他辅助系统组成。当在音圈（导线）中通入音频电流信号时，音圈即受到一个大小与音频电流成正比、方向随音频电流变化而变化的力，从而产生音频振动，并带动振膜振动，向空间辐射声波。

二、电视机

电视机（电视接收机）是电视广播系统的终端接收设备，它从天线或有线电视网络的同轴电缆上选择接收高频电视信号，并进行一系列的变换和处理，还原成声音、图像及彩色信号，最终通过扬声器的电声转换和显像管的电光转换，让用户听到逼真的声音，看到清晰的图画和色彩。

1. 电视机的分类

（1）按图像显示的颜色，电视机可分为黑白电视机和彩色电视机两种。

（2）按显像管屏幕对角线的长度，电视机可以划分如下：

小屏幕:2.5cm(1in)、23cm(9in)、35cm(14in)、40cm(16in)。

中屏幕:43cm(17in)、45cm(18in)、51cm(20in)、56cm(22in)。

大屏幕:63cm(25in)、73cm(29in)、86cm(34in)、97cm(38in)。

(3)按内部线装原件的不同,电视机可分为晶体管式和集成电路式。晶体管式电视机已基本不再生产,目前市场上基本为集成电路电视机,它具有性能好,抗干扰能力强,机内接点少,操作方便等特点。根据显像管的结构不同,电视机可分为三枪三束管式、单枪三束管式、自会聚管式、平面直角管式和液晶显示式电视机等。

(4)新型电视机

①超平彩电。相对于传统的球面显像管和平面直角显像管电视而言的,采用超平面彩色显像管的彩色电视机。传统的彩色显像管由于屏幕显示屏中心隆起,显示的图像会有一定的变形失真,超平电视机的显示屏虽然仍有弧度,但弧度已极小,一般比平面直角显像管要平坦30%以上,具有失真小,色彩更真实,收视效果好等优点。另外,采用新型阴极的超平直角彩电的寿命是平面直角彩电的1.7倍。

②纯平彩电。采用的是纯平彩管,从外观上看是平面的,在电子枪、荫罩和荧光粉涂层等方面也采用了新技术,从而使图像失真更小,可视图像更大,色彩更鲜艳,色纯度更好,清晰度更高,寿命更长等。

③液晶电视(LCD)。用液晶屏做显示器的电视机,液晶电视屏幕由超过200万个红、绿、蓝三色液晶光阀组成,液晶光阀在极低的电压驱动下被激活,此时位于液晶屏后的背光灯发出的光束从液晶屏通过,产生由1 074×768点阵组成的分辨率极高的图像。同时,先进的电子控制技术使液晶光阀产生1 677万种颜色变化,还原真实的亮度、色彩度,再现自然纯真的画面。液晶显像从根本上改变了传统彩电以“行”为基础的模拟扫描技术,实现了以“点”为基础的数字显示技术。与传统显像管(CRT)电视相比,液晶电视的画面稳定,避免了因场、行扫描带来的画面闪烁和不稳定,图像更逼真,使用的数字点阵显示模式将画面的几何失真率降为零;采用荧光灯透过液晶屏成像,彻底消除了传统显像管电视机轰击荧光粉产生的辐射和静电;机身厚度不超过6cm,外形美观、节省空间;使用寿命长,整机使用寿命超过5万h。

④等离子电视。又称壁挂式彩电,是用等离子显示屏(PDP)作为显示器的电视机。等离子显示屏是利用一种可导电的等离子体的气状物质,在电极作用下,激发红、绿、蓝三色荧光体发光而显像的。等离子电视薄而轻,42in的大屏幕显示屏的厚度仅为9cm;与显像管电视一样具有宽视角的特点,上下左右视角大于160°,优于液晶电视;图像无任何失真;抗电磁干扰性好。

⑤投影电视。根据其投影方式技术的不同有正投影电视和背投影电视(简称背投电视)两种。正投影电视在亮度、画面质量、体积和寿命等方面都优于背投电视,但其价格较高,所以目前走入家庭的主要是背投电视。背投电视图像超级清晰,画

面无闪烁；使用寿命长，一般达 15 年以上；屏幕大，视角超广；规格齐全，屏幕尺寸为 43～65in。

⑥数字化电视。也叫数码电视，是在传统模拟彩色电视机的电路中采用了多种数字化处理技术，从而获得更好的图像、声音质量，增加了电视机的功能。与传统电视相比，消除了目前 50Hz 场频带来的大面积闪烁感，对眼睛无伤害，提高了图像垂直清晰度，便于实现画中画、画外画和静止画面等功能。但数字化电视从本质上仍属于模拟电视，接收的仍是模拟电视信号。

⑦数字电视和高清晰度电视。数字电视是一种技术过程而不是一种设备，它是指在节目摄制、编辑、发送、传输、存储、接收和显示等环节全部采用数字处理的全新电视系统。数字电视按其传输视频比特率的大小可分为三个等级，即普及型数字电视（PDTV）、标准清晰度数字电视（SDTV）和高清晰度数字电视（HDTV）。高清晰度数字电视机具有抗干扰性强，图像清晰度高，多声道数字伴音等优点。

2. 电视机的选购

选购电视机时，主要考虑以下几个方面。

(1)屏幕尺寸的挑选

应根据居室的大小选择电视机的屏幕尺寸，通常观看电视的合理距离为屏幕对角线长度的 4～6 倍。电视屏幕小，而观看距离远，眼睛很费力；电视屏幕大，观看距离近，画面给人不清晰感。

(2)电视机类型选择

选择电视机类型时，应根据所在地区的电视信号传输状况、家庭经济条件和居室大小选择合适的电视机；在功能的选择上，主要考虑它的实用性，不要一味追求功能的齐全。在彩电的新功能中，可以按照以下顺序予以选择：更高的清晰度、更佳的音响效果、更低辐射、数字节目接收、互动点播、能作为电脑显示器、可直接上网、节目存储录制、立体影像效果等。其中更高的清晰度、更佳音响效果包括以下功能。

①变频与逐行扫描功能。它运用数码技术，每秒扫描 60 幅、75 幅、100 幅图片，并能实现逐行扫描，使画面更加稳定，同时又避免了电视画面闪烁带来的视力疲劳。

②超黑显像管。它是一种降低光线透过的技术，使显像管呈现黑色。超黑显像管可以大量吸收外来光线，减少反射，使图像柔和清晰，减轻对人眼的刺激。

③有动态聚焦功能。有多组 AV 输入及输出插孔。有环绕立体声、超重低音、扩展型重低音和 AV 立体声功能。

(3)电视机质量挑选

外观检查。外形应美观大方，色泽协调；表面无划伤，荧光屏上无气泡，旋钮、按键安装牢固，操作灵便。其外部控制元件和天线端子通电后都不应带电，机壳通风孔要能够防止外来异物进入内部。

灵敏度检查。灵敏度是电视机接收微弱信号的能力，若在电视信号较弱的地方，能够清晰、稳定地收到所选频道的电视节目则表明灵敏度高。

选择性和稳定性检查。当收看所选定的电视节目时，邻台不应窜入干扰，上下邻频道也不应有本频道的图像与伴音。当出现干扰信号时，屏幕上只能出现杂波，图像不应出现扭斜和翻滚。调节行频，图像只发生左右移动，不应扭斜；调节帧频，在一定范围内，图像不应翻滚。

伴音质量检查。检查伴音质量时，调解音量有无明显变化，不应伴有杂音，音量调到最大时，霎时间应洪亮悦耳，无失真和交流声，屏幕上的图像不应该随伴音大小而产生干扰，音量调到最小时应该无声。图像分辨力、亮度和图像几何失真检查，可通过国家标准电视广播测试图进行检查。

三、洗衣机

1. 洗衣机的种类

(1)按自动化程度洗衣机可以分为普通洗衣机、半自动洗衣机和全自动洗衣机三种。

普通洗衣机是指洗衣机的洗涤、漂洗和脱水三个功能都需人工进行转换的洗衣机。这类洗衣机结构简单、价格便宜、使用方便。

半自动洗衣机是指洗涤、漂洗和脱水三个功能中任意两个功能可以自动转换的洗衣机，如大多数双桶洗衣机能在洗涤桶连续自动完成衣物的洗涤和漂洗，但脱水需人工将衣物搬移后才可在脱水桶中完成。

全自动洗衣机是指洗涤、漂洗和脱水三大功能的转换均可依照程序自动进行的洗衣机，这种洗衣机市场上都为套桶式洗衣机，其程序控制器有机械式和微电脑式两种。最近推出的微电脑模糊控制洗衣机通过设置布量布质传感器、水位传感器、温度传感器和脏污度传感器，自动判断衣服的质量、质地、脏污度和洗涤水温，从而自动选择水位、洗涤时间、脱水时间和水流作用的强度等，可提高洗涤效果，减少耗电量。

(2)按洗涤方式洗衣机主要有波轮式、滚筒式和搅拌式三种

波轮式洗衣机，由日本在 1953 年发明，在亚洲国家使用较多。洗衣桶底部有一个表面设有几条凸筋的波轮，通过电动机驱动波轮转动，形成涡流，带动衣物在水中翻搅、冲击和摩擦，产生洗涤作用。它的特点是：洗净度高，同时磨损率也高，衣物易缠绕，去污均匀度不够，结构简单，价格较低，在亚洲国家使用较多。

滚筒式洗衣机，又称欧洲式洗衣机，1928 年由欧洲人发明，欧洲国家大多使用此类洗衣机。洗衣桶内有一水平放置的滚筒，滚筒在电动机的带动下绕水平轴旋转，洗涤物随着滚筒内的凸筋上升，而后落入水中，不断翻滚、摔打，从而产生洗涤作用。滚筒式洗衣机的特点是：结构合理、使用寿命长，对洗涤物磨损率低，洗涤容量大，耗电、耗水量较小。

搅拌式洗衣机，又称美国式洗衣机，1911 年由美国人发明。洗衣桶为立式圆桶，其中心有一垂直立轴，轴上装有搅拌叶片，在电动机驱动下，叶片做 120°～180°的正反交替旋转，从而翻动水流和衣物，产生洗涤作用。这种洗衣机洗净度高，衣物磨损率小，洗涤均匀性好；但结构复杂，制造困难，噪声较大。

2. 洗衣机的主要质量指标

(1)洗净性能。波轮式洗衣机的洗净比不应小于 0.8。对织物的磨损率，波轮式洗衣机的磨损率应不大于 0.2%。洗衣机的漂洗比应大于 1，漂洗性能指标是表示洗衣机在额定状态下，漂清衣物上所含洗涤剂的能力。

(2)脱水效果。脱水效果在国标中也称含水率，这项指标是衡量洗衣机洗涤完毕，脱水结束后，剩余水分占洗涤物干重的百分比，它主要受洗衣机脱水转速高低的影响。我国标准中规定，脱水后衣物的含水率小于 50%。

(3)噪声。要求不高于 65dB。

四、空调

空调器的规格是按制冷量或制热量划分的。制冷量是指空调器在制冷运行时，单位时间内从房间内或某个区域内吸收并转移到其他区域的热量。国家标准规定，计量单位是“瓦”或“千瓦”，符号为“W”或“kW”。目前也有部分厂家或消费者采用“匹”来表示空调器规格的，一匹≈2 324W。

1. 家用空调器的分类

(1)按结构空调器可分为窗式(整体式)空调器和分体式空调器两大类

窗式空调器按结构又可分为卧式空调器和立式空调器两种。窗式空调器的特点是安装在窗口，利用窗口内外的制冷系统和冷热交换来调节室内的空气。分体式空调器，是将产生噪声的压缩机、蒸发器、风机和冷凝器风机移至室外，组成室外机组，其余组成室内机组，中间用管道连接起来。分体式空调器通常分为壁挂式、吊顶式和落地式等多种。

(2)按工作方式空调器可分为冷风型、热泵型和电热冷风型三种

冷风型空调器(或称单冷式空调器)只能在夏季天气较热、空气相对湿度较大的地区，用于家庭或公共场所制冷降温、除湿，而不能用于冬季制热。

电热冷风型空调器，既可以在夏季用于制冷除湿，也可在冬季制热。这种空调器制热的方式是利用空调器上安装的电热丝吹出热风，用于冬季取暖。

热泵型空调器具备制冷又制热的功能，它是靠空调器上安装的电磁换向阀来控制制冷剂的流向，达到改变空调器工作状态的目的。夏季位于室内的制冷蒸发器用于制冷，到了冬季，在电磁阀控制下又变成了散热的冷凝器用于制热取暖。

另外，按室内机数量可分为“一拖二”、“一拖三”空调器，按制冷量不同可分为小型、中型和大型空调器。

近几年来，一些高科技逐步应用到家用空调器上，新的空调器品种不断涌现，如数字变频空调器、氧吧空调器、环绕立体送风空调器、健康空调器和家用中央空调器等。

2. 空调器的选购

选购空调器，首先，应确定空调器的制冷量。普通房间冷量负荷的推荐值为115～145W/m^2，可将此值乘以房间面积得出需购买的空调器的制冷量。

其次，应根据实际需要，从品牌、经销商、产品的技术水平、空调器性能指标、有关认证以及价格等方面综合考虑所要购买的空调器。

再次，要进行外观质量检查，面板应平整光洁，角边平直，表面无裂痕、毛刺和变形等。装饰层无脱落、碰刮现象。喷塑件、电镀件和塑料件表面应无明显的气泡、划痕、露底和皱纹等现象，且应平整光滑、色泽均匀。开关、按键和旋钮等应操作自如，进风栅、出风栅应灵活无阻。

最后，要通电试机。通电后，压缩机、风扇电机能迅速进入正常运行状态，振动不能过大，不能有异常的撞击声等。通电数分钟后，夏季应有冷风出，冬季应有热风出。调节风速选择钮，应有不同的风量吹出。

五、电冰箱

1. 电冰箱的分类

(1)按制冷方式不同，电冰箱可以分为压缩式冰箱、吸收式冰箱、电磁振荡式冰箱，另外，还有极少量在特殊环境下使用的半导体式冰箱和太阳能冰箱等

压缩式冰箱是我国冰箱的主要形式，它是利用电动压缩机的动力与低温点制冷剂的形态变化达到制冷的目的，具有制冷效率高、耗电少、冷冻速度快、制冷量大和使用寿命长等特点。

吸收式冰箱是利用连续吸收—扩散式制冷系统实现制冷效果的，具有结构简单、无噪声等优点。除利用电能外，这种冰箱也可用煤油、煤气等作为能源，适合在无电地区使用。

电磁振荡式冰箱具有结构简单、价格便宜和无噪声等优点，但耗电量大。

(2)按冷却方式不同，电冰箱可以分为直冷式冰箱和间冷式冰箱两种

直冷式冰箱又称有霜冰箱，该冰箱有两个蒸发器(冷却器)，分别置于冷冻室内壁、冷藏室顶部或上部，由蒸发器依靠传导和对流实现冰箱的低温效果。这种冰箱结构简单，价格便宜，耗电量小，但除霜比较麻烦。

间冷式冰箱又称无霜冰箱，该冰箱有一个蒸发器，位于冷冻室和冷藏室之间的隔层或后背部的夹层里，依靠一专用风扇，强制地使空气通过蒸发器到达冷冻室和冷藏室。间冷式冰箱温度分布均匀，降温速度快，无霜，但耗电量大，噪声较大，食物容易风干脱水。

(3)按电冰箱使用时的气候环境不同,电冰箱可分为亚温带型(SN)(气候环境温度为10～32℃)、温带型(N)(气候环境温度为16～32℃)、亚热带型(ST)(气候环境温度为18～38℃)和热带型(T)(气候环境温度为16～43℃)

另外,按箱体外形不同,电冰箱可以分为单门电冰箱、双门电冰箱和多门电冰箱;按制冷控制方式不同,电冰箱可以分为机械温控、电子温控和电脑温控;按使用的制冷剂不同,电冰箱可以分为普通电冰箱和无氟电冰箱。另外,近几年来又出现了数字变频电冰箱。

普通电冰箱一般采用导致大气臭氧层受到破坏的氟利昂作制冷剂、发泡剂,而无氟冰箱采用的是其替代品,目前使用较多的是碳氢化合物和环烷。按照国际《蒙特利尔议定书》规定,我国承诺在2010年最终停止使用氟利昂。为了表明我国在这一问题上的态度,树立我国的形象,2005年,我国又宣布提前三年停止使用氟利昂,采用新的制冷剂与发泡剂生产新一代无公害的"无氟"制冷电冰箱,或称双绿色环保电冰箱。

电脑温控电冰箱又称智能型电冰箱,它在冷藏室和冷冻室内及电冰箱外部都设有一个感温探头,能够精确感知箱体内部和外部的温度。一旦电冰箱门频繁开合或外界温度变化导致箱体内温度与用户设定有所偏差,就能将偏差值马上传送到微电脑芯片,微电脑芯片能存储200多种电冰箱运行程序,随时根据电冰箱内部与外部的温度进行自动调节,使箱体内温度迅速回到原来设定的数值。电冰箱的冷冻室和冷藏室均有独立的温控电路,各自运行互不影响。这种电冰箱具有操作简便、保鲜期长、使用寿命长和耗电量低的特点。

普通压缩式冰箱是通过压缩机的不断开停来使温度维持在一定范围,但这对压缩机的寿命影响非常大,而且耗电量大。数字变频电冰箱采用了变频压缩机,它可根据电冰箱内外温度的设定来自动调节压缩机的工作频率,使电冰箱运行一直处于最佳状态。当电冰箱温度回升较大时,压缩机以高频工作,提高冷冻效率,加快制冷速度,当电冰箱温度恒定不变时,压缩机以低频工作,这样就避免了开机瞬间电流大对压缩机的影响,延长了电冰箱的使用寿命,减少了电量的消耗。

2.电冰箱的挑选和使用

(1)挑选电冰箱要注意以下几个方面

①电冰箱类型、规格的选择。要根据家庭的经济状况,家庭成员多少,生活习惯确立冰箱的类型、规格、外形。电冰箱的规格可根据家庭人口来决定,通常按人均50～60L来计算,3人家庭可选180L,4人家庭选240L。经济条件较好的家庭应选择无氟冰箱、无霜冰箱;随着人们对食品和蔬菜、水果的卫生、保鲜度及储存食品的营养保存的关注,能够对温度进行精确控制、抗菌保鲜功能好的电脑温控冰箱以及具有自由设定温区的冰箱很受欢迎。另外,由于能源短缺和运行成本方面的考虑,节能冰箱也深受消费者青睐。

②外观检查。观察外壳有无伤痕,喷涂或电镀部分是否均匀、光亮;门封磁条应有良好的气密性,冰箱的气候类型应与使用环境相符。

③内在质量检查。电冰箱的电源接通后能立即启动,切断电源时,电冰箱正常停机。再次启动时,在1s内压缩机启动,并正常运行。启动电冰箱,压缩机运转,电冰箱会微微颤动,并听到运行噪声,但噪声不应高于45dB。手摸箱体,不应有明显的振动。打开冷藏箱门,箱内灯亮;关闭箱门,灯灭。启动运转10min后,压缩机和冷凝器发热,有制冷剂流动声,箱内应变冷。将温控器调在“停”的位置,压缩机应立即停转。环境温度在15~43℃范围内,调到“弱冷”的位置,压缩机应能启动运转;调到“强冷”位置,压缩机运转不停。电冰箱运行一段时间后,冷藏室温度不应高于5℃,冷冻室温度应达到星级规定。一般压缩机每小时启动次数应在6~9次之间。在环境温度为32℃左右时,待箱体内外温度大致平衡时关上箱门,压缩机连续运转。将冷藏室内温控器调到最大位置,冷藏室内温度降到10℃,冷冻室温度降到－5℃,所需时间不应超过2h。

(2)电冰箱使用时应注意以下问题

①电冰箱应放置在通风良好、干燥和远离热源的地方,背面离墙距离不小于10cm,放置地面应平整、坚实。

②搬运冰箱要抬起底部,不可在门把上用力,更不可平抬或过分倾斜移动。

③要配备专用电源插座。

④要正确使用温控器,数字越大表示控制的温度越低,数字越小表示控制的温度越高。

⑤冰箱内存放的食物不宜过满,食物之间防止串味。

⑥定期除霜、消除异味。

S 本章小结

食品是维持生命力,促进人体发育和保证健康所不可缺少的生活资料。食品的营养卫生和安全是对食品最基本的要求。食品商品包括可直接食用的蔬菜、果品,水产品、肉禽蛋等食用加工产品,饼干、果仁等休闲食品,还包括乳制品、饮料和烟、酒、茶等。一种食品营养价值的高低主要取决于营养成分、可消化率和发热量三个因素。中国法律对食品安全卫生质量基本要求的规定为:食品应当无毒、无害,符合应有的营养要求,具有相应的色、香、味等感官性状。

人体内总热能的60%~70%来自食物中的糖类,糖能供给能(热)量;保肝解毒;节约蛋白质;抗酮作用;增强肠道功能,合成维生素;增进食欲。常见的多糖化合物有淀粉、菊糖、树胶、黏液质、黏胶质和动物多糖。

酿酒是用含糖类的原料,经水解后,逐步地转为单糖,然后在不同酵母所分泌的酶的作用下,引起酒精发酵而得到具有色、香、味的产品。按酿制方法分类有蒸馏酒、发酵原酒和配制酒;按酒精含量分类有高度酒、中度酒和低度酒;按经营习惯分类有白酒、黄酒、啤酒、葡萄酒、果酒和露酒等。

茶叶就是以茶树的嫩叶或嫩芽经加工制成的干制品,是一种植物性食品。按茶叶加工方法不同和经营习惯,茶叶可分为绿茶、红茶、乌龙茶、花茶、紧压茶和其他六大类茶。

常见的水果类食品包括苹果、梨、葡萄、橘子、香蕉、柿子和龙眼等,它们各有自己的营养价值和禁忌。

纺织纤维是织造纺织品最基本的原料。纺织纤维按其来源可分为天然纤维和化学纤维两大类。天然纤维是自然界中原有的或经人工培植而获得的纤维,它分为植物纤维和动物纤维。常用的植物纤维有棉花和麻类。动物纤维的主要成分是蛋白质,常用的蛋白质纤维有蚕丝、羊毛。化学纤维可分为人造纤维和合成纤维两大类。

纺织品商品按照商业经营习惯一般分为纺织品和针棉织品两大类。纺织品主要分为棉布、麻布、呢绒、丝绸、化纤及其混纺织品五大类。针棉织品是针织品和棉织品的总称,其品种有针织内衣、针织外衣、袜子、羊毛衫和手套等。棉织品有毛巾、床单、毯子和手帕等。纺织品商品的形成一般要经过纺纱工艺、织造工艺和染整工艺三个阶段。纺织品商品应该具有良好的服用性,组织结构合理性,良好的机械性,外观艺术性,卫生、安全性,功能性及工艺性。

合成洗涤剂是以合成洗涤表面活性剂为主要成分配制而成的一种家用洗涤剂,合成洗涤剂是以洗涤表面活性剂为主要成分并添加助洗剂的多成分混合物。目前,市场销售的合成洗涤剂有合成洗衣粉、液体合成洗衣剂、浆状洗衣剂、块状洗衣剂、发用洗涤剂、餐具洗涤剂和住宅用洗涤剂等品种。

化妆品是一种修饰人们的外貌、增加容貌美观或具有芳香气味的日用品。化妆品能清洁、呵护、营养和美容皮肤。

塑料制品是以合成树脂为主要原料制成的日用工业品。按塑料的用途分有通用塑料、工程塑料和特种塑料;按塑料的受热特性分有热塑性塑料、热固性塑料。塑料制品常用的成型方法有注射成型法、挤出成型法、吹塑成型法、压延成型法和模压成型法等。常用塑料制品的鉴别方法有感官鉴别、燃烧鉴别。

常用家用电子电器产品有组合音响、电视机、洗衣机、空调和电冰箱等。

R 课后阅读 1

实施卫生和营养并重管理

各级政府机关和职能部门强调食品安全时,多是只重视食品卫生方面,而对食品中的营养问题基本不管,并已成为各地食品安全管理的一个固有模式。具体处理食品食物中毒事件还主要着重抓急性事件，而对慢性安全事件的重视是相当不够的。这恐怕是因为急性事件导致的后果将要追究行政或刑事责任，而慢性事件即使远期危害或经济损失远远大于急性事件，但很难显现。因而，用某些官员的话来说："就怕吃死人"，然而，阜阳奶粉事件告诫我们，营养问题会慢慢吃死人，这是一种更为残酷的悲哀。国家公众营养与发展中心胡承康教授说，某地在接受试点推广学生饮用奶工作中，有关领导截然了当的回答是"出了问题怎么办？你不要给我埋伏一个定时炸弹"，为此推广计划戛然中止。依此逻辑推理分析，给学生喝牛奶，就是在当官者乌纱帽里设置定时炸弹，那么只求孩子短期平安，不给孩子好的营养，我们民族的希望到哪里去找？其实，在学校中供给的营养餐、学生奶或是豆奶，它们本身是有营养的，也完全适应于中小学生的生长发育营养需求，根本在于生产加工企业操作过程中的问题，在于学校管理部门、政府职能部门的行政作为如何，是否予以有效的、经常性的监督指导。因此，对于政府机构和职能部门在监管食品卫生的同时，必须积极有效地对食品营养问题加以监管，才能通过一个"钱币"正反两面的并重管理，使食品安全得以全面保障。

R 课后阅读 2

影响我国食品安全的主要因素

目前，我国食品的生物性、化学性污染还未能有效控制，食物中毒及食源性疾病频繁发生，食品的不合格率仍然很高，食品的安全性得不到充分保证。从一系列有关食物中毒的事件中可以看出，几乎在食品生产、加工、流通和消费等所有环节，都不同程度地存在问题。归纳起来有六个方面：

(1)环境污染对食品安全构成威胁；

(2)农业种植养殖的源头污染对食品安全的威胁越来越严重；

(3)受我国经济发展水平不均衡的制约；

(4)在食品储存、运输和销售等经营环节上，卫生安全措施未得到有效保障；

(5)一些不法生产经营者为牟取暴利，不顾消费者的安危，在食品生产经营中掺杂使假，这是食品安全的人为犯罪因素；

(6)消费者食品安全意识淡薄。

T 思考与练习

一、思考题

1. 影响食品商品卫生安全的来源主要有哪几个方面？

2. 如何保管啤酒？

3. 简述茶叶的种类。

4. 洗衣机的主要质量指标是什么？

二、练习题

(一)填空题

1. (　　)是以天然高分子物或人工高分子物为原料，经过化学处理与机械加工而制成的纤维。

2. 常食(　　)能滋阴清热，增进食欲，促进消化等。

3. 绿茶的加工过程为鲜叶—杀青—揉捻—(　　)—绿毛茶。

4. (　　)是指洗涤、漂洗和脱水三个功能中任意两个功能可以自动转换的洗衣机。

(二)单项选择题

1.《中国化妆品卫生管理条例》中对化妆品中有害成分的限定为：汞不得大于(　　)mg/kg。

A. 70×10^{-6}　　B. 40×10^{-6}　　C. 10×10^{-6}　　D. 0.2%

2. (　　)，性寒味甘，具有止咳、化痰、退热、降火、解疮毒、酒毒等功能，健胃润肺、清热降火，降压解毒。

A. 苹果　　B. 梨　　C. 香蕉　　D. 桃

3. 杭州西湖龙井以“(　　)”四绝著称。

A. 绿、香、甘、美　　B. 色、郁、味、形

C. 叶嫩、味香、适季、誉美　　D. 色绿、香郁、味甘、形美

(三)判断题(正确打√，错误打×)

1. 食品的卫生无害性，就是要求食品中不会有对人体有毒有害的物质。(　　)

2. 人体内总热能的60%～70%来自食物中的糖类。(　　)

3. 绿茶是我国茶叶中产量最多的一种，约占世界绿茶产量的70%，花色品种之多也居世界之首。(　　)

4. 按最初原料的来源，人造纤维可分为化学纤维和合成纤维两大类。(　　)

(四)案例分析

食品安全事件的频繁发生，促使国际组织和一些国家政府纷纷采取措施控制食品污染，确保食品安全。如1998年美国组成了总统食品安全委员会，法国、爱尔兰成立了食品安全局，2000年欧盟成立了食品局，英国成立了食品标准局。我国近年来也相继出台了一些措施，如卫生部在全国开展的“向消费者公示安全食品活动”。农业部出台了首批73项无公害农产品行规，国家质检局公布了8项无公害农产品国家标准等，但要从根本上解决食品安全问题，还应做好以下几方面的工作：①进一步完

善以《食品卫生法》为核心的食品安全法制建设，加快制定与相关法律相衔接、可操作性强的、能与国际接轨的法律法规是参与国际竞争的必要条件；②加强食品安全监督执法工作；③转变监督管理模式，建立食品生产经营企业量化管理制度；④政府各有关部门必须密切配合和协调，建立有效的食品安全规划和控制食品污染的监测和管理体系，确保从农田到餐桌全过程的食品安全。

案例思考题

你认为要从根本上解决食品安全问题，除了材料中提到的四点外，还应做好哪些方面的工作？

第九章 商品储运和养护

本章知识目标

通过本章的学习学生应掌握以下知识：

1. 商品的物理机械变化、化学变化和生理生化等变化；
2. 影响商品质量变化的主要因素；
3. 仓库内外温湿度的变化规律、控制与调节；
4. 商品发生霉腐、锈蚀、虫害以及老化的主要原因，仓储商品养护的各种技术方法。

本章能力目标

通过本章的学习学生应具备以下能力：

1. 了解各种因素对商品质量的影响；
2. 熟悉仓库内外温湿度的变化规律；
3. 掌握仓库温湿度的控制与调节方法；
4. 熟悉商品发生霉腐、锈蚀、虫害以及老化等的主要因素；
5. 掌握商品防霉腐、防锈蚀、防虫害以及防老化等养护的技术方法。

本章学习要求

本章主要介绍了商品在储运过程中的质量变化和影响商品质量变化的因素及其控制，讲述了商品养护的技术方法。通过本章学习，使学生了解商品质量变化的类型和影响因素；明确库存商品的基本养护方法；掌握常见商品的储藏保管技术条件。

典案阅读

人们所熟悉的烟酒、糖茶、服装鞋帽、医药、化妆品、家用电器以及节日燃放的烟花爆竹等，有的怕潮、怕冻、怕热，还有的易燃、易爆。影响储存商品质量变化的因素很多，其中一个重要的因素是空气的温度。有的商品怕热，如油毡、复写纸、各种橡胶制品及蜡等，如果储存温度超过要求（30～35℃）就会发黏、熔化或变质。有的商品怕冻，如医药针剂、口服液、墨水、乳胶及水果等，会因库存温度过低冻结、沉淀或失效。例如：苹果储藏在1℃比在4～5℃储藏时寿命要延长一倍。但储藏温度过低，可引起果实冻结或生理失调，也会缩短储藏寿命。影响储存商品质量变化的另外一个重要因素是空气的湿度。由于商品本身含有一定的水分，如果空气相对湿度超过75%，吸湿性的商品就会从空气中吸收大量的水分而使含水量增加，这样就会影响到商品的质量，如食盐、麦乳精、洗衣粉等出现潮解、结块，服装、药材、糕点等生霉、变质，金属生锈。但空气相对湿度过小（低于30%），也会使一些商品的水分蒸发，从而影响商品质量，如皮革、香皂、木器家具、竹制品等的开裂，甚至会失去使用价值。

点评：

商品储运期间，宏观上处于静止状态，但商品本身不断发生各种各样的运动变化，这些变化都会影响到商品的质量，如不加以控制，就会由量变发展到质变。

第一节　商品储运期间的质量变化

商品在储运期间，由于商品本身的性能特点，以及外界因素的影响，可能发生各种各样的质量变化，归纳起来有物理机械变化、化学变化和生理变化等。研究商品的质量变化，了解商品质量变化的规律及影响质量变化的因素，对确保商品安全，防止、减少商品劣变或损失有十分重要的作用。

一、商品的物理机械变化

物理变化是指只改变物质的外表形态，不改变其本质，没有新物质生成的质量变化现象。商品的机械变化是指商品在外力作用下发生的形态变化。物理机械变化的结果不是数量的损失，就是质量的降低，甚至失去使用价值。商品常发生的物理机械变化主要有挥发、溶化、熔化、渗漏、串味、玷污、沉淀、破碎与变形等。

1. 挥发

低沸点的液体商品或经液化的气体商品，在一定的条件下，其表面分子能迅速汽化而变成气体散发到空气中去的现象叫挥发。常见的易挥发商品有汽油、酒精、苯、香水、印刷油墨、液氨和液氮等。

挥发速度与商品中易挥发成分的沸点、气温的高低、空气流速以及与它们接触的空气表面积等因素有关。液体商品的挥发不仅会降低商品的有效成分，增加商品损耗，降低商品质量，有些燃点很低的商品还可能引起燃烧或爆炸；有些商品挥发的气体有毒性或麻醉性，容易造成大气污染，对人体有害；一些商品受到气温升高的影响，体积膨胀，使包装内部压力增大，可能发生爆破。

防止商品挥发的主要措施是加强包装的密封性。此外，要控制库房温度，高温季节要采取降温措施，保持在较低的温度条件下储存商品。

2. 溶化

溶化是指固体商品在保存过程中，吸收潮湿空气或环境中的水分达到一定程度时，会溶解变成液体的现象。常见的易溶化商品有食糖、食盐、明矾、硼酸、尿素、氯化钙、硝酸铵和烧碱等。

商品溶化后，商品本身的性质并没有发生变化，但由于形态改变，给储存、运输及销售部门带来很大的不方便。商品溶化与空气温度、湿度、堆码高度有密切关系。

对易溶化的商品应按商品性能，分区分类存放在阴凉干燥的库房内，不适合与含水分较大的商品同储，在堆码时要注意底层商品的防潮与隔潮，垛底要垫得高一些，并采取吸潮和通风相结合的温湿度管理方法来防止商品吸湿溶化。

3. 熔化

熔化是指低熔点的商品受热后发生软化乃至化为液体的变化现象。熔化除受气温高低的影响外，与商品本身的熔点、商品中杂质种类和含量高低密切相关。熔点越低、杂质含量越高，越容易熔化。常见易熔化的商品有香脂、发蜡、蜡烛、复写纸、蜡纸、圆珠笔芯、松香、萘、硝酸锌、油膏、胶囊和糖衣片等。

商品熔化，有的会造成商品流失、粘连包装和玷污其他商品；有的因产生熔解热而体积膨胀，使包装爆破；有的因商品软化而使货垛倒塌。

预防商品的熔化，应根据商品的熔点高低，选择阴凉通风的库房储存。在保管过程中，一般可采用密封和隔热措施，加强仓房的温度管理，防止日光照射，尽量减少温度的影响。

4. 渗漏

渗漏主要是指液体商品发生跑、冒、滴、漏等现象。商品的渗漏，与包装材料性能、包装容器结构及包装技术的优劣有关，还与仓储温度变化有关。如金属包装焊接不严，受潮锈蚀；有些包装耐腐蚀性差；有的液体商品因气温升高、体积膨胀而使包装内部压力增大，胀破包装容器；有的液体商品在低温或严寒季节结冰，也会发生体积膨胀，引起包装破裂而造成商品损失。

因此，对液体商品应加强入库验收和在库商品检查及温湿度控制和管理。

5. 串味

串味是指吸附性较强的商品吸附其他气体、异味，从而改变本来气味的变化现象。具有吸附性易串味的商品，主要是因为它们的成分中含有胶体物质，以及具有疏松、多孔性的组织结构。商品的串味，与其表面状况、与异味物质接触面积的大小、接触时间的长短以及环境中异味的浓度有关。

常见易被串味的商品有大米、面粉、木耳、食糖、茶叶、卷烟和饼干等。常见的易引起其他商品串味的商品有汽油、煤油、腌鱼、腌肉、樟脑、肥皂和农药等。预防商品串味，应对易被串味的商品尽量采取密封包装，在储存运输中不得与有强烈气味的商品共储混运，同时还要注意运输工具和仓储环境的清洁卫生。

6. 沉淀

沉淀是指含有胶质和易挥发成分的商品，在低温或高温条件下，部分物质凝固，进而发生下沉或膏体分离的现象。常见的易沉淀商品有墨水、墨汁、牙膏和雪花膏等。预防商品沉淀，应根据不同商品的特点，防止阳光照射，做好商品冬季保温和夏季降温等工作。

7. 玷污

玷污是指商品外表沾有其他脏物、染有其他污秽的现象。商品玷污，主要是生产、储运中卫生条件差及包装不严所致。对一些外观质量要求较高的商品，如绸缎、呢绒、针织品和服装等要注意防玷污，精密仪器、仪表类也要特别注意防玷污。

8. 破碎与变形

破碎与变形是指商品在外力作用下所发生的形态上改变的机械变化。脆性较大或易变形的商品，如玻璃、陶瓷、搪瓷制品和铝制品等，因包装不良在搬运过程中，受到碰撞、挤压和抛掷而易破碎、掉瓷、变形等；塑性较大的商品，如皮革、塑料、橡胶等制品由于受到强烈的外力撞击或长期重压，易失去回弹性能，从而发生形态改变。对易发生破碎和变形的商品，要注意妥善包装，轻拿轻放，堆垛高度不能超过一定限度。

二、商品的化学变化

商品的化学变化，是指构成物质的分子发生了变化，商品的外表形状和商品的本质都发生了改变，并生成了新的物质的变化现象。商品发生化学变化，严重时会使商品完全丧失使用价值。常见的化学变化有分解、水解、氧化、老化和腐蚀等。

1. 分解、水解

分解是指某些化学性质不稳定的商品，在光、热、酸、碱及潮湿空气的作用下，会由一种物质分解成两种或两种以上物质的变化现象。分解不仅使商品质量变差，而且会使商品完全失效，例如漂白粉在温度高，水分大，光照不密闭的条件下，会分解生成次氯酸和氧，失去漂白能力，使商品失去使用价值。

水解是某些商品在一定条件(如酸性或碱性条件)下,与水作用而发生的复分解反应。对于易分解或水解的商品,在储存运输中应尽量避免发生这些变化所需的外部条件,尤其不宜与酸性或碱性物质共储混运。

2. 氧化

氧化是指商品与空气中的氧或与其他放出氧气的物质接触,发生与氧结合的化学变化。商品氧化,不仅会降低商品的质量,有的还会在氧化的过程中产生热量,引起自燃,有的甚至会引发爆炸。易于氧化的商品种类很多,例如,化工原料中的亚硝酸钠、硫代硫酸钠、保险粉,油脂类商品(包括用油脂加工的食品)和纤维制品等,这类商品在储运过程中应选择低温避光条件,避免与氧接触,同时注意通风散热,有条件的可在包装容器中放入脱氧剂。

3. 老化

老化是指某些以高分子化合物为主要成分的商品,如橡胶、塑料、合成纤维等高分子材料制品,在储运过程中,受到光、氧、热及微生物等的作用,出现发黏、龟裂、变脆、失去弹性、强力下降和丧失原有优良性能的变质现象。

易老化是高分子材料存在的一个严重缺陷。老化的原因,主要是高分子化合物在外界条件的作用下,分子链发生了降解和交联等变化。储存和运输这些商品时,要注意防止日光照射和高温,尤其是要防止暴晒,同时堆码不宜过高,要避免重压。

4. 腐蚀

腐蚀是指物质接触周围的介质(如酸、碱、氧气及腐蚀性气体等),其表面受到破坏的变化现象。金属的锈蚀也是其中的一种。

金属的锈蚀主要是发生了电化学腐蚀,在潮湿的空气中,金属制品通过表面吸附、毛细管(表面裂纹和结构缝隙)凝聚,特别是结露作用,可在金属表面形成水膜。水膜溶解表面的水溶性黏附物和空气中的氧气、二氧化碳、二氧化硫等气体,形成具有导电性的电解液。金属制品接触这种电解液后,引起电化学反应,反应中,金属原子成为离子不断进入电解液而被溶解,这种腐蚀称为电化学腐蚀。电化学腐蚀先在金属表面造成不规则的凹洞、斑点和溃疡,然后使破坏掉的金属变为金属氧化物或氢氧化物而附于金属表面,最后或快或慢地往里深入腐蚀,它是金属商品的主要破坏形式。

三、商品的生理生化变化及其他生物引起的变化

商品的生理生化变化是指有生命活动的有机体商品,在储存过程中,为维持自身的生命活动所进行的一系列变化,如粮食、水果、蔬菜、鲜蛋等商品的呼吸、发芽、胚胎发育和后熟等现象。

商品的生物学变化则是指由微生物、仓库害虫以及鼠类等生物所造成的商品质量的变化,如工业商品和食品商品的霉变、腐败、虫蛀和鼠咬等。

1. 呼吸作用

呼吸作用是指有机体商品在生命过程中，由于氧和酶的作用，体内有机物质被分解，并产生热量的一种缓慢的生物氧化过程。

呼吸作用可分为有氧呼吸和缺氧呼吸两种类型。不论是有氧呼吸还是缺氧呼吸，都要消耗营养物质，降低食品的质量。有氧呼吸热的产生和积累，往往使食品腐败变质。同时，有机体分解出来的水分，又有利于有害微生物生长繁殖，使商品的霉变加速。缺氧呼吸则会产生酒精积累，引起有机体细胞中毒，造成生理病害，缩短商品储存时间。对于一些鲜活商品，缺氧呼吸往往比有氧呼吸要消耗更多的营养物质。

保持正常的呼吸作用，有机体商品本身会具有一定的抗病性和耐储性。因此，鲜活商品的储藏应保证它们正常而最低的呼吸，利用它们的生命活性，减少损耗、延长储藏时间。

2. 后熟作用

后熟是指瓜果、蔬菜类食品脱离母株后继续成熟的现象。促使这类食品后熟的主要因素是高温、氧以及某些有催熟作用的刺激性物质(如乙烯、乙醇等)的存在。瓜果、蔬菜等的后熟作用，能改进其色、香、味以及硬脆等食用性能。但当后熟作用完成后，则容易发生腐烂变质，难以继续储藏，甚至失去食用价值。因此，对于这类食品，应在其成熟之前采收并采取控制储藏条件的办法，来调节其后熟过程，以达到延长储藏期、均衡上市的目的。

为了延长后熟期，可采用低温储运和适当通风(散去成熟食品释放的乙烯气体)的方法。有时为了及早上市也可用乙烯或乙醇等进行人工催熟。

3. 胚胎发育

胚胎发育主要指鲜蛋的胚胎发育。在鲜蛋的储存过程中，当温度和供氧条件适宜时，胚胎会发育成血丝蛋、血环蛋。经过胚胎发育的禽蛋，其新鲜度和食用价值大大降低。为抑制鲜蛋的胚胎发育，应加强温湿度管理，最好是低温储藏或停止供氧。

4. 发芽和抽薹

这类现象是两年生的蔬菜，如马铃薯、大蒜、生姜和萝卜等，在储存时经过休眠期后的一种继续生长的生理活动。发芽和抽薹的蔬菜，因大量的营养成分供给新生的芽和茎，使组织粗老或空心，失去原有鲜嫩品质，并且不耐储藏。所以，储存这类蔬菜时应将温度控制在5℃以下，并防止光照，可抑制其发芽、抽薹。

5. 霉腐

霉腐是商品在霉腐微生物作用下所发生的霉变和腐败现象。在气温高、湿度大的季节，如果仓库的温湿度控制不好，储存的针棉织品、皮革制品、鞋帽、纸张、香烟以及中药材等许多商品就会生霉；鱼、肉、蛋类就会腐败发臭；水果、蔬菜就会腐烂；果酒变酸、酱油生白膜。无论哪种商品，只要发生霉腐，就会受到不同程度的破坏，严重霉腐可使商品完全失去使用价值。有些食品还会因腐败变质而产生有毒物质。

对易霉腐的商品在储存时必须严格控制温湿度，做好商品的防霉工作。

6. 发酵

发酵是某些酵母尤其是野生酵母和细菌所分泌的酶，作用于食品中的糖类、蛋白质而发生的分解反应。发酵广泛用于食品酿造业。但如果空气中的这些微生物自然地作用于食品而进行发酵，则不但破坏了食品中的有益成分，失去原有的品质，而且还会出现不良气味，甚至还会产生有害人体健康的物质。

常见的这类发酵有酒精发酵、醋酸发酵、乳酸发酵和酪酸发酵等。防止食品在储运中发酵，除了要注意卫生，密封和控制较低温度也是十分重要的。

7. 虫蛀、鼠咬

商品在储运过程中，经常遭受仓库害虫的蛀蚀或老鼠的咬损，使商品体及其包装受到损坏，甚至完全丧失使用价值。除食品商品能提供仓库害虫和老鼠生活活动所需的营养物质外，很多用动植物材料制成的工业品商品，如毛皮制品、皮革制品、丝毛织品、纸及纸制品、纤维制品等，都含有蛋白质、脂肪、淀粉和纤维素等仓库害虫所喜食的成分。纤维制品常成为老鼠觅取做窝的材料，而竹木制品、皮箱甚至聚氯乙烯制品等也成为老鼠咬啮的对象。

对虫蛀、鼠咬的防治，应熟悉虫、鼠的生活习性和危害规律，首先，立足于防，即搞好运输工具和仓库的清洁卫生工作，加强日常管理，切断虫鼠的来源；其次，采用化学药剂或其他方法杀虫、灭鼠，坚持经常治理与突击围剿相结合的方法来防治。

第二节　影响商品质量变化的因素及其控制

商品在储运过程中之所以发生质量变化，既与商品自身的成分、结构和性质有关，又与外界环境条件有关，特别是所有商品的质量变化几乎都与空气温湿度有密切关系。为保养维护好商品质量，就需要明确和掌握商品质量变化的内因与外因，特别是要明确和掌握如何正确地控制与调节仓库温湿度，维持良好的商品储存条件，以确保商品储运安全。

一、影响商品质量变化的因素

引起商品质量变化的因素有内因和外因两类，影响商品质量变化的内因主要是商品的成分、结构和性质。这里只对影响商品质量的氧、日光、微生物、害虫及空气的温度、湿度等外界因素作一些介绍。

1. 空气中的氧

空气中含有 21%左右的氧气。氧能和许多商品发生作用，对商品质量变化影响很大。如氧可以加速金属商品锈蚀;氧是好氧型微生物活动的必备条件,易使有机体商品发生霉腐;氧是害虫赖以生存的基础,是仓库害虫发育的必备条件;氧是助燃剂,不利于危险品的安全储存;在油脂的酸败,鲜活商品的分解、变质中,氧都是积极参与者。因此,在养护中,对于受氧气影响较大的商品,要采取各种方法,如浸泡、密封和充氮等,以隔绝氧气。

2. 日光

日光中含有红外线和紫外线等。一方面,日光能够加速受潮商品的水分蒸发,杀死杀伤微生物和商品害虫,在一定程度上有利于商品的保护;另一方面,某些商品在日光的直接照射下,又会发生质量变化,如日光能使酒类浑浊、使油脂加速酸败、使纸张发黄变脆、色布褪色、药品变质和照相胶卷感光等。因此,商品的养护中要根据各种不同商品的特征,注意避免或减少日光的照射。

3. 微生物

微生物在生命活动过程中会分泌各种酶,利用它们把商品中的蛋白质、糖类、脂肪和有机酸等物质分解为简单的物质加以吸收利用,从而使商品受到破坏、变质,丧失其使用价值。同时,微生物异化作用中,在细胞内分解氧化营养物质,会产生各种腐败性物质排出,使商品产生腐臭味和色斑霉点,影响商品外观,还会加速高分子商品的老化。

常见危害商品的微生物主要是一些腐败性细菌、酵母菌和霉菌,特别是霉菌,它是引起绝大部分日用工业品、纺织品和食品霉变的主要根源,它们对纤维、淀粉、蛋白质和脂肪等物质,具有较强的分解能力。

微生物的活动,需要一定的温度和湿度。没有水分,它是无法生活下去的;没有适宜的温度,它也不能生长繁殖。掌握这些规律,就可以根据商品的含水量,采取不同的温湿度调节措施,防止微生物的生长,以利商品储运。

4. 空气温度

空气温度是指空气的冷热程度,简称气温。气温是影响商品质量变化的重要因素。一般商品在常温以下,都比较稳定;高温则能够促进商品的挥发、渗漏、熔化的物理变化和化学变化;而低温又容易引起某些商品的冻结、沉淀等变化。此外,温度适宜时,又会给微生物和仓虫的生长繁殖创造有利条件,加速商品的腐败变质和虫蛀。因此,控制和调节仓储商品的温度是商品养护的重要工作内容之一。

5. 空气的湿度

空气的干湿程度称为空气的湿度。空气湿度的改变,能引起商品的含水量、外形或体态结构等的变化。空气湿度下降,将使商品因放出水分而降低含水量,发生变质,如水果、蔬菜和肥皂等会发生萎蔫或干缩变形,纸张、皮革和竹木制品等失水过多,会发生干裂或脆损。空气湿度增高,使商品吸收水分,含水量增大,也会使商品发生质变,如食糖、食盐和化肥等易溶性商品发生结块、膨胀或进一步溶化,金属制品生锈,纺织品、卷烟和竹木制品等发生霉变或被虫蛀等。湿度适宜,可以保持商品的正常含水量。所以,在商品的养护中,必须掌握各种商品的适宜湿度要求,尽量创造商品适宜的空气湿度。

6. 卫生条件与仓库害虫

卫生条件是保证商品免于变质腐败的重要条件之一。卫生条件不良,不仅使灰尘、油垢、垃圾和腥臭等污染商品,而且还会为微生物、仓库害虫等创造活动场所。仓库害虫不仅蛀食各种商品和包装,破坏商品的组织结构,而且在生活过程中,吐丝结茧、做窝繁殖,排泄各种代谢废物玷污商品,影响商品的质量和外观。

7. 有害气体

大气中的有害气体,主要来自煤、石油、天然气、煤气等燃料燃放出的烟尘和工业生产过程中的粉尘、废气。对空气的污染,主要是二氧化碳、二氧化硫、硫化氢、氯化氢和氮氧化物等气体。商品储存在有害气体浓度大的空气中,将受到污染和腐蚀,质量变化明显。

二、仓库温湿度的变化规律

1. 大气温湿度的变化

大气的变化即自然气候的变化,随地域、季节和时间等的不同,其变化规律有所不同。我国大气温湿度的变化一般如下。

(1)温度变化的规律

一天之中,日出前气温最低,到午后 2～3 时气温最高。一年之内最热的月份,内陆一般在 7 月,沿海地区出现在 8 月。最冷的月份,内陆一般在 1 月,沿海在 2 月。

(2)湿度变化的规律

绝对湿度通常随气温升高而增大,随气温降低而减小。但绝对湿度不足以完全说明空气的干湿程度,相对湿度更能正确反映空气的干湿程度。

空气的相对湿度变化与气温变化多数正相反,它是随气温的升高而降低。在一日之中,日出前气温最低时,相对湿度最大,日出后逐渐降低,到午后 2～3 时达到最低。在一年之中,相对湿度最高的月份一般是 1 月。

2. 仓库内温湿度的变化

仓库内温湿度变化规律和库外基本上是一致的,但是,库外气温对库内的影响,在时间上需要有个过程,同时会有一定程度上的减弱。所以,一般是库内温湿度变化,在时间上滞后库外,在程度上小于库外,表现为:夜间库内温度比库外高,白天库内温度比库外低。

库内温度的变化与库房密封性的好坏也有很大的关系,同时库内各部位的温度也因库内具体情况而有差异,工作中要灵活把握。

三、仓库温湿度的控制与调节

为了维护仓储商品的质量完好，创造适宜于商品的储存环境，当仓库内温湿度适宜商品储存时，就要设法防止库外气候对库内的影响；当库内温湿度不适宜商品储存时，就要及时采取有效措施调节库内的温湿度。实际工作中通常采用密封、通风和吸潮相结合的方法控制与调节仓库的温湿度。

1. 密封

密封，就是把商品尽可能严密地封闭起来，减少外界不良气候对商品的影响，以达到安全储存的目的。

采用密封的方法要和通风、吸潮结合运用，如运用得当可以收到防潮、防霉、防热、防溶化、防干裂、防冻、防锈蚀和防虫等多方面的效果。

密封保管应注意的几个事项是：密封前要检查商品质量、温度和含水量是否正常，如发现生霉、生虫、发热和水淞等现象就不能进行密封；发现商品含水量超过安全范围或包装材料过潮，也不宜密封；密封的时间要根据商品的性能和气候情况来决定。怕潮、易溶和易霉的商品，应选择在相对湿度较低时进行密封。

常用的密封方法有：整库密封、小室密封、按垛密封、货架密封以及按件密封等。

2. 通风

空气是从压力大的地方向压力小的地方流动的，气压差越大，空气流动就越快。

通风，就是利用库内外空气温度不同而产生的气压差，使库内外空气形成对流，来达到调节仓库内温湿度的目的。库内外温度差距越大，空气流动就越快；若库外有风，借风的压力更能加速库内外空气的对流，但风力不能过大（风力超过 5 级，灰尘较多）。正确地进行通风，不仅可以调节与改善库内的温湿度，还能及时地散发商品及包装物的多余水分。

按通风的目的不同，可分为利用通风降温或升温和利用通风散潮两种方法。

3. 吸潮与加湿

在梅雨季节或阴雨天气，当仓库内湿度过高，不适宜商品保管，而库外湿度也过大，不能进行通风散潮时，可以在密封的仓库内用吸潮的办法降低库内湿度。仓库吸潮方法一般有“吸潮剂吸潮”和“机械吸潮”两种。常用的吸潮剂有生石灰、无水氯化钙、木炭、硅胶以及新型高效的分子筛吸潮剂等。机械吸潮是近年来仓库普遍使用的一种去潮方法，它是利用空气吸湿机，把库内的湿空气通过抽风机吸入吸湿机的冷却器内，使它凝结成水而排出。吸湿机一般适宜于储存棉布、针棉织品、贵重百货、医药仪器、电工器材和烟糖类商品的仓库去湿，它具有吸湿率高、效果显著、成本低、操作简便和无污染等优点。

一些生鲜商品、鲜活商品及竹木制品等，在仓库相对湿度过小，空气太干燥时，易发生萎蔫或干裂，这时则要用洒水、湿擦和盛水等方法增加湿度。

4. 升温与降温

在不能用通风来调节空气温度时,可用暖气设备来提高库房温度,也可用空调设备来升温或降温。

有条件的可使用空气湿度调节器,制造人工小气候,自动控制库房的相对湿度,以保商品不受危害。

第三节 商品养护的技术方法

商品在储存运输过程中,由于各种外界因素的影响,会发生多种质量变化,如霉变、锈蚀、老化、虫蛀、溶化、熔化、挥发、破损与形变等。本节分别对商品的霉腐、锈蚀、虫害和老化进行重点探讨。

一、储存商品的霉变腐烂防治技术

商品的霉腐是由微生物的作用所引起的商品变化,商品的生霉、腐败和发酵变质都是由霉腐微生物侵染造成的。因此,商品在储存中防止发生霉腐是商品养护工作的主要内容之一。

1. 霉腐微生物的生长条件

引起商品霉变的霉腐微生物主要有霉菌、细菌和酵母菌。这些霉腐微生物的生长繁殖需要一定的条件,当这些条件得到满足时商品就容易发生霉变。霉腐微生物生长的外界环境条件如下。

(1)水分和空气湿度

当湿度与霉腐微生物自身的要求相适应时,霉腐微生物就生长繁殖旺盛;反之则处于休眠状态或死亡。各种霉腐微生物生长繁殖的最适宜相对湿度,因微生物不同略有差异。多数霉菌生长的最低相对湿度为80%～90%。在相对湿度低于75%的条件下,多数霉菌不能正常发育。因而通常把75%这个相对湿度叫做商品霉变的临界湿度。

(2)温度

霉腐微生物的生长繁殖有一定的温度范围,超过这个范围其生长会滞缓甚至停止或死亡。高温和低温对霉腐微生物生长都有很大影响,低温对霉腐微生物生命活动有抑制作用,能使其休眠或死亡;高温能破坏菌体细胞的组织和酶的活动,使细胞的蛋白质凝固变性,从而使其失去生命活动的能力或死亡。

霉腐微生物大多是中温性微生物,其最适宜的生长温度为20～30℃,在10℃以下不易生长,在45℃以上停止生长。大多数微生物在80℃以上会很快死亡。

(3)光线

日光对于多数微生物的生长都有影响,主要是日光中的紫外线能强烈破坏微生物细胞和酶。大多数霉腐微生物在日光直射 1～4h 即能大部分死亡。

(4)空气成分

有些微生物特别是霉菌,需要在有氧条件下才能正常生长,二氧化碳浓度的增加不利于微生物生长,甚至导致其死亡。也有一些微生物是厌氧型的,它们不能在有氧气或氧气充足的条件下生存。通风可以防止部分商品霉腐,但主要是防止厌氧型微生物引起的霉腐。

2. 商品霉腐的原理

(1)易霉腐的商品及霉腐特征

商品发生霉变,是由商品本身成分决定的,这是商品发生霉腐的内在因素,微生物在自然界中到处都有,只有具备了微生物所需养料的商品才可能发生霉变。易霉腐的商品主要有下面几类。

①糖为主要成分的商品

属于这类商品的主要有棉麻织品、纸张、竹木、食品和果蔬等商品,它们的主要化学成分是纤维素、半纤维素、木质素、淀粉和双糖等糖类物质,由于霉菌能分泌大量的酶,把糖类最终分解为二氧化碳和水,同时放出大量的热量。

②蛋白质为主要成分的商品

属于这类商品的主要有丝织品、毛织品、毛皮制品、皮革制品、皮胶和骨胶等,它们的主要化学成分是天然蛋白质。这些商品与蛋白质分解菌接触,在水解蛋白酶的作用下,最后产生醇、氨和二氧化碳,聚合度大大降低,被破坏的商品带有浓厚的腐臭气味,使商品质量大大降低,从而失去使用价值。

③其他有机物的商品

橡胶、塑料以及一些日用化学品、工艺美术品、文娱体育品等,都含有大量的适宜于霉腐微生物生长的有化合机物,一旦温湿度适宜,微生物就会在上面生长繁殖,从而对商品质量产生严重破坏。

小 阅 读

各种肉品在商场陈列销售时,不同温度下储藏期分别为:牛肉在－1.5～0℃下可储藏 28～35d;小牛肉在－1～0℃下可储藏 7～14d;羊肉在－1～0℃下可储藏 7～14d;猪肉在－1.5～0℃下可储藏 7～14d;鸡肉在 0℃下可储藏 7～11d。

(2)商品霉腐过程

商品霉腐的过程就是微生物新陈代谢的过程。

①微生物的呼吸作用

多数霉菌进行有氧呼吸，受好氧微生物霉菌作用的商品常有发热现象，受厌氧微生物侵蚀的商品常有酒味产生。

②酶及酶的作用

酶是有机体中一类具有特殊催化作用的蛋白质，自然界中一切生命活动都与酶的活动有关，有机体的新陈代谢都是在酶的作用下进行的，如果离开酶，新陈代谢就不能进行，生命就会停止。所以酶都是在活的细胞中形成的，死亡的细胞就不能再形成酶。

酶的催化速度快。酶的另一个特性是专一性，如淀粉酶只对淀粉有催化作用。所有酶均不耐热，40～50℃最适合酶的活动，超过这个温度，酶分子中的蛋白质受热易变性，使酶失去应有的催化作用。

③商品霉变过程

微生物在生存，必须以有机物质为营养。糖、淀粉、蛋白质、纤维素、木质素和脂肪等物质都是它的养料。用有机物质加工制成的商品，在外界条件适合微生物生长的情况下，微生物新陈代谢作用使商品原有结构破坏，发生霉腐变质，轻则影响商品外观，严重时导致商品全部损坏，最后失去使用价值。

3.商品霉腐的防治方法

(1)加强库存商品的管理

①加强入库验收。易霉腐商品入库，首先应检验其包装是否潮湿，商品含水量是否超过安全水分。

②加强仓库温湿度管理。根据商品的不同性能，正确地运用密封、吸潮及通风相结合的方法，控制好库内温湿度。特别是梅雨季节，要将相对湿度控制在不适宜于霉菌生长的范围内。

③选择合理的储存场所。易霉变商品应尽量安排在空气流通、光线较强和比较干燥的库房，并应避免与含水量大的商品共储。

④合理堆码，下垫隔潮。商品堆码不应靠墙靠柱，下垫防潮物质隔潮。

⑤将商品密封储存。

⑥做好日常的清洁卫生工作。

(2)化学药剂防霉腐

防霉最主要的方法是使用防霉剂。防霉剂能使微生物菌体蛋白质变性、凝固，使酶失去活性。低浓度防霉剂能抑制霉腐微生物，高浓度防霉剂会使其死亡。有实际应用价值的防霉剂具有低毒、高效、长效、使用方便和价格低廉等特点，能适应商品加工条件和应用环境，不降低商品性能，在储存运输中稳定性好。

防霉剂的使用方法主要有以下几种。

①添加法：将一定比例的药剂直接加入到材料或制品中去。

②浸渍法：将制品在一定温度和一定浓度的防霉剂溶液中浸渍一定时间后晾干。

③涂布法：将一定浓度的防霉剂溶液用刷子等工具涂布在制品表面。

④喷雾法：将一定泥度的防霉剂溶液均匀地喷洒在材料或制品表面。

⑤熏蒸法：将挥发性防霉剂的粉末或片剂置于密封包装内，通过防霉剂的挥发防止商品生霉。

(3)防霉的其他方法

①气调储藏防霉。在密封条件下，通过改变空气成分，主要是创造低氧(5%以下)环境，抑制微生物的生命活动和生物性商品的呼吸强度。

②紫外线防霉。用紫外线辐射灭菌，作用强而稳定，但紫外线穿透力弱，易被固形物吸收，使用范围受到限制。

③微波防霉。微生物吸收微波后引起温度升高，使蛋白质凝固，菌体成分破坏，水分汽化排出，促使菌体迅速死亡。

④红外线防霉。微生物吸收红外线，使细胞内温度迅速升高，造成蛋白质凝固、核酸被破坏、菌体内水分汽化脱水而死亡。

⑤低温储防霉。低温对微生物活动具有抑制作用，用冷库储藏可以防止霉变。

⑥干燥防霉。保持商品自身、商品包装和仓库环境的干燥，可以抑制微生物霉菌的活动。

对已经发生霉变但可以救治的商品，应立即采取晾晒、烘烤和加热消毒等方法处理，以免霉变继续发展而造成更加严重的损失。

二、金属商品的锈蚀防治技术

金属材料制成的商品如保管不好，很容易发生锈蚀而影响外观，严重时将失去使用价值。因此，搞好金属商品的防锈工作是十分重要的。

1.金属锈蚀的基本原理

金属与周围介质接触时，由于发生化学作用或电化学作用而引起的破坏叫做金属的腐蚀，一般也称锈蚀。金属的腐蚀主要有两种，即化学腐蚀和电化学腐蚀。

(1)化学腐蚀

金属与气体(如 O_2、H_2S、SO_2、Cl_2 等)接触时，在金属表面生成相应的化合物而受到破坏，称为化学腐蚀。这种腐蚀在低温情况下不明显，但在高温时就很显著。

(2)电化学腐蚀

在潮湿环境中，金属与水及溶解于水中的物质接触时，因形成原电池而发生电化学反应所受到的腐蚀，称为电化学腐蚀。这种腐蚀作用可以连续进行，以致金属由表及里受到严重损坏。电化学腐蚀的本质是：在原电池作用下，金属原子放出电子，其他物质接受电子，金属以离子状态进入溶液，然后形成氢氧化物或氧化物而发生锈蚀，使金属受到损坏。电化学腐蚀是金属商品腐蚀的主要形式，这种腐蚀速度也是惊人的，不容忽视。

小阅读

钢铁制品表面的镀层金属不同，其镀层受到破坏后，钢铁再受到的腐蚀的程度也不同，如白铁皮（镀锌铁）镀层破损后，钢铁受腐蚀程度小，而马口铁（镀锡铁）和镀铜铁镀层破损后，钢铁受腐蚀程度增大。这与金属的活泼性有关，比铁活泼的金属镀层受损后可延缓钢铁的腐蚀，而比铁不活泼的金属镀层破损后，将加快钢铁的腐蚀。

2. 影响金属商品锈蚀的主要因素

（1）金属生锈的内在因素

①金属本身不稳定。金属是由金属原子所构成，其性质一般较活泼。金属原子易失去电子成为阳离子而发生腐蚀，这是金属生锈的主要内在原因。

②金属成分不纯。生产日用工业品的金属，一般都含有杂质，金属成分不纯，在大气环境下表面形成电解质薄膜后，金属原子与杂质之间容易形成无数原电池，发生电化学反应而使金属受到腐蚀。

③金属结构不均匀。金属在机械加工过程中，也会造成变形不均匀，一般在金属材料的划伤处、焊接处、弯折部位和表面不完整处等，都容易发生电化学腐蚀。

（2）金属生锈的外界因素

①空气相对湿度的影响。金属的锈蚀主要是电化学腐蚀，电化学腐蚀是在表面上形成极薄的一层液膜下进行的。因此，空气中相对湿度是影响金属腐蚀的主要因素。当相对湿度超过 85%时，金属表面就易形成电解质液膜，从而构成了电化学腐蚀的条件。

②空气温度的影响。通常情况下，温度越高金属商品腐蚀速度越快。当空气温度变化大时，金属表面容易出现“出汗”现象，形成电解质液膜，加剧金属锈蚀，这对五金商品的安全储存和运输是一个很大的威胁。

③腐蚀性气体的影响。空气中的二氧化碳对金属腐蚀危害很大。此外硫化氢、氯化氢、二氧化硫、氨气和氯气等气体，对金属都具有强烈的腐蚀性。

④空气中杂质的影响。空气中的灰尘、煤烟和砂土等杂质，附着在金属表面易产生原电池反应，造成金属商品的腐蚀。

3. 金属商品的防锈技术

金属商品的锈蚀主要是电化学腐蚀所造成的。因此，金属商品的防护主要是防止形成原电池反应。

（1）控制和改善储存条件

金属商品储存的露天货场应选择地势高、不积水和干燥的场地，要尽可能远离工矿区，特别是化工厂。

较精密的五金工具、零件和仪器等金属商品，应选择便于通风和密封、地潮小、库内空气温湿度容易调节和控制的库房储存，严禁与化工商品、含水量较大的商品同库储存。

金属商品入库时，必须对商品质量、包装等进行严格验收，合理安排好仓位、货架和货垫，并定期检查。仓库要保持干燥，相对湿度不要超过75%，防止较大的温差，以免使金属商品出现“出汗”现象。

(2)涂油防锈

涂油防锈是目前应用比较普遍的一种防锈方法，是在金属表面涂(或浸或喷)一层防锈油薄膜，使金属商品与大气中的氧、水以及其他有害气体隔离。涂油防锈方法简便，一般效果也较好，但它属于短期防锈法，随着时间的推移，防锈油逐渐消耗，或者由于防锈油的变质，而金属商品又有重新生锈的危险。常用的油有凡士林、黄脂油、机油和防锈油等。

(3)气相防锈

一些具有挥发性的化学药品在常温下会迅速挥发出气体物质，这些气体物质吸附在金属表面，可以防止和延缓金属商品的锈蚀。气体可充满包装所有的空间，因此它适应于结构复杂、不易为其他防锈涂层所保护的金属材料商品。

(4)可剥性塑料封存

可剥性塑料是用高分子合成树脂为基础原料，加入矿物油、增塑剂、防锈剂、稳定剂以及防霉剂等制成的一种防锈包装材料。可剥性塑料有热熔型和溶剂型两种，前者加热熔化后，浸涂于金属商品表面，冷却后能形成一层塑料薄膜层；后者用溶剂溶解后，浸涂于金属表面，溶剂挥发后也能形成一层塑料薄膜层。这两种薄膜层都有阻隔外界环境不良因素，防止金属商品生锈的效用，启封时用手即可剥除。

三、储存商品的虫害防治技术

仓储商品中，很多是以动物毛皮和植物为原料制成的，这些商品含有蛋白质、淀粉和纤维素等为害虫所喜好的成分，因而常易遭受害虫的危害。必须认真搞好储存商品的虫害防治工作。

1. 仓库害虫的主要来源

(1)由商品或包装带入

如竹木制品、毛皮和粮食等商品，害虫已在原材料上产卵或寄生，以后在加工过程中，又未采取杀灭措施，进仓后遇到适宜的条件，就会孳生起来。

(2)商品和包装在加工或储存过程中感染害虫

商品和包装原材料在加工时，接触的加工设备、运输工具隐藏着害虫，或与已生虫的商品堆放在一起，受到感染等都会把害虫带入仓库。

(3)库房不卫生

仓库的墙壁、梁柱、门窗和垫板等缝隙中隐藏着害虫,以及库内的杂物、垃圾等未清干净而潜伏的害虫,在商品入库后危害商品。

(4)库外害虫侵入仓库

仓库外部环境中的害虫飞入或爬入库房内,在库内生长繁殖,危害商品。

2.仓库害虫的生活特性

仓库害虫长时期生活在库房内,形成了一些特殊的生活习性。

(1)耐干性

干燥是商品仓储养护的要求之一,因此仓库害虫必须具备耐干的能力,才能适应这种环境。掌握仓虫在一定温度下,对一定商品的耐干能力是仓虫防治的有效办法之一。

(2)耐热、耐寒性

仓库害虫能忍受的极限最高温度是48～52℃,这种状态如果继续延持,仓虫可以致死,但若不久温度下降到适宜温度,虫体仍可保持生命。

仓虫对低温的适应性较强,当温度低于生长发育要求时,它就采取休眠的办法,一旦温度适宜,就活动起来。

(3)耐饥性

仓虫的耐饥性很强,有的仓库害虫耐饥能长达两三年。由于长期挨饿不死,它们就有可能在长时间没有食物的情况下被带到别处,等到环境适宜时又能繁殖发育。

(4)食性广而杂

真正的仓虫是多食性和杂食性的,可以植物、动物、无机物和有机物为食。

(5)繁殖能力强

多数仓虫在适宜的环境中一年四季能不断地繁殖,仓虫个体小、体色深,故数量少时不易发现,一旦发生则难以根除,稍不注意很快就会蔓延开来,对仓库商品造成巨大损失。

3.仓库害虫的防治技术

仓库害虫的防治,应贯彻"以防为主,防治结合"的方针,掌握仓虫的发生规律和季节,根据商品的性质,做好防治工作。

(1)仓库害虫的预防

要杜绝仓库害虫的来源和传播,必须做好以下几点。

①搞好清洁卫生,使害虫无藏身之处,库外三不留(不留垃圾、不留杂草和不留污水),库内墙壁梁柱无缝隙。

②对入库商品严格检查验收和处理,防止带虫或虫伤商品、商品包装及工具器材等进入仓库。

③做好库房消毒工作,空仓可用消毒杀菌药剂等喷洒、熏蒸杀菌消毒。对已被害

虫感染的商品、器材、包装和库房等认真处理，做好消毒工作。

(2)仓库害虫的药物防治

使用各种化学杀虫剂，通过胃毒、触杀或熏蒸等杀灭仓库害虫，这是当前防治仓库害虫的主要措施。其优点是杀虫力强，防治效果好；缺点是对人畜有毒。在使用时要注意安全，并要注意不能损伤商品质量。常用的防虫、杀虫药剂有以下几种。

①驱避剂。驱避剂的驱虫作用是利用易挥发并具有特殊气味和毒性的固体药物，使挥发出来的气体在商品周围经常保持一定浓度，从而达到避害虫的目的。这类药物常用的有樟脑精、二氯化苯和萘等。

②熏蒸剂。熏蒸剂能气化放出剧毒气体，通过呼吸系统毒杀机理，杀死害虫。熏蒸剂挥发的气体，渗透力很强，不仅能杀死商品外表的害虫，甚至能杀死商品内部的害虫，有的还对害虫的卵、幼虫、蛹和成虫等各个虫期都有效。属于这类药剂的有氯化苦、溴甲烷和磷化铝等。

③胃毒剂和触杀剂。通过胃毒、触杀作用杀灭害虫，有的也兼有熏蒸作用。常用于仓库和环境消毒杀菌的有敌敌畏、敌百虫等药剂。

仓库害虫的防治技术，除了药物防治外，还有气调防治法、高低温防治法、物理防治法、生物防治法及辐射防治法等各种方法。

四、储存商品的老化防治技术

以橡胶、塑料和合成纤维等高分子材料为主要成分的商品，在储存或使用过程中性能逐渐变坏，以致最后丧失使用价值的现象称为老化。老化的主要特征是高分子商品出现发黏、龟裂、变脆、失去弹性和强度下降等性能改变现象。老化的实质是在外界条件作用下，组成高分子材料主要成分的高聚物分子链发生了降解或者交联等变化。

老化是一种不可逆的变化，它与高分子商品的成分、结构及储存使用环境等有着密切的联系。

1. 商品老化的内在因素

影响高分子商品老化的内在因素主要有以下方面。

(1)高分子化合物分子组成与结构的影响。组成高分子材料的高分子化合物分子链结构中，存在着不饱和的双键或大分子支链等。在一定条件下，易发生分子链的交联或降解。

(2)其他添加剂组分的影响。塑料中的增塑料剂会缓慢挥发或促使霉菌滋生；着色剂会产生迁移性色变；硫化剂会产生多硫交联结构，降低橡胶的耐老化能力等。

(3)组分中杂质的影响。在高分子化合物的单体制造、缩合聚合及高分子与添加剂的配合过程中，会带入极少量的杂质成分，它们对高分子商品的耐老化性有较大的影响。

(4)加工成型条件的影响。高分子材料在加工成型的过程中,由于加工温度等的影响,使材料结构发生变化而影响商品的耐老化性能。

2. 商品老化的外部因素

影响高分子商品老化的外部环境因素主要有以下方面。

(1)阳光。阳光(特别是光线中的紫外线)对高分子分子链及材料中各组分的老化起催化作用。

(2)空气中的氧气。氧气特别是臭氧也能加速高分子商品的老化。

(3)温度的变化。温度过高,使高分子材料变软或发黏;温度过低,使高分子材料变硬或发脆。

此外,水分和湿度、微生物、昆虫排泄物、重金属以及重金属盐等,也会对高分子商品的老化有加速作用。

3. 商品防老化的方法

根据影响商品老化的各种内外因素,高分子商品的防老化可以采用以下方法。

(1)改变高分子化合物的工艺配方,以达到改变高分子化合物的结构性能,可提高高分子商品的抗老化性。

(2)添加助剂。根据不同高分子材料所产生老化现象的机理,加工时在原料中添加抗氧剂、紫外线吸收剂和热稳定剂等各种防老化剂,用以延缓高分子商品的老化。

(3)表面处理。在高分子材料表面浸喷涂料、金属粉末和蜡等作保护层,使之与空气、阳光、水分和微生物等隔绝,以达到延长老化时间的目的。

(4)加强管理、严格控制仓储条件,也是高分子商品防老化的有效方法。

S 本章小结

商品储运期间的质量变化主要有物理机械变化、商品的化学变化、商品的生理生化变化及其他生物引起的变化。物理机械变化具体包括:挥发、溶化、熔化、渗漏、串味、沉淀、玷污、破碎与变形;商品的化学变化具体包括:分解、水解、氧化、老化和腐蚀;商品的生理生化变化及其他生物引起的变化具体包括:呼吸作用、后熟作用、胚胎发育、发芽和抽薹、霉腐、发酵、虫蛀、鼠咬。影响商品质量变化的因素主要有空气中的氧、日光、微生物、空气温度、空气的湿度、卫生条件与仓库害虫、有害气体。商品霉腐的防治方法:加强库存商品的管理、化学药剂防霉腐、气调储藏防霉、紫外线防霉、微波防霉、红外线防霉、低温储防霉和干燥防霉。

R 课后阅读

在德国,食品、农产品的保鲜非常讲究科学合理性。无论是肉类、鱼类,还是蔬菜、水果,从产地或加工厂到销售点,只要进入流通领域,这些食品就始终在一个符合产品保质要求的冷藏链的通道中运行。而且这些保鲜通道都是由电脑控制的全自动设备,如冷藏保鲜库全部采用风冷式,风机在电脑的控制下调节库温,使叶菜类在这种冷藏环境中能存放2～5d。对香蕉产品,则有一套完全自动化的后熟系统,香蕉从非洲通过船舶和铁路运到批发市场时是半熟的,批发市场则要根据客户、零售商的订货需要进行后熟处理。在这套温控后熟设备中,除了温度控制外,还可使用气体催熟剂,使后熟期控制在3～7d,具体时间完全掌握在批发商手中。在瓜果蔬菜方面,只要是块类不易压坏的均用小网袋(塑料丝纺织)包装。对易损坏产品则用透气性良好的硬纸箱包装。叶菜类一般平行堆放在箱内,少量的产品则采用盒装,且包装盒都具有良好的透气性。对肉类则通过冷冻、真空和充气等包装形式保鲜。在肉类制品加工上,原料肉每500kg装一个大冷藏真空包装袋后,再装入塑料周转箱内,到了超市或零售店后,则改用切片真空包装或充气包装。

T 思考与练习

一、思考题

1. 商品储存过程中常见的质量变化有哪些?
2. 影响库存商品质量变化的因素有哪些?
3. 霉腐微生物的生长要求哪些条件?商品的防霉腐主要有哪些方法?
4. 仓库害虫有哪些特性?主要有哪些来源?
5. 影响金属商品锈蚀的因素和常见的防锈蚀方法有哪些?
6. 影响高分子商品老化的因素有哪些?常见的防老化措施有哪几种?

二、练习题

(一)填空题

1. 商品在储运期间的质量变化主要有(　　)变化、(　　)变化和(　　)变化。
2. 仓库温湿度的控制与调节方法主要有(　　)、(　　)、(　　)和(　　)。
3. 影响高分子商品老化的内在因素除高分子化合物分子组成与结构外,还有(　　)、(　　)和(　　)等的影响。
4. 在通常情况下,温度越高,绝对湿度就(　　)。
5. 金属商品的防锈技术主要有(　　)、(　　)、(　　)和(　　)等方法。

(二)单项选择题

1. 物质接触周围的介质,其表面受到破坏的变化现象叫做(　　)。

A. 破碎　　B. 氧化　　C. 腐蚀　　D. 玷污

2.在一定温度时,某仓库内的空气绝对湿度为3.5g/m³,饱和湿度为5g/m³,该仓库内的相对湿度是(　　)。

A.65%　　B.70%　　C.75%　　D.80%

3.大多数霉腐微生物在(　　)以上停止生长。

A.15℃　　B.25℃　　C.35℃　　D.45℃

4.储存过程中容易发生老化现象的商品主要有(　　)。

A.塑料和合成纤维　　B.橡胶和金属材料

C.塑料和食品商品　　D.皮革和竹木制品

(三)判断题(正确打√,错误打×)

1.吸附性较强的商品吸附其他气体或异味,从而改变本来气味的变化现象叫做商品的串味。(　　)

2.空气中相对湿度越小,越有利于商品的储存。(　　)

3.仓库害虫在没有食物来源时会很快饿死。(　　)

4.当仓库内湿度过高,而库外湿度也过大时,可采用吸潮的方法降低仓库内的湿度。(　　)

第十章 商品信息自动识别技术

本章知识目标

通过本章的学习学生应掌握以下知识：

1. 条码的概念；
2. 条码的种类和条码的特点；
3. 商品条码的种类和编码原则；
4. RFID 电子标签的概念、优势及应用范围。

本章能力目标

通过本章的学习学生应具备以下能力：

1. 通过商品条码的阅读能够掌握商品的有关信息；
2. 能区分厂商条码和店内条码；
3. 通过物流条码的阅读能够掌握物流条码标志的内容；
4. 能区分物流条码中的消费单元条码、储运单元条码和货运单元条码；
5. 能区分储运单元条码中的定量储运单元条码和变量储运单元条码。

本章学习要求

通过本章的学习学生应了解条码技术的产生与发展，RFID 电子标签的概念和电子标签的原理及电子标签的应用领域；掌握条码的概念和条码的分类及应用条码技术的意义，商品条码的编码原则；重点掌握厂商条码中 EAN—13 码和物流条码中的定量储运单元条码和变量储运单元条码的有关内容。

典案阅读

沃尔玛超市应用 RFID

2005 年初，Incucomm 的研究报告指出，供应商的实际抵制行为并不像广泛报道的那样普遍，137 家公司中只有 37%的供应商不同意使用 RFID；厂商的平均投资也比各种报道的要少很多。Incucomm 估计平均投资在 20 万美元左右，远远低于曾被外界广泛引用的预计——100 万～5 亿美元。

2005 年 6 月沃尔玛 CIO Linda Dillman 表示，在美国的 104 家沃尔玛超市、36 家山姆会员店和 36 个配送中心都已经使用了 RFID 技术。参与这个项目的已有 100 多个供应商，55 000 个托盘，收到贴有标签的货箱 189 万个。在配送中心的传送带上，零售商已经获得了 95%的识读率，在分销操作的最后一环操作，也就是将货箱拆开放进压缩机的过程，读取率达到 98%。目前最大的问题还是读取整个货盘上所有货箱标签的读取率，只有 66%。Dillman 说，2006 年 1 月沃尔玛前 200 名供应商都将在外包装盒和托盘上使用 RFID 标签。

根据阿肯色大学最近一项长达 7 个月的研究发现，在使用 RFID 标签的沃尔玛商场里面的货品脱销现象减少 16%，RFID 技术在货品补充上要比传统条形码技术快 3 倍。研究报告称，由于 RFID 技术，人工订单已经减少大约 10%，从而也减少了存货。研究显示在对脱销产品的及时补充方面，安装 RFID 设备的商店要比普通的商店效率会高出 63%。除了提高库存产品的可视性外，通过使用 RFID 在整个供应链减少库存进而减少花费。

RFID 还改进了沃尔玛客户服务水平。对新鲜货品，如新鲜食品、新鲜蛋糕，还有另外一些容易变质的商品，可通过有效期进行控制。30min 之后，沃尔玛读到的信息会反馈给供应商，和他们共享。他们可以用同样的形式跟踪这些货物，他们也可以发现同样的问题，包括是否缺货，从而构成了一个真正进行实时跟踪的系统。

点评：

条码技术可以大大提高企业的现代化管理水平，促进外贸进口，快速准确地进行物流控制。

第一节　条码技术概述

条码技术是出现最早，也是应用最成功的一种自动识别和数据采集(AIDC)技术，商品条码是条码技术的重要组成部分，是由国际物品编码协会建立的全球统一标志系统——EAN·UCC 系统的核心内容，也是我国条码工作的重中之重。商品条码已成为商品进入国际市场的“通行证”。在商品上采用条码标志已被各国普遍关注，现已在商品采购、销售、储存和运输等各个环节管理中广泛应用。

一、条码的概念及其产生与发展

1. 条码的概念

根据我国国家标准《商品条码》(GB 12904—2003)的定义,商品条码是指由国际物品编码协会(EAN)和统一代码委员会(UCC)规定的,用于表示商品标志代码的条码,包括 EAN 商品条码(EAN—13 商品条码和 EAN—8 商品条码)和 UPC 商品条码(UPC—A 商品条码和 UPC—E 商品条码)。

商品条码是由一组按一定规则排列的条、空及对应的字符组成的标记,用来表示一定的信息。商品条码由两部分组成,其条、空组合部分,称为条码符号,用于条码识读机器快速扫描,准确识读;其对应的下方的一组 13 位数字,是供人识别字符,也就是该条码所表示的商品标志代码。国家标准《商品条码》(GB 12904—2003)规定了商品条码的编码、结构、尺寸及技术要求。

2. 条码技术的产生与发展

条码技术的研究开始于 20 世纪 40 年代初。40 年代后期,美国乔・伍德兰德(Joe Wood Land)和贝尼・西尔佛(Beny Silver)两位工程师就开始研究用代码表示食品项目以及相应的自动识别设备,并于 1949 年获得了美国专利,遗憾的是当时的商品经济不十分发达,而且工艺上也没有达到印制这种代码的水平,因此未能得到应用和推广。

20 世纪 60 年代后期,北美铁路系统采用了条码系统,最早使用了条码技术。20 世纪 70 年代初,以 IBM 为首的几家大公司经过多年研究,决定在商品上使用一种机器容易识别的条状符号标志,以此来实现商业结算和信息采集的自动化。从此,条码开始广泛应用于国外许多超市,进而发展到每家杂货店的包装商品上都使用条码,以利于 POS 扫描。

20 世纪 80 年代初,美国国防部要求向其交货的所有产品都要有条码,这推动了制造商开始在装货码头,进而在车间现场采用条码。为降低成本并提高生产力,几乎所有行业都采用了条码技术。

国际物品编码协会(EAN International)成立于 1977 年,负责开发和维护一套全球跨行业的标志和通信系统,即 EAN・UCC 系统。该系统在商品条码实际应用的基础上,以全球统一标志代码与条码符号为核心技术,进而通过电子数据交换规范以实现高效的供应链管理。目前全世界已有 90 多个国家和地区的编码组织加入国际物品编码协会,EAN・UCC 系统已广泛应用于全球各行各业的产品、位置、资产、服务的标志(和附加信息扫描)。

我国条码技术的研究始于 20 世纪 70 年代末,早期的主要工作是学习和跟踪世界先进技术。到 20 世纪 80 年代末,随着计算机应用技术的普及,条码技术在我国的邮电、仓储、图书管理、血库、商业及生产过程的自动控制等领域开始得到初步运用。

1988年12月，中国物品编码中心成立，负责研究、推广条码技术，统一组织、协调和管理我国的条码工作，并在各地设立了物品编码分支机构。1991年4月，该中心代表我国加入国际物品编码协会EAN，为全面开展我国条码工作创造了有利条件。我国商品条码系统成员数量迅速增加，目前已有2.7万多家企业申请注册了厂商代码。

我国已制定了《条码系统通用术语、条码符号术语》(GB/T 12905—1991)、《通用商品条码》(GB 12904—2003)、《中国标准书号(ISBN部分)条码》(GB/T 12906—1991)等十几项国家标准，自行设计出了条码扫描商店(POS系统)，这些都标志着条码工作在我国已进入到一个新的历史阶段。

二、条码的分类和特点

1.条码的分类

目前，国际上使用的条形码种类很多，根据不同的目的，从不同的角度去选择条码的分类标志，可以得到不同的分类结果。

(1)按条码有无字符符号间隔，可分为连续性条码和非连续性条码。

(2)按字符符号个数固定与否，可分为定长条码和非定长条码。

(3)按扫描起点的可选性，可分为双向条码和单向条码。

(4)按条码的码制不同，目前世界上流行的有几十种条码，如UPC条码、EAN条码、三九条码、库德巴条码、二五条码、四九条码、11条码和EAN—128条码等。

(5)按条码应用的领域不同，可分为消费单元条码和物流单元条码。

2.条码的特点

在信息输入技术中，采用的自动识别技术种类有许多。条码作为一种图形识别技术，与其他识别技术相比有如下优点。

(1)条码技术简单易行，标签易于制作

条码的原理和编码规则较简单，表面形式也简单直观，不但便于计算机识别，也便于人工识别；条码标签制作也简单，既可印在商品包装上，也可以用专门的条码打印机或普通计算机打印机与其他文字、图案同时打印。

(2)扫描操作无须培训，简单易行

条码识别设备结构简单、操作容易，无须专门训练。

(3)信息采集速度快且准

普通计算机的键盘录入速度是200字符/min，而利用条码扫描录入信息的速度是键盘录入的20倍。普通键盘录入平均每300个字符出现一个错误，而条码录入平均每15 000个字符到36亿个字符才出现一个错误。

(4)经济性好

与其他自动识别技术相比，其成本较低。随着技术的发展和规模产业形成，条码的印刷和扫描设备的价格多比较便宜。

(5)灵活、实用、自由度大

条码符号既可以作为一种识别手段单独使用，也可以和有关设备组成识别系统以实现自动化识别，还可以和其他控制设备联系起来实现整个系统的自动化管理。在没有自动识别设备时，也可以实现手工键盘输入，非常灵活。

三、应用条码技术的意义

因为条码技术具有其他自动识别技术所无法比拟的诸多优点，故在全世界范围内被迅速地推广和普及，不仅应用于商品流通领域，而且广泛应用于生产自动化管理、交通运输等领域，已成为现代化管理不可缺的技术手段。就我国目前来讲，推广条码技术有如下几方面的意义。

1. 促进外贸出口

随着世界经济的发展，各国都把贸易的重点放在了国际市场。我国伴随市场经济的深化，从国家到企业都十分重视外向型经济的发展。然而，商品在国际市场上要有竞争力，不仅要质量好，包装好，而且必须要有符合自动化扫描结算要求的条码标志，否则，再好的商品也难于进入国外配有条码自动扫描系统的市场。从这个意义上讲，商品上印有条码标志，就等于获得进入国外扫描超级商店的入场券。随着国际通用条码在世界范围内的迅速普及，没有条码标志的商品，不久就会失去立足之地。

2. 实现商业的现代化管理

商品上的条码所包含的信息，以图 10-1 为例，从左到右，第一位数字代表一个系统符号；中间 5 位表示制造厂商号码，代表一个企业，具有唯一性；后边 5 位表示厂商所生产的产品的编号，包括产品名称、价格等。所有这些代码表示的信息是预先存入计算机内的，这样就在产供销之间建立了某种联系。当顾客在超级市场购买商品时，收款员只需把每件商品上的条码一一通过扫描阅读器上的“窗口”，或用尖笔划过条码标签，计算机就会自动进行阅读识别，确定商品的代码、名称、品种和制造厂商等

图 10-1 EAN—13 商品条码结构

信息，然后查找单位，进行累计汇总等，最后输出金额。这在减少消费者等候付款时间，提高售货效率方面，比人工键盘输入数码要快速、准确得多；同时可以减少或避免购、销双方因人为因素造成的矛盾，提高商业信誉，改善服务质量，还能实现对商品销售信息的分类、汇总，更新库存等的处理，对经营情况和营业人员工作质量的分析；还可使经营管理人员借此及时掌握市场动态，剔除滞销商品，确定合理库存，优化商品调运方案，加速商品与资金周转速度，充分利用有限资金扩大经营，保证商业经营活动的顺利进行。

小阅读

大型零售店（超市等）中的条码使用方法

下面让我们来了解一下大型零售店中的条码使用方法。

原印条码商品

所谓原印条码是指在生产阶段（源头＝生产阶段）在原产商品中打印或粘贴条码（做记号）（图 10-2）。

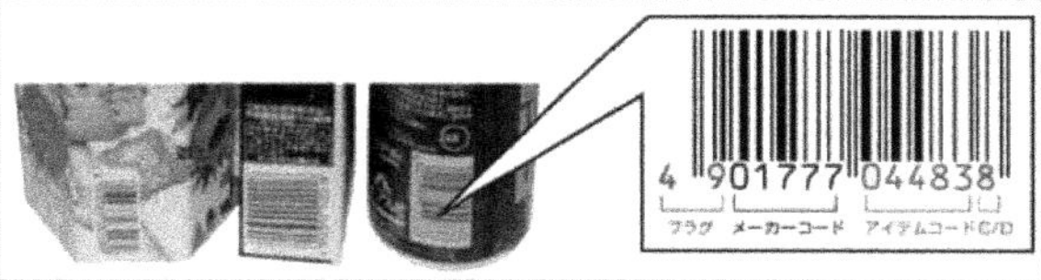

图 10-2 原印条码商品

首先，进货装入包装箱的商品。这种包装箱上印有称作物流用“标准物流符号（ITF）”的、表示箱内商品号码及装载数量的条码。通过读取条码，可以将何时进货何个数量的何种商品等信息输入到计算机中。

与此同时，如果输入该商品的供货地、采购价格，就会将何时必须向供货地支付多少货款的信息输入到计算机中。

其次，输入商品的售价。人们经常会问“条码带有价格吗?”，其实条码中只有商品的号码。

即使相同号码的商品，根据销售商店的不同，其价格也有所不同，因此，价格是根据店铺的销售情况自由输入到计算机中的。另外，只在特卖日减价，或者在某一时段减价等的商品，也只需事先将价格输入到计算机中即可。

像这样广泛流通，且在通过现金出纳机时向计算机查询（Look up）价格（Price）的商品称作“PLU”商品。

如果顾客购物之后经过现金出纳机，计算机就会把价格传输到现金出纳机，同时记录销售情况。另外还会自动记录下该商品的库存此时已经减少了一个。

计算机还可以通过这些数据分析各种商品的销售情况，比如在发放薪水之后商品畅销、雨天的傍晚商品畅销等情况。

如果商品畅销、库存减少就需要补充商品，这时计算机会自动进行补充订购，以免货物脱销。

3. 快速、准确地进行物流控制的手段

没有条形码的商品难以在国际市场上正常流通，推广使用商品条码，可以提高商品的档次和商品在国际市场上的竞争力，同时可以加强资料的管理，提高仓库存货控制、货仓管理效率，加快接单和发货效率。通过电脑化加速作业，从下定单、收货，一直到发货、发出票据，使每一阶段均准确详细，盘存货量随时可知，库存控制迅速准确，加快了整个物流过程的速度，提高了物流的准确率，降低了企业物流成本。

小阅读

活跃于物流阶段的条码

一般情况下，制造商供应的商品被装入包装箱后，按照商社及批发店的物流仓库→大型零售店等物流中心→各店铺等的顺序进行流通。

在这一过程中，通过读取印制在包装箱上的条码来进行流通。

(1)当有人订购时，制造商就会供应带有订购商品条码的商品。此时会自动处理销售与采购要求。

(2)配送驾驶员通过读取装载商品的条码将商品配送到指定地点(仓库等)，卸货时也是通过读取条码送往仓库等场所。

(3)在物流仓库和物流中心等处，通过使用输送机等将商品保管于指定的场所，如果零售店要求订货，就将该商品发送到零售店。

在(1)(2)(3)各个阶段，从入/出库管理到库存管理，无需出示手写的发票，计算机也会通过读取条码来自动处理。因此驾驶员和仓库保管员也可以从繁琐的发票处理中解放出来，而且，还能够防止商品及商品配送地址等出现错误的情况。

4. 为电子数据交换在全球的实现和发展提供保障

条码技术为电子数据交换的信息交换提供了一个清晰简便的、国际间通用的和标准的信息标志手段。条码技术工作组为 EDI 提供了一个良好的世界性的工作机构，为 EDI 在全球的实现和发展提供了技术上和组织上的保障。同时，EDI 业务又给企业带来了一项新的服务，即条码扫描数据服务。各类非常有用的市场资料，可根据条码及扫描数据，将其编成诸如条码市场每周销售单位、价值、百分比之类的报告。对于企业来说，这类报告有助于调控产品，使之在市场上获得成功，并且从中衡量和预测出季节性影响和行销成绩。

5. 在物流及其他领域得到广泛应用

我国物流行业应用条码技术是从 20 世纪 90 年代中期才开始起步的，最初主要是从生产线物流管理、现代物流配送中心开始应用。目前，条码的应用已经给企业带来了很多的好处，取得了许多成绩。以宝供物流公司为例，宝供物流公司通过利用条码技术，实现货物分拣、查询、采集出入库信息和打印运输标签等功能，提高了物流运作效率。条码技术在物流中的应用领域主要集中在以下环节：物料管理、生产线物流管理、分拣运输、仓储保管、机场通道、货物通道和运动中称量等。

条码技术还广泛地应用于交通管理、金融文件管理、商业文件管理、病历管理、血库血液管理以及各种分类技术方面，条码技术作为数据标志和数据自动输入的一种手段已被人们广泛利用，渗透到计算机管理的各个领域。

第二节　商品条码的种类及编码原则

商品条码根据其编码主体或编码内容、对象的不同，可分为厂家条码和店内条码两种。一般所说的商品条码主要是指厂家条码。厂家条码和店内条码的区别在于编码场所、编码内容以及商品对象的不同（见表 10-1）。

厂家条码和店内条码　　表 10-1

项目 种类	编码场所	编码内容	商品对象
厂家条码	生产、包装阶段（工厂）	前缀码、厂商识别代码、商品项目代码等（部分由 EAN 组织设定，部分由厂家设定）	加工食品、日用百货等
店内条码	加工、陈列、销售阶段（超级市场加工中心、商店）	零售商店内用商品编码（原则上由零售商店自己设定）	鲜肉、鲜鱼、蔬菜、水果、熟肉制品及未经厂家编码的加工食品、日用百货等

1. 厂家条码

厂家条码是指商品生产厂家在生产过程中直接印制到商品包装上的条码，它不包括商品价格信息。常用的厂家条码主要有 EAN 商品条码和 UPC 商品条码两类。

在商品流通中，EAN 或 UPC 条码可分为消费单元条码和储运单元条码两种。

消费单元是指通过超级市场、百货商店和专业商店等零售渠道直接售给最终用户的商品包装单元。消费单元的条码又分为标准版（EAN—13，UPC—A）和缩短版

(EAN—8,UPC—E)两种形式。

储运单元是指由若干消费单元组成的稳定和标准的集合,是装卸、仓储和运输等项业务所必须的商品包装单元。包装箱内可以是单一商品,也可以是不同的商品或多件商品小包装。储运包装箱常常采用 ITF—14 条码或 UPC/EAN—128 应用标志条码。

通常所谓的厂家条码,是指 EAN 或 UPC 条码的消费单元模式,即 EAN—13、EAN—8 或 UPC—A、UPC—E 商品条码。

(1)EAN—13 商品条码

EAN—13 商品条码是用于表示 EAN/UCC—13 代码的商品条码,又称标准版 EAN 商品条码。它主要用于超级市场或一些自动销售系统的单件商品。

EAN—13 商品条码由前缀码、厂商识别代码、商品项目代码和校验码组成。前缀码是国际 EAN 组织标志各会员组织的代码,我国为 690～695;厂商识别代码是 EAN 编码组织在 EAN 分配的前缀码的基础上分配给厂商的代码;商品项目代码由厂商自行编码;校验码是为了校验代码的正确性。在编制商品项目代码时,厂商必须遵守商品编码的基本原则:对同一商品项目的商品必须编制相同的商品项目代码;对不同的商品项目必须编制不同的商品项目代码。保证商品项目与其标志代码一一对应,即一个商品项目只有一个代码,一个代码只标志一个商品项目。如图 10-1EAN—13 商品条码结构。如听装健力宝饮料的条码为 6901010101098,其中 690 代表我国 EAN 组织,1010 代表广东健力宝公司,10109 是听装饮料的商品代码。这样的编码方式就保证了无论在何时何地,6901010101098 就唯一对应该种商品。

EAN/UCC—13 代码由 13 位数字组成。在我国,EAN/UCC—13 代码分三种结构,每种代码结构由三部分组成,具体见表 10-2 所示。

EAN/UCC—13 代码结构 表 10-2

结构种类	厂商识别代码	商品项目代码	校验码
结构一	$X_{13}X_{12}X_{11}X_{10}X_9X_8X_7$	$X_6X_5X_4X_3X_2$	X_1
结构二	$X_{13}X_{12}X_{11}X_{10}X_9X_8X_7X_6$	$X_5X_4X_3X_2$	X_1
结构三	$X_{13}X_{12}X_{11}X_{10}X_9X_8X_7X_6X_5$	$X_4X_3X_2$	X_1

①前缀码

前缀码由 2～3 位数字($X_{13}X_{12}$或 $X_{13}X_{12}X_{11}$)组成,是 EAN 分配给国家(或地区)编码组织的代码。前缀码由 EAN 统一分配和管理,目前,国际上共有 90 多个国家和地区编码组织加入 EAN,成为 EAN 的成员组织。EAN 已分配的前缀码见表 10-3。

需要指出的是,前缀码并不代表产品的原产地,而只能说明分配给管理有关厂商标志代码的国家(或地区)编码组织。

EAN 已分配的前缀码 表 10-3

前缀码	编码组织所在国家（或地区）/应用领域	前缀码	编码组织所在国家（或地区）/应用领域
00～13	美国和加拿大	539	爱尔兰
20～29	店内码	54	比利时和卢森堡
30～37	法国	560	葡萄牙
380	保加利亚	569	冰岛
383	斯洛文尼亚	57	丹麦
385	克罗地亚	590	波兰
387	波黑	594	罗马尼亚
40～44	德国	599	匈牙利
45、49	日本	600、601	南非
460～469	俄罗斯	608	巴林
471	中国台湾	609	毛里求斯
474	爱沙尼亚	611	摩洛哥
475	拉脱维亚	613	阿尔及利亚
476	阿塞拜疆	616	肯尼亚
477	立陶宛	619	突尼斯
478	乌兹别克斯坦	621	叙利亚
479	斯里兰卡	622	埃及
480	菲律宾	624	利比亚
481	白俄罗斯	625	约旦
482	乌克兰	626	伊朗
484	摩尔多瓦	627	科威特
485	亚美尼亚	628	沙特阿拉伯
486	格鲁吉亚	629	阿拉伯联合酋长国
487	哈萨克斯坦	64	芬兰
489	中国香港特别行政区	690～695	中国
50	英国	70	挪威
520	希腊	729	以色列
528	黎巴嫩	73	瑞典
529	塞浦路斯	740	危地马拉
531	马其顿	741	萨尔瓦多
535	马耳他	742	洪都拉斯

续上表

前缀码	编码组织所在国家（或地区）/应用领域	前缀码	编码组织所在国家（或地区）/应用领域
743	尼加拉瓜	860	塞尔维亚共和国
744	哥斯达黎加	867	朝鲜
745	巴拿马	869	土耳其
746	多米尼加	87	荷兰
750	墨西哥	880	韩国
759	委内瑞拉	885	泰国
76	瑞士	888	新加坡
770	哥伦比亚	890	印度
773	乌拉圭	893	越南
775	秘鲁	899	印度尼西亚
777	玻利维亚	90、91	奥地利
779	阿根廷	93	澳大利亚
780	智利	94	新西兰
784	巴拉圭	955	马来西亚
786	厄瓜多尔	958	中国澳门特别行政区
789～790	巴西	977	连续出版物
80～83	意大利	978、979	图书
84	西班牙	980	应收票据
850	古巴	981、982	普通流通券
858	斯洛伐克	99	优惠券
859	捷克		

小阅读

EAN商品条码的前缀码不代表商品的原产地

人们通常在看到商品条码中数字代码的前缀码时，将其所代表的EAN编码组织成员所在的国家（或地区），错误地视为使用该条码的商品原产地。例如，认为条码中前缀码为690、691、692的商品，其原产地为中国，而条码中前缀码为480的商品，其原产地则是菲律宾。结果当消费者在市场上看到商品标志上标注原产地为菲律宾的商品，却使用分配给中国编码中心的前缀码

692 时经常感到大惑不解,甚至怀疑该商品是假冒伪劣商品。

其实,商品条码的前缀码并不一定就代表商品的原产地。因为根据1997年11月7日原国家质量技术监督局监发(1997)172号《产品标识标注规定》第9条的规定,进口产品可以不标原生产者的名称、地址,但应当表明该产品的原产地(国家/地区)以及代理商或者进口商在中国依法登记注册的名称和地址。在中国设立办事机构的外国企业,其生产的产品可以标注该办事机构在中国依法登记注册的名称和地址。该规定的第21条还明确指出:"产品标志标注的产品条码,应当是有效的产品条码。"根据1998年7月29日原国家质量技术监督局第1号局长令发布的《商品条码管理办法》第11条的规定,依法取得营业执照的生产者、销售者,可以申请注册厂商识别代码。根据上述几项法规规定,菲律宾生产商在中国设立的办事机构可向中国物品编码中心申请注册厂商代码,并在其出口到中国的商品上使用在中国物品编码中心申请的前缀码为692的商品条码,因此菲律宾商品的条码前缀码可能标志为692。

另外,各国家和地区编码组织负责指导本国或本地区范围内对前缀码20～29、980、981、982、99的应用。

EAN分配给中国物品编码中心的前缀码由($X_{13}X_{12}X_{11}$)3位数字组成。目前,EAN已将"690～695"分配给中国物品编码中心使用,今后,EAN还将根据中国物品编码中心的申请,分配$X_{13}X_{12}X_{11}$三位前缀码。

当前缀码为690、691时,EAN/UCC—13的代码结构采用结构一;当前缀码为692、693时,EAN/UCC—13的代码结构采用结构二。

②厂商识别代码

厂商识别代码(包括前缀码在内)由7～9位数字组成,由中国物品编码中心负责分配和管理。

由于厂商识别代码是由中国物品编码中心统一分配、注册,因此该编码中心有责任确保每个厂商识别代码在全球范围内的唯一性。

根据《商品条码管理办法》规定,具有企业法人营业执照或营业执照的厂商可以申请注册厂商识别代码。任何厂商不得盗用其他厂商的厂商识别代码,不得共享和转让,更不得伪造代码。

当厂商生产的产品品种很多,超过了"商品项目代码"的编码容量时,允许厂商申请注册一个以上的厂商识别代码。但只有在商品项目代码完全用完时,才可再次申请。

③商品项目代码

商品项目代码由3～5位数字组成,由厂商负责编制。

由于厂商标志代码是由中国物品编码中心统一分配、注册,因此,在使用同一厂商识别代码的前提下，厂商必须确保每个商品项目代码的唯一性。厂商在编制商品项目代码时，产品的基本特征不同，其商品项目代码不同。

由 3 位数字组成的商品项目代码有 000～999 共 1 000 个编码容量，可标志1 000 种商品；由 4 位数字组成的商品项目代码可标志 10 000 种商品；由 5 位数字组成的商品项目代码可标志 100 000 种商品。

④校验码

校验码为 1 位数字，用来校验 X_{13}～X_2 的编码正确性。校验码是根据 X_{13}～X_2 的数值按一定的数学计算法计算而得。商品条码系统成员在对商品项目编码时，不必计算校验码的值。该值由制作条码原版胶片或直接打印条码符号的设备自动生成。

(2)EAN/UCC—8 条码

EAN/UCC—8 商品条码也称缩短版商品条码，用于标志小型商品，它由 8 位数字组成，其结构如表 10-4 所示。

EAN/UCC—8 代码结构 表 10-4

商品项目识别代码	校　验　码
$X_8X_7X_6X_5X_4X_3X_2$	X_1

商品项目识别代码由 7 位数字组成，其中 $X_8X_7X_6$ 为前缀码。前缀码与校验码的含义同 EAN/UCC—13 代码。计算校验码时只需在 EAN/UCC—8 代码前添加 5 个“0”，然后按照 EAN/UCC—13 代码的校验码计算即可。EAN—8 商品条码结构如图 10-3。

图 10-3　EAN—8 商品条码结构

从代码结构上可以看出，EAN/UCC—8 代码中用于标志商品项目的编码容量要远远小于 EAN/UCC—13 代码。以“690”打头的商品标志代码为例：就 EAN/UCC—8 代码来说，除校验码外，只剩下 4 位可用于商品的编码，即可标志 10 000 种商品项目；而以“690”打头的 EAN/UCC—13 代码，除厂商识别代码、校验码外，还剩 5 位可用于商品编码，即可标志 100 000 种商品项目。可见，EAN/UCC—8 代码用于商品编码的容量很有限。

在通常情况下，用户应尽量选用 EAN 商品条码，尤其是选用 EAN—13 条码。但在以下几种情况下，可采用 EAN—8 条码：

①EAN—13 商品条码的印刷面积超过印刷标签最大面面积的四分之一或全部可印刷面积的八分之一时；

②印刷标签的最大面面积小于 $40cm^2$ 或全部可印刷面积小于 $80cm^2$ 时；产品本身是直径小于 3cm 的圆柱体。

(3)UPC—A 商品条码

UPC 商品条码与 EAN 商品条码完全兼容。UPC—A 商品条码是 UPC 商品条码的标准版。UPC—A 商品条码结构如图 10-4。

图 10-4　UPC—A 商品条码结构

UPC—A 商品条码由 12 位数字组成，代码结构从左向右分成厂商识别代码（$X_{12} X_{11} X_{10} X_9 X_8 X_7$，其中 X_{12} 也是系统字符）、商品项目代码（$X_6 X_5 X_4 X_3 X_2$）和校验码（X_1）三部分。如表 10-5。

UPC—A 商品条码结构　　表 10-5

厂商识别代码	商品项目代码	校　验　码
$X_{12} X_{11} X_{10} X_9 X_8 X_7$	$X_6 X_5 X_4 X_3 X_2$	X_1

①厂商识别代码

厂商识别代码是美国统一代码委员会 UCC 分配给厂商的代码，其中 X_{12} 系统字符的应用规则见表 10-6。

②商品项目代码

商品项目代码由 1～5 位数字组成。其编码方法同 EAN/UPC—13 代码。

UPC—A 商品条码的系统字符的应用规定　　表 10-6

系统字符	应用范围	系统字符	应用范围
0,6,7	规则包装的商品	4	零售商自用的店内码
2	不规则重量的商品	5	商家的优惠券
3	药品及医疗用品	1,8,9	备用码

③校验码

校验码为 1 位数字，计算方法同 EAN/UPC—13 代码。

(4)UPC—E 商品条码

UPC—E 商品条码是 UPC 商品条码的缩短版。该条码的厂商代码和商品项目代码总共只有 6 位，可视为是删除 UPC—A 的 4 个零位得到的。只有当商品很小，无法印制 UPC—A 条码时，才允许使用 UPC—E 条码，如香烟、胶卷和化妆品等商品。UPC—E 由 8 位数字构成，UPC—E 商品条码的系统字符规定总是为零，即只有系统字符为“0”的 UPC—A 商品条码才能转换成 UPC—E 商品条码。UPC—E 商品条码结构如图 10-5。

图 10-5　UPC—E 商品条码结构

2. 店内条码

店内条码，简称店内码，是指商店为便于店内商品管理而对商品自行编制的临时性代码及条码标志。国家标准《店内条码》(GB/T 18283—2000)将其定义为：“商店闭环系统中标识商品变量消费单元的条码。”

店内条码的使用大致有两种情况。一种是用于商品变量消费单元的标志，如鲜肉、水果、蔬菜和熟食等散装商品是按基本计量单位计价，以随机数量销售的，其编码任务不宜由厂家承担，只能由零售商完成。零售商进货后，要根据顾客的不同需要重新分装商品，用专有设备(如具有店内条码打印功能的智能电子秤)对商品称重并自动编码和制成店内条码标签，然后将其粘贴或悬挂到商品外包装上。国家标准《店内条码》(GB/T 18283—2000)对店内条码的定义，就是针对这种情况。另一种是用于商品定量消费单元的标志，这类规则包装商品是按商品件数计价销售的，应由生产厂家编印条码，但因厂家对其生产的商品未申请使用商品条码或厂家印制的商品条码质量不高而无法识读，为便于商店 POS 系统的扫描结算，商店必须自己制作店内条码并将其粘贴或悬挂在商品外包装上。

目前我国商店采用的店内条码是 EAN 推荐的 EAN—13(标准版)店内条码。EAN—13 店内条码的前缀码 $X_{12}X_{11}$ 由两位数字组成，其值为 20、21，22～29 预留给其他闭环系统。前缀码用于指示该 13 位数字代码为商店用于表示商品变量消费单元的代码。

EAN—13 店内条码的代码结构与 EAN—13 代码不同，如表 10-7 所示。

标准版 EAN—13 店内条码的代码结构 表 10-7

前缀码	商品项目代码	校验码
$X_{13}X_{12}$	$X_{11}X_{10}X_9X_8X_7X_6X_5X_4X_3X_2$	X_1

EAN—13 店内条码除前缀码（$X_{13}X_{12}$）和校验码（X_1）以外，其中间的 10 位数字（$X_{11}X_{10}X_9X_8X_7X_6X_5X_4X_3X_2$）可作为商品项目代码，用以标志商品信息，其不同构成可表示商品种类、净重或计算出的价格或单元的数量。商品项目代码的结构可由物品编码组织或零售商与设备供应商共同研究决定。EAN—13 店内条码的校验码计算方法与 EAN—13 代码校验码计算方法相同。为了提高店内条码打印设备的通用性，与设备供应商和零售商协商一致后，EAN 推荐如表 10-8 所示的店内条码结构。

EAN 推荐的 EAN—13 店内条码的代码结构 表 10-8

结构		前缀码	商品项目代码	校验码
无价格校验码	4 位数字价格码	$X_{13}X_{12}$	$X_{11}X_{10}X_9X_8X_7X_6P_5P_4P_3P_2$	X_1
	5 位数字价格码	$X_{13}X_{12}$	$X_{11}X_{10}X_9X_8X_7P_6P_5P_4P_3P_2$	X_1
有价格校验码	4 位数字价格码	$X_{13}X_{12}$	$X_{11}X_{10}X_9X_8X_7VP_5P_4P_3P_2$	X_1
	5 位数字价格码	$X_{13}X_{12}$	$X_{11}X_{10}X_9X_8VP_6P_5P_4P_3P_2$	X_1

注：X 为商品项目代码；V 为价格校验码；P 为价格代码（包括一位或两位小数）。

由上述条码结构可以看出，标准版店内条码可以表示商品的价格，因此既适用于变量消费单元，也适用于定量消费单元。

我国质量监督检验检疫总局 2005 年 5 月 30 日公布的《商品条码管理办法》第 22 条规定，“销售者在其销售的商品没有商品条码的情况下，可以使用店内条码。店内条码的使用，应当符合国家标准《店内条码》(GB/T 18283—2000)的有关规定。

3. 物流条码

1)物流条码的概念

物流条码是指由 EAN 和 UCC 制定并用于商品单元的全球统一标志的条码。商品单元由消费单元、储运单元和货运单元组成，如图 10-6 所示。

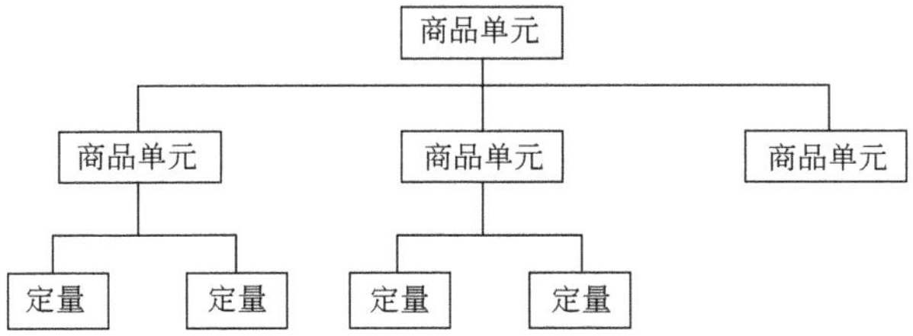

图 10-6 商品单元的组成

物流条码是供应链中用以标志物流领域中具体实物的一种特殊代码，是整个供应链包括制造业、配送业、运输业和最终用户等环节的共享数据。它贯穿整个贸易过程，并通过物流条码数据的采集、反馈，提高整个物流系统的经济效益。

与商品条码相比较，物流条码有如下特点。

(1)储运单元的唯一标志

商品条码是最终消费品，通常是单个商品的唯一标志，用于零售业现代化的管理；物流条码是储运单元的唯一标志，通常标志多个或多种类商品的集合，用于物流的现代化管理。

(2)服务于供应链全过程

商品条码服务于消费环节。商品一经出售到最终用户手里，商品条码就完成了其存在的价值，商品条码在零售业的 POS 系统中起到了单个商品的自动识别、自动寻址和自动结账等作用，是零售业现代化、信息化管理的基础。

物流条码服务于供应链全过程。生产厂家生产出产品，经过包装、运输、仓储、分拣和配送，直到零售商店，中间经过若干环节，物流条码是这些环节中的唯一标志，因此它涉及更广，是多种行业共享的通用数据。

(3)信息多

通常，商品条码是一个无含义的 13 位数字条码；物流条码则是一个可变的，可表示多种含义、多种信息的条码，是无含义的货运包装的唯一标志，可表示货物的体积、重量、生产日期和批号等信息，是贸易伙伴根据在贸易过程中共同的需求，经过协商统一制定的。

(4)可变性大

商品条码是一个国际化、通用化和标准化的商品的唯一标志，是零售业的国际化语言；物流条码是随着国际贸易的不断发展，贸易伙伴对各种信息需求的不断增加应运而生的，其应用在不断扩大，内容也在不断丰富。

(5)维护性高

物流条码的相关标准是一个需要经常维护的标准。及时沟通用户需求，传达标准化机构有关条码应用的变更内容，是确保国际贸易中物流现代化、信息化管理的重要保障之一。

2)物流条码标志内容及国际通用的物流条码

(1)物流条码标志内容

物流条码标志的内容主要有项目标志(货运包装箱代码 SCC—14)、动态项目标志(系列货运包装箱代码 SSCC—18)、日期、数量、参考项目(客户购货订单代码)、位置码、特殊应用(医疗保健业等)及内部使用。

(2)国际通用的物流条码

目前，国际上通用和公认的物流条码只有三种：消费单元条码、储运单元条码和货运单元条码。

①消费单元条码

消费单元条码也称为商品条码，它采用标准版 EAN—13 条码，主要用于零售业，在我国的超市里被广泛应用。与之对应的是我国国家标准《通用商品条码》(GB 12904—2003)。

②储运单元条码

储运条码是非零售商品上使用的商品条码，是实现物流配送自动化管理的先决条件。凡包装形态属箱类包装的商品均需要在外包装上采用储运条码。通俗地说，储运单元条码就是商品外包装箱上使用的条码标志(俗称外箱条码)。它可以在全球范围内唯一地识别某一包装单元的物品，从而做到在物品的运输、配送、订货和收货中方便地跟踪、统计，保证数据的准确性和及时性。采用储运单元条码便于零售业验货、分拣、配送和订货等物流配送自动化管理；条码系统成员可充分利用条码资源，建立进、销、存的内部管理系统，提高市场竞争力；使外包装箱上的条码质量得到保证。

储运单元条码的主要形式有以下三种：ITF—14 码，商品外箱包装上最常见的形式；EAN/UCC—13 码，用于箱包作为零售时采用；EAN/UCC—128 码，可以替代 ITF—14 码用于外箱。

储运单元条码 ITF—14 码，如图 10-7，目前在我国部分超市的配送中心已开始使用，主要用于商品的纸制包装箱上。与其相对应的是我国国家标准《储运单元条码》(GB 16830—1997)。

16901234000044

包装指示符

图 10-7 ITF—14 条码

通常，消费单元可分为定量消费单元和变量消费单元，前者是指按商品件数计价销售的消费单元，后者是指按基本计量单位计价，以随机数量销售的消费单元。据此，在储运单元条码中，也相应分为定量储运单元(由定量消费单元组成的储运单元)和变量储运单元(由变量消费单元组成的储运单元)。

a. 定量储运单元编码

定量储运单元一般采用 13 位或 14 位数字编码。按以下不同情况分别处理。

a)当定量储运单元同时又是定量消费单元时，应按定量消费单元进行编码，如电冰箱等家用电器，其定量消费单元的编码等同于通用商品编码。

b)当含相同种类的定量消费单元组成定量储运单元时，可给每一定量储运单元分配一个区别于它所包含的消费单元代码的 13 位数字代码，也可用 14 位数字进行编码。其编码的代码结构如表 10-9 所示。

含有相同种类定量消费单元的定量储运单元代码结构 表 10-9

定量储运单元包装指示符	定量消费单元代码	校　验　码
V	$X_{13}X_{12}X_{11}X_{10}X_9X_8X_7X_6X_5X_4X_3X_2$	X_1

定量储运单元包装指示符(V)用于指示定量储运单元的不同包装，取值范围为 V＝1，2，…，8。

定量消费单元代码是指包含在定量储运单元内的定量消费单元代码去掉校验字符后的 12 位数字代码。

b. 变量储运单元编码

变量储运单元编码由 14 位数字的主代码和 6 位数字的附加代码组成，代码结构如表 10-10 所示。

变量储运单元代码结构 表 10-10

主代码			附加代码	
变量储运单元包装指示字符	厂商识别代码与商品项目代码	校验字符	商品数量	校验字符
LI	$X_{13}X_{12}X_{11}X_{10}X_9X_8X_7X_6X_5X_4X_3X_2$	X_1	$Q_6Q_5Q_4Q_3Q_2$	Q_1

a)主代码

(a)变量储运单元包装指示字符(LI)，指示在主代码后面有附加代码，取值为 LI。

(b)厂商识别代码，是标志厂商的代码，取第 $X_{13}X_{12}X_{11}X_{10}X_9X_8X_7X_6$ 位，当 $X_{13}X_{12}X_{11}$ 为 690 或 691 时，厂商识别代码取第 $X_{13}X_{12}X_{11}X_{10}X_9X_8X_7$ 位。

(c)变量储运单元中的商品项目代码，用于标志组成储运单元的商品种类。商品项目代码取第 $X_5X_4X_3X_2$ 位，当 $X_{13}X_{12}X_{11}$ 为 690 或 691 时，商品项目代码取第 $X_6X_5X_4X_3X_2$ 位。

(d)主代码的校验字符(X_1)，其计算方法同 EAN—13 代码校验码的计算方法。

b)附加代码

附加代码($Q_6Q_5Q_4Q_3Q_2$)是指包含在变量储运单元内，按确定的基本计量单位(如公斤、米等)计量取得的商品数量。

变量储运单元的主代码用 ITF—14 条码标志，附加代码用 ITF—6(6 位交插二五条码)标志。变量储运单元的主代码和附加代码也可以用 EAN—128 条码标志。

③货运单元条码

货运单元条码是物流条码最常用的形式，也是国际物流业中普遍推广使用的全球通用物流条码，在我国已引起不少物流企业和生产企业的重视。货运单元条码采用 EAN/UCC 系统 128 条码，如图 10-8。货运单元条码主要用于运输、仓储等物流标签上。与其对应的是我国国家标准《EAN · UCC 系统 128 条码》(GB/T 15425—2002)。

UCC/EAN—128 应用标志条码是一种连续型、非定长条码，能更多地标志贸易单元中需表示的信息，如产品批号、数量、规格、生产日期、有效期和交货地等。

UCC/EAN—128 应用标志条码由应用标志符和数据两部分组成，每个应用标志符由 2～4 位数字组成。条码应用标志的数据长度取决于应用标志符。条码应用标志采用 UCC/EAN—128 码表示，并且多个条码应用标志可由一个条码符号表示。

UCC/EAN—128 应用标志条码是使信息伴随货物流动的全面、系统、通用的重要商业手段。

(02) 6 6901234 00004 9 (17) 050101 (37) 10 (10) ABC

应用标识符

图 10-8　UCC/EAN—128 条码

选用上述条码时，要根据货物的不同和商品包装的不同，采用不同的物流条码。单个大件商品，如电视机、电冰箱和洗衣机等商品的包装箱往往采用 EAN—13 条码。储运包装箱常常采用 ITF—14 条码或 UCC/EAN—128 条码，包装箱内可以是单一商品，也可以是不同的商品或多件头商品小包装。

4. 编码原则

商品条码所表示的数字代码作为一个整体对商品起到标志作用。无论是 EAN—13 代码，还是 EAN/UCC—8、UCC—12 代码，只有当它们作为一个整体时，才称为商品标志代码。因此厂商在编制商品代码时除应按照规定的代码结构编制商品标志代码外，还应遵守以下基本原则。

(1)唯一性原则

唯一性原则是商品编码的基本原则，也是最重要的一项原则。在商业 POS 自动结算销售系统中，不同商品是靠不同的代码来识别的，假如把两种不同的商品用同一代码来标志，违反唯一性原则，会导致商业管理信息系统的混乱，给销售商和消费者造成经济损失。

唯一性原则的具体要求如下。

①对同一商品项目的商品应分配相同的商品标志代码。基本特征相同的商品视为同一商品项目，基本特征不同的商品视为不同的商品项目。通常商品的基本特征主要包括名称、商标、种类、规格、数量和包装类型等。

②对不同商品项目的商品必须分配不同的商品标志代码。商品的基本特征一旦确定，只要商品的一项基本特征发生变化，就必须分配一个不同的商品标志代码。

(2)无含义性原则

商品标志代码中的每一位数字不表示任何与商品有关的特定信息。厂商在编制商品项目代码时，最好使用无含义的流水号，即连续号，这样能最大限度地利用商品项目代码的编码容量。

(3)稳定性原则

商品标志代码一旦分配,只要商品的基本特征没有发生变化,就应保持不变。同一商品项目,无论是长期连续生产,还是间断式生产,都必须采用相同的标志代码。即使该商品项目停止生产,其标志代码应至少在 4 年之内不能用于其他商品项目上。另外,即便商品已不在供应链中流通,由于要保存历史记录,需要在数据库中较长期地保留它的标志代码,因此,在重新启用商品标志代码时,还需要考虑此因素。

(4)编制商品标志代码示例

如图 10-9 所示,假设分配给某厂的厂商识别代码为 6901234。该厂生产的 M 牌蘑菇罐头,对于规格为 200g 和 500g 的罐头,其商品项目代码不同,分别为 6901234567892 和 6901234567885;对于规格同为 200g,大包装为 4 罐,小包装为 1 罐的不同包装形式也应以不同商品项目代码标志,分别为 6901234567878 和 6901234567892。

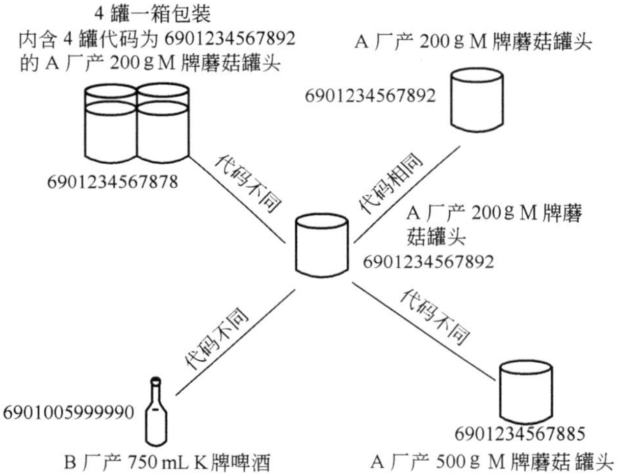

图 10-9　不同规格、不同包装形式、不同产品的商品标志代码

第三节　RFID 电子标签简介

一、RFID 无线射频识别技术概述

RFID 是 Radio Frequency Identification 的缩写,即无线射频识别,常称电子标签、电子条码等。它是一种非接触式的自动识别技术,通过射频信号识别目标对象并获取相关数据,识别工作无须人工干预,作为条形码的无线版本,RFID 技术具有条形码所不具备的防水、防磁、耐高温、使用寿命长、读取距离大、标签上数据可以加密、存储数据容量更大和存储信息更改自如等优点。

1. RFID 系统的组成

最基本的 RFID 系统由三部分组成。

(1)电子标签(Tag)

电子标签由耦合元件及芯片组成,每个标签具有唯一的电子编码,附着在物体上标志目标对象。电子标签是射频识别系统的数据载体,电子标签由标签天线和标签专用芯片组成。依据电子标签供电方式的不同,电子标签可以分为有源电子标签(Active tag)、无源电子标签(Passive tag)和半无源电子标签(Semi-passive tag)。有源电子标签内装有电池,无源电子标签没有内装电池,半无源电子标签(Semi-passive tag)部分依靠电池工作。

电子标签依据频率的不同可分为低频电子标签、高频电子标签、超高频电子标签和微波电子标签,依据封装形式的不同可分为信用卡标签、线形标签、纸状标签、玻璃管标签、圆形标签及特殊用途的异形标签等。

(2)阅读器(Reader)

阅读器是读取(有时还可以写入)标签信息的设备,可设计为手持式或固定式。RFID 阅读器(读写器)通过天线与 RFID 电子标签进行无线通信,可以实现对标签识别码和内存数据的读出或写入操作。典型的阅读器包含有高频模块(发送器和接收器)、控制单元以及阅读器天线。

(3)天线(Antenna)

在标签和读取器间传递射频信号。

小阅读

埃森哲实验室首席科学家弗格森认为 RFID 是一种突破性的技术:第一,可以识别单个的非常具体的物体,而不是像条形码那样只能识别一类物体;第二,其采用无线电射频,可以透过外部材料读取数据,而条形码必须靠激光来读取信息;第三,可以同时对多个物体进行识读,而条形码只能一个一个地读。此外,储存的信息量也非常大。

2. 与传统条形码识别技术相比,RFID 的优势

(1)快速扫描

条形码一次只能有一个条形码受到扫描,RFID 辨识器可同时辨识读取数个 RFID 标签。

(2)体积小型化、形状多样化

RFID 在读取上并不受尺寸大小与形状限制,不需为了读取精确度而配合纸张的固定尺寸和印刷品质。此外,RFID 标签更可往小型化与多样形态发展,以应用于不同产品。

(3)抗污染能力和耐久性强

传统条形码的载体是纸张，因此容易受到污染，但 RFID 对水、油和化学药品等物质具有很强抵抗性。此外，由于条形码是附于塑料袋或外包装纸箱上，所以特别容易受到折损；RFID 卷标是将数据存在芯片中，因此可以免受污损。

(4)可重复使用

现今的条形码印刷上去之后就无法更改，RFID 标签则可以重复地新增、修改和删除 RFID 卷标内储存的数据，方便信息的更新。

(5)穿透性和无屏障阅读

在被覆盖的情况下，RFID 能够穿透纸张、木材和塑料等非金属或非透明的材质，并能够进行穿透性通信；而条形码扫描机必须在近距离而且没有物体阻挡的情况下，才可以辨读条形码。

(6)数据的记忆容量大

一维条形码的容量是 50B，二维条形码最大的容量可储存 2～3 000B，RFID 最大的容量则有数 MB。随着记忆载体的发展，数据容量也有不断扩大的趋势。未来物品所需携带的资料量会越来越大，对卷标所能扩充容量的需求也相应增加。

(7)安全性

由于 RFID 承载的是电子式信息，其数据内容可经由密码保护，使其内容不易被伪造及变造。

二、RFID 技术的发展历程

RFID 直接继承了雷达的概念，并由此发展出一种生机勃勃的 AIDC 新技术——RFID 技术。1948 年哈里·斯托克曼发表的“利用反射功率的通信”奠定了射频识别 RFID 的理论基础。

1. RFID 技术发展的历程

在 20 世纪中，无线电技术的理论与应用研究是科学技术发展最重要的成就之一。RFID 技术的发展可按 10 年期划分如下。

1941～1950 年：雷达的改进和应用催生了 RFID 技术，1948 年奠定了 RFID 技术的理论基础。

1951～1960 年：早期 RFID 技术的探索阶段，主要处于实验室实验研究。

1961～1970 年：RFID 技术的理论得到了发展，开始了一些应用尝试。

1971～1980 年：RFID 技术与产品研发处于一个大发展时期，各种 RFID 技术测试得到加速；出现了一些最早的 RFID 应用。

1981～1990 年：RFID 技术及产品进入商业应用阶段，各种规模应用开始出现。

1991～2000 年：RFID 技术标准化问题日趋得到重视，RFID 产品得到广泛采用，

RFID产品逐渐成为人们生活中的一部分。

2001～今:标准化问题日趋为人们所重视,RFID产品种类更加丰富,有源电子标签、无源电子标签及半无源电子标签均得到发展,电子标签成本不断降低,规模应用行业扩大。

RFID技术的理论得到丰富和完善。单芯片电子标签、多电子标签识读、无线可读可写、无源电子标签的远距离识别和适应高速移动物体的RFID正在成为现实。

2. RFID技术国内外发展状况

RFID技术在国外的发展较早也较快,尤其是在美国、英国、德国、瑞典、瑞士、日本、南非,目前均有较为成熟且先进的RFID系统。其中,低频近距离RFID系统主要集中在125kHz、13.56MHz系统;高频远距离RFID系统主要集中在UHF频段(902MHz～928MHz)915MHz、2.45GHz、5.8GHz。UHF频段的远距离RFID系统在北美得到了很好的发展;欧洲的应用则以有源2.45GHz系统得到了较多的应用。5.8GHz系统在日本和欧洲均有较为成熟的RFID系统。

在RFID技术发展的前10年中,有关RFID技术的国际标准的研讨空前热烈,国际标准化组织ISO/IEC联合技术委员会JTCl下的SC31下级委员会成立了RFID标准化研究工作组WG4。尤其是在1999年10月1日正式成立的,由美国麻省理工学院MIT发起的Auto—ID Center非盈利性组织在规范RFID应用方面所发挥的作用将越来越明显。Auto—ID Center在对RFID理论、技术及应用研究的基础上,所作出的主要贡献如下。

(1)提出产品电子代码EPC(Electronic Product Code)概念及其格式规划。为简化电子标签芯片功能设计,降低电子标签成本,扩大RFID应用领域奠定了基础。

(2)提出了实物互联网的概念及构架,为EPC进入互联网搭建了桥梁。

(3)建立了开放性的国际自动识别技术应用公用技术研究平台,为推动低成本的RFID标签和读写器的标准化研究开创了条件。

我国在RFID技术的研究方面也发展很快,市场培育已初步开花结果。比较典型的是在中国铁路车号自动识别系统建设中,推出了完全拥有自主知识产权的远距离自动识别系统。

铁道部曾将货车自动抄车号项目列为“八五”重点攻关技术研究课题。在20世纪90年代中期,国内有多家研究机构参与了该项技术的研究,探索了多种实现方案,最终确定了RFID技术为解决货车自动抄车号的最佳方案。进而,在RFID实现技术方面又探索了有源标签方案、无源标签倍频方案等。最后选定了无源标签RFID方案。经过多年的现场运行考验,铁路车号自动识别系统工程于1999年全面投入建设。经过两年左右的建设与试运行,目前铁路车号自动识别系统工程已发挥出了系统设计功能,圆了铁路人的梦想,并且其辐射与渗透到其他应用方面的作用日渐明显。

在近距离RFID应用方面，许多城市已经实现了公交射频卡作为预付费电子车票、预付费电子饭卡等。

在RFID技术研究及产品开发方面，国内已具有了自主开发低频、高频与微波RFID电子标签与读写器的技术能力及系统集成能力。与国外RFID先进技术之间的差距主要体现在RFID芯片技术方面。尽管如此，在标签芯片设计及开发方面，国内已有多个成功的低频RFID系统标签芯片面市。

3. RFID的工作原理

标签进入磁场后，接收解读器发出的射频信号，凭借感应电流所获得的能量发送出存储在芯片中的产品信息（Passive Tag，无源标签或被动标签），或者主动发送某一频率的信号（Active Tag，有源标签或主动标签），解读器读取信息并解码后，送至中央信息系统进行有关数据处理。

4. RFID的应用范围

短距离射频识别产品不怕油渍、灰尘污染等恶劣的环境，可在这样的环境中替代条码，例如用在工厂的流水线上跟踪物体。长距射频识别产品多用于交通上，识别距离可达几十米，如自动收费或识别车辆身份等。

(1)零售业中，RFID技术的运用使得数以万计的商品种类、价格、产地、批次、货架、库存和销售等各环节被管理得井然有序，商品的销售数据实时统计，补货，防盗；

(2)采用车辆自动识别技术，使得路桥、停车场等收费场所避免了车辆排队通关现象，减少了时间浪费，实现了高速不停车、出租车管理、公交车枢纽管理和铁路机车识别等，从而极大地提高了交通运输效率及交通运输设施的通行能力；

(3)在自动化的生产流水线上，整个产品生产流程的各个环节均被置于严密的监控和管理之下，如生产数据的实时监控，质量追踪，自动化生产，仓储管理，品牌管理，单品管理，渠道管理；

(4)在粉尘、污染、寒冷和炎热等恶劣环境中，远距离射频识别技术的运用改善了载货汽车驾驶员必须下车办理手续的不便；

(5)在公交车的运行管理中，自动识别系统准确地记录着车辆在沿线各站点的到发站时刻，为车辆调度及全程运行管理提供实时可靠的信息。

(6)在物流和供应链的管理中，应用于物流过程中的货物追踪，信息自动采集，仓储应用，港口应用，邮政，快递；

(7)在医疗领域，应用于医疗器械管理，病人身份识别，婴儿防盗；

(8)在身份识别上，应用于电子护照、身份证和学生证等各种电子证件；

(9)在产品防伪上，应用于贵重物品（烟、酒和药品）的防伪，票证的防伪等。

S 本章小结

商品条码是由一组按一定规则排列的条、空及对应的字符组成的标记,用来表示一定的信息。商品条码技术是出现最早,也是应用最成功的一种自动识别和数据采集(AIDC)技术,已成为商品进入国际市场的"通行证"。

条码技术的研究开始于20世纪40年代初的美国,20世纪60年代后期,北美铁路系统最早使用了条码技术。20世纪80年代初,美国国防部要求向其交货的所有产品都要有条码,这推动了条码技术的发展。国际物品编码协会(EAN International)成立于1977年,负责开发和维护一套全球跨行业的标志和通信系统,即EAN·UCC系统。我国条码技术的研究始于20世纪70年代末,1988年12月,中国物品编码中心成立,1991年4月,该中心代表我国加入国际物品编码协会EAN,目前我国已有2.7万多家企业申请注册了厂商代码。

目前,国际上使用的条形码种类很多,根据不同的目的,从不同的角度去选择条码的分类标志,可以得到不同的分类结果。按条码有无字符符号间隔,可分为连续性条码和非连续性条码;按字符符号个数固定与否,可分为定长条码和非定长条码;按扫描起点的可选性,可分为双向条码和单向条码;按条码的码制不同,目前世界上流行的有几十种条码,如UPC条码、EAN条码、三九条码、库德巴条码、二五条码、四九条码、11条码和EAN—128条码等;按条码应用的领域不同,可分为消费单元条码和物流单元条码。

条码作为一种图形识别技术,与其他识别技术相比具有技术简单易行,标签易于制作;扫描操作无须培训,简单易行;信息采集速度快且准;经济性好;灵活、实用、自由度大等优点。对于国家和企业来讲推广应用条码技术具有促进外贸出口;实现商业的现代化管理;快速、准确地进行物流控制的手段;为电子数据交换(EDI)在全球的实现和发展提供保障;在物流及其他领域得到广泛应用等意义。

商品条码根据其编码主体或编码内容、对象的不同,可分为厂家条码和店内条码两种。厂家条码是指商品生产厂家在生产过程中直接印制到商品包装上的条码,它不包括商品价格信息。常用的厂家条码主要有EAN商品条码和UPC商品条码两类。EAN或UPC条码可分为消费单元条码和储运单元条码两种。消费单元是指通过超级市场、百货商店和专业商店等零售渠道直接销售给最终用户的商品包装单元。消费单元的条码又分为标准版(EAN—13,UPC—A)和缩短版(EAN—8,UPC—E)两种形式。储运单元是指由若干消费单元组成的稳定和标准的集合,是装卸、仓储和运输等项业务所必须的商品包装单元。包装箱内可以是单一商品,也可以是不同的商品或多件商品小包装。储运包装箱常常采用ITF—14条码或UPC/EAN—128应用标志条码。店内条码,简称店内码,是指商店为便于店内商品管理而对商品自行编制的临时性代码及条码标志。

物流条码是指由 EAN 和 UCC 制定并用于商品单元的全球统一标志的条码。商品单元由消费单元、储运单元和货运单元组成。与商品条码相比较，物流条码是储运单元的唯一标志、服务于供应链全过程、信息多、可变性大和维护性高。物流条码标志的内容主要有项目标志（货运包装箱代码 SCC—14）、动态项目标志（系列货运包装箱代码 SSCC—18）、日期、数量、参考项目（客户购货订单代码）、位置码、特殊应用（医疗保健业等）及内部使用。目前，国际上通用和公认的物流条码只有三种：消费单元条码、储运单元条码和货运单元条码。消费单元条码也称为商品条码，它采用标准版 EAN—13 条码。储运单元条码就是商品外包装箱上使用的条码标志。储运单元条码有三种形式：ITF—14 码，商品外箱包装上最常见的形式；EAN/UCC—13 码，用于箱包作为零售时采用；EAN/UCC—128 码，可以替代 ITF—14 用于外箱。在储运单元条码中，有定量储运单元编码（由定量消费单元组成的储运单元）和变量储运单元编码两种形式。货运单元条码是物流条码最常用的形式，采用 EAN/UCC 系统 128 条码，主要用于运输、仓储等物流标签上。

R 课后阅读 1

我国形成自动识别技术产业基础

从代理国外产品到做系统集成，再到自主研发企业群体和自主知识产权产品的批量出现，15 年间，我国自动识别技术制造产业基础已经形成。

20 世纪 80 年代，我国的一些零售商品上出现商品条码。一些超市开始使用条码扫描器进行结算，条码的生成、识读设备成为我国大众最早认识的自动识别技术产品。但是，直到 20 世纪 90 年代中期，我国的自动识别技术产品还都是国外生产的。

进入 21 世纪，国内将自动识别技术应用于各行各业的系统解决方案开始大量出现。这些方案主要针对条码的生成、识读设备，应用不仅限于零售商品的配送和超市结算，也开始用于仓储、物流、企业管理和制造业。

近四五年来，我国自动识别技术领域的国内制造商迅速成长，纯粹代理商占有的市场份额越来越少，且主要以耗材为主。我国自主研发的自动识别产品不仅限于条码识别技术，还包括射频识别、生物识别等多种自动识别技术。其中生物识别领域的产品主要是指纹采集、人脸识别和虹膜等识读设备，射频识别技术产品则从芯片、标签到读写器都有自主研发的产品。近年来，我国的条码生成设备、识读设备已开始打入国际市场。一部分企业在推进应用的过程中，根据用户的需求，在国外产品基础上进行二次开发，使相关设备的性能得到了更好地应用。这说明我国自动识别技术产业的基础已经形成。

R 课后阅读 2

条形码在商品防伪中的应用

假冒伪劣产品使国家、企业和消费者都蒙受严重的损失。打假是保护国家、企业与消费者利益，是正当、有序竞争的必然要求。一个名牌产品如果不采用有效的防伪手段，可能会受到大量伪造产品的冲击，大大破坏产品的形象。

随着企业经营从粗放型向集约型的转变，在分销渠道管理方面，囿于技术和手段的限制，大多数企业沿用的仍是经营初期传统的模式和管理方式，这些方式在效率、成本以及可控性等方面的劣势日益突出。因此，市场环境的变化对企业的渠道管理方式提出了新的要求。

产品条码防伪管理可帮助企业对关键商品在分销网络中的有序流动实现严格的监督和控制，提高企业的渠道管理水平，降低和规避渠道风险。系统通过应用加密型二维条码技术，对关键商品进行精确和保密的标志。通过外地分支机构的商品核查职能，可有效杜绝产品跨区销售和窜货，防范假冒伪劣的冲击。

1. 创建唯一标志码

企业在每个产品上面贴上一个唯一标志的条码，该条码可以是加密一维码或者加密二维码等形式，含有产品的品种信息、生产信息、序列号和销售信息等，特别是二维条码，可以记录更详细的商品销售区域、销售负责人和关键配件序列号等数据和信息，从而为商品添加了一个唯一、完整、保密的身份和属性标志符。

2. 出入库管理

有了条形码标签后，企业便可对商品的出库、入库和物流等环节通过快速阅读条码实现严格监控，并使分销网络中的各个业务网点具备了强大的商品核查功能，业务网点可根据需要对商品销售区域、产品属性等进行核查和匹配，核查功能具体将通过便携式条码扫描终端，或通过笔记本电脑加条码扫描器来实现。

3. 销售管理

分销企业通过将二维条码技术与进销存软件、企业广域网络的结合，便可对商品分销的全流程实现全面、有效、安全的管理和监控，并进一步得到宝贵的商品仓储、物流、销售和回款等数据，为企业总部的经营决策提供宝贵的统计信息、数据和报表。具体的功能将包括分销区域管理(地区管理、负责人管理)、区域业绩管理、个人业绩管理和报表管理等。

4. 商品防伪

系统首先通过一维、二维条码实现防伪功能。经过企业加密后的一维、二维条码，在无法得到密钥的情况下，其他人员是无法获取二维条码中的数据和信息。此外，由于每件商品的二维条码各不相同，且与部件及序列号等唯一特定信息相关，其他人员难以伪造，也无法采用光学方法来复制，并且在数据库中记录了每一条条码的物流情况，伪造的条码没有数据库记录，很容易被系统检查处理，自动报警。

系统也支持电码防伪，企业在打印标签时同时生成一个串号，并粘贴在商品上，最终用户可以通过拨打服务热线查核该串号的合法性。此外，企业还可建立防伪查询网站，供客户登录查询商品串号。

5. 售后服务

售后服务部门通过扫描加密型二维条码，获得条码中所保存的商品来源和属性等信息，从而对待维修商品进行全面、严格的身份识别和确认，保证公司的利益不受损害，并有效提高客户服务质量。

当商品出现质量问题，或者最终用户反馈意见时，系统可提供语音电话、电子邮件和 WEB 等信息反馈渠道，售后服务中心接到报告后记录并进行相应处理。具体将采用计算机电话集成技术 CTI、客户关系管理和产品质量管理等技术。

资料来源：中国质量报——2006 年 6 月 21 日

P 实训项目

以杭州娃哈哈股份有限公司的产品为例，到超市中查找娃哈哈品牌的商品，并将其条形码记录下来，根据记录的条形码对娃哈哈的产品进行分类。

要求：

1. 6～8 人一组。
2. 每组写出一份报告。

T 思考与练习

一、思考题

1. 简述条形码技术的产生和发展历程，企业应用条形码技术的优势在哪里？
2. 条形码技术和其他识别技术相比具有哪些优点？
3. 简述厂商条码的应用范围？
4. 在什么情况下应用店内条码？
5. 听装健力宝饮料的条码为 6901010101098，解释它的代码构成和含义。
6. 物流条码与商品条码相比具有哪些特点？
7. 厂商在编制商品代码时除应按照规定的代码结构编制商品标志代码外，还应遵守哪些基本原则？
8. 商品编码时唯一性原则、稳定性原则和无含义原则的含义是什么？

9. 和传统条形码识别技术相比，RFID 的优势体现在什么方面？RFID 能否代替条形码技术？

二、练习题

(一)填空题

1. 商品条码主要有(　　)和(　　)。

2. 按条码的码制不同，目前世界上流行的有几十种条码，如(　　)等。

3. 按条码应用的领域不同，可以分为(　　)和(　　)。

4. 在商品流通中，EAN 或 UPC 条码可分为(　　)和(　　)两种。

5. EAN—13 商品条码由(　　)、(　　)、(　　)和(　　)组成。

6. 由 4 位数字组成的商品项目代码可标志(　　)种商品；由 5 位数字组成的商品项目代码可标志(　　)种商品。

7. 物流条码标志的内容主要有(　　)、(　　)、日期、数量、(　　)、位置码、(　　)及内部使用。

8. 目前，国际上通用和公认的物流条码有(　　)、(　　)和(　　)三种。

9. 储运单元条码的主要形式有：(　　)，商品外箱包装上最常见的形式；(　　)，用于箱包作为零售时采用；(　　)，可以替代(　　)用于外箱。

(二)单项选择题

1. 条码技术最早由(　　)人发明并应用的。

A. 美国　　B. 英国　　C. 中国

2. 国际物品编码协会的简称是(　　)。

A. HS　　B. EAN　　C. CCID

3. 厂家条码是在(　　)。

A. 产品流通过程中编制的

B. 产品陈列、销售阶段编制的

C. 产品生产加工阶段编制的

4. 印刷标签的最大面面积小于 $40cm^2$ 或全部可印刷面积小于 $80cm^2$ 时；产品本身是直径小于 3cm 的圆柱体时可以采用(　　)。

A. EAN—13 条码　　B. EAN—8 条码　　C. UPC—A 条码

5. 用于商品变量消费单元的标志，如鲜肉、水果、蔬菜和熟食等散装商品按基本计量单位计价，以随机数量销售的商品可以采用(　　)。

A. 店内码　　B. 厂商条码　　C. 储运单元条码

6. 商品标志代码中的每一位数字不表示任何与商品有关的特定信息，这符合商品编码原则中的(　　)。

A. 唯一性　　B. 稳定性　　C. 无含义性

(三)判断题(正确打√,错误打×)

1.条码技术与 RFID 电子标签技术相比制作难度大,成本高。(　　)

2.条形码所包含的商品信息比 RFID 电子标签包含的信息少。(　　)

3.商业企业应用条形码技术可以提高企业的管理效率。(　　)

4.前缀码是国际 EAN 组织标志各会员组织的代码,它代表了商品的原产地。(　　)

5.不同厂商可以共享也可以有偿转让厂商识别代码。(　　)

6.厂商可以申请多个厂商识别代码。(　　)

7.厂商在编制商品项目代码时,产品的基本特征不同,其商品项目代码也不同。(　　)

8.EAN/UCC—8 商品条码也称缩短版商品条码,用于标志小型商品。(　　)

9.标准版店内条码不能表示商品的价格,因此只能用于定量消费单元。(　　)

10.基本特征相同的商品视为同一商品项目,对同一商品项目的商品应分配相同的商品标志代码。(　　)

(四)案例分析

案例分析 1

据 Sanford C. Bernstein 公司的零售业分析师估计,通过采用 RFID,沃尔玛每年可以节省 83.5 亿美元,其中大部分是因为不需要人工查看进货的条码而节省的劳动力成本。尽管另外一些分析师认为 80 亿美元这个数字过于乐观,但毫无疑问,RFID 有助于解决零售业两个最大的难题:商品断货和损耗(因盗窃和供应链被搅乱而损失的产品),而现在单是盗窃一项,沃尔玛一年的损失就差不多有 20 亿美元,如果一家合法企业的营业额能达到这个数字,就可以在美国 1 000 家最大企业的排行榜中名列第 694 位。研究机构估计,这种 RFID 技术能够帮助把失窃和存货水平降低 25%。

案例思考题

从本案例中总结应用 RFID 技术的优势和不足。

案例分析 2

条码在会务系统中的应用

大型会务系统是运用现代化的管理手段对入会代表进行人员登录、系统查询统计和实时检控的管理系统,登录手段先进,保证入会代表轻松、自如地登录,登录功能全面,速度快,保证画面一次、准确显示,后台实时检控各入口、座区及分团实到人数,及时给大会组织人员提供相应报表。

(1)为每位代表建立条码参会证,可以是一维或二维条码。

(2)使用便携式数据终端进行前台实时登记,保证入会代表准确、快速进入,要自然地显示相片、姓名及其他登录信息，让代表轻松、自如地进入会场。

(3)代表进入会场时间及代表信息及时传入后台数据库，通过无线网络实时传输到会务组的计算机系统，同时可以通过实时网络来查询与会者的详细信息和其他情况。

(4)现场信息查询。对于怀疑身份的与会者，可以通过实时的信息查询快速地将后台数据库中的信息显示到手持终端上进行现场比对，最快地解决异常情况的出现。

(5)后台统计。各个代表团应到人数、实到人数、未到人数及未到人员信息统计即可在后台产生，方便会务管理人员随时掌握最新的数据。

案例思考题

以上提到的条码使用方法只不过是条码的冰山一角而已。您不妨试着寻找一下身边的条码，一定会发现条码正在我们意想不到的地方发挥着重要作用。

第十一章　商品的绿色革命

本章知识目标

通过本章的学习学生应掌握以下知识：

1. 绿色食品的含义、标准和标志；
2. 有机食品及标志；
3. 现代食品安全问题；
4. 绿色包装，绿色包装标识、途径；
5. 清洁生产的含义及主要内容、清洁生产工具。

本章能力目标

通过本章的学习学生应具备以下能力：

1. 会识别绿色食品、有机食品；
2. 能够对食品在物流过程中的污染给以控制；
3. 绿色包装的识别。

本章学习要求

通过本章学习，学生应能够了解现代食品安全问题，绿色包装及绿色包装标志，实现绿色包装的途径，清洁生产含义及内容，清洁生产工具；掌握绿色食品，绿色食品标准，绿色食品标志，有机食品，有机食品标志，绿色食品与有机食品的区别。

典案阅读

酿酒废液生产沼气 沼气代替燃煤酿酒

剑南春实现“绿色生产”

剑南春集团公司是国内著名大型品牌企业，其主打产品“剑南春”被认定为中国驰名商标，60多次荣获国家级、省部级和国际质量金奖。公司在快速发展的同时，始终坚持开发节约并重、节约优先，按照质量化、再利用和资源化的原则，以“保护环境、提高效益、治理污染、达标排放、实现资源综合利用”为开拓循环经济的指导方针，经过多年来扎扎实实地工作，公司的整个生产通过降低资源能源消耗，实现资源综合利用，变废利废转废为宝，达到了“绿色生产”和资源循环利用最大化的既定目标，从而使企业经济效益显著提高。公司先后多次受到表彰，在同行业中率先通过 ISO 14001 环境管理体系认证，取得了通向国际贸易市场的绿色通行证，并被确定为省级循环经济试点企业。

循环经济是由资源、生产、交换、消费和再生资源等组成的循环链，在获得经济利益的同时，剑南春公司采用符合循环经济要求的生产方式和工艺技术，最大限度地利用资源并减少污染物的产生，争取环境与经济的双赢。

几年来，剑南春集团公司拿出雄厚资金，调动精兵强将，先后上马了厂区供水管网改造、洗瓶水回收处理、酿酒废水循环利用、沼气能源直燃创新技术及固体废物综合利用等工程，把资源的综合利用抓在生产的起点，让污染物从一开始就在源头得到控制，变上游的污染物为下游的原材料，引入中间环节，延长生产链，令污染物消化在生产过程中，从而使进入环境的污染物排放量大大减少。公司用 7 台天然气锅炉取代燃煤锅炉，使工厂一、二区达到烟尘和二氧化硫零排放，仅煤改汽一项投资就达 2 000 万元。公司还建起了年产 300 万立方米的沼气池，自主创新并研制成功直燃设备，在确保安全、环保的前提下，充分利用废液治理附属物产出的沼气作为生产能源，在工厂三区利用沼气直燃酿酒，既降低了生产能耗，同时又彻底根治了烟尘和二氧化硫的污染危害，此项技术因此获得国家知识产权的发明专利和实用新型专利的认可。公司作为大型酿酒企业，在生产中以粮食作为酿酒原料，酿酒后的大量酒糟供应农民当饲料用于养殖。同时，处理酿酒废液产生的沼气用于直燃酿酒，这样就形成了一个良性的生态循环系统，把“绿色生产”变成了现实。

为鼓励和支持循环经济与环境保护的技术创新，剑南春集团公司专门设立了“科技创新奖”和“优秀科技人才奖”，对包括环境保护、资源循环利用、节能清洁生产和“三废”综合治理在内的各项技术革新、科技成果、管理创新等众多项目进行大力表彰和重点奖励，充分表现出在珍惜能源、保护环境和造福百姓方面所承担的重大使命感，坚定的自觉性和强烈的社会责任心。

环境污染是在经济发展中产生的，因此，也只有在经济发展中得到解决。在这样的共识下，出现了一场席卷全球的绿色浪潮。人们用绿色来证明自己开发、生产和消费行为对环境无害，把环境意识与绿色产品、绿色营销、绿色包装、绿色贸易、绿色产业、绿色标志、绿色企业等一系列“绿色”相结合，从而形成了绿色市场。

第一节 绿色食品与有机食品

我国于20世纪90年代初开始开发绿色食品。农业部成立了绿色食品办公室和绿色食品发展中心，制定了一系列绿色食品的标准、标志和管理办法等。现在我国绿色食品的国际交流工作也已初步打开局面，并确立了“绿色食品”的国际地位。但是，我国的食品工业与国际食品贸易仍有一定的差距，开展“绿色革命”，正是攻破国际贸易技术壁垒的“锐利武器”，也是发展国际贸易的客观需要。

一、绿色食品

1.绿色食品的概念与标准

(1)绿色食品的概念

绿色食品是遵循可持续发展原则，按照特定生产方式生产，经专门机构认定，许可使用绿色食品标志商标的无污染的安全、优质和营养类食品。

发展绿色食品，从保护、改善生态环境入手，以开发无污染食品为突破口，将保护环境、发展经济和增进人们健康紧密地结合起来，促成环境、资源、经济和社会发展的良性循环。

绿色食品特定的生产方式是指按照标准生产、加工，对产品实施全程质量控制，依法对产品实行标志管理。

无污染、安全、优质和营养是绿色食品的特征。无污染是指在绿色食品生产、加工过程中，通过严密监测、控制，防范农药残留、放射性物质、重金属、有害细菌等对食品生产各个环节的污染，以确保绿色食品的洁净。绿色食品的优质特性不仅包括产品的外表包装水平高，而且还包括内在质量水准高。产品的内在质量要求又包括两方面：一是内在品质优良，二是营养价值和卫生安全指标高。

为了保证绿色食品产品无污染、安全、优质和营养的特性，开发绿色食品有一套较为完整的质量标准体系。绿色食品标准包括产地环境质量标准、生产技术标准、产品质量和卫生标准、包装标准、储藏和运输标准以及其他相关标准，它们构成了绿色食品完整的质量控制标准体系。

(2)绿色食品的标准

①产品或产品的原料产地必须符合绿色仪器生态环境质量标准。农业初级产品或食品的主要原料，其生长区域内没有工业企业的直接污染，及水域、上游、上风口没有污染源对该区域构成污染威胁；使该区域内的大气、土壤质量及灌溉用水、养殖用水质量均符合绿色食品大气标准、绿色食品土壤标准、绿色食品水质标准；并有一套保证措施，确保该区域在今后的生产过程中环境质量不下降。

②农作物种植、禽畜养殖、水产养殖及食品加工必须符合绿色食品生产操作规程。

种植业的操作规程指农作物的播种、施肥、浇水、喷药及收获等各个生产环节中必须遵守的规定。其无公害生产控制的主要内容是植保方面，农药的使用在种类、使用浓度、时间、残留量方面都必须符合《生产绿色食品的农药使用准则》；作物栽培方面，肥料的使用必须符合《生产绿色食品的肥料使用准则》，化学合成的肥料和化学合成生长调节剂的使用，必须限制在不对环境和作物质量产生不良后果、不使作物产品有毒物质残留积累到影响人体健康的限度内。

畜牧业的操作规程指必须饲养适应当地生长条件的种畜种禽；饲料原料应主要来源于无公害区域内的草场和种植基地，饲料添加剂的使用必须符合《生产绿色食品的饲料添加剂使用准则》；畜禽房舍内不得使用毒性杀虫、灭菌、防腐药物；不可对主畜禽使用各类化学合成激素、化学合成促生长素、有机磷和有机药物，兽药的使用必须符合《生产绿色食品的兽药使用准则》。

水产养殖过程中的绿色食品生产操作规程，要求养殖用水必须达到绿色食品要求的水质标准，鱼虾等水生物的饵料，其固体成分应主要来源于无公害生产区域。

食品加工的绿色食品生产操作规程，要求食品加工过程中，食品添加剂的使用必须符合《生产绿色食品的食品添加剂使用准则》，不能使用国家明令禁用的色素、防腐剂。

③产品必须符合绿色食品的质量和卫生标准。绿色食品最终产品必须由中国绿色食品发展中心指定的食品监测部门依据绿色食品卫生标准检测合格，绿色食品卫生标准参照有关国家、部门和行业标准制定，通常高于或等同现行标准，有些还增加了检测项目。

绿色食品卫生标准一般分为三部分：农药残留、有害重金属和细菌等。农药残留通过检测杀螟硫磷、倍硫磷、敌敌畏、乐果、马拉硫磷、对硫磷、666、DDT 和二氧化硫等物质的含量来衡量；细菌通过检测大肠杆菌和致病菌等来衡量；另外，有些产品的卫生标准中还包括黄曲霉毒素和溶剂残留量等。

如粮食类产品的绿色食品卫生标准检测项目有：磷化物、氢化物、二硫化碳、氯化物、氢化物、黄曲霉毒素 B1、七氯、艾氏剂、狄氏剂、666、DDT、敌敌畏、乐果、马拉硫磷、对硫磷、杀螟硫磷、倍硫磷、砷、汞、镉，共二十项指标，而常规的粮食类产品卫生检测项目只检测马拉硫磷、磷化物、氢化物、二硫化碳、氯化物、砷、汞、666、DDT、黄曲霉毒素 B1 共十项指标。

全脂加糖奶粉的绿色食品卫生标准检测项目有：铅、铜、汞、砷、锌、硒、硝酸盐、亚硝酸盐、666、DDT、黄曲霉素、抗生素、细菌总数、大肠菌群、致病菌十五项指标。奶粉常规卫生检测一般只检测细菌、大肠菌群和致病菌。

④产品的包装、储运必须符合绿色食品包装、储运标准。

⑤最终产品必须经国家食品卫生部门检测合格才准予出售。简单地说就是七个字："安全、营养、无公害。"

2. 绿色食品标志种类

(1)绿色食品标志

为了与一般的普通食品区别开，绿色食品由统一的标志来标志。绿色食品标志由特定的图形来表示。

绿色食品标志是指“绿色食品”、“Green Food”、绿色食品标志图形及这三者相互组合四种形式，注册在以食品为主的共九大类食品上，并扩展到肥料等绿色食品相关类产品上。

绿色食品标志图形由三部分构成：上方的太阳、下方的叶片和蓓蕾，象征自然生态；标志图形为正圆形，意为保护、安全；颜色为绿色，象征着生命、农业和环保。整个图形描绘了一幅明媚阳光照耀下的和谐生机，告诉人们绿色食品是出自纯净、良好生态环境的安全、无污染食品，能给人们带来蓬勃的生命力。绿色食品标志还提醒人们要保护环境和防止污染，通过改善人与环境的关系，创造自然界新的和谐。

绿色食品分为A级和AA级。该标志由中国绿色食品协会认定颁发，如图11-1所示。

a)　　b)

图11-1　绿色食品标志

a)A级绿色食品标志；b)AA级绿色食品标志

A级绿色食品标志与字体为白色，底色为绿色；AA级绿色食品标志与字体为绿色，底色为白色。

A级绿色食品，是指在生态环境质量符合规定标准的产地，生产过程中允许限量使用限定的化学合成物质，按特定的生产操作规程生产、加工，产品质量及包装经检测、检查符合特定标准，并经专门机构认定，许可使用A级绿色食品标志的产品。

AA级绿色食品(等同有机食品)，是指在生态环境质量符合规定标准的产地，生产过程中不使用任何有害化学合成物质，按特定的生产操作规程生产、加工，产品质量及包装经检测、检查符合特定标准，并经专门机构认定，许可使用AA级绿色食品标志的产品。

绿色食品标志商标作为特定的产品质量证明商标，已由中国绿色食品发展中心在国家工商行政管理局正式注册。绿色食品标志作为一种特定的产品质量的证明商标，其商标专用权受《中华人民共和国商标法》保护。

绿色食品标志使用必须经过申请、实地考察、环境检测、产品鉴定和签订标志使用协议等一系列严格的评价和审核程序，符合条件后才能最终获得。因此，具有绿色食品标志的产品在国内各类市场均可享受质量免检待遇。此外，产品包装除食品包装基本要求外，在包装装潢上应符合《绿色食品标志设计标准手册》的要求。

凡具有生产“绿色食品”条件的单位和个人自愿使用“绿色食品”标志者，须向中国绿色食品发展中心或省(自治区、直辖市)绿色食品办公室提出申请，经有关部门调查、检测、评价、审核和认证等一系列过程，合格者方可获得“绿色食品”标志使用权。绿色食品标志使用权期限为三年，期满后要续报获得通过才能再次使用其标志，而在生产监督管理过程中有发现下列情况之一，即可报中国绿色食品发展中心取消使用权：

①基地生态环境条件恶化，已不符合绿色食品生态环境质量标准；

②在原料生产中，使用国家明令禁止的农药等化学合成物质；

③在食品生产中，使用国家明令禁止的化学添加剂等化学合成物质；

④食品加工、储藏环境恶化，明显不能保证食品卫生、安全；

⑤企业产品质量存在严重问题；

⑥拒绝接受生产监督管理或拒绝与标志管理人员合作，不提供相关材料，经劝告不改正；

⑦产品经抽检，不符合绿色食品质量标准的，等等。

绿色食品商品标签必须标注以下几方面内容：食品名称，产品类型，配料表，净含量及固形物含量，制造者、经销者的名称和地址，日期标志（生产日期、保质期或保存期），储藏指南，质量（品质）等级，产品标准号，特殊标注内容。

绿色食品的编号十分重要，它是鉴别绿色食品真假的重要标志。绿色食品的编号一般都由 12 位数字组成，最前面的“LB”为“绿色标志”的汉语拼音缩写，接下来的两位数字是按食品类别的分类编号，如粮油类为“18”，它后面的 10 位数字则代表不同含义。以 LB－18－9901053711 为例，“99”是该产品经中国绿色食品发展中心认定的年份，“01”代表中国，“05”代表内蒙古自治区，“371”是该产品被认定时的序号，最后一位“1”则指该绿色食品为 A 级，如果是“2”则代表 AA 级。

(2)绿色食品种类

可申请绿色食品标志的食品有按商标分类法划分的第 29、30、31、32、33 类食品。

国家商标法分类中第 29 类主要商品有：肉、家禽、野味及水产品，肉汁，罐头，腌渍、干制水果及制品，腌渍、干制蔬菜及制品，蛋品、乳及乳制品，食用油脂，食用果胶、果酱。

第 30 类主要商品有：发酵粉，食用香精、香料，食用淀粉及其制品，饮用水，冰制品，食盐，酱油、醋，咖啡、咖啡代用品、可可、茶，糖、糖果、南糖，蜂蜜、糖浆，面包、饼干、糕点，米、面粉、谷类制品，豆制品，包子、春卷、汉堡包、炒饭、粥、年糕、粽子、叶子粑、元宵、麻花、煎饼、八宝饭、面条、馅饼、三明治、豆沙，方便面、干吃面，燕麦食品、玉米食品、方便甜食品，芥末、胡椒、味精；搅稠奶油的制剂，嫩肉粉、家用嫩肉剂等。

第 31 类主要商品有：未加工的谷物及农产品，活生物，未加工的水果、干果及林产品，新鲜蔬菜，种子、草木及花卉，动物饲料、麦芽。

第 32 类主要商品有：啤酒、麦酒及黑啤酒，矿泉水、汽水及其他不含酒精的饮料，糖浆及其他供饮料用的制剂。

第 33 类主要商品有：葡萄酒、烧酒及利久酒等含酒精的饮料。

此外，新近开发的一些新产品，只要经卫生部以“食”字或“健”字登记的，均可申报绿色食品标志。经卫生部公告的既是食品又是药品的品种，如紫书、菊花、白果、陈皮和红花等，也可申报绿色食品标志。

3. 有机食品

(1)有机食品的含义

有机食品是指来自于有机农业生产体系，根据国际有机农业生产要求和相应的标准生产加工的，即在原料生产和产品加工过程中不使用化肥、农药、生长激素、化学添加剂、化学色素和防腐剂等化学物质，不使用基因工程技术，并通过独立的有机食品认证机构认证的一切农副产品，包括粮食、蔬菜、水果、奶制品、畜禽产品、蜂蜜、水产品和调料等。

有机食品与其他食品的显著差别在于，有机食品的生产和加工过程中严格禁止使用农药、化肥和激素等人工合成物质，而一般食品的生产加工则允许有限制地使用这些物质。同时，有机食品还有其基本的质量要求：原料产地无任何污染，生产过程中不使用任何化学合成的农药、肥料、除草剂和生长素等，加工过程中不使用任何化学合成的食品防腐剂、添加剂、人工色素和用有机溶剂提取等，储藏、运输过程中不能受有害化学物质污染，必须符合国家食品卫生法的要求和食品行业质量标准。

(2)有机食品标志(见图 11-2)

有机食品标志由两个同心圆、图案以及中英文文字组成。内圆表示太阳，其中的既像青菜又像绵羊头的图案泛指自然界的动植物；外圆表示地球。整个图案采用绿色，象征着有机产品是真正无污染、符合健康要求的产品以及有机农业给人类带来了优美、清洁的生态环境。

图 11-2　有机食品标志

(3)有机食品、绿色食品和无公害食品的区别

有机食品、绿色食品和无公害食品都是安全食品，安全是这三类食品突出的共性，它们从种植、收获、加工生产、储藏及运输过程中都采用了无污染的工艺技术，实现了从土地到餐桌的全程质量控制，保证了食品的安全性。但是，他们又有区别，区别如下。

①标准不同

有机食品标准在不同的国家和不同的认证机构不尽相同。在我国，国家环境保护总局有机食品发展中心制定了有机产品的认证标准。

我国的绿色食品标准是由中国绿色食品发展中心组织制定的统一标准，其标准分为 A 级和 AA 级。A 级的标准是参照发达国家食品卫生标准和联合国食品法典委员会(CAC)的标准制定的，AA 级的标准是根据 IFOAM 有机产品的基本原则，参照有关国家有机食品认证机构的标准，再结合我国的实际情况而制定的。

无公害食品在我国是指产地环境、生产过程和最终产品符合无公害食品的标准和规范。这类产品中允许限量、限品种和限时间地使用人工合成化学农药、兽药、鱼药、肥料和饲料添加剂等。

②标志不同

有机食品标志在不同国家和不同认证机构是不同的。在我国，国家环境保护总局有机食品发展中心在国家工商局注册了有机食品标志，中国农业科学院茶叶研究所亦制定了有机茶的标志。2001 年国际有机农业运动联合会(IFOAM)的成员就拥有有机食品标志 380 多个。

绿色食品的标志在我国是统一的，也是唯一的，它是由中国绿色食品发展中心制定并在国家工商局注册的质量认证商标。中国绿色食品的标志由三个部分组成，即上方是太阳，下方是叶片，中心是蓓蕾，正圆形，意为保护。

无公害食品的标志在我国由于认证机构不同而不同，山东、湖南、黑龙江、天津、广东、江苏和湖北等省先后分别制定了各自的无公害农产品标志，其中湖北省绿色食品管理办公室拥有的无公害食品标志已在国家工商局注册。

③级别不同

有机食品无级别之分，有机食品在生产过程中不允许使用任何人工合成的化学物质，而且需要 3 年的过渡期，过渡期生产的产品为“转化期”产品。

绿色食品分 A 级和 AA 级两个等次。A 级绿色食品产地环境质量要求评价项目的综合污染指数不超过 1，在生产加工过程中，允许限量、限品种和限时间地使用安全的人工合成农药、兽药、鱼药、肥料、饲料及食品添加剂。AA 级绿色食品产地环境质量要求评价项目的单项污染指数不得超过 1，生产过程中不得使用任何人工合成的化学物质，且产品需要 3 年的过渡期。

无公害食品不分级，在生产过程中允许使用限品种、限数量和限时间的安全的人工合成化学物质。

④认证机构不同

在我国，有机食品的认证机构有两家最具权威性：一是国家环境保护总局有机食品发展中心，它是目前国内有机食品综合认证的权威机构；其次是中国农科院茶叶研究所，该所在目前国内茶叶行业中认证最具权威性。另外亦有一些国外有机食品认证机构在我国发展有机食品的认证工作，如德国的 BCS。

绿色食品的认证机构在我国唯一的一家是中国绿色食品发展中心，该中心负责全国绿色食品的统一认证和最终审批。

无公害食品的认证机构较多，目前有许多省、市地区的农业管理主管部门都进行了无公害食品的认证工作，但只有在国家工商局正式注册标志商标或颁发了省级法规的前提下，其认证才有法律效应。

⑤认证方法不同

在我国，有机食品和AA级绿色食品的认证实行检查员制度，在认证方法上是以实地检查认证为主，检测认证为辅，有机食品的认证重点是农事操作的真实记录和生产资料购买及应用记录等。A级绿色食品和无公害食品的认证是以检查认证和检测认证并重的原则，同时强调从土地到餐桌的全程质量控制，在环境技术条件的评价方法上，采用了调查评价与检测认证相结合的方式。

二、现代食品安全问题

1. 食品的污染

按食品污染的性质来分，有微生物性污染、化学性污染、放射性污染和寄生虫污染；按食品污染的来源划分有原料污染、加工过程污染、包装污染、运输和储存污染、销售污染；按食品污染发生的情况来划分，有一般性污染和意外性污染。目前以畜禽肉品残留激素或兽药的问题日益突出，可能成为21世纪的重点食品污染问题。国际上使用的兽药达40多种，激素使用品种发展也很快。对此，许多发达国家已建立起畜禽肉品中激素兽药的检测方法和残留标准，我国在这方面已建立了部分标准。

2. 食源性疾患

食源性疾患是指通过摄食而进入人体的有毒有害物质(包括生物性病原体)所造成的疾病。一般指感染性和中毒性，包括常见的食物中毒、肠道传染病、人畜共患传染病、寄生虫病及化学性有毒有害物质所引起的疾病。食源性疾患的发病率居各类疾病总发病率的前列，是当前世界上最突出的卫生问题。近20多年来，不少国际组织或发达国家对食源性疾患的定义、范围、流行因素、危害程度以及对社会经济发展影响等方面的研究有了很大进展。许多慢性病，如心血管疾病、肿瘤等，也纳入食源性疾患管理。我国目前还拿不出比较完整的能客观反映我国食源性疾患情况的资料。我国历来重视食物中毒的防治工作，这是很有必要，也很重要的，但不能仅限于此，因食物中毒仅为食源性疾患的一部分，不能真实地反映因食物不卫生或不安全所造成的危害。正因如此，国际组织或发达国家已很少使用“食物中毒”这个概念，而改用“食源性疾患”。

3. 食品工程新技术所带来的问题

食品工程新技术多数引用化工、生物以及其他的生产技术领域，对食品卫生有一个认识过程，如对辐射食品的安全性就经历过许多研究和讨论，现在对辐射食品的管理尚未放开。食品工程新技术所使用的配剂、介质、添加剂及其对食品卫生质量的影响不能忽视，食品工程新技术可能带来很多的食品卫生问题新课题。

4. 食品标志滥用的问题

食品标志是现代食品不可分割的重要组成部分。各种不同食品的特征及功能主要是通过标志来展示的。因此，食品标志对消费者选择食品的心理影响很大。一些不法的食品生产经营者时常利用食品标志这一特性，欺骗消费者，使消费者受骗，甚至身心受到伤害。现代食品标志的滥用比较严重,主要有以下问题。

(1)伪造食品标志。伪造食品,实际上是伪造食品标志,没有伪造的食品标志,也就无法认定伪造食品。

(2)夸大食品标志展示的信息,用虚夸的方法展示该食品本不具有的功能或成分。

(3)食品标志的内容不符合《食品卫生法》的规定。

(4)外文食品标志。进口食品,甚至有些国产食品,利用外文标志,让国人无法辨认。

第二节 绿色包装

绿色包装发源于1987年联合国环境与发展委员会发表的《我们共同的未来》,1992年6月联合国环境与发展大会通过了《里约环境与发展宣言》、《21世纪议程》,随即在全世界范围内掀起了一个以保护生态环境为核心的绿色浪潮。"绿色包装(Green Package)",有人称其为"环境之友包装(Environmental Friendly Package)"或生态包装(Ecological Package)。

一、绿色包装概述

1.绿色包装的含义及分级

(1)绿色包装的含义

绿色包装是指对生态环境和人体健康无害,能循环复用和再生利用,可促进国民经济持续发展的包装。也就是说包装产品从原材料选择、产品制造、使用到回收和废弃的整个过程均应符合生态环境保护的要求。它包括了节省资源、能源,尽量避免废弃物产生,易回收复用,再循环利用,可焚烧或降解等生态环境保护要求的内容。绿色包装的内容随着科技的进步,包装的发展还将有新的内涵。

绿色包装应当同时具备三个基本条件,即安全、卫生,环境保护,节约资源。如果一种包装不具备或者不完全具备上述三个基本条件,就不能称为绿色包装。

①安全、卫生

安全指包装必须对所包装的商品有可靠的保护功能,是任何包装均必须具有的基本功能,它具有普遍性。

卫生指包装的使用,必须对人、畜不产生毒害,符合相关卫生标准的要求。不同的商品,对包装材料卫生性能的要求不尽相同,这一要求,对于食品、药品尤为重要。

②环境保护

包装材料和环境保护之间的关系,必须从生命周期的观点进行分析。从环境保护的角度出发,要求包装材料从原料开始,到包装材料的生产加工、使用,以至使用以后废弃物的处置全过程(整个生命周期),均对环境保护有良好的适应性。这里要强调的是全过程,而不仅仅是某一个或者某一些环节,也就是讲,治理“白色污染”,防止包装废弃物对自然环境的污染,是十分重要的,是发展绿色包装的重要方面,但就发展绿色包装而言,仅仅抓治理“白色污染”,抓包装废弃物的处置,是远远不够的。

③节约资源

主要指节约物资与能源。

(2)绿色包装的分级

绿色包装分为 A 级和 AA 级。A 级绿色包装是指废弃物能够循环复用、再生利用或降解腐化,含有毒物质在规定限量范围内的适度包装。AA 级绿色包装是指废弃物能够循环复用、再生利用或降解腐化,且在产品整个生命周期中对人体及环境不造成公害,含有毒物质在规定限量范围内的适度包装。

2. 绿色包装标志和法规

(1)绿色包装标志

1975 年,世界第一个绿色包装的“绿色”标志在德国问世。世界第一个绿色包装的“绿点”标志是由绿色箭头和白色箭头组成的圆形图案,上方文字由德文“DERGRNEPONKT”组成,意为“绿点”。

绿点的双色箭头表示产品或包装是绿色的,可以回收使用,符合生态平衡、环境保护的要求。1977 年,德国政府又推出“蓝天使”绿色环保标志,授予具有绿色环保特性的产品,包括包装。“蓝天使”标志由内环和外环构成,内环是由联合国的桂冠组成的蓝色花环,中间是蓝色小天使双臂拥抱地球状图案,表示人们拥抱地球之意;外环上方为德文循环标志,外环下方则为德国产品类别的名字。

德国使用“环境标志”后,许多国家也先后开始实行产品包装的环境标志。如加拿大的“枫叶标志”,日本的“爱护地球”,美国的“自然友好”和证书制度,中国的“环境标志”,欧共体的“欧洲之花”,丹麦、芬兰、瑞典和挪威等北欧诸国的“白天鹅”,新加坡的“绿色标志”,新西兰的“环境选择”,葡萄牙的“生态产品”等。

1993 年 6 月国际标准化组织成立了“环境管理技术委员会”(TC207),制定了像质量管理那样的一套环境管理标准。迄今为止,TC207 委员会已制定了一些标准(例 ISO 14000)并颁发实施。美国的企业界、包装界纷纷实施 ISO 14000 标准,并制定了相关的“环境报告卡片”,对包装进行寿命周期评定,完善包装企业的环境管理制度。日本 1994 年 10 月成立了环境审核认证组织。欧共体 1993 年 3 月提出了《欧洲环境管理与环境审核》,并于 1995 年 4 月开始实施。我国一些企业也开始了实施 ISO 14000 系列标准,但与国外相比,还有一定差距。

(2)绿色包装法规

1981 年,丹麦政府鉴于饮料容器空瓶的增多带来不良影响,首先推出了《包装容器回收利用法》。由于这一法律的实施影响了欧共体内部各国货物自由流动协议,影响了成员国的利益,于是一场“丹麦瓶”的官司打到了欧洲法庭。1988 年,欧洲法庭判丹麦获胜。欧共体为缓解争端，1990 年 6 月召开都柏林会议，提出“充分保护环境”的思想，制定了《废弃物运输法》，规定包装废弃物不得运往他国，各国应对废弃物承担责任。

1994 年 12 月，欧共体发布《包装及包装废弃物指令》。《都柏林宣言》之后，西欧各国先后制定了相关法律法规。与欧洲相呼应，美国、加拿大、日本、新加坡、韩国、中国香港、菲律宾和巴西等国家和地区也制定了包装法律法规。

我国自 1979 年以来，先后颁布了《中华人民共和国环境保护法》、《固体废弃物防治法》、《水污染防治法》、《大气污染防治法》等 4 部专项法和 8 部资源法，30 多项环保法规明文规定了包装废弃物的管理条款。1984 年，国家设立了环境保护委员会，并开始实施环保标志制度。1998 年，各省绿色包装协会成立。

二、绿色包装途径

1. 从用材方面入手采用可降解塑料

可降解塑料包装材料既具有传统塑料的功能和特性，又可以在完成使用寿命之后，通过阳光中紫外光的作用或土壤和水中的微生物作用，在自然环境中分解和还原，最终以无毒形式重新进入生态环境中。可降解塑料主要分为合成光降解塑料、添加光敏剂的光降解塑料和生物降解塑料，以及多种降解塑料复合在一起的多功能降解塑料。也有按降解塑料的环境条件分为光降解塑料、生物降解塑料（完全生物降解塑料、部分生物降解塑料）、化学降解塑料（氧气降解塑料、水降解塑料），以及上述三种降解塑料组成的复合降解材料。

德国发明了一种由淀粉做的、遇到流质不溶化的包装杯，可以盛装奶制品，这项发明为德国节省 40 亿只塑料瓶，其废弃后也容易分解掉。美国研究出一种以淀粉和合成纤维为原料的塑料袋，它可在大自然中分解成水和二氧化碳。荷兰和意大利等国已立法规定某些塑料包装材料必须采用可降解塑料，有害环境的包装一律不得投放市场。

2. 纸包装

由于纸制品包装使用后可再次回收利用，少量废弃物在大自然环境中可以自然分解，对自然环境没有不利影响，所以世界公认纸、纸板及纸制品是绿色产品，符合环境保护的要求，对治理由于塑料造成的白色污染能起到积极的替代作用。目前，国内外正在研究和开发的纸包装材料有：纸包装薄膜、一次性纸制品容器、利用自然资源开发的纸包装材料和可食性纸制品等。

目前许多企业已考虑使用中型、重型的瓦楞纸箱或白色板箱来包装，并使用各种防潮保鲜纸张代替塑料薄膜来进行包装。美国已有一半以上的塑料包装改用新型纸张包装。我国的上海嘉宝包装公司引进先进设备研制成纸浆模型，这种产品采用天然植物纤维，如芦苇浆、蔗渣浆和木浆等原料，经科学配方，模压成型而制成。这种纸浆模型是替代泡沫餐具的最理想产品。

3. 玻璃包装

如果不含有金属、陶瓷等其他物质，玻璃几乎可以全部回收利用，某一颜色的玻璃中其他颜色玻璃碎片的含量有最大限值：绿色玻璃中其他颜色玻璃的最大含量不超过15%；白色玻璃中其他颜色玻璃的最大含量不超过3%，其中棕色玻璃的最大含量不超过2%，绿色玻璃的最大含量不超过1%。；棕色玻璃中其他颜色玻璃的最大含量不超过8%。为此，必须加强不同颜色玻璃的分类收集，在一些发达国家，白色玻璃和彩色玻璃分别用不同的容器收集。由于玻璃包装具有可视性强、易于回收复用优点，它已成为饮料等产品传统包装的主要容器。

4. 竹包装

竹包装具有无毒、无污染和易回收等特点。竹包装是指竹胶板箱、丝捆竹板箱等。中国是世界上木材缺乏的国家，但中国的竹林总面积和竹资源蓄积量分别居世界首位和第二位。中国具有浓郁传统文化气息的竹包装已受到欧美及日本等国的青睐。

5. 从可重复使用、再生、可食和可降解方面入手

包装的重复再用，如推行啤酒、饮料、酱油和醋等包装采用玻璃瓶，反复使用。瑞典等国家实行聚酯PET饮料瓶和PC奶瓶的重复再用达20次以上，荷兰Wellman公司与美国Holmson公司对PET容器进行100%的回收。如聚酯瓶在回收之后，可用两种方法再生：物理方法是指直接彻底净化粉碎，无任何污染物残留，经处理后的塑料再直接用于再生包装容器；化学方法是指将回收的PET粉碎洗涤之后，用解聚剂甲醇、乙二醇或二甘醇等在碱性催化剂作用下使PET全部解聚成单体或部分解聚成低聚物，纯化后再将单体或低聚物重新聚合成再生PET树脂包装材料。

6. 可食用

几十年来，大家熟知的糖果包装上使用的糯米纸及包装冰淇淋的玉米烘烤包装杯都是典型的可食性包装。人工合成可食性包装膜中比较成熟的是20世纪70年代已工业化的普鲁兰树脂，它是无味、无臭、非结晶和无定形的白色粉末，是一种非离子性、非还原性的稳定多糖。由于它是由α—葡萄糖甙构成的多聚葡萄糖，因而在水中容易溶解，可作黏性、中性和非离子性的不胶化水溶液。其5%～10%的水溶液，经干燥或热压能制成厚度为0.01mm的薄膜，它透明、无色、无臭、无毒，具有韧性、高抗油性，能食用，可做食品包装，其光泽、强度、耐折性能都比高链淀粉制得的薄膜好。

我国武汉市的科研人员研制成一种新型的内包装材料可食性包装膜。该产品是由茗干、土豆和碎米等原料经发酵转化成多糖，然后将多糖流延成薄膜。该膜是由葡萄糖连接而成的高分子物质，具可食性、可降解性、无色透明和隔氧性好等特点。作为食品包装膜，其直角撕裂强度、机械强度和透光性等均可达到塑料包装优等膜标准。该膜制成袋后，装奶粉和色拉油不漏油，并可与奶粉共溶于水一起食用。

第三节　清 洁 生 产

同“可持续发展”一样，“清洁生产”也是自 20 世纪 90 年代以来在世界范围内逐步得到认同的一种促进环境保护和经济协调发展的全新思维方式。现在，清洁生产作为重要的环境战略，已得到大多数国家尤其是发达国家的认可。

一、清洁生产的含义

“清洁生产(Cleaner Production)”一词由联合国环境规划署工业与环境规划活动中心于 1989 年最先提出。该中心将它定义为：“清洁生产是指将综合预防的环境策略持续地应用于生产过程和产品中，以便减少对人类和环境的风险性。对于生产过程而言，清洁生产包括节约原料和能源，淘汰有毒原材料，并在全部排放物和废物离开生产过程以前减少它们的数量和毒性。对产品而言，清洁生产策略旨在减少产品在整个生产周期过程中对人类和环境的影响。”

《中国 21 世纪议程》将清洁生产定义为“既可满足人们的需要又可合理使用自然资源和能源并保护环境的实用生产方法和措施，其实质是一种物料和能耗最少的人类生产活动的规划与管理，将废物减量化、资源化和无害化，或消灭于生产过程之中。同时对人体和环境无害的绿色产品的生产将成为今后产品生产的主导方向。”

清洁生产至今尚未形成一个统一的概念，但其实质贯穿了预防为主的思想，即在工业生产中减少废物产生量，变原来的末端控制为从“摇篮”到“坟墓”的封闭式全过程控制。清洁生产包括清洁的生产过程和清洁的产品两个方面，具体有以下三层涵义：

(1)对自然资源通过产品设计、原料选择、工艺改革、技术管理和生产过程产物内部循环等环节最大限度地加以利用，获得最佳的经济效益；

(2)对受技术水平限制尚无法全部利用并以污染物形式排放出来的各生产环节物质实行在线控制或全过程控制，使最终产出的污染物对环境造成的污染最小化，并向“零排放”方向发展；

(3)对利用清洁技术生产出来的工业产品，在使用和报废时同样不能对环境造成污染和危害。

由此可见，清洁生产不仅要求技术上的可行性，而且要求工艺上的先进性，不仅要求环境上的无污染，而且要求经济上的可盈利性，体现着经济、社会和生态环境效益的高度协调统一。

二、清洁生产的主要内容

清洁生产的主要内容可概括归纳为“四个清洁，一个控制”，即清洁的原料、清洁的能源、清洁的生产过程、清洁的产品以及贯穿于整个清洁生产的全过程控制。

1. 清洁的原料

即在生产过程中，尽量使用低污染、无污染的原料，少用或不用有毒有害的原料，或用其他原料替代有毒有害的原材料，同时还要求所用的原料是能在生产中被充分利用的。通常生产的大量原材料中，只有部分物质是生产所需的，其他在物质转换中，常作为废物丢弃，原材料的利用率低，不仅经济效益低下，同时也将增加污染物的排放。

2. 清洁的能源

清洁的能源指：一是开发可再生的能源，如生物质能、风能、太阳能、地热能和海洋能等；二是对一些传统能源的清洁利用方式，如清洁煤技术的应用，城市煤气化，各种以节能为重点的技术进步和技术改造，同时还倡导水能资源的开发和核能发电等。

3. 清洁的生产过程

清洁的生产过程，要求采用少废、无废的工艺和高效的设备，选择无毒、无害的中间产品，减少生产过程的各种危险性因素（如高温、高压、易燃、强噪和强振动等），合理安排生产进度，培训高素质人才，物料实行循环利用，将废物减量化、资源化和无害化，尽量将废物消灭在生产过程之中，并使用简便、可控的操作控制方式，完善管理等。

4. 清洁的产品

清洁的产品，就是指有利于资源的有效利用，在生产、使用和处置的全过程中不产生有害影响的产品。清洁的产品又叫绿色产品、环境友好产品等。清洁产品的设计工艺既要功能性强，满足人们的消费需要，同时又要省料耐用，还要避免危害人和环境。其中应遵循的三条原则为：

(1)产品生命周期的环境影响最小，争取实现污染零排放；

(2)产品对生产人员和消费者无害；

(3)最终废弃物易于回收、分解或再生、降解。

5. 贯穿于清洁生产中的全过程控制

主要包括两方面的内容，即生产原料或物料转化的全过程控制和生产组织的全过程控制。

生产原料或物料的全过程控制，也称为产品的生命周期控制，指从原材料的组织、运输、加工、提炼到产出产品，以及产品的使用直至报废处置的各个环节所需采取的必要的污染预防控制措施。

生产组织的全过程控制，也就是工业生产的全过程控制，指从产品的开发、规划、设计、建设到运营管理，所需采取的防治污染产生的必要措施。

三、清洁生产工具

1. 清洁生产审核

清洁生产审核是对组织现在的和计划进行的生产和服务实行污染预防的分析和审核程序，是组织实行清洁生产的重要前提。在实施污染预防分析和审核的过程中，制订并实施减少能源、水和原材料使用，消除或减少产品、生产和服务过程中有毒物质的使用，减少各种废物排放及其毒性的方案。

清洁生产审核包括对组织生产全过程的重点或优先环节、工序产生的污染进行定量监测，找出高物耗、高能耗和高污染的原因，然后有的放矢地提出对策、制订方案，减少和防止污染物的产生。组织实施清洁生产审核的最终目的是减少污染，保护环境，节约资源，降低费用，增强组织自身的竞争力。

（1）清洁生产审核的主要内容

①产品在使用中或废弃的处置中是否有毒、有污染，对有毒、有污染的产品尽可能选择替代品，尽可能使产品及其生产过程无毒、无污染。

②使用的原辅料是否有毒、有害，是否难于转化为产品，产品产生的“三废”是否难于回收利用，能否选用无毒、无害、无污染或少污染的原辅料等。

③产品的生产过程、工艺设备是否陈旧落后，工艺技术水平、过程控制自动化程度、生产效率的高低以及与国内外先进水平的差距，找出主要原因进行工艺技术改造，优化工艺操作。

④组织管理情况，对组织的工艺、设备、材料消耗、生产调度和环境管理等方面进行分析，找出因管理不善而造成的物耗高、能耗高和排污多的原因与责任，从而拟订加强管理的措施与制度，提出解决办法。

⑤对需投资改造的清洁生产方案进行技术、环境和经济的可行性分析，以选择技术可行、环境与经济效益最佳的方案，予以实施。

（2）清洁生产审核的方法

判明废物的产生部位，分析废物的产生原因，提出方案减少或消除废物。从广义上讲，清洁生产审核的思路适用于一切使用自然资源和能源的组织，无论生产型组织、服务型组织，还是政府部门、事业单位、研究机构，都可以进行各种形式的清洁生产审核。

清洁生产审核是实施清洁生产最主要，也是最具可操作性的方法，它通过一套系统而科学的程序来实现，重点对组织产品、生产及服务的全过程进行预防污染的分析和审核，从而发现问题，提出解决方案，并通过清洁生产方案的实施在源头减少或消除废物的产生。这套程序包括审核准备、预审核、审核、清洁生产方案的产生和筛选、清洁生产方案的确定、编写清洁生产审核报告、清洁生产方案的实施及持续清洁生产具有可操作性七个阶段。

2. 环境管理体系 ISO 14001

环境管理体系围绕环境方针的要求展开环境管理，管理的内容包括制订环境方针、实施并实现环境方针所要求的相关内容、对环境方针的实施情况与实现程度进行评审并予以保持，遵循了传统的 PDCA 管理模式，即规划(Plan)、实施(Do)、检查(Check)和改进(Action)，并根据环境管理的特点及持续改进的要求，将环境管理体系分为五个部分，完成各自相应的功能。

3. 生态设计

生态设计，也称绿色设计或生命周期设计或环境设计，是指将环境因素纳入设计之中，从而帮助确定设计的决策方向。生态设计要求在产品开发的所有阶段均考虑环境因素，从产品的整个生命周期减少对环境的影响，最终引导产生一个更具有可持续性的生产和消费系统。

生态设计活动主要包括：从保护环境角度考虑，减少资源消耗、实现可持续发展战略；从商业角度考虑，降低成本、减少潜在的责任风险，以提高竞争能力。

4. 生命周期评价

生命周期评价是一种用于审核产品在其整个生命周期中，即从原材料的获取、产品的生产直至产品使用后的处置过程中，对环境影响的技术和方法。按国际标准化组织定义，"生命周期评价是对一个产品系统的生命周期中输入、输出及其潜在环境影响的汇编和评价。"

5. 环境标志

环境标志是一种标在产品或其包装上的标签，是产品的"证明性商标"，它表明该产品不仅质量合格，而且在生产、使用和处理处置过程中符合特定的环境保护要求，与同类产品相比，具有低毒少害、节约资源等环境优势。

发展环境标志的最终目的是保护环境，通过两个具体步骤得以实现：

(1)通过环境标志向消费者传递一个信息，告诉消费者哪些产品有益于环境，并引导消费者购买、使用这类产品；

(2)通过消费者的选择和市场竞争，引导企业自觉调整产品结构，采用清洁生产工艺，使企业环保行为遵守法律法规，生产对环境有益的产品。

6. 环境管理会计

环境管理会计包括总成本核算、生命周期核算和全成本核算，能正确全面地反映、评价清洁生产和清洁产品的成本与效益。

S 本章小结

我国于 20 世纪 90 年代初开始开发绿色食品，绿色食品是遵循可持续发展原则，按照特定生产方式生产，经专门机构认定，许可使用绿色食品标志商标的无污染的安全、优质和营养类食品。无污染、安全、优质和营养是绿色食品的特征。绿色食品的标准包括产品或产品的原料产地必须符合绿色仪器生态环境质量标准，农作物种植、禽畜养殖、水产养殖及食品加工必须符合绿色食品生产操作规程，产品必须符合绿色食品的质量和卫生标准，产品的包装、储运必须符合绿色食品包装、储运标准，最终产品必须经国家食品卫生部门检测合格才准予出售。

有机食品是指来自于有机农业生产体系，根据国际有机农业生产要求和相应的标准生产加工的，即在原料生产和产品加工过程中不使用化肥、农药、生长激素、化学添加剂、化学色素和防腐剂等化学物质，不使用基因工程技术，并通过独立的有机食品认证机构认证的一切农副产品，包括粮食、蔬菜、水果、奶制品、畜禽产品、蜂蜜、水产品和调料等。有机食品、绿色食品和无公害食品都是安全食品，他们的区别主要有标准不同、标志不同、级别不同、认证机构不同和认证方法不同。

现代食品的污染主要来自于食品的污染、食源性疾患、食品工程新技术所带来的问题和食品标志滥用的问题等。

绿色包装是指对生态环境和人体健康无害，能循环复用和再生利用，可促进国民经济持续发展的包装。也就是说包装产品从原材料选择、产品制造、使用到回收和废弃的整个过程均应符合生态环境保护的要求。可以从以下几方面实现绿色包装：从用材方面入手采用可降解塑料，纸包装，玻璃包装，竹包装，从可重复使用、再生、可食、可降解方面入手。

“清洁生产(Cleaner Production)”一词由联合国环境规划署工业与环境规划活动中心于 1989 年最先提出。该中心将它定义为：“清洁生产是指将综合预防的环境策略持续地应用于生产过程和产品中，以便减少对人类和环境的风险性。对于生产过程而言，清洁生产包括节约原料和能源，淘汰有毒原材料并在全部排放物和废物离开生产过程以前减少它们的数量和毒性。对产品而言，清洁生产策略旨在减少产品在整个生产周期过程中对人类和环境的影响。”清洁生产的主要内容可概括归纳为“四个清洁，一个控制”，即清洁的原料、清洁的能源、清洁的生产过程、清洁的产品以及贯穿于整个清洁生产的全过程控制。清洁生产工具有清洁生产审核、环境管理体系 ISO 14001、生态设计、生命周期评价、环境标志和环境管理会计。

T 思考与练习

一、思考题

1. 什么是绿色食品？其标准主要有哪些内容？
2. 清洁生产的本质怎样理解？它与企业的可持续发展战略有什么关系？
3. 怎样解决白色污染的问题？目前采用怎样的办法比较有效？

4. 什么是有机食品？有机食品与绿色食品有哪些区别？

二、练习题

(一)填空题

1. 绿色食品的内在质量包括两方面内容：(　　)，(　　)。

2. 绿色食品分为(　　)和(　　)。

3. 按食品污染的性质来分，食品污染有(　　)、(　　)、(　　)和(　　)。

4. (　　)是指通过摄食而进入人体的有毒有害物质包括生物性病原体所造成的疾病。

5. 绿色包装产品在原材料选择、产品制造、使用、回收和废弃的整个过程均应符合(　　)的要求。

6. 清洁生产的主要内容可概括归纳为“四个清洁，一个控制”，(　　)。

(二)多项选择题

1. 绿色食品商品标签必须标注以下(　　)内容。

A. 食品名称　　B. 产品类型　　C. 制造者　　D. 产品标准号

2. 有机食品、绿色食品和无公害食品的区别主要有(　　)。

A. 标准不同　　B. 标志不同

C. 级别不同　　D. 认证机构不同

E. 认证方法不同

3. 绿色包装应当同时具备三个基本条件，即(　　)。

A. 安全　　B. 卫生　　C. 环境保护，节约资源

(三)判断题(正确打√，错误打×)

1. 一般食品的生产加工允许有限制地使用农药、化肥和激素等人工合成物质这些物质。(　　)

2. 清洁生产审核是实施清洁生产最主要，也是最具可操作性的方法。(　　)

3. 生态设计要求在产品开发的主要阶段考虑环境因素。(　　)

(四)案例分析

青岛啤酒的1 800多个质量控制点

在食品安全越来越受到重视的今天，有着百年历史的青岛啤酒以其稳定的品质畅销全球70多个国家和地区，占中国啤酒出口总量的50%以上。

早在几年前，青岛啤酒就从原料选种开始，把食品卫生安全管理延伸到种植基地，实现生产全过程的无菌化操作，保证物流的新鲜度和安全性，确保食品安全零风险。

在青岛啤酒生产线上，一瓶啤酒从原料变成成品，要经过1 800多个质量控制点的严格检验。在每一个控制点上，青岛啤酒都实行高于国际标准的企业内控标准，并

向国际通行的质量管理标准看齐。青岛啤酒是在国内啤酒行业中最早通过国际权威机构组织国际质量体系认证的企业，科学、规范、系统化的全员质量管理已经成为企业生产惯例。此后，青岛啤酒又积极引进国际环境管理体系标准，实现了对环境目标、环境改善等方面的系统管理。青岛啤酒建立了职业安全健康管理体系，使生产中的安全隐患得以消除，安全卫生风险得到预警和控制，全面提高了公司的职业安全健康管理水平。

在青啤人看来，做出质量好的啤酒并不难，难的是永远做出质量好的啤酒，永远保证啤酒的质量不出问题。为了确保青岛啤酒产品品质的领先地位，青岛啤酒公司建立了具有很强的自主研发能力的技术中心。到目前已形成"啤酒风味图谱技术"、"高浓酿造技术"、"微生物快速检测及鉴定技术"和"菌种保藏及鉴定技术"等多项拥有自主知识产权的核心技术，并成为青岛啤酒公司在科研开发和技术创新领域先于国内啤酒行业的核心竞争力。

2005 年，青岛啤酒各项经济指标保持持续增长，全年啤酒销售量比上一年增长 10%，在全国市场的占有率达 13.3%。

案例思考题

1. 青岛啤酒质量控制的具体措施有哪些？

2. 从青岛啤酒质量控制分析出发，谈谈加强食品质量安全的具体措施。

部分练习题参考答案

第一章

(一)填空题

1.价值　使用价值

2.商品的使用价值

3.商品的价值　商品的价值

4.核心部分　形式部分　延伸部分

5.“IGWT”　十四届

6.流行性　时代性　地区性　民族性　经济性

7.科学实验法　现场实验法　对比分析法　技术指标法　现场分析法

(二)单项选择题

1.A　2.C　3.B　4.C　5.C

(三)判断题

1.×　2.×　3.√　4.×　5.×　6.√

第二章

(一)填空题

1.商品的大类

2.商品细目

3.线分类法也称层级分类法

4.面分类法,又称平行分类法

5.数字型编码　字母型编码　混合型编码　条形码

6.顺序编码法　层次编码法　平行编码法　混合编码法

7.《国际贸易标准分类目录》《欧洲共同体对外贸易统计商品目录》

(二)单项选择题

1.C　2.A　3.B

(三)判断题

1.√　2.×　3.√　4.√　5.×

第　三　章

(一)填空题

1.符合性质量　通用性质量　广义性质量

2.顾客的需求

3.使用性　安全卫生性　审美性　经济性　寿命和可靠性　信息性

4.产品设计　原材料　制造工艺　设备和操作方法　标准水平　检验　包装质量

5.质量方针　质量目标　质量策划　质量控制　质量保证　质量改进

6.全面质量的管理　全过程的管理　全员的管理　全社会推动的管理　全面运用各种管理方法

(二)单项选择题

1.A　2.A　3.B　4.A

(三)判断题

1.×　2.×　3.✓　4.✓　5.×

第　四　章

(一)填空题

1.重复性事物和概念

2.技术标准　管理标准　工作标准

3.贸易技术壁垒　外贸事业

4.等同　等效　参照

5.国际贸易和国际技术合作

6.整体

7.人类语言　生产工具

8.国家标准化管理委员会

(二)单项选择题

1.C　2.A　3.C　4.B　5.B　6.B

(三)判断题

1.✓　2.×　3.✓　4.✓　5.✓

第　六　章

(一)填空题

1.包装不足　包装不当　包装过剩

2.包装材料　包装技法　包装结构造型　表面装潢

3.销售包装

4. 缓冲包装
5. 商品包装装潢
6. 硅酸盐

(二)单项选择题

1. A　　2. A　　3. D

(三)判断题

1. ×　　2. ×　　3. ×　　4. √

第 七 章

(一)填空题

1. 商品质量特性少　商品批量小　非破坏性
2. 可能犯判断错误　可能把合格批判为不合格　可能把不合格批判为合格
3. 该批商品合格　该批商品不合格

(二)单项选择题

1. A　2. B　3. C　4. B　5. D　6. C　7. C　8. A　9. C

第 八 章

(一)填空题

1. 化学纤维
2. 梨
3. 干燥
4. 半自动洗衣机

(二)单项选择题

1. A　　2. B　　3. D

(三)判断题

1. ×　　2. √　　3. √　　4. ×

第 九 章

(一)填空题

1. 物理机械　化学　生理生化
2. 密封　通风　吸潮和加湿　升温和降温
3. 添加剂　组分中杂质　加工成型条件
4. 越大
5. 控制和改善储存条件　涂油防锈　气相防锈　可剥性塑料封存

(二)单项选择题

1. C　　2. B　　3. D　　4. A

(三)判断题

1. √ 2. × 3. × 4. √

第 十 章

(一)填空题

1. EAN 商品条码(EAN—13 商品条码和 EAN—8 商品条码) UPC 商品条码(UPC—A 商品条码和 UPC—E 商品条码)

2. UPC 条码、EAN 条码、三九条码、库德巴条码、二五条码、四九条码、11 条码和 EAN—128 条码

3. 消费单元条码 物流单元条码

4. 消费单元条码 储运单元条码

5. 前缀码 厂商识别码 商品项目代码 校验码

6. 10 000 100 000

7. 项目标志(货运包装箱代码 SCC-14) 动态项目标志(系列货运包装箱代码 SSCC-18) 参考项目(客户购货订单代码) 特殊应用(医疗保健业等)

8. 消费单元条码 储运单元条码 货运单元条码

9. ITF—14 码 EAN/UCC—13 码 EAN/UCC—128 码 ITF—14 码

(二)单项选择题

1. A 2. B 3. C 4. B 5. A 6. C

(三)判断题

1. × 2. √ 3. √ 4. × 5. × 6. × 7. √ 8. √ 9. × 10. √

第 十 一 章

(一)填空题

1. 一是内在品质优良 二是营养价值和卫生安全指标高

2. A 级 AA 级

3. 微生物性污染 化学性污染 放射性污染 寄生虫污染

4. 食源性疾患

5. 生态环境保护

6. 即清洁的原料、清洁的能源、清洁的生产过程、清洁的产品以及贯穿于整个清洁生产的全过程控制

(二)多项选择题

1. ABCD 2. ABCDE 3. ABC

(三)判断题

1. √ 2. √ 3. ×

参考文献

[1] 万融.商品学概论.北京:中国人民大学出版社,2006.
[2] 刘安莉,高懿.新编商品学概论.北京:对外贸易大学出版社,2002.
[3] 朱道立.商品学.上海:复旦大学出版社,2005:104-124.
[4] 叶怀珍.现代物流学.2版.北京:高等教育出版社,2003:1-59.
[5] 中国标准化研究院.GB/T 7635—2002 全国主要产品分类与代码.北京:中国标准出版社,2004.
[6] 于安国,易能.商品学概论.湖南:湖南大学出版社,2005.
[7] 曹汝英.商品学基础.北京:高等教育出版社,2003.
[8] 窦志铭.商品学基础.北京:高等教育出版社,2005.
[9] 马德生.商品学基础.北京:高等教育出版社,2003.
[10] 谢瑞玲.商品学基础.北京:高等教育出版社,2005.
[11] 袁长明.商品学.北京:化学工业出版社,2001:28-46.
[12] 张烨.现代商品学概论.北京:科学出版社,2005:102-133.
[13] 中国物品编码中心.商品条码应用指南.北京:中国标准出版社,2003.

图书在版编目(CIP)数据

商品学/徐沁主编．—北京：人民交通出版社，2007.9
ISBN 978-7-114-06677-1

I. 商…　II. 徐…　III. 商品学　IV. F76

中国版本图书馆 CIP 数据核字(2007)第 118909 号

Shang Pin Xue

书　　名：商　品　学
著 作 者：徐　沁
责任编辑：陈志敏　高　培
出版发行：人民交通出版社
地　　址：(100011)北京市朝阳区安定门外外馆斜街 3 号
网　　址：http://www.ccpress.com.cn
销售电话：(010)85285838，85285995
总 经 销：北京中交盛世书刊有限公司
经　　销：各地新华书店
印　　刷：北京虎彩文化传播有限公司
开　　本：787×960　1/16
印　　张：20.75
字　　数：372 千
版　　次：2007 年 9 月　第 1 版
印　　次：2019 年 7 月　第 7 次印刷
书　　号：ISBN 978-7-114-06677-1
定　　价：27.00 元